Vernunft Erkenntnis Sittlichkeit

Internationales philosophisches Symposion
Göttingen,
vom 27.–29. Oktober 1977
*aus Anlaß des 50. Todestages
von Leonard Nelson*

im Auftrag der Philosophisch-Politischen
Akademie e. V., Sitz Frankfurt a. Main,
herausgegeben
von Peter Schröder

FELIX MEINER VERLAG HAMBURG

CIP-Kurztitelaufnahme der Deutschen Bibliothek
Vernunft, Erkenntnis, Sittlichkeit / Internat.
Philos. Symposium, Göttingen vom 27.–29. Oktober
1977 aus Anlaß d. 50. Todestages von Leonard Nelson.
Im Auftr. d. Philos.-Polit. Akad. e.V., Sitz Frankfurt a. Main, von Peter Schröder hrsg. –
Hamburg : Meiner, 1979.
    ISBN 3-7873-0478-9
NE: Schröder, Peter [Hrsg.]; Internationales
Philosophisches Symposion aus Anlaß des Fünfzigsten
Todestages von Leonard Nelson <1977, Göttingen>

© Felix Meiner Verlag, Hamburg 1979
Alle Rechte, auch die des auszugsweisen Nachdrucks und der photomechanischen Wiedergabe, vorbehalten. Satz: Einhorn-Druck GmbH, Schwäbisch Gmünd. Druck: Proff GmbH & Co. KG, Bad Honnef. Printed in Germany.

INHALT

Gustav Heckmann, Hannover
Vorwort VII

HAUPTVORTRÄGE

Stephan Körner, Bristol und Yale
Leonard Nelson und der philosophische Kritizismus 1

Paul Lorenzen, Erlangen
Wissenschaftstheorie und Nelsons Erkenntnistheorie am Beispiel der Geometrie und Ethik 19

Roderick M. Chisholm, Providence
Socratic Method and the Theory of Knowledge 37

Rudolf Haller, Graz
Über die Möglichkeit der Erkenntnistheorie 55

Keith Lehrer, Tucson
Knowledge and Freedom in the Philosophy of Leonard Nelson 69

William K. Frankena, Ann Arbor
Methods of Ethics, 1977 83

Robert Alexy, Göttingen
R. M. Hares Regeln des moralischen Argumentierens und L. Nelsons Abwägungsgesetz 95

Ota Weinberger, Graz
Schlüsselprobleme der Moraltheorie 123

Osvaldo N. Guariglia, Buenos Aires
Einige Bemerkungen zur "Theorie des wahren Interesses" und zum naturrechtlichen Problem 151

Lothar F. Neumann, Bochum
Die Bedeutung der kritischen Ethik für die Sozialwissenschaften 169

SEKTIONSVORTRÄGE

Niels Egmont Christensen, Aarhus
Why Modern Logic is Illogical 189

Klaus Mainzer, Münster
Geometrie und Raumanschauung 197

Christoph Westermann, München
Über die kritische Methode und das sogenannte Problem der unmittelbaren Erkenntnis 209

Werner Sauer, Graz
Nelsons Rekonstruktion der Kantischen Vernunftkritik 243

Reinhard Kleinknecht, München
Ethische Prinzipien und das Problem der Willensfreiheit bei Leonard Nelson 259

Kurt Weinke, Graz
Das Prinzip der „sittlichen Autonomie" bei Leonard Nelson 277

Raymond G. Frey, Liverpool
Leonard Nelson and the Moral Rights of Animals 289

Aulis Aarnio, Helsinki
On the Ideological Nature of Legal Reasoning 299

Wahé H. Balekjian, Glasgow
Der Begriff des Europa-Rechts im Lichte der Nelsonschen Lehre 315

REGISTER

Namenregister 323

Sachregister deutschsprachiger Beiträge 325

Sachregister englischsprachiger Beiträge 330

VORWORT

Hiermit legen wir die auf dem Leonard-Nelson-Symposium in Göttingen vom 27. bis 29. Oktober 1977 gehaltenen Vorträge zusammen mit den Diskussionen zu den Vorträgen vor.

Das Symposium ist von der Philosophisch-Politischen Akademie e. V. gemeinsam mit der Philosophischen Fakultät der Georg-August-Universität, Göttingen, veranstaltet worden. Es fand im Auditoriengebäude der Universität statt, dem Hause, in dem Nelson gelehrt hat. Die Vorsitzende der Philosophisch-Politischen Akademie, Frau Professor Dr. Grete Henry, Bremen, eröffnete die Tagung mit folgenden Ausführungen:

„Spektabilitäten, Herr Vizepräsident der Akademie der Wissenschaften, Herr Oberbürgermeister, verehrte Anwesende!

Zum 50. Jahrestag des Todes von Leonard Nelson haben sich in Göttingen, der Stätte seiner Lehrtätigkeit, die Philosophische Fakultät der Universität und die von Nelson ins Leben gerufene Philosophisch-Politische Akademie zusammengefunden, um sein Gedächtnis zu ehren.

Diese Gedenktagung fällt in eine dunkle Zeit. Terror und Mord sind verübt worden, verübt mit dem unverkennbaren Zweck der Täter, die Ordnung unseres mitmenschlichen Zusammenlebens bis ins Fundament zu erschüttern und in Anarchie zerfallen zu lassen. Das ist eine Herausforderung auch für die Arbeit dieser Tagung.

Leonard Nelson hat dem Chaos und dem Unrecht den Appell an menschliche Vernunft entgegengestellt und das Vertrauen, daß Menschen in der Besinnung auf das eigene wahre Interesse an Recht und Gerechtigkeit der Gewalt und der Willkür entgegentreten und sie im Leben der Gesellschaft unter Kontrolle halten können.

Von diesem Vertrauen wird, so hoffe ich, auch in den Arbeitstagen dieses Symposions die Rede sein.

Als Vertreterin der Akademie wende ich mich zunächst an Sie, Herr Professor Arndt, den Dekan der Philosophischen Fakultät der Universität, um Ihnen auszusprechen, wie dankbar wir dafür sind, daß die Fakultät bereit war, das Symposion mitzutragen, und daß sie ihm den Rahmen gegeben hat, der Leonard Nelsons langjähriger Zugehörigkeit zur Georgia Augusta entspricht.

Herr Professor Dr. Pestel, der Niedersächsische Minister für Wissenschaft und Kunst, hat uns seine Grüße übermitteln lassen und wünscht unserer Arbeit einen guten Verlauf.

Mein besonderer Dank gilt allen, die uns in der Vorbereitung dieser Tagung zur Seite gestanden haben:

Herrn Professor Rudolf Haller vom Philosophischen Institut der Universität Graz, der als erster die Idee dieses Symposions ins Auge gefaßt und fortlaufend Anregungen für seine Gestaltung gegeben hat;

Herrn Professor Patzig und Herrn Professor Wieland, dem vorigen und dem jetzigen Direktor des Philosophischen Seminars, sowie Herrn Professor Dreier vom Lehrstuhl für Allgemeine Rechtstheorie an der Georg-August-Universität. Allen dreien danken wir für mannigfachen Rat und für Unterstützung der Planung.

Vor allem danken wir Herrn Peter Schröder, M. A., ohne dessen umsichtige und verantwortungsbewußte Arbeit in der Planung und organisatorischen Vorbereitung das Symposion nicht zustande gekommen wäre.

Ehe wir uns der Arbeit dieser Tage zuwenden, bitte ich Sie, mit mir eines anderen Göttinger Hochschullehrers zu gedenken, der in der gleichen Zeit wie Leonard Nelson hier in Göttingen lehrte und forschte. Im September dieses Jahres ist Paul Bernays in Zürich gestorben. Er war es, der im März 1968 die Ausgabe der Gesammelten Schriften Leonard Nelsons durch sein Geleitwort eröffnet hat. Darin hat er die Hoffnung ausgesprochen, diese Herausgabe möge dazu verhelfen, ‚daß eine Philosophie, die zu ihrer Zeit übergangen und auch späterhin vorschnell abgelehnt wurde, zu einer aufgeschlossenen und fruchtbaren Erörterung gelange.'

Zur Eröffnung des Leonard-Nelson-Symposions stelle ich den Reden und Aussprachen der kommenden Tage einige Worte Leonard Nelsons voraus:

‚Die philosophische Wahrheit aber ist von besonderer Art. Sie ist keine Sache der Kenntnis, sondern eine solche der Einsicht. Man beherrscht sie nicht durch Gelehrsamkeit, sondern durch S e l b s t d e n k e n. Daher ist nicht sowohl die Philosophie, als vielmehr nur die Kunst, zu philosophieren, lernbar. Wohl kann man Kenntnis erlangen von den philosophischen Überzeugungen eines anderen. Aber dadurch wird man noch nicht selbst zum Philosophen, sondern erfährt nur, was der andere für Philosophie hält. ...

Das Philosophieren dagegen, d. h. die Kunst des Selbstdenkens, wodurch man zur Philosophie gelangt, läßt sich freilich lernen und von anderen, die uns ein Beispiel darin geben, übernehmen. Ja, wir sind sogar darauf angewiesen, wenn uns am Fortschritt der Philosophie gelegen ist und wir es nicht dem guten Glück überlassen wollen, ob wir es hierin auch nur so weit bringen wie andere vor uns.' (Gesammelte Schriften, Bd. I, S. 233.)"

Gustav Heckmann · Vorwort

Nach Frau Henry sprach der Dekan der Philosophischen Fakultät, Herr Professor Dr. Karl Arndt. Sein Manuskript liegt nicht mehr vor. Aus der Erinnerung formuliert er für dieses Vorwort:

„*Die Erinnerung an Leonard Nelson wird immer mit Göttingen und seiner Universität verknüpft sein. Hier schloß der gebürtige Berliner nach den Stationen Berlin und Heidelberg das Studium ab, hier habilitierte er sich 1909, um dann als Privatdozent, seit 1919 als a. o. Professor, an der Philosophischen Fakultät zu wirken. Nicht einmal zwei Jahrzehnte sollten ihm nach der Habilitation noch beschieden sein – 1927 endete sein im Dienst der Wissenschaft wie der Politik und der Pädagogik so schonungslos gegen sich selbst gelebtes Leben in dieser Stadt. Es lag nahe, ja, es schien mir für die Philosophische Fakultät der Georgia Augusta geradezu eine Pflicht zu sein, das von der Philosophisch-Politischen Akademie vorbereitete internationale Göttinger Symposion mitzutragen. Es sollte zum Ausdruck kommen, daß wir das Andenken an Leonard Nelson, den großen Gelehrten und kämpferischen Menschen, bewahren und ehren.*"

Die Philosophisch-Politische Akademie hatte eine Reihe von Philosophen eingeladen, über ein von ihnen zu wählendes, die Nelsonsche Philosophie berührendes Thema zu sprechen. Die Hauptvorträge sind die Antworten auf diese Einladung. Daneben gab es in gleichzeitigen Parallelveranstaltungen stattfindende Sektionsvorträge, die nicht auf Einladung der Akademie gehalten wurden, sondern nach der öffentlichen Ankündigung des Symposions von Interessenten angemeldet worden waren. Tagungssprachen waren Deutsch und Englisch.

Abweichend von der Tagesordnung des Symposions, bringt der vorliegende Bericht zunächst alle Hauptvorträge in der Reihenfolge, in der sie gehalten worden sind, und danach die Sektionsvorträge, alle Vorträge in der Sprache, in der sie gehalten worden sind. Ein auf dem Symposion gehaltener Hauptvortrag ist nicht in diesen Bericht aufgenommen worden; der Autor wollte den Vortrag für die Veröffentlichung umarbeiten, hat aber nicht die Zeit dazu gefunden.

Die Diskussionsbeiträge sind teils während oder unmittelbar nach der Diskussion auf von der Tagungsleitung vorbereiteten Formblättern niedergeschrieben, teils nach der Tagung von den Diskussionsteilnehmern schriftlich formuliert worden. In allen Fällen haben die Diskussionsteilnehmer ihren Beitrag in der hier wiedergegebenen Fassung vor Drucklegung gesehen, und in allen Fällen sind die Diskussionsbeiträge dem Vortragenden, auf dessen Vortrag sie sich beziehen, zur Stellungnahme vorgelegt worden. Wo dieser Bericht keine Diskussion wiedergibt, hat eine mündliche Diskussion aus Zeitmangel nicht stattgefunden und sind schriftliche Diskussionsbeiträge nicht eingegangen.

Hannover, im August 1978

Im Auftrag der
Philosophisch-Politischen Akademie

Gustav Heckmann

HAUPTVORTRÄGE

Stephan Körner, Bristol und Yale

Leonard Nelson und der philosophische Kritizismus

> „Es ist also der Kritizismus der Begriff einer *Methode* und nicht eines philosophischen Systems. Wer dieser *Methode* folgt, ist Kritiker, ganz unabhängig davon, zu welchen Resultaten er damit gelangen mag;..." Leonard Nelson[1]

Für Leonard Nelson, dessen Andenken unsere Konferenz gewidmet ist, war die klare Erkenntnis der richtigen Methode von überragender Bedeutung für die Philosophie. Diese Überzeugung teilte er mit vielen bedeutenden Philosophen, insbesonders mit Kant und Fries, zu deren Schule, als einer lebendigen, entwicklungsfähigen und sich entwickelnden Tradition, er sich zählte. Weil er in ihren methodologischen Einsichten das geistige Band erblickte, das alle Teile und Weisen der kritischen Philosophie vereinigt, so betrachtete er es als eine seiner wichtigsten Aufgaben, diese Einsichten von Widersprüchen, Zweideutigkeiten und Unklarheiten zu reinigen und zu zeigen, daß nur die bewußte und explizite Anwendung der so gereinigten Kritischen Methode die Philosophie vor Irrtum und Verfall in den Dogmatismus schützen kann. So ist es auch natürlich und angemessen, daß die erste Abhandlung in den ‚Abhandlungen der Friesschen Schule, Neue Folge' und in der Gesamtausgabe der Werke Leonard Nelsons die kritische Methode und das Verhältnis der Psychologie zur Philosophie zum Thema und Titel hat.

Im Folgenden wird die kritische Methode in der ihr von Nelson gegebenen Fassung selber einer Prüfung unterzogen, was gewiß ganz in seinem Sinne ist. Dabei wird sich zeigen, daß, was sie leisten kann, zwar weniger ist als Kant, Fries und Nelson für sie beanspruchten, daß sie aber nach einer gewissen Abschwächung und Relativierung dieser Ansprüche in wesentlichen Punkten der Prüfung standhält. Die Untersuchung fällt in zwei Teile. Der erste, der hauptsächlich der Erinnerung an Nelsons Problemstellung und Lösungsversuch dient, behandelt das Wahrheitsproblem für unmittelbare, d. h. nicht aus anderen Urteilen ableitbare, synthetische Urteile im Allgemeinen (§ 1) und für metaphysische Grundsätze im Besonderen (§ 2), sowie die Methoden der regressiven Aufweisung und kritischen Begründung dieser Grundsätze (§ 3). Der zweite Teil weist auf einige der Selbstbeobachtung zugängliche und für die kritische Philosophie relevante Fakten hin, die aber von ihr bisher nicht in Betracht gezogen wurden. Sie ergeben sich einerseits aus der Analyse der

Unableitbarkeit, Allgemeinheit, objektiven Gültigkeit und Notwendigkeit der metaphysischen Grundsätze (§ 4); anderseits aus der Untersuchung des Wettbewerbs zwischen einer Mehrzahl von Theorien, deren jede von ihren Schöpfern und Vertretern als objektiv und notwendig gültiges System der Metaphysik erklärt wird (§ 5). Zum Abschluß werden die von der Prüfung unbetroffenen und die von ihr modifizierten Züge der Nelsonschen Methodologie kurz zusammengefaßt (§ 6).

I.

§ 1 Zum Problem der Wahrheit unmittelbarer synthetischer Urteile

Der Ursprung des Wahrheitsproblems liegt in der Natur des Urteils. Es ist, in Nelsons Formulierung, jedes Urteil ein willkürlicher Akt der Reflexion, dessen Wahrheit nicht in ihm selbst liegt, sondern in etwas anderem, von dem es sie entlehnt. Das Problem der Wahrheit ist also die Frage nach diesem Erkenntnisgrund (Krit., S. 21/22). Im Falle der analytischen Urteile liegt ihr Erkenntnisgrund darin, daß sie „ihre Begriffe zergliedern", oder, wie man heute auch sagen würde, daß sie nur aus Definitionen und logischen Prinzipien folgen. Im Falle der mittelbaren, synthetischen Urteile liegt ihr Erkenntnisgrund darin, daß sie aus anderen und zuletzt aus unmittelbaren, synthetischen Urteilen ableitbar sind. Es bleibt also die Frage offen, was der Erkenntnisgrund der unmittelbaren, synthetischen Urteile ist.

Die Antwort, daß die Wahrheit eines solchen Urteils die Übereinstimmung mit seinem Gegenstande sei, verwirft Nelson als absurd, weil wir um diese zu erkennen „aus unserer Erkenntnis heraustreten müßten, um sie mit dem Gegenstande vergleichen zu können" (Krit., S. 24). Die Definition der Wahrheit als *adaequatio rei et intellectus* ist gewiß in manchen Fassungen logisch unmöglich. Das gilt besonders dann, wenn man das Urteil „erster Stufe", welches die Übereinstimmung des ursprünglich betrachteten Urteils „zweiter Stufe" mit seinem Gegenstande behauptet, nur dann als wahr anerkennt, wenn die Übereinstimmung dieses Urteils mit seinem Gegenstande durch ein Urteil „dritter Stufe" bezeugt ist und so fort *ad infinitum*. Dann steht nämlich die Wahrheit des ersten Urteils nur fest, wenn das Urteil der unerreichbaren letzten Stufe als wahr feststeht. Doch kann das Prinzip der *adaequatio rei et intellectus* auch so aufgefaßt werden, daß es zwar einen Regress ins Unendliche ermöglicht, daß aber die Wahrheit eines Urteils der zweiten Stufe unabhängig von der Wahrheit der Urteile höherer Stufen erkennbar ist. Es verhält sich hier ähnlich wie mit der Möglichkeit, ein Spiegelbild mit seinem Urbild auf deren Übereinstimmung zu untersuchen. Diese Möglichkeit wird nicht dadurch beeinträchtigt, daß das Spiegelbild und das Urbild in einem zweiten Spiegel abgespiegelt werden können und so fort.

Die logische Möglichkeit des Korrespondenzprinzips besagt aber nichts über seine Fähigkeit, der Lösung philosophischer Aufgaben zu dienen. Es ist wie Kant erklärte, gewiß kein Kriterium der Wahrheit von besonderen Urteilen (K. d. r. V., B 82 f.) und, wie Nelson in seiner Arbeit über das sogenannte Erkenntnisproblem[2] zeigte, gewiß auch kein Kriterium, dessen Anwendung „die objektive Gültigkeit der Erkenntnis überhaupt" dartun könnte. Darüber hinaus ist das Korrespondenzprinzip auch im Ganzen als Quelle von Anweisungen zur Entdeckung oder Begründung spezieller Wahrheiten recht arm. Eine Ausnahme ist Tarskis Version dieses Prinzips, das sich als ein höchst fruchtbarer Ausgangspunkt der mathematischen Modelltheorie erwies. Doch ist diese Theorie nicht nur mit dem Prinzip der *adaequatio rei et intellectus*, sondern auch mit anderen Analysen des Wahrheitsbegriffs, einschließlich der Nelsonschen, verträglich.

Analoges gilt auch von anderen Wahrheitsdefinitionen, z. B. den Definitionen von Descartes und Brentano, denen gemäß die Wahrheit aller unmittelbaren Urteile — der analytischen, wie der synthetischen — darauf beruht, daß sie als durch Evidenz charakterisiert eingesehen werden. Daneben gibt es auch Wahrheitsdefinitionen, die, wie z. B. Ramseys[3], jeden Versuch, in ihnen methodische Anregungen zur Wahrheitsentdeckung oder Begründung zu finden, von vornherein ausschließen sollen. Nelsons Wahrheitsdefinitionen unterscheiden sich von den anderen hier erwähnten besonders dadurch, daß sie wesentlich und explizit mit einer philosophischen Methode zur Entdeckung und Begründung der unmittelbaren synthetischen Urteile *a priori* besonders der metaphysischen Grundsätze, verbunden ist.

Nach Nelson ist der Erkenntnisgrund eines jeden unmittelbaren Urteils eine durch das Urteil nur reflektierte, d. h. begrifflich wiederholte, unmittelbare Erkenntnis. Es werden also nur Erkenntnisse mit Erkenntnissen verglichen und die schrittweise Zurückführung mittelbarer auf unmittelbare kommt immer nach endlich vielen Schritten zu Ende. Diese Wahrheitsdefinition ist besonders für solche Urteile natürlich, welche empirisch Wahrnehmbares oder mathematisch Konstruierbares beschreiben. Denn in diesen Fällen ist das, was empirisch wahrnehmbar oder mathematisch konstruierbar ist, eine nicht begrifflich reflektierte Erkenntnis, die von dem sie reflektierenden Urteil verschieden ist und mit ihm verglichen werden kann. In der Tat findet sich diese Begründung der mathematischen Urteile schon bei Kant.

Die Lösung des Begründungsproblems für metaphysische Urteile, z. B. die Analogien der Erfahrung, welche zum Unterschied von den mathematischen Grundsätzen keine unmittelbare, anschauliche Erkenntnis begrifflich reflektieren, wird von Kant einerseits und von Fries und Nelson anderseits in gänzlich verschiedener Weise versucht. Diese Denker verwerfen — m. E. mit Recht — Kants Versuch eines „transzendentalen Beweises", weil er „nur als eine *regressive Aufweisung*, nicht aber als eine *Begründung* der metaphysischen Grundsätze betrachtet werden darf" und weil er, „wenn er mit dem Ausspruch einer solchen auftritt, auf einen Zirkel hinausläuft" (Erk., § 90). Sie versuchen dem Zirkel mittels der These zu entgehen, daß es eine *unanschauliche*, unmittelbare Erkenntnis gebe, welche von den metaphysischen Grundsätzen begrifflich reflektiert wird.

§ 2. Zum Wahrheitsproblem für unmittelbare, metaphysische Urteile

Die Existenz einer unmittelbaren, unanschaulichen Erkenntnis ergibt sich für Nelson daraus, daß es erstens unmittelbare metaphysische Urteile oder metaphysische Grundsätze gibt, welche — wie Kant gezeigt hat — synthetisch, *a priori* und unanschaulich sind; und daß zweitens die Wahrheit dieser Grundsätze nur als begriffliche Reflexion einer solchen Erkenntnis verstanden werden kann, da jeder andere historisch vorliegende oder auch nur denkbare Lösungsversuch verworfen werden muß. In der Tat sind alle von Nelson für möglich gehaltenen Lösungsversuche des Wahrheitsproblems, auch tatsächlich unternommen worden[4]. Abgesehen vom Dogmatismus, der eigentlich nur der Verzicht auf eine Lösung ist, muß jeder sogenannte erkenntnistheoretische Versuch als absurd verworfen werden, da er sich die logisch unmögliche Aufgabe stellt, metaphysische *Grundsätze*, die als Grundsätze nicht aus Obersätzen beweisbar sind, dennoch aus solchen zu beweisen. Dieser Fehler wurde gemäß Fries und Nelson schon von Kant begangen, der, so wie sie ihn verstehen, die Möglichkeit der objektiven Erfahrung zum Obersatz seiner transzendentalen Beweise machte.

Wenn man den erkenntnistheoretischen Fehler, insbesondere das „transzendentale Vorurteil" vermeiden will, dann bleibt nur übrig, die metaphysischen Grundsätze als begriffliche Reflexionen eines nicht begrifflich artikulierten Faktums aufzufassen. Dieses Faktum ist entweder eine intellektuelle Anschauung der Art wie sie von Mystikern zur Legitimierung ihres Glaubens herangezogen wurde, oder eine unmittelbare nichtanschauliche Erkenntnis. Da aber jene keine akzeptable *coincidentia oppositorum* sondern eine gewöhnliche *contradictio in adiecto* ist, so bleibt nur diese bestehen. Daß wir (1) im Besitze metaphysischer, d. h. synthetischer Grundsätze a priori sind und daß (2) diese *nur* durch eine nichtanschauliche, unmittelbare, Erkenntnis begründet werden können, impliziert, daß die Vernunft zur Begründung dieser Grundsätze nur sich selbst vertrauen kann. Die Prämissen dieses

Schlusses — und ganz offensichtlich die erste — sind empirische, genauer, anthropologische oder psychologische Sätze. Denn daß jemand „im Besitze" eines Satzes oder einer Erkenntnis ist, ist eine empirische Tatsache, die von der Natur des Satzes nicht abhängt. Da nun die Konklusion eines Schlusses empirisch ist, wenn mindestens eine seiner Prämissen es ist, so ist auch die Konklusion des Fries-Nelsonschen Schlusses ein empirischer (anthropologischer oder psychologischer) Satz. Dieser ist das von ihnen so genannte Prinzip des Selbstvertrauens der Vernunft. Es ist, wie Nelson behauptet, „das allgemeine Prinzip, das die psychologischen Ableitungen aus der Theorie der Vernunft zu kritischen Deduktionen macht, d. h. es uns ermöglicht, in der inneren Erfahrung einen Leitfaden für die systematische Begründung der Philosophie zu finden" (Krit., S. 32).

Obwohl der Grundsatz des Selbstvertrauens der Vernunft „ein Kriterium der Legitimität metaphysischer Sätze an die Hand gibt", vermag er nichts darüber auszusagen „*welche* Sätze ... aus reiner Vernunft entspringen" (Krit., S. 33). Ehe man sich bei der Gewinnung und Begründung bestimmter metaphysischer Sätze auf dieses Kriterium ihrer Legitimität verläßt, ist es ratsam, seinen Inhalt, d. h. den Inhalt der beiden Prämissen zu untersuchen. Die zweite Prämisse erinnert in ihrer Unbestimmtheit und Anpassungsfähigkeit an das Prinzip der *adaequatio rei et intellectus*. Die erste Prämisse, daß nämlich die metaphysischen Prinzipien, wie z. B. das Prinzip der Kausalität, synthetische Urteile *a priori* sind, ist strittig. Der Haupteinwand, der gegen sie erhoben wurde, besteht darin, daß die metaphysischen Grundsätze analytisch sind. Das wird z. B. von Brentano, Kastil und anderen Schülern Brentanos behauptet.

Darüber hinaus behauptet Kastil in seinem der Friesschen und Nelsonschen Lehre von der unmittelbaren Erkenntnis gewidmeten Buche[5], daß Nelsons Klassifikation der Versuche, die metaphysischen Grundsätze als synthetische Urteile a priori zu begründen, vollständig ist und daß Nelson alle nicht auf der Annahme einer unmittelbaren, unanschaulichen Erkenntnis beruhenden Versuche widerlegt hat, so daß, wenn man auch diese Annahme widerlegt, nur die Möglichkeit übrig bleibt, die metaphysischen Grundsätze mit Brentano als analytisch zu erklären. Dagegen läßt sich erstens zeigen, daß metaphysische Grundsätze wie das Kausalitätsprinzip synthetisch sind, zweitens einwenden, daß es möglicherweise eine nicht leere Klasse von *nur relativ* gültigen synthetischen Urteilen *a priori* geben könnte, in welcher die metaphysischen Grundsätze ihr Asyl fänden. Der synthetische Charakter metaphysischer Grundsätze folgt daraus, daß sie nicht nur definitorisch sind (daß z. B., dem Kausalgesetz gemäß, jedes Ereignis *per definitionem* oder *ex terminis* verursacht ist) sondern auch die kontingente Tatsache implizieren, daß die definierten Begriffe anwendbar sind (daß es Ereignisse gibt)[6].

Die Analyse der metaphysischen Grundsätze als nur relativ gültiger Urteile *a priori* wird sich aus der Prüfung der Nelsonschen Methode zu ihrer Aufweisung und Begründung ergeben.

§ 3. Über die Aufweisung der metaphysischen Grundsätze durch regressive Abstraktion und deren Begründung durch Deduktion

Sowie Kant in der Transzendentalen Ästhetik die Aufweisung der mathematischen Axiome von ihrer Begründung durch eine unmittelbare, anschauliche Erkenntnis unterscheidet, so unterscheiden Fries und Nelson zwischen der Aufweisung der metaphysischen Grundsätze und ihrer Begründung durch eine unmittelbare, unanschauliche Erkenntnis. Dieser Erkenntnis wird in der Fries-Nelsonschen „psychologischen Deduktion" die Rolle zugeschrieben, welche in der Kantschen „transzendentalen Deduktion" den „Bedingungen der Möglichkeit der Erfahrung" zukommt. Ob und wieweit dadurch die psychologische Deduktion gegen die Einwände geschützt wird, denen die transzendentale ausgesetzt ist, wird später (im zweiten Teil) zur Sprache kommen.

Was die Methode der Aufweisung anbelangt, welche vorerst entdecken muß, was die transzendentale oder psychologische Deduktion begründen soll, so ist sie sowohl für Kant als auch für Fries und Nelson die regressive Abstraktion. Diese nimmt die Erkenntnis — sowohl die alltägliche als auch die wissenschaftliche — so hin „wie sie sie als *Faktum* vorfindet, weder um ihre Wahrheit zu beweisen, noch um ihre Entstehung zu erklären, sondern um aus ihr die rein begriffliche Erkenntnis zu abstrahieren und auf ihre obersten Prinzipien zurückzuführen", welche zusammen mit ihren logischen Folgen das „System der Philosophie" bilden (Krit., S. 16). Die regressive Methode beantwortet also die Kantsche *quaestio facti* nach jenen apriorischen Begriffen, deren Anwendbarkeit durch die metaphysischen Grundsätze behauptet wird und, somit, die Frage nach diesen Grundsätzen. So weist die regressive Methode z. B. den für alle Ereignisse geltenden Grundsatz der Kausalität auf, oder den Grundsatz der mathematischen Naturphilosophie, „daß alle Bewegungsänderungen Wirkungen stetig beschleunigender Kräfte sind" (Krit., S. 15). Die das mathematische und naturwissenschaftliche Denken zergliedernde regressive Methode hat ihre analoge Anwendung im Bereich des Moralisch-Praktischen, wo dem mittelbaren sittlichen Gefühl ein unmittelbares, nicht sinnliches oder reines, diskursives Interesse als Erkenntnisgrund entspricht.[7]

Die psychologische oder anthropologische Deduktion eines metaphysischen Grundsatzes f — z. B. des Kausalitäts- oder Stetigkeitsprinzips — ist *nicht* ein Beweis von f, sondern eine Aufweisung von f mit Hilfe des Beweises eines Satzes über f. Mit anderen Worten, *aufgewiesen* wird der metaphysische Grundsatz f; *bewiesen* wird der psychologische Lehrsatz, daß die Erkenntnis, die f ausspricht, „eine unmittelbare Erkenntnis aus reiner Vernunft", d. h. daß f „wirklich ein metaphysischer Grundsatz ist" (Krit., S. 32), d. h., daß f „die Einheit und Notwendigkeit" besitzt, „die wir faktisch in unserem Denken finden und die wir durch die metaphysischen Grundsätze aussprechen" (Krit., S. 23). *„Der Beweis dieses psychologischen Lehrsatzes ist die Deduktion jenes metaphysischen Grundsatzes"* (loc. cit.).

Wenn wir die durch metaphysische Grundsätze ausgesprochene „Einheit und Notwendigkeit", ohne sie vorläufig weiter zu analysieren, durch ⊠ symbolisieren (wobei ⊠ zum Unterschied von ☐ eine nicht-logische Notwendigkeit ausdrückt), so ist es die Aufgabe der regressiven Methode, den metaphysischen Grundsatz

(1)   f

durch Isolierung der apriorischen Begriffe und Grundsätze unseres Denkens von den empirischen *aufzuweisen*, und die Aufgabe der kritischen Methode, diesen Grundsatz dadurch zu deduzieren, daß

(2)   ⊠ f

mit den Mitteln der Psychologie, insbesonders der Selbstbeobachtung, bewiesen wird. Da der psychologische Satz ⊠ f den metaphysischen Satz f logisch impliziert, ohne von ihm impliziert zu werden, kann die Deduktion von f nur auf dem Umweg über den psychologischen Beweis von ⊠ f durchgeführt werden.

Die Konjunktion aller metaphysischen Grundsätze: $f_1 \wedge ... \wedge f_n$ bildet das System der Metaphysik, das von der Konjunktion der durch die Kritik gewonnenen psychologischen Sätze: ⊠ $f_1 \wedge ... \wedge$ ⊠ f_n scharf unterschieden werden muß. So wie kein einzelner Satz des metaphysischen Systems den ihm entsprechenden psychologischen Satz der Kritik logisch impliziert, so impliziert auch die Konjunktion der metaphysischen Sätze nicht die Konjunktion der entsprechenden psychologischen Sätze. Da aber, wie Nelson ausdrücklich sagt, die Kritik „wie jede Erfahrungswissenschaft, unter ihren Prämissen bereits metaphysische Prinzipien als Bedingungen ihrer Möglichkeit" voraussetzt (Krit., S. 32), so liegt der Verdacht eines Zirkels nahe. Er wurde z. B. besonders deutlich von W. Dubislav ausgesprochen[8]. Ob dieser Verdacht berechtigt ist, hängt zum Teile von der Analyse des Begriffes der Einheit und Notwendigkeit ab, die den metaphysischen Sätzen zukommt. Nelson scheint diesen Begriff für klar und keiner weiteren Analyse bedürftig zu halten. Dafür sprechen sowohl seine allgemeinen Ausführungen, als auch die von ihm unternommenen Deduktionen einzelner metaphysischer Grundsätze.

Was z. B. die psychologischen Deduktionen des Kausal- und des Stetigkeitsprinzips anbelangt, so gleichen sie im wesentlichen den Kantschen transzendentalen (siehe K.d.r.V., B 223—B 287). So beweist die psychologische Deduktion des Kausalprinzips nicht dieses Prinzip, sondern den Satz: „Der Grundsatz der Kausalität entspringt aus der Verbundenheit des mathematischen Schemas der Veränderung mit der Kategorie der hypothetischen Synthesis in der unmittelbaren Erkenntnis" (Krit., S. 32). Und die Kantsche Deduktion des Stetigkeitsprinzips wird sogar im Ganzen übernommen (z. B. in: Fortschritte und Rückschritte der Philosophie, in: Gesammelte Schriften, Bd. VII, S. 25). Auf Nelsons psychologische Deduktionen im Bereich der Moral kann hier nicht eingegangen werden, da diese ohne vorgängige Darstellung seiner Lehre von den Gefühlen und Interessen unverständlich sind.

II.

§ 4. Zur Unableitbarkeit, Allgemeinheit, objektiven Gültigkeit und Notwendigkeit der metaphysischen Grundsätze

Kant, Fries und Nelson sind sich darüber einig, daß den metaphysischen Grundsätzen die Merkmale der logischen Unableitbarkeit aus allgemeineren Prämissen, der objektiven Gültigkeit, der Allgemeinheit und der Notwendigkeit zukommen. Daß sie aber dennoch in wesentlichen Punkten zu verschiedenen Resultaten gelangen, legt die Vermutung nahe, daß die logische und psychologische Untersuchung der metaphysischen Grundsätze nicht als abgeschlossen angesehen werden kann. Die folgenden Bemerkungen sollen die Untersuchung weiterführen oder ihr zumindest die Richtung weisen.

Die logische Unableitbarkeit metaphysischer Grundsätze scheint auf den ersten Blick nicht strittig, wenn man von exegetischen Fragen absieht, z. B. wieweit die Anklage berechtigt ist, daß „die Möglichkeit der Erfahrung" für Kant der Obersatz eines gewöhnlichen Beweises ist. Trotzdem aber verlangt der Begriff der logischen Unableitbarkeit nach einer genaueren Analyse, da er *prima facie* die Möglichkeit ausschließt, daß es mehr als ein logisches System gebe oder daß gewisse Prinzipien der Logik nur beschränkte Geltung haben — wie z. B. Kant behauptete, als er apagogische d. h. das Prinzip vom ausgeschlossenen Dritten verwendende Beweise in der Metaphysik verbot (siehe K.d.r.V., B 817). Das Problem der Möglichkeit mehrerer logischer Systeme gewinnt an Dringlichkeit, wenn man die Möglichkeit mehrerer, nur relativ gültiger metaphysischer Systeme zugibt. Hier genügt es, jene Möglichkeit zu erwähnen und darauf hinzuweisen, daß im Falle ihrer Wirklichkeit die psychologische oder anthropologische Aufgabe entsteht, zu untersuchen, welches logische System von einer bestimmten Person oder Personengruppe tatsächlich verwendet wird[9].

Die objektive Gültigkeit der metaphysischen Grundsätze liegt – wie Kant zuerst klar erkannte – darin, daß sie die Anwendbarkeit gewisser apriorischer Begriffe behaupten, deren korrekte Anwendung auf etwas nur sinnlich und subjektiv Gegebenes eine notwendige Bedingung seiner objektiven oder wenigstens intersubjektiven Existenz ist. Dies kann mittels der folgenden Definitionen etwas genauer gesagt werden: Ein auf Sinnliches anwendbarer Begriff heiße ein ‚Realbegriff‘, wobei zu beachten ist, daß ein Realbegriff auf Sinnliches anwendbar sein kann, ohne es zu beschreiben. (So sind 'x ist rot' oder 'x ist ein Tisch' auf Sinnliches anwendbar und beschreibend, während 'x ist verursacht' oder 'x ist eine Substanz' auf Sinnliches anwendbar sind, ohne es zu beschreiben.) Ein Realbegriff ist apriorisch genau dann, wenn er auf Sinnliches anwendbar ist, ohne es zu beschreiben. Es ist schließlich ein apriorischer Realbegriff ein Intersubjektivität verleihender Begriff oder kurz ein Objektivierungsbegriff genau dann, wenn er entweder (1) der Begriff 'x ist intersubjektiv gegeben' ist oder (2) wenn seine Anwendbarkeit die Anwendbarkeit von 'x ist intersubjektiv gegeben' impliziert. Die Begriffe 'x ist verursacht', 'x ist eine Substanz', 'x ist eine stetige Veränderung' sind apriorische Objektivierungsbegriffe, welche Kant in seiner metaphysischen Erörterung mittels „regressiver Abstraktion" aus den empirischen Realbegriffen des alltäglichen und naturwissenschaftlichen Denkens in einer von allen sinnlichen Beigaben gereinigten Form gewinnt. Diese Begriffe verwendend behaupten das Kausalitätsprinzip, das Konservationsprinzip und das Stetigkeitsprinzip, daß jedes intersubjektiv gegebene Ereignis verursacht, jede intersubjektiv gegebene Substanz ihrer Quantität nach unveränderlich, und jede intersubjektiv gegebene Veränderung stetig sein muß.

Die Allgemeinheit der metaphysischen Grundsätze liegt nicht nur darin, daß sie die Form allgemeiner Urteile haben, sondern darin, daß ihre Konjunktion den ganzen Bereich des Denkens betrifft. Sie dient besonders der Unterscheidung der Gegenstände des Denkens in objektiv (oder intersubjektiv) existierende und bloße Fiktionen; der Kategorisierung der objektiv existierenden Gegenstände in *summa genera*; der Bestimmung der Attribute, durch welche die Elemente eines *summum genus* konstituiert und der Attribute, durch welche sie individuiert werden. Während bei den explizit gegebenen Systemen der Metaphysiker die Abgrenzung und Definition der *summa genera* klar vorliegt, sind sie bei den nur implizit gegebenen metaphysischen Systemen des wissenschaftlichen oder gar des alltäglichen Denkens oft recht verwischt.

Die Notwendigkeit der metaphysischen Grundsätze ist nicht-logisch. Sie beruht für jeden Denker auf einer Schichtung aller Urteile in mindestens zwei Klassen, die auf folgende Weise beschrieben werden kann. Eine konsistente Klasse von Urteilen β ist für eine Person S einer anderen konsistenten Klasse von Urteilen a epistemisch übergeordnet genau dann, wenn S in jedem Falle eines von ihm bemerkten Widerspruchs zwischen einem zu β und einem zu a zugehörigen Urteil das zu a gehörige Urteil verwirft. Eine konsistente Klasse von Urteilen a ist für S „die epistemisch höchste" Klasse genau dann, wenn (1) a nicht in zwei Klassen a' und a'' zerlegt werden kann, so daß die Unterklasse a' der Unterklasse a'' epistemisch übergeordnet ist und (2) die Klasse a jeder konsistenten und ihr elementfremden Klasse epistemisch übergeordnet ist.

Die zu der epistemisch höchsten Klasse von Urteilen eines Denkers S gehörigen Urteile sollen ‚epistemisch notwendig' heißen, um deren Notwendigkeit von andersartigen Notwendigkeiten zu unterscheiden. Nicht nur metaphysische Grundsätze, sondern auch andere Urteile, wie z. B. religiöse Dogmen, können für einen Denker epistemisch notwendig sein. Ob ein Urteil für einen Denker epistemisch notwendig ist und ob er eine konsistente Klasse von solchen Urteilen explizit oder implizit anerkennt, ist eine empirische bzw. eine psychologische oder anthropologische Frage, bei deren Beantwortung man auf die Beobachtung anderer, sowie auf Selbstbeobachtung und die Annahme angewiesen ist, daß die Menschen in der Struktur ihres Denkens einander ebenso ähnlich sind wie in ihrer körperlichen Struktur.

§ 5. Zum Wettbewerb zwischen Theorien mit Anspruch auf objektive Gültigkeit und Notwendigkeit

Daß das menschliche Denken subjektiv gegebene Phänomene *objektiviert*, indem es apriorische Realbegriffe auf diese anwendet; daß es objektive Phänomene *kategorisiert*, indem es *summa genera* — zusammen mit den Kriterien für die Konstitution und Individuation ihrer Elemente — bildet, und daß es Urteile *epistemisch schichtet*, indem es gewisse Urteilsklassen anderen epistemisch überordnet, sind psychologische oder anthropologische Fakten, welche der Selbstbeobachtung zugänglich sind. Sie geben zu der Frage Anlaß, ob es mehr als eine bloß mögliche oder gar historisch erfüllte Weise der Objektivierung, Kategorisierung und epistemischen Schichtung und, daher, mehr als eine mögliche oder wirklich vorliegende Theorie gibt, die als objektiv gültiges und epistemisch notwendiges System der Metaphysik auftreten kann. Kant und seine kritischen Nachfolger verneinen diese Frage. Denn sie meinen, daß „um keinen philosophischen Satz eigentlich Streit stattfindet, daß dagegen alle Schwierigkeit darin liegt, die philosophischen Prinzipien unabhängig vom besonderen Fall der Anwendung in abstracto auszusprechen" (Krit., S. 12).

Das stärkste Argument für die Annahme einer Mehrzahl von möglichen, miteinander unverträglichen, metaphysischen Systemen ist ein der Selbstbeobachtung oder Erinnerung zugänglicher, die apriorischen Realbegriffe umfassender Begriffswandel. Ein schwächeres Argument für die pluralistische These ergibt sich aus dem Studium von Dokumenten, die von einem solchen Begriffswandel berichten. Dazu tritt die folgende, rein logische Erwägung: Daraus, daß die erfolgreiche Anwendung der regressiven Methode in jedem Falle (höchstens) *ein* konsistentes metaphysisches System aufweist, folgt keineswegs, daß sie in allen Fällen *ein und dasselbe* metaphysische System aufweisen muß. — Wenn man also die bloße regressive Aufweisbarkeit eines metaphysischen Grundsatzes nicht *de facto* zu einem Kriterium seiner absoluten Gültigkeit machen will, dann empfiehlt es sich, den allgemeinen Begriff eines metaphysischen Systems von seinen speziellen Fällen zu scheiden.

Der allgemeine Begriff eines metaphysischen Systems ist (gemäß § 4) der Begriff eines konsistenten Systems von epistemisch notwendigen Grundsätzen, sowie den aus ihnen logisch ableitbaren Sätzen. Eine ins Detail gehende weitere Bestimmung dieses allgemeinen Begriffs — z. B. das Verhältnis der metaphysischen zu den logischen Grundsätzen — ist hier nicht nötig[10]. Schematisch ausgedrückt ist ein metaphysisches System M durch die Konjunktion dieser Grundsätze gegeben. Ein bestimmter Satz f_o ist ein metaphysischer Satz irgendeines metaphysischen Systems, wenn
(3) $(\exists M)\ (M \vdash f_o)$
eines bestimmten metaphysischen Systems M, wenn
(4) $M \vdash f_o$
und meines metaphysischen Systems M_o wenn
(5) $f_o \cdot \wedge \cdot M_o \vdash f_o$.

In diesem Ausdruck ist das erste Konjunktionsglied notwendig, weil man die eigenen metaphysischen Sätze nicht nur als metaphysisch, sondern auch als wahr anerkennt.

Wenn es verschiedene, miteinander logisch unverträgliche, metaphysische Systeme gibt, so müssen die Ansprüche, welche Kant, Fries und Nelson für die regressive Methode als Aufweisung der metaphysischen Grundsätze und die Ansprüche, die Fries und Nelson für die psychologische Deduktion als ihre Begründung machten, gewiß modifiziert werden. Doch beeinträchtigt diese Modifizierung keineswegs ihre Anwendbarkeit oder ihren Wert. So verdankt man der regressiven Methode nicht nur die Entdeckung der Tatsache, daß es eine Mehrzahl von metaphysischen Systemen gibt (z. B. solche, in denen das Kausalprinzip ein Grundsatz ist und solche, in denen ein mit ihm unverträgliches Prinzip epistemisch notwendig ist), sondern bleibt auch auf sie angewiesen, wenn immer man die Kantsche Aufgabe auf sich nimmt, im eigenen Denken oder dem mehr oder weniger wohlverstandenem Denken eines anderen, die synthetischen Urteile *a priori* von den anderen zu isolieren und systematisch zu formulieren.

Ähnliches gilt auch für die psychologische Deduktion der regressiv aufgewiesenen Sätze, d. h. für den Nachweis, daß sie gewisse Bedingungen erfüllen, deren Erfüllung sie als metaphysisch charakterisieren (und dadurch ihre besondere Rolle im alltäglichen und wissenschaftlichen Denken erklären). Die psychologische Deduktion eines Grundsatzes f ist, wie oben (§ 3) ausgeführt wurde, der Beweis eines empirischen Lehrsatzes ⊠ f, welcher einem Satze f „die Einheit und Notwendigkeit" zuspricht „die wir faktisch in unserem Denken finden und die wir durch die metaphysischen Grundsätze aussprechen". Der Lehrsatz ⊠ f besagt zwar nicht, daß f für jedes Denken, wohl aber, daß f für das der regressiven Aufweisung und kritischen Begründung eines gewissen Denkers unterworfene Denken die Funktion erfüllt, subjektiv Gegebenes zu objektivieren, die objektiven Phänomene zu kategorisieren und epistemisch notwendig zu sein.

Da eine ausführlichere Darlegung der so revidierten kritischen Methode hier nicht unternommen werden kann, sind die folgenden kurzen Hinweise am Platze. Erstens, es ist, wie Kant in seiner Transzendentalen Dialektik zeigte, sehr wohl möglich, daß gewisse regressiv aufgewiesene Sätze sich als kritisch unbegründbar erweisen. Zweitens, wenn man einsieht, daß mehr als ein System der Metaphysik kritisch begründbar ist, so ist ein die Regression und die Deduktion verbindender Zirkel leichter zu vermeiden als wenn man annimmt, daß es nur ein einziges korrekt aufweisbares und begründbares metaphysisches System geben kann. Drittens läßt sich die Nelsonsche These, daß die Wahrheit eines metaphysischen Grundsatzes in seiner Übereinstimmung mit einer unmittelbaren, unanschaulichen Erkenntnis liegt, als ein Satz der spekulativen Philosophie aufrechterhalten, sofern man nur einsieht, daß er einem Denker der zwischen zwei metaphysischen Grundsätzen — z. B. dem Kantschen Kausalprinzip und dem Bohr'schen Komplementaritätsprinzip — schwankt, nicht helfen kann, sich für eines von ihnen zu entscheiden.

§ 6 Zusammenfassende Bemerkungen

Die vorgehende Untersuchung der Nelsonschen Methodenlehre bestätigt sie in wesentlichen Punkten. Das gilt besonders von seiner Kritik an allen Versuchen, metaphysische Grundsätze aus Obersätzen oder durch Berufung auf eine intellektuelle Anschauung zu begründen; von seiner Unterscheidung zwischen einem System von metaphysischen Sätzen und einer Kritik dieses

Systems; und von der entsprechenden Unterscheidung zwischen der regressiven Aufweisung und der psychologischen Deduktion der metaphysischen Grundsätze.

Die hier vorgeschlagene Revision der Nelsonschen Methodenlehre stützt sich, genauso wie diese, auf die psychologische oder anthropologische Beobachtung der Funktion, welche die metaphysischen Sätze im menschlichen Denken erfüllen. Das dieser Beobachtung zugängliche Faktum eines auch die apriorischen Begriffe und metaphysischen Grundsätze umfassenden Begriffswandels ist weder von Fries noch von Nelson gewürdigt worden. Bei seiner genaueren Untersuchung zeigt sich, daß die „Einheit und Notwendigkeit" verleihende Funktion der metaphysischen Grundsätze – d. h. die Objektivierung der subjektiven Phänomene, die Kategorisierung der objektiven Phänomene und die epistemische Schichtung der Urteile – die historisch erfüllte Möglichkeit von mehr als einem regressiv aufweisbaren und kritisch begründbaren metaphysischen System zuläßt. Dazu sei noch bemerkt, daß Nelson die regressive und die kritische Methode auch auf die Mathematik und praktische Philosophie anwendet und auch als auf die Logik anwendbar ansieht; und daß die hier vorgeschlagene Revision *mutatis mutandis* auch diese Gebiete betrifft.

In einem, zum Anlaß der fünfzigsten Wiederkehr von Leonard Nelsons Todestag verfaßten Aufsatz kommt sein hervorragender Schüler, der Philosoph und Mathematiker Paul Bernays auf anderem Wege zu einem ähnlichen Ergebnis. Auch er faßt die Vernunft nicht – wie es Kant, Fries und Nelson taten – „als Quelle endgültig maßgeblicher, philosophischer Prinzipien für die Naturwissenschaft" und wie man wohl hinzufügen darf, für alles wissenschaftliche und außerwissenschaftliche Denken auf, sondern nur „als Quelle sinnhafter, versuchend dargebotener Deutungen"[11].

Diskussion

Robert Alexy: Sie haben die These vertreten, daß die Nelsonsche Theorie unter einer gewissen Abschwächung und Relativierung einer Prüfung standhalten kann. Diese Abschwächung und Relativierung soll darin bestehen, daß Sie anders als Nelson mehrere miteinander unverträgliche Systeme von Sätzen der höchsten Stufe bzw. von metaphysischen Grundsätzen für möglich und kritisch begründbar halten. Damit wollen Sie, so habe ich Sie verstanden, nicht eine ganz andere Theorie als die Nelsons für akzeptabel halten, sondern eben nur eine Abschwächung und Relativierung dieser Theorie. Ich bin nicht sicher, ob man beides haben kann, Ihre Abschwächung und Relativierung und eine Theorie, die man in einem relevanten Sinne noch

„nelsonianisch" nennen kann. Wesentlich für die Theorie Nelsons ist der Grundsatz des Selbstvertrauens der Vernunft. Meine Frage ist, ob dieser Grundsatz mit Ihrer Abschwächung und Relativierung vereinbar ist. Mir scheint, daß er nicht nur einschließt, daß es Erkenntnis und zwar auch Erkenntnis von metaphysischen Grundsätzen gibt, sondern auch, daß es nur genau eine solche Erkenntnis gibt. Die Möglichkeit einer Mehrheit von Systemen metaphysischer Grundsätze dürfte dem Grundsatz des Selbstvertrauens der Vernunft wie Nelson ihn versteht widersprechen. Wenn dieser Grundsatz wesentlich für die Nelsonsche Theorie ist und wenn er mit Ihrer Modifikation nicht vereinbar ist, dann muß bezweifelt werden, daß Ihr Vorschlag tatsächlich nur der einer Modifikation der Theorie Nelsons und nicht der einer ganz anderen Theorie ist, es sei denn, eine zugleich mit Ihrem Vorschlag vereinbare und Nelsons Intention nicht zuwiderlaufende Modifikation auch des Grundsatzes des Selbstvertrauens der Vernunft ist möglich.

Stephan Körner: Diese Frage ist mir sehr erwünscht. Ob meine Ausführungen, die zum Teil mit Nelsons Lehre übereinstimmen, zum Teil ihr widersprechen, noch „nelsonianisch" genannt werden können, scheint mir von geringer philosophischer Wichtigkeit. Ich stimme mit Nelsons wichtiger Unterscheidung zwischen metaphysischen Grundsätzen und psychologischen Lehrsätzen überein, komme aber durch Selbstbeobachtung und philosophiegeschichtliches Studium zu anderen psychologischen Lehrsätzen als Nelson. Auch hilft mir Nelsons Lehre vom Selbstvertrauen der Vernunft nicht, zwischen seinen und meinen Lehrsätzen zu entscheiden.

Reinhard Kleinknecht: Können verschiedene metaphysische Systeme, die einander widersprechen, zugleich wahr sein?

Stephan Körner: Verschiedene metaphysische Systeme, die einander widersprechen, können nicht zugleich wahr sein. Das folgt aus der formalen Logik, die aber, wie Kant betonte, nur negative Bedingungen der Wahrheit enthält.

Reinhard Kleinknecht: Kann man feststellen, welches dieser Systeme wahr ist, oder sind alle wahr?

Stephan Körner: Kant war der Ansicht, daß die transzendentale Analytik eine Logik der Wahrheit sei, der keine Erkenntnis widersprechen kann „ohne daß sie allen Inhalt verlöre..." (B 86). Wenn man Kants und Nelsons Versuch festzustellen, welches metaphysische System wahr ist, für erfolglos hält — und selbst wenn man die Möglichkeit einer solchen Feststellung prinzipiell ausschließt — so ist man keineswegs logisch verpflichtet anzunehmen, daß „alle metaphysischen Systeme zugleich wahr sind". Denn es könnte wohl sein, daß nur ein metaphysisches System wahr ist, seine Wahrheit aber nicht festgestellt werden kann. Der Begriff der Wahrheit muß von dem Begriff der feststellbaren Wahrheit unterschieden werden.

Grete Henry: Wenn verschiedene einander widersprechende Systeme metaphysischer Grundsätze als gleichberechtigt zugelassen werden, dann entfällt unter Vertretern solcher verschiedenen Systeme die Möglichkeit der Verständigung — jedenfalls dann, wenn in die Streitfrage die durch widersprechende metaphysische Grundsätze bestimmten Kategorien eingehen. Nun gibt es gewiß oft Meinungsverschiedenheiten, die auf unterschiedlicher Verwendung metaphysischer Kategorien und damit auf einander ausschließenden Grundsätzen zu beruhen scheinen, etwa wenn der eine Gesprächsteilnehmer die durchgehende Kausalität allen Naturgeschehens voraussetzt, während der andere mit nicht vollständig determinierten Vorgängen rechnet. Aber solche Gegensätze können sinnvoll diskutiert werden; im angegebenen Beispiel etwa durch Rückgang auf die Erfahrungsgrundlagen der Quantenmechanik, die den Streit um die Kausalität ausgelöst hat. Demnach sollte man nicht von einander widersprechenden Prinzipien sprechen, die im einen und im andern Fall angewandt werden, sondern von dem für eine solche Diskussion noch offenen Problem, wie der in jede Naturbetrachtung eingehende Gedanke kausaler Verknüpfung als grundlegendes metaphysisches Prinzip formuliert werden kann.

Stephan Körner: Solange für dieses Problem keine beide Partner überzeugende Lösung gefunden ist, wird man — da jeder von ihnen von metaphysischen Prinzipien ausgeht — nicht daran vorbei kommen, daß es verschiedene einander widerstreitende Systeme solcher Prinzipien gibt. Damit müssen wir rechnen und dürfen für die Diskussion keins von beiden von vornherein vor dem anderen auszeichnen. Mein „Relativismus" beschränkt sich darauf, daß ich weder Kant, noch Nelson, noch mich selbst im Besitz einer Methode wähne, die dazu befähigt, die Wahrheit metaphysischer Prinzipien (wie z. B. der Analogien der Erfahrung) ein für allemal festzustellen. Ein solcher „Relativismus" hindert nicht daran, (1) daß man gewisse metaphysische Prinzipien annimmt; (2) daß man ihnen widersprechende Prinzipien zu verstehen versucht und manchmal auch versteht; (3) daß man die eigenen metaphysischen Prinzipien anderen vorzieht und Gründe dafür angeben kann; (4) daß man die Rolle metaphysischer Prinzipien im menschlichen Denken untersucht.

Lothar F. Neumann: Eine Bemerkung zu den „epistemischen Notwendigkeiten", von denen Körner spricht, und zu dem Beispiel, daß ein Katholik und ein Leibnizianer bei Auftreten konkurrierender metaphysischer Grundsätze bei ihren eigenen metaphysischen Grundsätzen verharren. — Man kann dieses Beispiel mit der Theorie der kognitiven Dissonanz erklären. Die kognitive Dissonanz muß aber nicht in der Weise beseitigt werden, wie Körner dies in seinem Beispiel zeigt. Die kognitive Dissonanz kann auch in der Weise beseitigt werden, daß die konkurrierenden metaphysischen Prinzipien übernommen werden. Diese Möglichkeit erschüttert u. U. die Annahme „epistemischer Notwendigkeiten".

Stephan Körner: Ich behaupte keineswegs, daß Menschen ihre metaphysischen Grundsätze nicht ändern. So berichtet Leibniz in einem Brief an M. Remond de Montmort aus dem Jahre 1714, daß er seine ursprünglich mechanistische Metaphysik zugunsten einer teleologischen aufgegeben hatte. Das heißt, daß seine Überzeugung, welche Prinzipien „epistemisch notwendig" seien, nicht immer dieselbe war.

Werner Sauer: Sie bezeichnen die Objektivierung subjektiver Phänomene durch das menschliche Denken als psychologisches bzw. anthropologisches, also als kontingentes Faktum. Nach Kant hingegen handelt es sich dabei um eine notwendige Eigenschaft unseres Denkens, da wir sonst nicht uns unserer Erfahrung bewußt sein, nicht urteilen, also überhaupt nicht denken könnten, was zu zeigen Aufgabe eines transzendentalen Beweises ist. Neben diesem schwächeren Resultat (1), nämlich daß wir überhaupt Objektivierungsbegriffe anwenden müssen, könnte für einen solchen Beweis auch das stärkere Ergebnis (2) beansprucht werden, nämlich daß wir bestimmte Arten von Objektivierungsbegriffen anwenden müssen, etwa irgendeinen Begriff, der subjektive Phänomene in objektive Einzeldinge transformiert (z. B. den Begriff eines materiellen Körpers oder den eines Ereignisses), irgendeinen Begriff, der diese miteinander verknüpft (z. B. den der Kausalität oder den der statistischen Gesetzmäßigkeit) usw. Schließlich kann (3) der Anspruch erhoben werden, daß wir eine bestimmte Klasse von Objektivierungsbegriffen verwenden müssen. Ihre Argumente gegen die Möglichkeit transzendentaler Beweise richten sich, soweit ich sehe, nur gegen (3), nicht aber gegen (2) und *a fortiori* auch nicht gegen (1), was in der Beantwortung der *quaestio iuris* zur Objektivität der Erfahrung der entscheidende Schritt zu sein scheint. Wird nicht dadurch sowohl Ihre als auch die im wesentlichen recht ähnliche Kritik Nelsons am transzendentalen Argumentieren weitgehend entschärft?

Stephan Körner: Daß das menschliche Denken Objektivierungsbegriffe verwendet, ist eine empirische Tatsache, welche vermutlich die Menschen z. B. von den Schmetterlingen unterscheidet. Man kann natürlich auch den Begriff des menschlichen Denkens als *per definitionem* Objektivierungsbegriffe verwendend fassen. Dann ist es wiederum eine empirische Tatsache, daß der so definierte Begriff nicht leer ist. Man muß — wie Nelson bemerkt — den *empirischen* Satz, daß jemand ein nicht-empirisches Prinzip (z. B. *tertium non datur*, „7+5=12", „Jedes Ereignis hat eine Ursache") verwendet, von diesem *nicht-empirischen Prinzip* selbst klar unterscheiden. Diese Unterscheidung trägt dazu bei, den Sinn von ‚notwendige Eigenschaft unseres Denkens' deutlich zu machen.

Erich Spohr: Ich habe eine Frage zu den von Ihnen so genannten „metaphysischen" Grundsätzen, nämlich: Wollten Sie sagen, daß die Behauptung der *objektiven Gültigkeit* dieser Grundsätze *eo ipso* auch die Behauptung der *Existenz* eines nach diesen Grundsätzen erkannten empirischen Gegenstandes bedeutet?

Stephan Körner: Ja.

Erich Spohr: Reduzieren Sie damit die Transzendentalphilosophie nicht aber auf eine Theorie bloß *wahrer* Urteile, wo es doch nach Kant ihre Aufgabe ist, die Erkenntnisse als *geltungsdifferente* Gebilde zu thematisieren?

Stephan Körner: Für Kant ist die objektive Gültigkeit der metaphysischen Grundsätze Bedingung alles sinnvollen Denkens und daher aller Wahrheit.

Erich Spohr: Ja, aber muß nicht der Ausdruck „Bedingung *aller* Wahrheit" bei Kant gerade gelesen werden als „Bedingung von *Wahrheitsdifferenz*" d. h. als Bedingung der Möglichkeit solcher Gebilde, die *wahr oder falsch* sind?

Stephan Körner: Das ist eine zu sehr ins Einzelne gehende Frage der Kant-Exegese, der ich hier nicht weiter nachgehen möchte, besonders da mir gar nicht klar ist, was Sie unter „Wahrheitsdifferenz" verstehen.

Anmerkungen

1. L. Nelson, Gesammelte Schriften, hrsg. v. P. Bernays/W. Eichler/A. Gysin/G. Heckmann/G. Henry-Hermann/F. v. Hippel/S. Körner/W. Kroebel/G. Weisser, Hamburg: Felix Meiner Verlag, 1970—73, Bd. I.Die Kritische Methode und das Verhältnis der Psychologie zur Philosophie, S. 37, zitiert als Krit.
2. Gesammelte Schriften, Bd. II, von nun an zitiert als Erk.
3. Siehe Facts and Propositions, in: R. B. Braithwaite (Hrsg.), Foundations of Mathematics, London 1931.
4. Siehe Erk., Dritter Teil
5. Jakob Fries' Lehre von der unmittelbaren Erkenntnis, Göttingen 1913, s. 325 f.
6. Näheres findet man in 'Brentanos Reismus und die extensionale Logik', in: Grazer Philosophische Studien, Bd. 5 (1978).
7. Siehe z. B. Die kritische Ethik bei Kant, Schiller und Fries, § 82, in: L. Nelson, Gesammelte Schriften, Bd. VIII, S. 27—193.
8. Siehe 'Zur Methodenlehre des Kritizismus', in: Philos. und Pädag. Arbeiten, hrsg. v. E. Becher und A. Fischer, 1. Reihe, Heft 8 (Langensalza 1929).
9. Für weitere Ausführungen siehe S. Körner, Categorial Frameworks, Oxford 1970 und 1974.
10. Siehe Categorial Frameworks.
11. Über die Fries'sche Annahme einer Wiederbeobachtung der unmittelbaren Erkenntnis, in: Leonard Nelson, Zum Gedächtnis, hrsg. v. M. Specht und W. Eichler, Frankfurt a. M. — Göttingen, 1953, S. 128.

Paul Lorenzen, Erlangen

Wissenschaftstheorie und Nelsons Erkenntnistheorie am Beispiel der Geometrie und Ethik

Meine sehr geehrten Damen und Herren!
Für Nelson war die Geometrie in der Hilbertschen Fassung ein Paradigma strenger Erkenntnis. Er versuchte, für die Ethik — und das heißt zugleich: für die Politik — eine ähnliche Erkenntnis ihrer Prinzipien (oder ihres Prinzips) zu gewinnen.

Seine Bemühungen um eine Begründung der Ethik stützten sich daher auf eine Analyse der geometrischen Erkenntnis. Er entdeckte dabei einen Unterschied in dem Begründungsproblem von Geometrie und Ethik, durch den — wie er dann meinte — in der Ethik eine andere Methode als in der Geometrie anzuwenden sei.

Um diesen Unterschied zu belegen, zitiere ich aus Nelsons 'Kritik der praktischen Vernunft'. In § 6 schreibt er: „Die Begriffe, mit denen die Geometrie operiert, werden durch willkürliche Zusammensetzung einfacher Merkmale gebildet. Wir gelangen zu ihnen also durch Definition. Diese Art der Begriffsbildung bietet zwar unmittelbar keine Gewähr für die Existenz eines dem Begriff entsprechenden Gegenstandes. Wir bedürfen allemal eines von der Definition unabhängigen Kriteriums, um bloß fingierte von wirklichen Gegenständen zu unterscheiden. Ein solches Kriterium bietet uns aber in der Geometrie die *Konstruktion* der Begriffe, d. h. die Darstellung des dem Begriff entsprechenden Gegenstandes in der *Anschauung.*"

Nelson fährt dann fort „Ganz anders in der Ethik". Auch in § 5 wird die „Anschauung" oder „Evidenz" als „Eigentümlichkeit der geometrischen Erkenntnis" genannt. Es heißt dort: „Nur weil die geometrischen Prinzipien schon an sich *evident* sind, können wir von ihrer Aufstellung ausgehen, in der Gewißheit, daß wir aus ihnen nur streng logisch weiter zu schließen brauchen, um zu immer neuen völlig sicheren Resultaten zu gelangen. In der Ethik haben wir dagegen solche evidenten Prinzipien nicht".

Diese bloßen Feststellungen, daß es in der Ethik anders sei, positiv dadurch zu ergänzen, wie denn in der Ethik eine strenge Erkenntnis zu gewinnen sei, ist das ganze Buch mit seinen 329 Paragraphen gewidmet. Ich zitiere hier nur aus § 30: „Wir besitzen sicher keine *unmittelbar evidente* ethische Erkenntnis. Gewißheit und Evidenz sind nämlich zweierlei. Gewißheit hat die Erkenntnis unmittelbar als solche, Evidenz jedoch nur, sofern wir uns ihrer auch als solcher *bewußt* sind. Der ethischen Erkenntnis sind wir uns aber nicht unmittelbar bewußt, sondern wir gelangen zum Bewußtsein um die ethischen Wahrheiten nur durch *Nachdenken*. Die unmittelbare ethische Erkenntnis ist also jedenfalls keine Anschauung, sondern, wenn sie überhaupt existiert, eine *ursprünglich dunkle* Erkenntnis. In diesem Umstand liegt die tiefste Wurzel aller der Schwierigkeiten, die einer wissenschaftlichen Begründung der Ethik von jeher im Wege gestanden haben".

Meine sehr geehrten Damen und Herren, da ich kein Nelson-Philologe bin, begnüge ich mich mit diesen Zitaten, um jetzt systematisch zu fragen, ob das denn so sei, wie Nelson sagte: daß einerseits die geometrischen Prinzipien *evident* sind, und daß den geometrischen Begriffen Gegenstände entsprechen, die sich in der *Anschauung* darstellen lassen, daß aber andrerseits keine ethische Erkenntnis eine *Anschauung* ist, daß wir uns ihrer Gewißheit nicht unmittelbar *bewußt* sind, daß sie uns erst durch Nachdenken *evident* wird.

Die Schwierigkeit einer Kritik dieser Nelsonschen Erkenntnistheorie liegt in der Verwendung solcher psychologischen Termini wie: Evidenz, Gewißheit, Anschauung und Bewußtsein. Ich will nicht behaupten, daß es unmöglich sei, diese Termini so zu definieren, daß die zitierten Nelsonschen Aussagen wahr werden – aber dazu müßten wir uns *vorher* darüber geeinigt haben, was wir mit geometrischer und ethischer Erkenntnis meinen.

Die moderne Wissenschaftstheorie – das gilt sowohl für die analytische wie für die konstruktive Variante – vermeidet jede Erkenntnispsychologie und spricht statt dessen nur über die Verwendung von Termini und Sätzen. Das nennt man auch den „linguistic turn". Er geht der Sache nach auf Frege zurück und bildet die Grundlage der Angriffe auf den Psychologismus.

In der analytischen Wissenschaftstheorie geht durch den linguistic turn allerdings die Ethik ganz verloren: man findet in der gegenwärtigen Wissenschaft ja keine logisch analysierbaren Satzsysteme, die als Ethik auftreten. Die moderne Wissenschaft ist „wertfrei" – und folglich gibt es faktisch keine Wertwissenschaften, die man analysieren könnte.

Die Geometrie andererseits ist selbstverständlich in der analytischen Wissenschaftstheorie sehr geschätzt: sie ist ja das Paradigma einer – wie man jetzt sagt – formalen Theorie.

Das Begründungsproblem der Geometrie geht dabei allerdings auch verloren. Die Geometrie – soweit man nicht bloß konventionell irgendwelche Satzsysteme „Geometrien" nennt – gilt jetzt als ein Teil der Physik. Ihre Begründung muß daher nach der Methode der Begründung physikalischer Theorien geschehen: also empirisch.

Die analytische Wissenschaftstheorie folgt hier der herrschenden Meinung der Physiker, daß die allgemeine Relativitätstheorie eine nicht-euklidische Geometrie, nämlich eine Riemannsche Geometrie, empirisch als besser bewährte Hypothese vor der euklidischen Geometrie habe auszeichnen können. Dieser herrschenden oder orthodoxen Meinung der Physiker braucht man aber nicht zu folgen, ohne damit die empirische Bewährung der allgemeinen Relativitätstheorie anzuzweifeln. Seit 1972 kann nämlich jeder in dem Buch des berühmten amerikanischen Physikers Steven Weinberg über 'Gravitation and Cosmology' nachlesen, wie sich die gesamte Einsteinsche Theorie als eine Gravitationstheorie interpretieren läßt, die ihre Raum-Zeit-Struktur unverändert von der speziellen Relativitätstheorie übernimmt. In der speziellen Relativitätstheorie wird bekanntlich statt der galileischen Kinematik eine Lorentz-Kinematik verwendet. An der euklidischen Struktur der Geometrie wird in der speziellen Relativitätstheorie aber nichts geändert, und also wird in der allgemeinen Relativitätstheorie daran auch nichts geändert, wenn man der Weinbergschen Interpretation folgt. Weinberg selbst nennt seine Interpretation heterodox — die bloße Existenz einer konsistenten, wenn auch heterodoxen Interpretation, die aufgrund des Weinbergschen Buches niemand leugnen kann, zeigt aber, daß die orthodoxe Meinung, die Nicht- Euklidizität sei ein empirisches Resultat, unhaltbar ist: die Nicht-Euklidizität ist nur das Resultat einer dogmatischen Interpretation.

Für die euklidische Geometrie stellt sich damit das Begründungsproblem in einer neuen Dringlichkeit. Wenn die euklidische Geometrie Teil aller physikalischen Theorien von der Newtonschen Mechanik bis zur speziellen und allgemeinen Relativitätstheorie ist, dann ist es gar nicht mehr plausibel, daß die euklidische Geometrie nur ein empirisch bewährtes Hypothesensystem sein soll. Die Rückkehr zu der Nelsonschen Behauptung von anschaulich evidenten Prinzipien der Geometrie, aus denen man alle weiteren Erkenntnisse durch logisches Schließen gewinnt, wäre aber jetzt ebenfalls dogmatisch. Mir scheint viel besser auf die Geometrie zuzutreffen, was Nelson nur von der Ethik sagt: daß sie eine ursprünglich dunkle Erkenntnis sei.

Um dieses Dunkel, in dem die Ursprünge unseres geometrischen Wissens liegen, aufzuhellen, möchte ich im folgenden ersten Teil eine Begründung der euklidischen Geometrie vortragen. In einem zweiten Teil werde ich dann wieder auf die Ethik zurückkommen, um zu zeigen, daß sie sich nach derselben Methode begründen läßt.

Die vorzutragende Begründung geht — statt von der Psychologie — von unserer technischen Praxis der Formung von Körpern aus. Die Formung von Körpern geschieht z. B. durch Bearbeitung der Oberfläche, etwa durch Schleifen, Zerschneiden oder Druck. Mit diesem Ansatz folge ich Mach 1905 und Dinglers Arbeiten zur Geometrie. Aber erst in den letzten Jahren ist innerhalb der konstruktiven Wissenschaftstheorie, insbesondere von Janich und Inhetveen, dieser Ansatz zu einer eigenen Theorie, einer „Protogeometrie" ausgearbeitet worden. Bringt man nämlich die Formungspraxis auf Begriffe, so erhält man die Möglichkeit, die Ebene und den rechten Winkel als Formen zu definieren — und damit die Möglichkeit, die Sätze der euklidischen Geometrie als Sätze einer Formentheorie zu beweisen. Im Unterschied zur Stochastik und Chronometrie erfordert die Begründung der Geometrie ein eigenes Stück Theorie, das die vorgängige Formungspraxis auf Begriffe bringt. Dieses der Geometrie vorangehende Stück Theorie ist die „Protogeometrie".

Bei der Herstelung geometrischer Formen geht man von Körpern aus und man bearbeitet zunächst ein Stück der Oberfläche. Zerschneidet man ein Holzstück, so erhält man z. B. zwei Oberflächenstücke, die sich so in Berührung bringen lassen, daß sie aufeinander passen. Bei der Metallbearbeitung formt man Werkstücke als Abdruck einer Schablone. Durch die Benutzung einer Schablone erhält man Kopien der Werkstücke — und mit den Werkstücken kann man Kopien der Schablone herstellen.

Diese Formungspraxis ist auf den Begriff zu bringen, d. h. es sind die Normen zu formulieren, denen man in dieser Praxis folgt. Diese Praxis soll nicht physikalisch erklärt werden — es soll vielmehr umgekehrt die Physik verständlich werden als eine Hochstilisierung dieser Praxis.

Als einen Grundbegriff der Protogeometrie schlage ich den Körper vor, an dem ein Oberflächenstück ausgezeichnet ist, so daß in diesem Oberflächenstück noch ein Berührungselement markiert ist: eine Stelle und eine von dieser Stelle ausgehende Richtung (ein orientiertes Linienelement, würde der Differentialgeometer sagen).

Für solche Körper K_1, K_2 wollen wir sagen, daß sie „in Berührung" sind — ich schreibe K_1 b K_2 — wenn sie sich in den markierten Berührungselementen berühren. Die Berührungsstellen sind also festgelegt — und Drehungen sind ausgeschlossen, weil die markierten Richtungen festgelegt sind.

Als Axiome notiere ich
(A1)   b ist symmetrisch (d. h. K_1 b K_2 → K_2 b K_1)
(A2)   b ist total (d. h. für alle K_1 gibt es ein K_2 mit K_1 b K_2)

Zwei Körper, die in Berührung sind, heißen „in Passung" — hierfür schreibe ich K_1 p K_2 — wenn sie sich in allen Stellen der ausgezeichneten Oberflächenstücke berühren, falls sie sich in den markierten Elementen berühren. Für die Praxis läßt man allerdings überständige Oberflächenstücke zweckmäßigerweise zu — es sollen nur keine Hohlräume zwischen den ausgezeichneten Oberflächenstücken vorhanden sein.

Als Axiom für die Passung ist zunächst wieder die Symmetrie zu fordern
(A3)   p ist symmetrisch

Die vorhin erwähnte Herstellbarkeit von Kopien für die Schablonen und Werkstücke läßt sich — nach Inhetveen — folgendermaßen formulieren
(A4)   p ist schwach transitiv

(d. h. $K_1 \, p \, K_2 \wedge K_2 \, p \, K_3 \wedge K_3 \, p \, K_4 \to K_1 \, p \, K_4$)
Mit diesem Axiom kommt die Protogeometrie als Theorie schon etwas in Gang. Man kann jetzt eine Passungsgleichheit definieren durch
$K_1 =_p K_2 \Leftrightarrow K_1 \, p^2 \, K_2$ (d. h. $K_1 \, p \, K \, p \, K_2$ für ein K)
Diese Gleichheit ist dann symmetrisch und transitiv — außerdem ist p invariant bzgl. dieser Gleichheit.

Als letzten Grundbegriff schlage ich vor die „Ergänzung" eines Körpers zu nehmen, für den Fall, daß Körper sich berühren, aber nicht passen. Man füllt dann in der Praxis die Hohlräume durch Zusatzkörper aus.

Für $K_1 \, b \, K_2$ und $\neg K_1 \, p \, K_2$ schreibe ich $K_1 + Z \, p \, K_2$
Für diese Addition wird gefordert
(A5)   + ist assoziativ $(K_1 + Z \dotplus \bar{Z} =_p K_1 \dotplus Z + \bar{Z})$
(A6)   + ist invariant bzgl. $=_p$
Das entscheidende Axiom ist aber die Ergänzbarkeit
(A7) $K_1 \, b \, K_2 \to \neg K_1 \, p \, K_2 \leftrightarrow \vee_Z K_1 + Z \, p \, K_2$
(A7) fordert, daß für zwei Körper K_1, K_2 in Berührung dann (und nur dann) K_1 so ergänzt werden kann, bis $K_1 + Z$ zu K_2 paßt, wenn K_1 nicht schon vorher zu K_2 paßt.

(A1) bis (A7) stellen Normen dar, die in der Formungstechnik befolgt werden. Als triviale Folgerung aus (A7) ergibt sich mit (A2), daß auch p total ist, die Passungsgleichheit ist daher reflexiv, also eine Äquivalenzrelation.

Die normative Erfassung der Formungstechnik liefert für sich noch keine Idealwissenschaft, denn um eine Form zu reproduzieren, müßte man eine Schablone realiter vorgeben. Aber so wie im Fall der Chronometrie die Gleichförmigkeit so definiert werden kann, daß dadurch eine Zeitmessung (bis auf die Maßeinheit) idealiter definiert ist, so können auf der Basis der Protogeometrie (A1) – (A7) die Grundformen der Ebene und des rechten Winkels idealiter definiert werden.

Die Definition der Ebene lautet

K eben $\Leftrightarrow K \, p^3 \, K$ (d. h. $K \, p \, K' =_p K$ für ein K')

wobei das ausgezeichnete Oberflächenstück von K unabhängig vom markierten Berührungselement genommen wird. Die Ebenheit ist dadurch definiert, daß Schablone und Abdruck für alle Berührungselemente passungsgleich sind. Diese Definition ist gleichwertig mit der Dinglerschen Definition durch das 3-Plattenverfahren, wenn man dieses nicht mißversteht als ein Verfahren, das *zwangsläufig* ebene Stücke als Resultat hat.

In der Protogeometrie ergibt sich dann der folgende Janichsche *Eindeutigkeitssatz*

K_1, K_2 eben $\to K_1 \, p \, K_2$

Nimmt man nämlich $\neg K_1 \, p \, K_2$ an, so führt die Ergänzbarkeit von K_1 und von K_2 zusammen mit der Ebenheit von K_1, K_2 leicht zu einem Widerspruch.

Je zwei ebene Stücke in Berührung passen also aufeinander und sind daher auch passungsgleich.

Alle ebenen Stücke passen daher auf eine unendlich gedachte Ebene. Die Form der Ebene ist allein durch ihre Definition — sola definitione — eindeutig bestimmt. Die Form des rechten Winkels ergibt sich entsprechend „sola definitione", wenn man einen Körper mit ebenem Oberflächenstück noch einmal so zerschneidet, daß die Teilstücke wieder passungsgleich werden. Der Schritt von der Protogeometrie zur Geometrie wird anschließend dadurch vollzogen, daß als Gegenstände der Geometrie nicht mehr alle protogeometrischen *Körper* zugelassen werden, sondern nur noch die allein durch Definitionen bestimmten *Formen* an diesen Körpern. Man sagt auch, daß nur noch die konstruierbaren Formen als geometrische Gegenstände zugelassen werden.

In einer Ebene E entstehen durch Orthogonalschnitte die Geraden g, h, ... Geraden werden durch Punkte p, q, ... zerschnitten. Als eine elementare Form erhalten wir z. B. in der Ebene

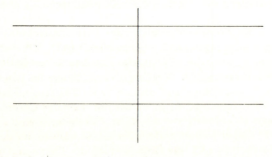

Durch die Definition von Ebene und Orthogonalität ist keine Streckengröße ausgezeichnet: alle Strecken sind zueinander formgleich. Man kann diese Eigenschaft auch als 2-Punkte-Homogenität formulieren:
$$p_1 \neq p_2 \wedge q_1 \neq q_2 \wedge A\,[p_1, p_2] \rightarrow A\,[q_1, q_2]$$

Hier ist $A\,[p_1, p_2]$ eine Formel, in der nur p_1 und p_2 als freie Variable vorkommen.

Für den Kenner der nicht-euklidischen Geometrie ist klar, daß ich hier erstmalig einen Satz formuliert habe, der nur in der euklidischen Geometrie gilt. Man weiß seit John Wallis, daß sich das Parallelenaxiom durch die Forderung der Existenz formgleicher, aber nicht größengleicher Figuren ersetzen läßt. Nur in der euklidischen Geometrie gibt es, wie man sagt, keine absolute Länge. Die Protogeometrie, die in den Normen der Formungspraxis gründet, zeigt, wo die 2-Punkte-Homogenität herkommt: die Herstellung von Formen soll größenunabhängig sein. Realisierungsfragen gehören nicht zur Geometrie: wer unbedingt z. B. Strecken von 10^{10} m realisieren will, wird seine Schwierigkeiten haben — aber er kann solche Realisierungsaufgaben noch nicht einmal formulieren, wenn er nicht vorher definiert hat, was „Strecken" sein sollen.

Von jetzt ab brauche ich nur noch zu skizzieren, wie man den Satzbestand der euklidischen Geometrie durch die formentheoretische Uminterpretation auf der Basis der protogeometrischen Axiome aus Definitionen deduzieren kann.

Das erste, was zu tun ist, ist die Halbierung des rechten Winkels durch folgende Konstruktion

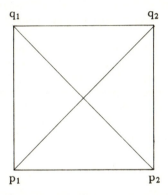

p_1, p_2 seien gegeben, ebenfalls die rechten Winkel in p_1 und p_2. Gesucht ist ein Punkt q_1, so daß für den Schnittpunkt q_2 (der Orthogonalen von p_2 und q_1 aus) die Diagonalen $p_1 q_2$ und $p_2 q_1$ orthogonal sind.

Wegen der 2-Punkte-Homogenität muß der Winkel bei q_2 unabhängig von der Wahl von $p_1 p_2$ sein. Daher muß er ein rechter sein. Jede Abweichung vom rechten Winkel würde die Strecken $p_1 p_2$ unterscheidbar machen.

Die 2-Punkte-Homogenität gestattet also, Quadrate mit vier rechten Winkeln und orthogonalen Diagonalen zu konstruieren. Wiederholung dieser Konstruktion liefert Quadratgitter,

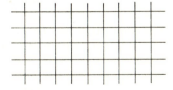

die beliebig erweitert werden können.

Für die Gitterpunkte ist damit erstmalig ein Abstand definierbar, der Gitterabstand. Damit wird auch definierbar, was ein rationaler Teilpunkt einer Strecke ist:

$$\underset{p_1}{\vdash} \overset{m}{\underset{n}{\rule{6cm}{0.4pt}}} \overset{q}{\vdash} \underset{p_2}{\rule{2cm}{0pt}}$$

q teilt die Strecke $p_1 p_2$ im Verhältnis $\frac{m}{n}$, wenn es ein Quadratgitter gibt, in dem $p_1 p_2$ und q Gitterpunkte sind, so daß m bzw. n Gitterabstände von p_1 q bzw. $p_1 p_2$ sind.

Irrationale Teilpunkte lassen sich dann definieren, indem man mit arithmetischen Mitteln (z. B. durch Definition einer Cauchy-Folge) Folgen rationaler Teilpunkte konstruiert.

Als Gegenstand der formentheoretischen Geometrie treten daher als Teilpunkt einer Strecke genau diejenigen auf, zu denen eine konstruktiv-reelle Zahl als Teilungsverhältnis gehört.

Daraus folgt aber sofort, daß das sog. Archimedische Axiom für die Teilpunkte einer Strecke gilt. Auf die weitere Skizze des Beweisganges für die Sätze der euklidischen Geometrie möchte ich hier verzichten.

Das Begründungsproblem scheint mir im wesentlichen gelöst zu sein, wenn die 2-Punkte-Homogenität und die Archimedizität begründet sind. Der Rest ist mehr oder weniger Routine. Die Größengleichheit kann nämlich mithilfe der Formgleichheit definiert werden. Dazu genügen elementare Schulkenntnisse. Geht man davon aus, daß der rechte Winkel eine Form ist (d. h. daß alle rechten Winkel formgleich sind), dann ist zunächst die Parallelität von Geraden durch Formgleichheit definierbar, nämlich durch die Existenz einer gemeinsamen Orthogonale. Für das dadurch definierbare Parallelogramm definiert man gegenüberliegende Seiten als „größengleich". Ist das Parallelogramm ein Rhombus, d. h. sind die Diagonalen orthogonal, dann definiert man auch die benachbarten Seiten als „größengleich". Schließlich heißen zwei beliebige Strecken „größengleich", wenn sie zu einer dritten Strecke als Seiten eines Parallelogramms oder eines Rhombus größengleich sind. Daß die so definierte Größengleichheit eine Äquivalenzrelation ist, muß dann bewiesen werden — und es müssen dann auch die Kongruenzaxiome bewiesen werden.

Das ist das Programm einer allein auf den Formbegriff begründeten Geometrie, einer „Formentheorie", wie ich kurz sagen möchte. Das Ungewohnte der formentheoretischen Begründung liegt nur darin, daß sie eine Begründung der euklidischen Geometrie ist gegen die Intuitionen des euklidischen Kongruenzbegriffes. Alle die Überlegungen, die sich an das Transportverhalten starrer Maßstäbe geknüpft haben, sind hier gerade *nicht* relevant. Daß es eine erfolgreiche Formungstechnik der Körper gibt, ist ein unbestreitbares Faktum unserer Kultur.

Formuliert man die Normen dieser Technik, so erhält man als ein erstes Stück Theorie eine Protogeometrie. Diese dient als Basis zur Definition von Formen — und „Geometrie" heißt dann die Theorie der Formen. Die Geometrie ist eine Idealwissenschaft, weil sie nicht über reale Körper redet, sondern über die idealen Formen, die wir an Körpern nur approximativ herstellen oder finden können.

In dieser Geometrie kommen Bewegungen nicht vor. Wenn über die Kongruenz von Strecken gesprochen wird, so müssen das zwei Strecken sein, die als Teile einer geometrischen Figur auftreten — und die Kongruenz ist über Konstruktionen wie die von Winkelhalbierenden und Quadratgittern definiert.

Die Geometrie liefert also Kriterien dafür, ob ein realer Maßstab beim Transport seine Länge ändert oder nicht — die Begründung der Geometrie aus der Formungstechnik macht den Versuch überflüssig, umgekehrt bloß praktisch irgendwelche Materialien als „starr" auszuzeichnen, um dann mit solchen „praktisch-starren" Körpern die metrische Struktur eines realen oder sog. „wirklichen" Raumes auszumessen. Dieses Reden vom „realen Raum" wird überflüssig. Deswegen brauchte es noch nicht unsinnig zu sein. Aber wer die Rede vom „realen Raum" verteidigen will, müßte dann schon Gründe dafür anführen. Es genügt nicht, sich auf die erfolgreiche Meßpraxis der Physik zu berufen — diese wird ja, wie ich gezeigt habe, ohne realen Raum, allein mit dem idealen Raum, verständlich.

In diese formentheoretische Begründung der euklidischen Geometrie lassen sich die sog. nicht-euklidischen Geometrien leicht einordnen. Fragt man nämlich danach, ob die in der euklidischen Geometrie beweisbaren Kongruenzsätze schon allein ausreichen, um daraus alle anderen Sätze der euklidischen Geometrie zu deduzieren, so fragt man nach der logischen Unabhängigkeit von Satzsystemen innerhalb der euklidischen Geometrie. Im 2-dimensionalen Falle zeigt die Existenz der Sphäre, also der Oberfläche der Kugel, daß dort alle Kongruenzsätze gelten, aber der Parallelensatz nicht. Nun ja, die sphärische Geometrie unterscheidet sich von der Ebene ja auch schon dadurch, daß ihre „Geraden" (das sind die Großkreise) endliche Länge haben. Was man die Entdeckung der nicht-euklidischen Geometrie nennt, läßt sich schlichter auch so ausdrücken: es wurde die Existenz einer 2-dimensionalen Mannigfaltigkeit, der Pseudosphäre, entdeckt, in der wieder alle Kongruenzsätze gelten, die „Geraden" haben außerdem unendliche Länge, aber der Parallelensatz gilt nicht. Die Raffinesse dieser Entdeckung lag darin, daß die Pseudosphäre *nicht* als Fläche im euklidischen Raum darstellbar ist.

Außer der logischen Unabhängigkeit des Parallelensatzes von den Kongruenzsätzen beweist diese Entdeckung aber gar nichts. Die formentheoretische Begründung der euklidischen Geometrie bleibt als Begründung der Geometrie unserer Technik und unserer physikalischen Theorien von diesen logischen Zusatzuntersuchungen, von diesen metageometrischen Untersuchungen, unberührt.

Dadurch daß jetzt die Protogeometrie, die auf den Begriff gebrachte Formungstechnik, aus dem *ursprünglichen Dunkel* ins Helle gebracht worden ist – und zwar wie Nelson von der Ethik sagt: *durch Nachdenken* – läßt sich auch erklären, wie der Eindruck scheinbarer Helligkeit, die *Evidenz* geometrischer Prinzipien, zustandekommt.

Schon das Kind lernt Grundbegriffe wie Ebene und rechter Winkel dadurch, daß es in einer geometrisch geformten Welt lebt: alle Zimmerwände sind eben, der Tisch, auf dem es Schularbeiten macht, ist eben, das Heft rechteckig – und Zirkel und Lineal erscheinen dem Kind wie Naturgegenstände.

Erst durch Nachdenken erkennt man, daß diese Gegenstände zu unserer technischen Kultur gehören. Wir haben es also in der Geometrie nur mit einer scheinbaren Evidenz zu tun – die Geschichte des Parallelenaxioms bis zu den modernen Spekulationen über einen „gekrümmten" Raum belegt ja auch deutlich, daß keine echte Evidenz vorliegt. Ich hoffe damit zumindest plausibel gemacht zu haben, daß die Nelsonsche Beschreibung des ethischen Begründungsproblems durchaus auf die Geometrie paßt. Es liegt daher nahe, jetzt umgekehrt zu versuchen, für das „ursprüngliche Dunkel" der ethischen Prinzipien und Begriffe ebenfalls nach einer Praxis zu suchen, die „durch Nachdenken" auf den Begriff gebracht werden kann.

Ich zitiere hier noch einmal Nelson. Über die Begriffsbildung in der Ethik sagt er in § 6: „Die ethischen Begriffe werden *nicht* durch Definition gebildet, sondern wir bedienen uns ihrer, *ehe* wir die Teilmerkmale kennen, aus denen sie sich zusammensetzen. Sie kommen schon im gemeinsten Verstandesgebrauch vor, freilich nur vermengt mit anderen Begriffen, von denen sie erst künstlich abgesondert werden müssen. So kennt jedermann den Begriff des Sollens ... aber er hat ihn zunächst nur vermengt mit dem Begriff des Müssens ... Ähnlich wird im allgemeinen der Begriff des Unrechts mit dem des Egoismus vermengt, der Begriff des Rechts mit dem der Befugnis ... Alle diese Begriffe brauchen nicht erst durch Definition gebildet zu werden. Wir *haben* sie schon, und es kommt nur darauf an, sie von den anderen Begriffen, mit denen sie zunächst vermengt sind, zu trennen."

Meine sehr geehrten Damen und Herren, ich hoffe, daß sie mit mir einig sind, daß diese Stelle bei Nelson geradezu danach schreit, mit den sprachkritischen Mitteln, die nach dem „linguistic turn" entwickelt worden sind, untersucht zu werden. In der ordinary-language-Variante der analytischen Philosophie würde man das Vorkommen solcher Wörter wie Sollen–Müssen, Unrecht–Egoismus, Recht–Befugnis in der Umgangssprache – Nelson sagt dafür „im gemeinsten Verstandesgebrauch" — möglichst genau analysieren. Ersichtlich wäre das aber nicht im Nelsonschen Sinne: wenn er sagt, daß es darauf ankommt, die „Begriffe", die wir schon haben, aus ihrer Vermengung miteinander zu trennen, so heißt das sprachkritisch, daß es darauf ankommt, die *Verwendungsweise* solcher Wörter wie Sollen—Müssen, Recht—Befugnis usw. *kritisch zu rekonstruieren*. Es scheint mir deutlich zu sein, daß hier eine nahe Verwandtschaft zur konstruktiven Wissenschaftstheorie besteht. Faktisch ist es auch so, daß meine eigenen ersten Arbeiten vor etwa 30 Jahren zur Modallogik, zur ontischen und deontischen Modallogik des Müssens und Sollens, unter dem Eindruck der Nelsonschen Kritik entstanden sind.

Wie wir uns vorhin in der Geometrie darum bemüht haben, eine Praxis zu finden, für die dann eine angemessene Sprache zu konstruieren ist (und diese Konstruktion erweist sich im Nachhinein als Rekonstruktion der euklidischen Geometrie), so müssen wir jetzt ebenfalls eine Praxis finden, für die eine angemessene Sprache zu konstruieren ist. Wir werden dadurch zu einer wissenschaftlichen Sprache (frei von den „Begriffsvermengungen" der Umgangssprache) der ethisch-politischen Disziplinen kommen. Da wir z. Zt. in diesen Fächern keine wissenschaftlichen Fachsprachen haben — man bedient sich dort vielmehr vieler Wörter als bloß umgangssprachlicher — werden wir in der Ethik nicht im Nachhinein feststellen können, daß wir „die" Theorie der Ethik rekonstruiert hätten. Wir werden günstigstenfalls sagen können, daß wir eine z. B. mit Kant und mit Nelson nahe verwandte ethische Theorie konstruiert haben.

Ich beginne mit dem von Nelson bemerkten Unterschied, daß sich die ethischen Begriffe nicht wie die geometrischen Begriffe *anschaulich* darstellen lassen. Genau genommen gilt diese Anschaulichkeit nur für die protogeometrischen Begriffe: man führt an sichtbaren, greifbaren Dingen vor, was das Berühren und Passen von Körpern ist. Die Ebene ist dagegen sola definitione bestimmt. Sie ist eine Idee — und Kant sagte dazu, daß sie nur in einer „reinen" Anschauung darzustellen sei. Diese Rede scheint mir allerdings eher verwirrend als klärend gewirkt zu haben.

Jedenfalls scheint es zunächst so, als ob es keine Gegenstände gebe, die in ähnlicher Weise eine Exemplifizierung z. B. von Recht und Unrecht ermöglichen. Nimmt man die Taten eines Menschen und beurteilt einige von ihnen als „recht", andere als „unrecht", so kann man daraus nichts lernen.

Nelson sagt dazu in § 6: „Wohl mögen sich in der Anschauung Handlungen vorfinden, die unter diese Begriffe fallen, *daß* sie aber darunter fallen, können wir nur *denken* und nicht selbst anschaulich erkennen, so wie wir die geometrische Gestalt eines Gegenstandes anschaulich erkennen können."

Ohne die Möglichkeit, von Exempla auszugehen, ist aber die Konstruktion einer Sprache, die methodische Einführung von Wörtern, ein vergebliches Unterfangen.

Diese Schwierigkeit löst sich auf, wenn wir „Handlungen" eines Menschen nur solche Taten nennen, die sich als Ausführung eines Imperativs *deuten* lassen. Diese Deutung ist nur durch Nachdenken zu leisten — und deshalb sind die Taten der Menschen keine *anschaulichen* Exempla ethischer Begriffe. Gebrauchen wir „anschaulich" im weiten Sinn von „unmittelbar aufweisbar" — es braucht also nicht sichtbar oder greifbar zu sein — dann gehören die Imperative als sprachliche Gegenstände aber noch mit zu den „anschaulichen" Gegenständen.

Ob im Reden jemand einen Imperativ gebraucht oder nicht, das ist „anschaulich" zu erkennen. Selbstverständlich muß man dazu etwas Grammatik gelernt haben, um einen Imperativ von einem Indikativ unterscheiden zu können — aber solche Unterscheidungen sind im weiten Sinne ebenso „anschaulich" wie die Unterscheidungen von Kreis und Quadrat.

Das ursprüngliche Dunkel der ethischen Erkenntnis wird sich also dadurch erhellen lassen, daß wir unsere Redepraxis, speziell unsere Redepraxis, in der es um Imperative geht, genauer betrachten. Wenn wir die Praxis unserer Dialoge um Imperative auf den Begriff bringen können, dann erhalten wir dadurch eine Begründung der Ethik. In der Redepraxis, aus der die ethisch-politischen Wissenschaften durch Hochstilisierung entstehen, geht es um Zwecke, nicht — wie in der Technik — um die Mittelfindung. Die Anfänge des ethisch-politischen Denkens liegen in der vorwissenschaftlichen Praxis, wenn z. B. in der Familie oder im Kindergarten über Zwecke gestritten wird. Diese faktischen Konflikte zu studieren, ist allerdings sinnlos: jeder kennt sie von zu Hause. Wie sich Kinder faktisch streiten, ist außerdem irrelevant, weil sie nicht wissen, was sie tun — oft sprechen sie nur wie Papageien. Erwachsene dagegen sind fast immer schon verbildet. Sie haben sich schon Meinungen und Maximen gebildet, nach denen sie denken und handeln.

Also, so scheint es, müßte man in die Prähistorie zurückgehen. Wie stritten und einigten sich die frühen Menschen über Zwecke, etwa Neanderthaler, die gerade erst dabei waren, sich eine Sprache für dieses Sich-Streiten und Sich-Einigen zu schaffen?

Hierüber weiß man faktisch selbstverständlich gar nichts. Das hat den Vorteil, daß die Überlegungen, die die konstruktive Wissenschaftstheorie darüber anstellt, wie Menschen sich möglichst zweckmäßig eine Sprache hätten erarbeiten können — daß diese Überlegungen nicht kontrafaktisch sind.

Wir können unsere Kulturentwicklung nicht rückgängig machen — das will ja wohl auch niemand. Aber unsere Kultursprache müssen wir für wissenschaftliche Zwecke nicht so akzeptieren, wie sie faktisch geworden ist. Wir können als Wissenschaftler *alle* sprachlichen Mittel — ich meine ernsthaft: *alle* — kritisch daraufhin prüfen, ob wir sie in unsere Wissenschaftssprache aufnehmen oder nicht. Außerhalb der Wissenschaft behält man selbstverständlich die sog. natürliche Sprache bei. Man wird also zweisprachig: man spricht wildwüchsig etwa Deutsch, in der Wissenschaft aber „Ortho". So möchte ich die kritisch zu konstruierende Wissenschaftssprache kurz nennen.

Der gegenwärtige Wissenschaftsbetrieb ist teilweise schon zweisprachig — man spricht Wissenschaftsjargon — aber gerade die sprachlichen Mittel, mit denen man über die Grundtermini der Theorien redet, diese bleiben wildwüchsig. Ich kann hier nur trocken versichern, daß in der konstruktiven Wissenschaftstheorie (vgl. P. Lorenzen u. O. Schwemmer: Konstruktive Logik, Ethik und Wissenschaftstheorie, Bibliographisches Institut, Hochschultaschenbuch 700, 1973) eine — insbesondere für den Zweck der Einigung über Zwecke geeignete — Syntax logisch-elementarer Sätze ausgearbeitet worden ist, dann eine Einführung der logischen Partikeln (Junktoren und Quantoren) bis hin zu den Modalitäten, die im Deutschen wildwüchsig als „notwendig und möglich" bzw. „geboten und erlaubt" bekannt sind.

Für diese Konstruktion einer wissenschaftlichen Orthosprache, die zugleich international ist, ist entscheidend, daß sie zunächst in allen Schritten „empraktisch" kontrollierbar ist. Es wird nur über Dinge und Geschehnisse gesprochen, die in der Praxis vorkommen, keinerlei Abstrakta, keinerlei seelische oder geistige Termini. Orthotermini, die deutsche Wörter wie „Fühlen" und „Denken" kritisch rekonstruieren — und dann etwa das historisch so unglücklich belastete Wort „Wille" — solche Termini erfordern eigene Lehrstücke. Traditionell gehören diese Lehrstücke zu einer Ethik.

In gewachsenen Kleingruppen, wie etwa der Familie, bedarf es in vielen Fällen keiner eigenen Kunst, sich auf gemeinsame Zwecke zu einigen. Man spricht dann von natürlichen Autoritäten, denen man hier folgt.

Erst im Konfliktfalle — und z. B. im Betrieb, wo einander fremde Menschen gemeinsam handeln müssen — gibt es keine Personen natürlicher Autorität mehr. *Zwang* heißt der eine Lösungsweg solcher Konflikte. Als einzige Alternative bleibt die zwanglose Einigung durch Reden, in denen niemand als Autorität ausgezeichnet wird. Es wird „ohne Ansehen der Person" diskutiert. Dieses Prinzip des zwanglosen Miteinanderredens, in dem alle beteiligten Subjekte (wie man traditionell sagt) gerade dadurch sich zur Person bilden, daß sie nicht auf ihren Reden bloß deshalb bestehen, weil es ihre eigenen Reden sind — dieses Prinzip, nach dem keiner auf seiner bloßen Subjektivität besteht, nennt man *Vernunftprinzip*. Per definitionem ist derjenige „vernünftig", dessen Bildung nicht Subjektivität, sondern gerade Überwindung der Subjektivität hervorgebracht hat. Vernünftige Subjekte heißen auch „Personen". Im religiösen Sprachgebrauch heißt das Überwinden der Subjektivität „Transzendieren". Vernunft ist dann Transsubjektivität. Dieser Zusammenhang mit religiösen Traditionen, in denen das Prinzip der Transzendenz, durch das die Subjekte allererst Personen werden, selbst bildhaft zu einer transzendenten Person wird, macht deutlich, daß Transzendenz primär ein ethisches Prinzip, kein religiöses ist. Ethik ist der rationale Kern, der in den religiösen Schalen steckt.

Transsubjektivität kann man nur durch Einübung lernen. Ich muß hier diese Einübung selbstverständlich überspringen und setze mich daher der Gefahr von Mißverständnissen aus, wenn ich in dem Bildungsdeutsch dieses Vortrages jetzt schildere, wie der Aufbau ethisch-politischer Wissenschaften (also der Kulturwissenschaften) in einer Orthosprache weitergeführt werden kann.

Wir verfügen dann in Ortho über Tatimperative und Zweckimperative, denen im Deutschen etwa Sätze wie „Tue p" und „Bewirke A" entsprechen. p steht für ein Tatwort, A für eine Aussage, die, wie man sagt, eine „Situation" darstellt. „Handeln" wird exemplarisch als das Tun eingeübt, mit dem man einen Imperativ beantwortet. „Beantworten" ist hier keine Metapher, sondern man lernt zunächst, Fragen zu beantworten, z. B. mit „Ja" oder „Nein". Dieses Reden liefert die ersten Exempla des Handelns: auf Imperative „antwortet" man mit einer Handlung, indem man die geforderte Tat ausführt oder unterläßt. Wer Reden nicht von „verbal behavior" unterscheiden kann, der kann Handeln auch nicht von Verhalten unterscheiden. Ob eine Tat eine Antwort ist, ein Handeln, oder bloß eine Reaktion, ein Verhalten — diesen Unterschied kann man nur dann begreifen, wenn man vorher Reden gelernt hat. Sprachdressur nützt nichts.

Auf die eben verwendeten Wörter „Tun — Handeln — Verhalten" kommt es nicht an, wohl aber auf die Begriffe, die durch diese Wörter hier definiert sind. Zur Abgrenzung von anderen Verwendungen des Wortes „Handeln" möchte ich den eingeführten Begriff den „dialogischen" Handlungsbegriff nennen.

Seine Definition vermeidet die Verwendung psychologischer oder noologischer Termini. Wird z. B. Handeln als „bewußtes" oder „willentliches" oder „absichtsgeleitetes" Tun definiert, so gerät man in Definitionszirkel für diese Wörter.

Wie solche „noologischen" Wörter zirkelfrei über das Denken als einem inneren Reden, einem Reden mit sich selbst, definiert werden, muß ich hier ebenfalls übergehen. Psychologische Termini, wie „Fühlen", „Schmerz" und „Lust" können durch eine Präzisierung der behavioristischen Lerntheorien eingeführt werden. Hierbei werden die Menschen nur als eine Spezies der Lerntiere betrachtet.

Für den Aufbau von ethisch-politischen Wissenschaften sind wir dann mit einem Grundvokabular ausgestattet. Wir haben auch schon das Prinzip allen vernünftigen Argumentierens — so lange wir aber den Menschen nur als Neanderthaler, oder als Kind, isoliert von seiner Kultur, in der er lebt, betrachten, so lange fehlt uns noch jeder Inhalt.

Es lassen sich zwar schon die sprachlichen Mittel formal für die späteren kulturellen Inhalte bereitstellen — aber es fehlen dann relevante Beispiele.

Tatimperative („Tue p") lassen sich per definitionem durch technisches Wissen auf Zweckimperative („Bewirke A") reduzieren. Man tut p, *um* A zu bewirken — vorausgesetzt man ist der Meinung, daß für die Situation S, in der man sich befindet, *wahr* ist, daß immer dann, wenn man p in S tut, A bewirkt wird. Das sind die generell-bedingten Indikativsätze, für deren *Begründung* die technischen Wissenschaften aufzubauen sind.

Über Zweckimperative „Bewirke A" läßt sich entsprechend nur argumentieren, wenn man zu generell-bedingten Imperativsätzen übergeht: „Immer, wenn Du in einer Situation S bist, bewirke A". Wer nach einem solchen Satz handelt, wessen Taten — mit anderen Worten — als Antwort auf einen solchen Imperativ *gedeutet* werden können, von dem sagen wir, daß der generell-bedingte Imperativ eine seiner *Maximen* sei. Wir *deuten* seine Taten *durch* Maximen und — andersherum gesagt — wir *erdeuten* seine Maximen *aus* Taten. Maximen sind zunächst bloß subjektiv. Alle Menschen sind aber sterblich — und sie können nicht miteinander leben, wenn sie nicht wenigstens in einigen Maximen übereinstimmen. In einer Menschengruppe gemeinsam anerkannte Maximen heißen „Normen". Man kann auch sagen, daß die Normen die „sanktionsbewehrten" generell-bedingten Imperative sind. Denn, wer sie nicht befolgt, setzt sich zumindest der Mißbilligung und vielerlei unerfreulichen Ermahnungen aus. Gibt es eine eigene mit Zwangsmitteln ausgestattete Organisation (z. B. eine Betriebsjustiz), die die Anerkennung von Normen überwacht, dann mögen diese Normen „Rechtsnormen" heißen.

Mit diesen Begriffen läßt sich anschließend der normative Inhalt unserer Kultur — oder jeder anderen Kultur — von der Vergangenheit bis zur Gegenwart erfassen. Aus den Worten und Taten bzw. aus den Spuren früherer Worte und Taten werden die Maximen der Personen und die Normen der Gruppen erdeutet.

Das ist ein mühsames Geschäft — es liefert uns die unerschöpfliche Vielfalt des *Faktischen*. Wem aber nützt bloß faktisches Wissen?

Was wir für die Bewältigung unserer Lebensprobleme brauchen ist — außer technischem Wissen — eine Einübung in die politische Kunst, bei konfligierenden Normen durch transsubjektives Miteinanderreden Einigkeit, also die Wiederherstellung gemeinsamen Handelns, zu erreichen. Die faktischen Normen der Gegenwart sind nur das Material der ethisch-politischen Wissenschaften: die Aufgabe der Politik ist, in transsubjektiver Weise Normen vor anderen auszuzeichnen, so daß Vorschläge zur Änderung von Normen formuliert werden können. Eine Kritik und Reform der faktischen Normen ist die Aufgabe. Das Prinzip der Transsubjektivität ist das Kriterium dieser Kritik und Reform. Ethik wird hier also als eine „Protopolitik" verwendet.

Der naheliegende Vergleich der Normen mit den Hypothesen unserer technischen Wissensbildung ist nur mit einer Einschränkung brauchbar. Man kann zwar definieren, daß so, wie sich Hypothesen bei kritischer Prüfung evtl. als falsch, d. h. „unwahr" herausstellen, daß entsprechend eine transsubjektive Prüfung von Normen diese als „ungerecht" erweisen soll.

Man kann sogar die Normen, die die — bisher — angestellten Prüfungen auf Ungerechtigkeiten überstanden haben, als die — bis auf weiteres — „gerechten" Normen bezeichnen. Diese Analogie zwischen Wahrheit und Gerechtigkeit täuscht aber über einen entscheidenden Unterschied hinweg.

Die Beurteilung einer Hypothese geschieht dadurch, daß die Situation, die als Bedingung in der Hypothese auftritt, reproduziert wird. Diese Reproduktion wird durch Raum- und Zeitmessungen überprüft — und kann daher methodisch unabhängig von den empirischen Hypothesen durchgeführt werden.

Für die Beurteilung einer Norm als „ungerecht" kann die Situation, in der es um dieses Urteil geht, nicht wiederholt werden. Schon die Meinungen darüber, welche Situation vorliegt, sind subjektiv — und eine Einigung über die Darstellung der Situation ist nur als Resultat transsubjektiver Beratungen zu erhalten. In anderer Ausdrucksweise: es muß erst dialogisch ein Konsens darüber erreicht werden, welche der wahren Sätze, mit denen das jeweilige Hier und Jetzt beschrieben wird, für die Normenbeurteilung *relevant* sind, welche Sätze zur Darstellung der *Situation* erforderlich sind.

Aber auch für diese Dialoge hat die konstruktive Wissenschaftstheorie das Kriterium der Transsubjektivität.

Über den bloßen Utilitarismus hinaus, der von der Fiktion einer Maximierung bzw. Minimierung der Summe der Lust bzw. der Summe des Schmerzes ausgeht, als ob ein Mensch nicht um der Gerechtigkeit willen Schmerzen ertragen könne — über diesen bloßen Utilitarismus hinaus, kann als *Richtung*, in der sich eine Gesellschaft ändern sollte, angegeben werden, daß die Menschen immer mehr zu Personen werden, die eine dialogische Gemeinschaft bilden, in der transsubjektive Einigung über Normen die oberste Norm ist. Das Vernunftprinzip der Transsubjektivität beschreibt keinen Zustand, sondern nur eine Richtung. Oder — wie die Chinesen sagen würden — der Weg ist das Ziel: Tao. In der modernen Terminologie der Grundwerte erhält man die Formulierung, daß der Pluralismus von Grundwerten, durch einen Universalismus mit dem einen „Grundwert" der Transsubjektivität, der Verwirklichung der dialogischen Vernunft, ersetzt wird. Politik bewegt sich dann nicht mehr pluralistisch im *Vorletzten* — während das *Letzte*, die Grundwerte, im Gewissen der unpolitischen Einzelnen unantastbar sind. Stattdessen hat umgekehrt die Politik als Richtung das Letzte, den Grundwert der Vernunft. Und im Gewissen der politischen Einzelnen ist die Frage zu entscheiden, welches die nächsten Schritte in dieser Richtung sein könnten, sein sollten. Im Gewissen prüft sich das Subjekt selbst auf seine „Transsubjektivität". Über die nächsten Schritte ist durch diese Befreiung vom Pluralismus vermeintlicher Grundwerte zwar auch noch nichts entschieden, aber die Diskussion hat eine Basis, von der sie anfangen kann. Insofern ist das ursprüngliche Dunkel ethischer (protopolitischer) Prinzipien, so scheint mir, durch Nachdenken erhellt.

Diskussion

Reinhard Kleinknecht: Sind die Axiome (A1)–(A7) Formulierungen unmittelbarer Erkenntnisse?

Paul Lorenzen: Ja und nein, je nachdem wie das Wort „unmittelbar" interpretiert wird. Ja, weil die Axiome *nicht* mittelbar in dem Sinne sind, daß ihre Wahrheit von der Wahrheit anderer *Sätze* abhinge. Nein, weil die Axiome sich auf eine vorgängige technische Praxis beziehen. Ohne eine Kenntnis der Formungstechnik haben die Wörter „berühren", „passen", „ergänzen" keinen Sinn.

Alfred Schreiber: Aus Ihren früheren Beiträgen zum Begründungsproblem der Geometrie (seit 1961) kennt man einen auf den ersten Blick anders aussehenden operativen Ansatz als den soeben von Ihnen vorgetragenen „formentheoretischen" Zugang. Dort gehen Sie nämlich von einer Präzisierung von Ununterscheidbarkeitsforderungen (nach Dingler) in Gestalt von Homogenitätsprinzipien aus. Meine erste Frage lautet daher: Ist diese ältere Version des Geometrieaufbaus damit hinfällig, überholt, oder welches Verhältnis besteht sonst zwischen ihr und dem, was Sie heute inhaltlich zur „Protogeometrie" (nach Janich und Inhetveen) vorgetragen haben?

Meine zweite Frage betrifft die von Ihnen vorgeschlagene Einführung des Ebenenbegriffs vermöge der Definition K eben $\leftrightharpoons$ K p³ K, wobei p die Relation des Passens bedeutet. Gibt es hier nicht naheliegende Gegenbeispiele wie etwa „ebene Fläche mit Stufe" und ähnliches mehr? Wenn ich Sie richtig verstanden habe, so sollen derartige Gegenbeispiele dadurch ausgeschlossen werden, daß das betroffene Oberflächenstück von K unabhängig vom markierten Berührungselement gewählt wird. Steckt in diesem Bezug auf sämtliche Berührungselemente nicht in irgendeiner Form die Voraussetzung der freien Beweglichkeit, so daß — entgegen Ihrer Aussage — in dieser Geometrie doch Bewegungen vorkommen?

Paul Lorenzen: Die Homogenitätsprinzipien meiner früheren Arbeiten werden in der Formentheorie zu beweisbaren Sätzen. Nur die 2-Punkte-Homogenität gehört jetzt zur Definition der Strecke als einer Form.

Die Definition der Ebenheit eines Oberflächenstücks K durch K p^3 K für *alle* Berührungselemente von K benutzt ersichtlich — wie die gesamte Formungstechnik — daß sich die Körper *bewegen* lassen. Unter „freier Beweglichkeit" versteht man die Forderung, daß bei den Bewegungen alle Punktspaare in kongruente Punktspaare übergehen (also die „Starrheit"). In der Protogeometrie kommt aber der Kongruenzbegriff *nicht* vor.

Roderick M. Chisholm, Providence

Socratic Method and the Theory of Knowledge

> "We have discovered philosophy to be the sum total of those universal rational truths that become clear only through reflection. To philosophize, then, is simply to isolate these rational truths with our intellect and to express them in general judgments." Leonard Nelson[1]

I. Introduction

I will attempt to make four general points: (1) Nelson's critique of what he calls "the theory of knowledge" and his emphasis upon the irreducible nature of "immediate cognition" is essentially correct; (2) his observations about the Socratic method in philosophy are also correct; therefore (3) the Socratic inquiry into the foundations of knowledge is an important philosophical activity; but (4) such a Socratic inquiry suggests that Nelson mislocated the area of "immediate cognition". This cognition is instanced, not primarily by perception, or sensible intuition, as Nelson had held, but by those states of mind that may be called the objects of self-presentation.

Although the paper is , therefore, a criticism of one of Nelson's philosophical theses, it is a defense of his general conception of philosophy.

II. The Critique of the Theory of Knowledge

In professing to demonstrate that the theory of knowledge is impossible, Nelson assumes that the task of the theory of knowledge is that of "testing the truth or objective validity of our knowledge". To show that this task cannot be performed, he formulates this version of the ancient problem of the criterion:

"In order to solve this problem, we should have to have a criterion by the application of which we could decide whether or not a cognition is true; I shall call it briefly the 'validity criterion'. This criterion would itself either be or not be a cognition. If it be a cognition, it would fall within the area of what is problematic, the validity of which is first to be solved with the aid of our criterion. Accordingly, it cannot itself be a cognition. But if the criterion be not a cognition, it would nevertheless, in order to be applicable, have to be known, i. e., we should have to know that it is a criterion of the truth. But in order to gain this knowledge of the criterion, we should already have had to apply it. In both cases, therefore, we encounter a contradiction. A 'validity criterion' is consequently impossible, and hence there can be no 'theory of knowledge' ".[2]

Traditionally, the problem of the criterion was intended as an argument for scepticism, but, as Nelson makes clear, it is not a good argument for scepticism. From "the theory of knowledge is impossible", one cannot deduce "knowledge is impossible".

But doesn't the problem prove at least that we cannot ever *know* that we know? It doesn't even show this much, according to Nelson. If we are tempted to think otherwise, it is because we presuppose, without justification, the following dogmatic principle:

(F) Every instance of knowledge is an instance of a judgment.

In other words, we presuppose that the apprehension of a state of affairs always involves a judgment to the effect that that state of affairs obtains. This principle, according to Nelson, is obviously false. And we can see that it is false if we combine the following two principles, which are emphasized, respectively, by the epistemologist and by the dogmatist:

(P) Every judgment must have a basis

(Q) It is not true that every instance of knowledge can have a basis.

The latter two principles taken in conjunction imply that there are instances of knowledge which are *not* instances of judgment, and hence that F is false. But, according to Nelson, the epistemologist and the dogmatist fail to see this consequence, for the epistemologist ignores Q and the dogmatist ignores P.

The epistemologist, then, accepts the false principle F, combines it with P and then deduces:

(S) Every instance of knowledge must have a basis.

And this consequence is inconsistent with the true principle Q.

The dogmatist, on the other hand, combines the false principle F with the true principle Q, and then deduces:

(T) It is not true that every judgment must have a basis.

And this consequence is inconsistent with the true principle P[3].

The issue turns, then, upon the negation of F — that is to say, upon the thesis that there are instances of knowledge which are not instances of judgment. And so we are led to the following question: What would be an example of an instance of knowledge which is not also an instance of judgment? In other words, what states of affairs can one apprehend without thereby judging that they obtain?

When we put this question to Nelson, we may find his answers somewhat disappointing.

III. Sensible Intuition

Nelson tells us that *sensible intuition (Anschauung)* provides us with instances of knowledge that are not instances of judgment. Intuition, he says, is immediate apprehension, and such apprehension "has the advantage of immediate clarity and evidence"[4]. What would be an example, then, of sensible intuition?

Let us consider two different passages. The first is from Nelson's monograph on the theory of knowledge:
"Suppose I look out the window and am asked whether the sky is cloudy at the moment. I reply with the judgment: Yes, the sky is cloudy. What do I thus experience? First of all, the intention to answer the question, an intention which was aroused in me by the question; this is a decision of the will to settle the questioner's problematic situation by means of a true judgment. And thus I feel constrained to bring to an assertion the connection of the ideas of the sky and of cloudiness. And what constrains me to this? The immediate apprehension of the situation in question contained in my sensible intuition, together with my intention to judge in accordance with the truth. For this 'judging in accordance with the truth' is possible only by the assertion of that connection of ideas, which contains an indirect repetition of that which direct intuition lets me apprehend as true."[5]

The second passage occurs in Nelson's lecture on the theory of knowledge:
"To convince ourselves of the existence of cognitions that are not judgments, we need only consider any intuition at all, such as an ordinary sensory perception. For example, I have a sensory perception of the sheet of paper that lies here on the table before me. This perception is, first of all, a cognition, not merely a problematic notion. The existential assertion that is an element of this cognition is, however, not a judgment. Nelson points out that I can also render in a judgment the same circumstances that I here cognize through the perception; but when I judge that a piece of paper is lying before me on the table, that is an altogether different sort of cognition from the perception of this situation. I need concepts for the judgment, e. g., the concept 'table', the concept 'paper', etc. I connect these concepts in a certain manner and assert that objective reality pertains to this combination of concepts. Perception, on the other hand, has no need of any concepts nor of any problematic notion of its objects whatsoever; rather, it

is itself an originally assertoric notion — in other words, an *immediate cognition.*"[6]

These passages suggest that Nelson is a "naive realist" with respect to external perception. And, in this respect, he follows Fries[7]. Thus he tells us that the following point to instances of immediate apprehension which are not instances of judgment:

(A) I perceive that the sky is cloudy at this moment;
(B) I perceive that a piece of paper is lying before me on the table.

To be sure, in describing my immediate apprehension in such statements as (A) and (B), and in then affirming that (A) and (B) *are* instances of immediate apprehension, I am formulating certain *judgments* which I make on the *basis* of this apprehension. Hence, Nelson tells us, the judgments are one thing and the immediate apprehension is another thing. Yet it should be added that, if the judgments are *true,* then they *do* tell us the nature of this immediate apprehension.

What are we to say, then, of the suggestion that (A) and (B) provide us with instances of immediate apprehension?

The epistemologist may ask: "Please tell us what *justification* you have for supposing that such judgments as (A) and (B) are true." And he will not be satisfied with the reply: "They are based upon my immediate apprehension — upon my sensible intuition." For the epistemologist will then go on to ask: "But what is your justification for saying that *these* judgments are justified by your sensible intuition? "

Do these questions of the epistemologist serve only to express a sceptical attitude with respect to what we know? I suggest not. I suggest rather that they express an application of what Nelson calls the Socratic method.[8]

IV. Socratic questions

In investigating our knowledge from a Socratic point of view, we undertake what Nelson calls a "regress to principles". The Socratic method, as Nelson puts it, is the reflective attempt to bring certain principles to consciousness and thus "to free them from their original darkness and obscurity"[9]. In applying this reflective method to our knowledge, we make three general assumptions.

We assume, first, that there *is* something that we know and we adopt the working hypothesis that *what* we know is that which, on reflection, we *think* we know. This may seem the wrong place to start. But where else *could* we start? Critical philosophy, Nelson says, "accepts knowledge as it finds it as *fact"*[10].

We assume, secondly, that the things we know are justified for us in the following sense: *we* can know what it is, on any occasion, that constitutes our grounds, or reason, or evidence for what it is on that occasion that we think we know. Thus Nelson speaks of "the principle of the self-confidence of reason"[11]. If — to return to the second of Nelson's examples — I think I now know that there is a piece of paper before me on the table, then, I am in a position to say what ground or reason I now have for thinking that I do thus know that there is a piece paper on the table.

The application of the Socratic method to knowledge presupposes, finally, that since we do have grounds or reasons for thinking we know the things we do, therefore there are valid principles of evidence: that is to say, there are valid general principles stating the conditions under which we may be said to have grounds or reasons for what we think we know. Our concern, in investigating the theory of knowledge, is to find out what these general principles are and, in Nelson's words, to "recognize in them our own presuppositions"[12]. The importance of the regressive method "does not lie in extending our knowledge, adding new truths to the fund of those already known, elaborating their consequences, but rather in examining the known truths with regard to their assumptions"[13]. In beginning with what we think we know to be true, or with what, after reflection, we would be willing to count as being known, we are using "the method of regression": this method, he said, "employs reflection to lift the knowledge we already possess into consciousness"[14].

There are philosophers who point out, with respect to some things that are quite obviously known to be true, that questions concerning their justification "do not arise", for (they say) to express a doubt concerning such things is to "violate the rules of our language". But their objections do not apply to Socratic questions; for these questions need not be taken to express any doubts, or to indicate any attitude of scepticism. Designed only to elicit our own presuppositions, the questions are not challenges and they do not imply or presuppose that there is any ground for doubting, or for suspecting, that to which they pertain.

But it must be added that these observations also apply to Nelson's own un-Socratic statement: "If one asks whether one possesses objectively valid cognitions at all, one thereby presupposes that the objectivity of cognition is questionable at first..."[15]. As Nelson himself observes, Socrates met "*every* assertion with an invitation to seek the ground of its truth"[16]. The question "What is the ground of its truth" need not be an expression of scepticism and, when put Socratically, it may presuppose that the assertion in question *is* true and that there *is* a ground of its truth[17].

It should also be noted that when we ask ourselves, concerning what we may think we know to be true, "What *justification* do I have for believing this?" or "What justification do I have for thinking I know that this is something that is true?" we are not asking any of the following questions: "What *further evidence* can I find in support of this?" "How did I *come to believe* this or *find out* that it is true?" "How would I go about *persuading* some other reasonable person that it is true?" We must not expect, therefore, that answers to these latter questions will be, *ipso facto*, answers to the questions that we are asking. Our questions are Socratic and therefore not all of the type that one ordinarily asks.

In many instances the answers to our Socratic questions will take the following form:

What justifies me in thinking I know that p obtains, is the fact that I know that q obtains.

For example: "What justifies me in thinking I know that there are external physical things is the fact that I know that I seem to perceive them." Such an answer presupposes an epistemic rule or principle, which we might call a "rule of evidence." The rule would have the form:

If it is evident to me that q obtains, then it is evident to me that p obtains.

Some rules of evidence are justified by simple induction. But other rules of evidence are themselves presupposed by the application of induction. They are among those rational truths which we bring to light by means of the application of the Socratic method. And so we should distinguish the answer to our Socratic question from its epistemic presupposition. The *answer* to our Socratic question is a proposition to the effect that our justification for counting one thing as evident is the fact that something else is evident. And the epistemic *presupposition* of our answer is an *a priori* rule of evidence: It is a proposition to the effect that if certain conditions obtain, then something may be said to be evident. It tells us how one thing may *serve to make another thing evident.*

This type of answer to our Socratic questions, then, shifts the burden of justification from one claim to another. For we may now go on to ask, "What justifies me in counting it as evident that q obtains?" or "What justifies me in thinking I know that q obtains?" And possibly we will formulate, once again, an answer of the first sort: "What justifies me in counting it as evident that q obtains is the fact that r obtains." ("What justifies me in counting it as evident that I seem to perceive external physical things is the fact that I know that I now take something to be a tree...") And this answer will presuppose still another rule of evidence: "If it is evident that r obtains, then it is evident that q obtains." How long can we continue in this way?

We might to continue *ad indefinitum*, justifying each new claim that we elicit by still another claim. Or we might be tempted to complete a vicious circle: in such a case, having justified p by reference to q and having justified q by reference to r, we would then justify r by reference to p. But if we are rational beings, we will do neither of these things. For we will find that our Socratic questions lead us to a proper stopping place.

How are we to recognize such a stopping place?

Sextus Empiricus remarked that every object of apprehension is to be apprehended either trough itself or through another object[18]. Those things, if there are any, that are "apprehended through themselves" might provide us with a stopping place. But what could they be? The form of our Socratic questions suggests a way of finding an answer. Let us say provisionally that we have found a proper stopping place when the answer to our question may take the following form:

> What justifies me in thinking I know that s obtains is simply the fact that s obtains.

Whenever this type of answer is appropriate, we have encountered what is *directly evident*. Or, we could also say, using Nelson's terminology, we have an instance of *immediate apprehension*.

V. Perception, Intuition, and Immediate Apprehension

Nelson wrote: "There can be no dispute about the truth of the immediate knowledge; there can be dispute only as to the question: Which is the immediate knowledge?"[19]. My own dispute with Nelson is of the latter sort.

At first consideration, one might suppose that those statements that correctly describe our "experience", or formulate our "perceptions" or "observations", are statements expressing immediate knowledge in the sense described. Thus Nelson assumes that, in discussing the nature of epistemic it is enough merely to refer to "perception". And in this he is obviously following Fries. Fries tells us, for example, that a certain *tree* may be given to him in sensible intuition — as well as the fact that *the tree is green*[20]. The passages about sensible intuition that we have quoted from Nelson may suggest that direct evidence is exhibited in such statements as our A and B above; viz.,

(A) I perceive that the sky is cloudy at this moment;
(B) I perceive that a piece of paper is lying before me on the table.

But what these statements express does not satisfy the criteria we have just set forth. In answer to the question, "What is my justification for thinking I know that a piece of paper is on the table? ", one may say, "I see that it is there". But „I see that it is there" does not pick out the kind of stopping place we have just described. In reply to the question „What is my justification for thinking I know that it is a piece of paper that I see? " a reasonable man will *not* say, "What justifies me in counting it as evident that I see a piece of paper is simply the fact that I do see a piece of paper".

Nor is it enough to answer our Socratic question by saying, "What justifies me in thinking I know that a piece of paper is there (or that I see a piece of paper) is simply my present *intuition* or *experience*". For this reply obviously makes room for further Socratic questioning. Thus we may ask, "What justifies me in thinking I know that my experience is of such a sort that experiences of that sort make it evident to me that a piece of paper is on the table, or that I see that a piece of paper is on the table? " These cases of sensible experience or perception are not cases of immediate apprehension.

VI. Self-Presentation

Thinking and believing provide us with paradigm cases of immediate apprehension. Consider a reasonable man who believes, say, that Nelson taught in Göttingen, and suppose him to reflect on the philosophical question "What is my justification for thinking that I know that I believe that Nelson taught in Göttingen? " (This strange question would hardly arise, of course, on any practical occasion, for the man is not asking "What is my justification for thinking that Nelson taught in Göttingen? " The question is a Socratic question and therefore a philosophical one.) The man could reply in this way: "My justification for thinking I know that I now believe that Nelson taught in Göttingen is simply the fact that I *do* now believe that Nelson taught in Göttingen". And this reply fits our formula for the directly evident: What justifies me in thinking I know that s obtains is simply the fact that s obtains.

Our reasonable man or philosopher has stated his justification for a proposition merely be reiterating that proposition. This type of justification was *not* appropriate to the earlier Socratic questions he had formulated. Thus, in answer to "What justification do you have for thinking you know that Nelson did teach in Göttingen? " it would be inappropriate — and presumptuous — simply to reiterate "Nelson did in fact teach in Göttingen". But we can state our justification for certain propositions about *beliefs*, and certain propositions about our *thoughts*, merely be reiterating those propositions. They may be said, therefore, to pertain to what is directly evident, i. e. to immediate apprehension.

Borrowing a technical term from Meinong, let us say that, in these cases of immediate apprehension, there is something that "presents itself". Thus, my believing that Nelson taught in Göttingen is a state that is "self-presenting" to me. If I do beleive that Nelson taught in Göttingen, then, *ipso facto*, it is evident to me that I believe it; the state of affairs is, as Sextus Empiricus said, "apprehended through itself"[21].

Other states that may be similarly self-presenting are those described by "thinking that one remembers that . . ." or "seeming to remember that . . ." (as distinguished from "remembering that . . ."), and "taking" or "thinking that one perceives" (as distinguished from "perceiving"). Desiring, hoping, wondering, wishing, loving, hating may also be self-presenting. And *some* instances of sensible intuition are also self-presenting. Fries's *the tree being green*, however, would not be an example[22]. We should cite instead: "It looks as though there is a tree that is green" or "Something appears to be a tree that is green". (But the latter formula needs qualification. Strictly speaking, if the locution "Something appears to me to be F" is taken to imply "There exists an x and a y such that y appears to x to be F", it will not be self-presenting. What would be self-presenting would be only .the fact that on is *appeared* to in a certain way — "in a way that is green".)

VII. A More Precise Formulation

We cannot discuss theory of knowledge without making use of an epistemic vocabulary. But all the epistemic terms we need may be explicated by means of the concept of epistemic preferability[23]. I assume that this is an objektive concept: a statement of the form "p is epistemically preferable to q for S" expresses a normative proposition that is either true or false.

Let us now introduce the concept of *epistemic certainty*, .which may be explicated as follows in terms of epistemic preferability:

(D1)   h is certain for S at t $=_{def}$ Accepting h is, for S at t, epistemically preferable to not accepting h; and that there is no i such that accepting i is, for S at t, epistemically preferable to accepting h.

Let us now try to characterize self-presentation more exactly. We will begin with this definition:

(D2)   The state of affairs, something being F, is self-presenting $=_{def}$ Necessarily, for any x and for any time t, if x is F at t, the state of affairs, something being F, is certain for S at t.

The definition tells us that if, say, seeming to have a headache is a state of affairs that is self-presenting for S at the present moment, then two things are true: the first is that S *does* now seem to have a headache; and the second is that that state of affairs which is someone now seeming to have a headache is one that is certain for him. And now we say:

(D3)　　It is self-presenting for S at t that he is then F $=_{\text{def}}$ S is F at t and the state of affairs, something being F, is self-presenting.

We may add a definition of what it is for a state of affairs to be self-presenting *for* a given subject at a given time:

(D4)　　The state of affairs, something being F, is self-presenting for S at t $=_{\text{def}}$ It is self-presenting for S at t that he is then F.

The concept of *direct evidence* may now be explicated in terms of self-presentation. Whatever is *entailed* by what is self-presenting for a given subject is something for which he has direct evidence[24]. Or, put alternatively:

(D5)　　h is *directly evident* for S $=_{\text{def}}$ h is logically contingent; and there is an e such that (1) e is a state of affairs that is self-presenting for S and (2) necessarily, whoever accepts e accepts h.

Those states of affairs which are themselves self-presenting, of course, will also be directly evident by this definition.

Instead of thus saying that the state of affairs h is directly evident for S, we could adopt Nelson's terminology and say that *h* is *immediately apprehended* by S.

VIII. The Directly Evident and The A Priori

It should be noted, in passing, that our definition restricts the directly evident to what is logically contingent; hence it is more properly called a definition of what is directly evident *a posteriori*. It would be an easy matter to extend this account to what is directly evident *a priori* — to what Nelson called *axiomatics*[25].

A proposition could be said to be *axiomatic* if it is necessarily of such a sort that, for it to be certain — in the sense of "certain" that we have defined — it is enough that one consider or entertain it. And anyone who does thus consider or entertain an axiom could be said to know it directly *a priori*.

What is the relation between self-presentation and what is known *a priori*?

A priori propositions are not themselves self-presenting. Yet they could be said to be *made evident* by what is self-presenting. For the entertainment or consideration of an *a priori* proposition is a self-presenting state; and such entertainment or consideration is sufficient for the certainty of its object.

Self-presenting propositions, on the other hand, are not themselves *a priori*. Yet the proposition that a given proposition *is* self-presenting (see definition D2 above) is one that is *a priori*.

If we restrict the term "immediate cognition", then, to that which is directly evident in the sense just defined, we should not say that the *a priori* apprehension of an axiom is an immediate cognition. But we may say that it is *made evident* by such a cognition.

These observations, I believe, are in the spirit of what Nelson has said about immediate cognition and also in the spirit of what he has said about our *a priori* knowledge of logic and mathematics.

IX. Apprehension Without Judgment

And now we may return to the question posed by Nelson's critique of the theory of knowledge: What would be an instance of knowledge that is not an instance of judgment? What states of affairs can I be said to know without having made the judgment that those states of affairs obtain?

The answer is: any state of affairs that is directly evident is an instance of immediate apprehension. Sensible intuition does provide us with immediate apprehension, but it does so only to the extent that such intuition is self-presenting. And many things are self-presenting — and therefore immediately cognized — which are not objects of sensible intuition.

Diskussion

Paul Branton: Professor Chisholm spoke of an 'epistemic certainty' that a certain statement one has made is true. (Perhaps, one could also call this one's personal conviction.) As I understand it, Chisholm rightly presents Nelson's solution to the problem of knowledge, namely: the escape from an infinite regress of justifications is through recognising one's immediate apprehension of the truth of a statement as a "proper stopping place". The distinct contribution of critical philosophy then turns to comprehending the full meaning of *immediate apprehension* and to contrasting it to other possible forms of knowledge. Insofar as this is in the area of psychology of perception and cognition, research over the last fifty years has shown the very great complexity of processes which intervene between sensory stimulation and report in verbal form, with varying degrees of certainty attached to each stage. Thus even language differences may possibly influence the strength with which a conviction is expressed. They could be the reason why Nelson was more easily able to point to immediacy of knowledge than, say, his English-speaking contemporaries. In English usage language is often more tentative than in German. In Chisholm's sentence (A): "I perceive that the sky is cloudy", the "I perceive" is not as certain as the German: "Ich nehme wahr, daß der Himmel bewölkt ist".

The truth contents may readily be taken for granted in such a German statement. With typically greater caution, English-speaking psychologists make explicit the distinction between truth and belief by referring specifically to *veridical* perception when they wish to say that someone believes in the truth of what he sees. True, one speaks in German of "Wahrnehmungs-täuschung" (perceptual illusion), but the stress on veridicality as having the character of immediacy is obvious in normal German language use and expresses conviction.

Immediate apprehension is, of course, of much wider generality and importance than language differences. In laying the systematic foundations of ethics — where it matters most — the relation of epistemic certainty to apperception, feeling, consciousness and evidence received much more thorough and extensive treatment (Cf. Nelson's Deduction of Ethical Principles in: Kritik der Praktischen Vernunft, in: Gesammelte Schriften, Bd. IV, Hamburg: Felix Meiner Verlag, 1972).

Roderick M. Chisholm: I make three different observations in reply to these comments.

The first is that I was not using the word "certainty" for anything that might also be called "one's personal conviction". I was using it as a *normative* concept. The word "certain" when it is so used may be said to express the highest degree of epistemic commendation.

The second observation is that I was not speaking of the certainty of anyone's "reports". I did *not*, in fact, speak of "an 'epistemic certainty' that a certain *statement one has made* is true." I did illustrate empirical certainty by saying that it was then empirically certain for me that I seemed to see many people. But what was certain for me in that case was, not the statement (or "report") that I had made, but the fact which the statement was intended to be about — the fact, namely, that I did seem to see many people. And this fact could have been certain for me without my making any statement or report at all.

I would note, thirdly, that the "complexity of processes which intervene between sensory stimulation and report in verbal form" is not relevant to the certainty in question. For the fact of which I was certain was, not the fact that I *did* (veridically) see many people, but the fact that I then seemed — to me — to see many people.

Robert Alexy: Zu Ihrer Definition (D1) (h is certain for S at t $\equiv_{def}$

Accepting h is, for S at t, epistemically preferable to not accepting h; and that there is no i such that accepting i is, for S at t, epistemically preferable to accepting h) haben Sie bemerkt, daß "p is epistemically preferable to q for S" eine normative Aussage ist, die so viel bedeutet wie "p ought to be epistemically preferred to q by S". Unter dieser Voraussetzung halte ich Ihre Definition für unvollständig. Es ist danach möglich zu sagen: "h is certain for S, but S does not believe that h", denn nach (D 1) kann man schon dann sagen, daß h für S sicher ist, wenn S h epistemisch vorziehen sollte, unabhängig davon, ob S dies tatsächlich tut. Jenem Gebot kann S wie jedem Gebot ebenso nachkommen wie nicht nachkommen. Andernfalls hätte es keinen Sinn, von einem Gebot bzw. von einer normativen Aussage zu sprechen. Will man eine Formulierung wie die von mir angeführte ausschließen, müßte man meines Erachtens Ihre Definition durch eine Klausel wie "and S accepts (believes that usw.) h" ergänzen.

Roderick M. Chisholm: "Certainty" is only one of many epistemic terms that can be explicated by means of the undefined epistemic locution "p is epistemically preferable to q for S" (or "p is more reasonable than q for S"). Thus we could also have:

h is beyond reasonable doubt for S $=_{def}$ Accepting h is epistemicall preferable for S to not accepting h

h has some presumption in its favor for S $=_{def}$ Accepting h is epistemically preferable for S to accepting not–h

The latter two concepts do not imply that S in fact accepts h. But I take it that the point of the objection to the definition of "certainty" may be put this way: "In the case of a definition of certainty, the definiens should imply acceptance. For one could hardly be said to be *certain* of a given proposition if one does not even accept that proposition"

I concede that the term "certainty", in its ordinary use does imply acceptance. And therefore the definition would be more nearly adequate to ordinary use if it were to contain the added clause "h is accepted by S". But I had two reasons for omitting the added clause. (1) It would be redundant, since (I believe) the following is a valid general principle of the logic of acceptance: Necessarily, for any subject S and any state of affairs h, if h is epistemically certain for S, then S accepts h." And (2) the point of the various epistemic definitions is to separate out the normative epistemic concepts from such psychological concepts as that of a acceptance.

Günther Patzig: Chisholm's Definition of certainty (D 1) seems to imply the following counter-intuitive consequence: If someone who has little trust in any of his opinions, nevertheless would prefer the belief p to ¬p, and has no other opinion which he is more inclined to believe than p, we must, according to the definition, be prepared to say that p is certain for him.

If preferability is not a subjective, but objective-normative predicate of beliefs, the following situation is possible: We might have the norm that all empirical propositions are equally acceptable, all mathematical propositions are also equally preferable, but more acceptable than empirical propositions. According to (D 1) we would have to say that mathematical knowledge is certain. We might however, still be inclined to accept the view that no knowledge whatsoever is certain. Chisholm's definition, in one word, seems, unwarrantedly to rule out any form of general scepticism that accepts degrees of preferability among propositions, but excludes certainty. Since I think such scepticism as at least coherent, I find (D 1) hardly acceptable.

Roderick M. Chisholm: Professor Patzig's criticism of my definition of certainty might be put in the form of a dilemma: "(1) Either your undefined epistemic locution is psychological and subjective, thus pertaining merely to the subject's actual inclination to believe, or it is normative and objective, pertaining to what the subject *ought* to believe. (2) If it is psychological and subjective, then your definition of certainty has counter-intuitive consequences when applied to people having bizarre epistemic preferences. And (3) if your undefined concept is objective and normative, then it is not adequate to that form of scepticism which holds that nothing is certain. But (4) a satisfactory definition of certainty should be adequate to such a scepticism."

Putting Professor Patzig's argument this way, I can say that my only disagreement with him concerns the final premise — the premise which requires us to be fair to the sceptic who wishes to accept the objective concept of epistemic preferability and yet to hold that nothing is certain. I would say — and I think this remark is quite in the spirit of Nelson — that all such forms of scepticism can be excluded *a priori.* Indeed, I would affirm the following epistemic principle: For any subject S, if there is a p and a q such that p is epistemically preferable to q for S, then there is an r such that r is certain for S.

The concept of epistemic preferability, as well as the evidential concepts which may be defined in terms of epistemic preferability, should be taken as objective and normative.

But Patzig makes a slightly different point in passing and I would concede that my definition of certainty may not be adequate to it. This concerns the epistemic preferability relations holding between empirical and mathematical propositions — or, more generally, between *a posteriori* and *a priori* propositions. Is it obvious that the propositions expressed by "All squares are rectangles" and "Someone seems to have a headache" are the same in epistemic value? I concede that this may not be obvious. And possibly, therefore, the proposed definition of certainty should be replaced by two definitions — one of them being a definition of *empirical* certainty and the other a definition of *a priori*, or *nonempirical*, certainty. The empirically certain would comprise those *logically contingent* propositions which fulfill the conditions of the definition that Patzig has criticized; and the *a priori* or nonempirically certain would comprise the *noncontingent* propositions which fulfill those conditions.

William K. Frankena: Earlier in your paper you introduced the formula 'A person has grounds for believing that S is F if S is F'. But now it seems to me that you wish to say something more like 'A person has grounds for believing that S is F if S is F and he is aware that S is F'. Is this correct?

Roderick M. Chisholm: I am trying to avoid the use of psychological terms like "being aware of", etc., and I believe that my definitions (D 1) and (D 2) capture what you have in mind in your formula. The point of the epistemic definitions is to separate the normative element from such concepts as that of *being aware of;* the psychological element will be expressed by 'accepts'. If h is a state that is self-presenting to S, then S has grounds for accepting h provided only that h obtains. If h is not thus self-presenting to S, then S has grounds for h provided only some conjunction of self-presenting states confers positive epistemic status upon h for S.

Sara K. Walsh: Chisholm's dispute with Nelson concerns Nelson's choice of sensible intuition as immediate knowledge. Consider the two statements:
(A)   I see that the sky is cloudy.
(B)   I believe that I see that the sky is cloudy.
Nelson would have chosen A as an expression of immediate knowledge, but Chisholm claims that B would have been a better choice. In Chisholm's terms, the question is whether A or B is more certain, or epistemologically preferable. Chisholm finds a kind of certainty in statements like B which is, I suggest, too weak for the certainty we demand for immediate knowledge. Whereas for Nelson immediate knowledge was an experience such that the sky is cloudy when we say we see that the sky is cloudy, for Chisholm the experience appears to be such that we should first consider that the sky might not be cloudy when we believe that we see that the sky is cloudy. That is, whereas for Nelson we are certain about what we see, for Chisholm we are certain only about what we believe. Insofar as it is more difficult to prove that a statement like B is false, B is more certain than A, but on this account so is B' more certain than A.
(B')   I believe that I see a round square.
Since Chisholm's brand of certainty is too weak to exclude statements like B', Nelson would not have accepted Chisholm's account of immediate knowledge.

Chisholm characterizes Nelson as a naive realist, but I do not think that

Nelson need have been naive in order to have been a realist. We may take as much care and consideration over our perceptions as over our beliefs so that B, when understood correctly, would be a redundant version of A.

Roderick M. Chisholm: I am in agreement with Nelson about the importance of immediate knowledge. Our disagreement concerns the question whether statement (A), "I see that the sky is cloudy", can be said to express immediate knowledge. I have suggested that immediate knowledge is expressed, not by statements such as (A), but by statements such as (B): "I believe that I see that the sky is cloudy". In disputes of this kind, it is often difficult to disentangle mere terminological differences from points of genuine philosophical disagreement. But I believe that there is a fundamental philosophical issue here. Perhaps I can locate it by trying to summarize why it is that I say that (B) rather than (A) provides us with an instance of immediate knowledge.

I have suggested that "the self-presenting" provides us with paradigm cases of immediate knowledge. We are able to specify *two* respects in which the self-presenting can be immediate (I had said "directly evident"). First, a self-presenting state of affairs is one which is necessarily such that, if it obtains, then it is an object of empirical certainty: it is necessarily such that, if it obtains, then, for a certain subject, it has the highest possible epistemic status. The second point has to do with Socratic inquiry. To the Socratic question, "And why do you say you *believe* that you see that the sky is cloudy? ", there is no reasonable answer beyond "I *do* believe it and that is the end of the matter". But to the Socratic question, "And what justification do you have for believing that you *see* that the sky is cloudy? ", there is always a variety of possible replies; for example, "It is the sky that I am looking at, I have no reason on this occasion to question my senses, and that is the way the sky always looks from here when it is cloudy".

Nelson would hold that statements such as (A) are immune from Socratic questioning. But I believe that he can defend this view only by presupposing, mistakenly, that socratic questions must be grounded in scepticism or doubt.

The observation that "for Chisholm we are certain only about what we believe" requires correction. I would say that the objects of empirical certainty include not only states of affairs about believing, but also other states of affairs about other psychological attitudes (thinking, hoping, fearing, desiring), as well as states of affairs involving "being appeared to". I agree that this is a restricted sense of certainty. And the fact that it is restricted does make room for an inquiry properly called "the theory of knowledge".

Perhaps I should note that, in applying the technical term "naive realist" (a term that is common in Anglo-American philosophy), I did not mean to suggest that Leonard Nelson was "naive"! He was a sophisticated philosopher in the best sense of the term.

Anmerkungen

1. Socratic Method and Critical Philosophy, New Haven: Yale University Press, 1949, p. 10.
2. L. Nelson, The Impossibility of the "Theory of Knowledge". in: Socratic Method and Critical Philosophy, p. 189. The article is an address, delivered in 1911, and first published as Die Unmöglichkeit der Erkenntnistheorie, in: Abhandlungen der Fries'schen Schule, III (Göttingen, 1912), No. 4. [L. Nelson, Gesammelte Schriften, hrsg. v. P. Bernays/W. Eichler/A. Gysin/G. Heckmann/G. Henry-Hermann/F. v. Hippel/S. Körner/W. Kroebel/G. Weisser, Hamburg: Felix Meiner Verlag 1970–73, Bd. II. S. 459–483. Hrsg.] It is instructive to compare what Nelson says here about theory of knowledge to what H. A. Prichard said about moral philosophy in 'Does Moral Philosophy Rest on a Mistake? '; this paper, first published in Mind XXI (1912) is reprinted in: Prichard, Moral Obligation: Essays and Lectures, Oxford: The Clarendon Press, 1949, 1–17.
3. See L. Nelson, Über das sogenannte Erkenntnisproblem, Göttingen: Verlag Öffentliches Leben, 1930, 112 ff. Nelson's formulations are: (F) "Jede Erkenntnis ist ein Urteil"; (P) "Jedes Urteil muss einen Grund haben"; (Q) "Nicht jede Erkenntnis kann einen Grund haben"; (S) "Jede Erkenntnis muss einen Grund haben"; and (T) "Nicht jedes Urteil kann einen Grund haben". This work, as well as Nelson's address on the impossibility of the theory of knowledge, also appears in Nelson's Geschichte und Kritik der Erkenntnistheorie, Hamburg: Felix Meiner Verlag, 1973. This is Volume II of Nelson's Gesammelte Schriften; the monograph appears on pp. 59–393 and the lecture on pp. 459–483.
4. "Als unmittelbare Erkenntnis gilt im allgemeinen die Anschauung. Die anschauliche Erkenntnis hat den Vorzug unmittelbarer Klarheit und Evidenz . . ."; Über das sogenannte Erkenntnisproblem, 116; compare also p. 461.
5. Über das sogenannte Erkenntnisproblem, 90–1.
6. Socratic Method and Critical Philosophy, 191–2.
7. Compare J. F. Fries, Neue oder anthropologische Kritik der Vernunft, Heidelberg: Mobir und Zimmer, ^{2}1828; and A. Kastil, Jakob Friedrich Fries' Lehre von der unmittelbaren Erkenntnis, Göttingen: Vandenhoeck & Ruprecht, 1912.
8. See the first essay, entitled The Socratic Method, in: Socratic Method and Critical Philosophy (1–43). This is a translation of Die Sokratische Methode, a lecture delivered in 1922, and published in Abhandlungen der Fries'schen Schule, Band V (1929). [L. Nelson, Gesammelte Schriften, Bd. I, S. 269–316.]
9. Über das sogenannte Erkenntnisproblem, pp. 754–5; compare p. 808.
10. The Socratic Method in Philosophy, p. 110.
11. The Socratic Method in Philosophy, p. 126.
12. The Socratic Method in Philosophy, p. 11.
13. Ibid., p. 188.
14. Socratic Method and Critical Philosophy, p. 16.
15. Socratic Method and Critical Philosophy, p. 190; compare Über das sogenannte Erkenntnisproblem, p. 444.
16. Socratic Method, p. 4; I have italicized "every".

17. It is noteworthy that, on the title page of Über das sogenannte Erkenntnisproblem, Nelson cites the following un-Socratic passage from Kant: "To know what questions may reasonably be asked is already a great proof of sagacity and insight. For if a question is absurd in itself and calls for an answer where none is required, it not only brings shame on the propounder of the question, but may betray an incautious listener into absurd answers, thus presenting, as the ancients said, the ludicrous spectacle of one man milking a he-goat and the other holding a sieve underneath". Critique of Pure Reason, A 58; N. Kemp Smith translation, p. 97.
18. Sextus Empiricus, Outlines of Pyrrhonism, Book I, Chap. 6, in Vol. I of Sextus Empiricus, The Loeb Classical Library, Cambridge: Harvard University Press, 1933.
19. Socratic Method, p. 117.
20. Fries, op. cit., 65 ff., 87 ff. See Kastil's critique, in Kastil, op. cit., 37–108, 153–205.
21. See A. Meinong. Über emotionelle Präsentation in: Gesamtausgabe. Band III, ed. Haller and Kindinger, Graz: Akademische Druck- und Verlagsanstalt, 1968. pp. 287–294: English translation. On Emotional Presentation, edited and translated by M. S. Kalsi Evanston: Northwestern University Press, 1972, Sec. 1. Cf. Brentano, Psychologie vom empirischen Standpunkt. Band I, Hamburg: Felix Meiner Verlag, 1955, pp. 176–189: Psychology from an Empirical Standpoint (London: Routledge & Kegan Paul, 1972), pp. 126–134.
22. Fries says that, "if I look at the tree, then I see in the experience (Empfindung) something green external to me (ausser mir), without asking about any cause of my experience." Op. cit., p. 87.
23. I have discussed this concept in detail in Theory of Knowledge, Englewood Cliffs, N. J.: Prentice-Hall, Inc., ^{2}1977.
24. A state of affairs p may be said to *entail* a state of affairs q, provided only that p is necessarily such that (1) if it obtains then q obtains and (2) whoever accepts it accepts q.
25. See his Critical Philosophy and Mathematical Axiomatics, in: Socratic Method and Critical Philosophy, pp. 158–184.

Rudolf Haller, Graz

Über die Möglichkeit der Erkenntnistheorie
Zu Nelsons Beweis der Unmöglichkeit der Erkenntnistheorie

I.

Der folgende Beitrag untersucht Nelsons Beweis der Unmöglichkeit der Erkenntnistheorie, mit dem der damals 26jährige Göttinger Philosoph im Jahre 1908 insbesondere den neukantischen Zeitgenossen, aber grundsätzlich aller künftigen philosophischen Forschung, die Sinnlosigkeit erkenntnistheoretischer Fragestellung demonstrieren wollte.

Nelson sieht die Erkenntnistheorie überhaupt — und die seiner Zeit im besonderen — in einem ähnlich traurigen Zustand, wie Kant die Metaphysik. Und wenn Kant in der Vorrede zu den „Prolegomena einer jeden künftigen Metaphysik, die als Wissenschaft wird auftreten können" den potentiellen Jüngern dieser Disziplin zuruft, sie mögen mit ihrer fruchtlosen und belachenswerten Arbeit, die ohnehin keinen Schritt weitergeführt habe, einhalten, bis jemand jedenfalls die Frage beantwortet habe, *ob* überhaupt eine solche Wissenschaft möglich sei, so zitiert Nelson diese Vorrede in aller Länge, nur daß er überall anstelle des Ausdruckes „Metaphysik" den Ausdruck „Erkenntnistheorie" setzt[1]. Nelsons Beweis der Unmöglichkeit der Erkenntnistheorie sollte die Philosophen fürderhin davor bewahren, ein tiefliegendes philosophisches Scheinproblem, das sich — weil es sich um einen *systematischen* Fehler handelt — unter bestimmten Umständen selbst regeneriert und so immer wieder von neuem auftritt, zu beachten und zu behandeln. Die mit ihm verbundenen Fragen sollten endgültig zum Verschwinden gebracht werden.

Wie für die meisten Werke Nelsons gilt auch für seine Schrift „Über das sogenannte Erkenntnisproblem"[2], was Paul Bernays in bezug auf Nelsons „Bemerkungen über die nicht-euklidische Geometrie" betonte, daß nämlich Nelson seinen Standpunkt in vorbildlicher Klarheit und Prägnanz darlegt"[3]. In der Tat läßt der Wiedererwecker der Fries-Apeltschen empirischen Metaphysik niemals einen Zweifel darüber aufkommen, *welchen* Standpunkt er einnimmt, und bleibt auch dort erfolgreich um Präzision bemüht, wo das Interpretandum eine solche nicht nahelegt oder kaum zuläßt.

Ich gebe nach einer Einleitung in den allgemeinen Kontext der Fragestellung zunächst Nelsons Beweis wieder und versuche zu zeigen, welcher Weg möglich ist, wenn man eine der Voraussetzungen, die Nelson annimmt, nicht akzeptiert.

II.

Kein Wissenschaftler und erst recht kein Philosoph kann von der Frage unberührt bleiben, *ob* unsere Erkenntnisansprüche gerechtfertigt sind oder nicht. Denn jeder Wissenschaftler und jeder Philosoph, soweit er als Vertreter einer Wissenschaft auftritt, stimmt der billigen Forderung zu, nichts ohne Grund bzw. ohne Rechtfertigung vorzubringen, zu behaupten. Dies gilt nicht nur für den Anspruch, etwas zu erkennen, etwas zu wissen, sondern auch noch für die vagesten Formen des Glaubens oder von Vermutungen, etwa der Vermutung, daß ein Ereignis mit einer gewissen, sei es auch noch so geringen Wahrscheinlichkeit eintreffen werde bzw. zu erwarten sei.

Von alters her hat man daher die Frage nach der Begründung von Wissensbehauptungen bzw. wissenschaftlichen Aussagen in der Philosophie ernst genommen. Und von alters her mußte man das Problem ernst nehmen, weil die vermeintliche Begründbarkeit menschlichen Wissens seit jeher das Zentrum skeptischer Einwände bildete. Aber erst in der Philosophie der Neuzeit rückte das Erkenntnisproblem, wohl im Zusammenhang mit dem Aufstieg der *empirischen* Wissenschaften, in den Rang einer eigenständigen Disziplin, deren Aufgabe häufig in dem Versuch einer Grundlegung aller Wissenschaften, bisweilen nur der mathematischen Naturwissenschaften allein gesehen wurde. Und in der Tat: Betrachtet man bedeutende *Methodentraktate* der Neuzeit — das *Novum organon* des Francis Bacon, die *Regulae ad directionem ingenii* oder den *Discours de la methode* des Descartes, Lockes *Essay Concerning Human Understanding* oder die *Kritik der reinen Vernunft* — dann lassen sich in all diesen Werken und ihren Nachfolgern zwei Schichten von Problemen erkennen: *Erstens*, eine allgemeine Theorie des Wissens und der wissenschaftlichen Aussagen, in der innerhalb eines Rahmens Ursprung und Voraussetzungen, Bedingungen und Systematik der Erkenntnis untersucht werden und *zweitens* eine Rekonstruktion der logischen und empirischen Objekttheorien auf metatheoretischer Ebene, die auf der Basis einer kontingent bestimmten Forschungslage die Methodologie empirischer und nicht-empirischer Theorien beschreibt, bzw. festlegt. Eines der Hauptziele der Methodentraktate besteht sodann im Nachweis der Angemessenheit der begrifflichen Schemata der ersten Schicht für die Untersuchung der zweiten, um so den Beweis zu vervollständigen, daß das System der Erkenntnis und insbesondere auch der wissenschaftlichen Aussagen mit den konstitutiven Begriffen und Regeln des metatheoretischen Systems übereinstimmt.

Die Verzahnung dieser beiden Schichten, die man als Erkenntnistheorie und Methodologie charakterisiert, brachte es mit sich, daß mit dem Aufstieg der wissenschaftlichen Philosophie, genauer, mit der Wissenschaftstheorie eine scheinbare Verdrängung jener Disziplin einherging, deren Möglichkeit Gegenstand dieser Untersuchung ist.

Eine solche Verdrängung mußte jedenfalls dann naheliegen, wenn dem Postulat der Einheit von Philosophie und Wissenschaftstheorie zugestimmt wurde, so daß für eine eigene Disziplin einer Theorie der Erkenntnis, neben, vor oder jenseits der Wissenschaftstheorie a fortiori kein Platz blieb. Im goldenen Zeitalter der Einheitswissenschaft des logischen Empirismus hat man natürlich überhaupt keinen Grund mehr gesehen, die beiden Disziplinen auseinanderzuhalten: man hat sie einander genauso gleichgesetzt, wie man Philosophie und Wissenschaftslogik identifiziert hat. Das kann man sowohl bei Carnap und Neurath, wie bei der „offiziellen Opposition" des Kreises, bei Popper, deutlich sehen[4].

Gegen eine solche Einseitigkeit, die Philosophie zur *ancilla scientiae* zu degradieren, hat auch schon Stegmüller in seiner Einleitung in das enzyklopädische Werk der *Probleme und Resultate der Wissenschaftstheorie und Analytischen Philosophie*[5] eingewendet, daß das Bemühen um Wissenschaftlichkeit in der Philosophie selbst nicht mit einer „Unterordnung der Philosophie unter die einzelwissenschaftliche Erkenntnis" gleichgesetzt werden dürfe. Stimmt man einer solchen Gleichsetzung schon deshalb nicht zu, weil weder alle Erkenntnisse wissenschaftlicher Natur sind, noch alle Analysen und Erklärungen Teilklassen wissenschaftlicher Sprachen, so wird es uns nicht schwerfallen, die Möglichkeit der einen von der Möglichkeit der anderen auseinanderzuhalten.

III.

Nun kann die Frage, ob Erkenntnis möglich sei, entweder auf *tatsächliche* Wissensbehauptungen bezogen werden, womit ihre positive Beantwortung trivialerweise wahr wird, oder sie kann selbst auf *mögliche* Wissensbehauptungen bezogen werden, womit ihre positive Behauptung allemal und bestenfalls selbst nur problematischer Natur sein könnte. Wird nach der Möglichkeit einer Theorie der Erkenntnis gefragt, so sollte man sich zuvor der Voraussetzung versichern, die ihr zugrundeliegt. Als die wesentlichen Voraussetzungen wird man annehmen müssen, erstens, daß einige Aussagen wahr sind und zweitens, daß wir wissen können, daß die Wahrheitsbedingungen einiger Aussagen erfüllt sind. Würden wir die erste Voraussetzung nicht annehmen, könnten wir unmöglich von einem Widerspruch und somit auch von keiner Unmöglichkeit sprechen, weil ja die Unmöglichkeit von p äquivalent der Notwendigkeit der Negation von p ist. Wenn wir aber nicht wissen können, ob die Wahrheitsbedingungen dieser Äquivalenz erfüllt sind, könnten wir auch Gleiches nicht für gleich nehmen, könnten wir auch nicht wissen, ob „es ist unmöglich, daß nicht-p" dann und nur dann wahr ist, wenn gilt „es ist notwendig, daß p". Aber Modalitäten ziehen leicht die seltsamsten Kalamitäten herbei. So, wenn man sich die Frage stellte, welchen Wahrheitswert denn Aussagen über Gegenstände haben, die in keiner möglichen Welt existieren[6]. Und um einen solchen Gegenstand müßte es sich wohl bei der Theorie der Erkenntnis handeln, deren Unmöglichkeitsbeweis ja nicht nur ihre Tatsächlichkeit aus dieser Welt schaffen sollte, sondern die Notwendigkeit der Untatsächlichkeit in jeder anderen Welt unter Beweis stellen will. Zum zweiten gilt, wie Nelson selbst feststellt, daß die Philosophie so wenig wie eine andere Wissenschaft Wahrheit verschaffen kann, wo noch keine zugrundeliegt.

Nelsons Beweis ist im wesentlichen von einer völlig richtigen Maxime geleitet, die in Erinnerung zu rufen gerade heutzutage nicht überflüssig sein mag: *Er* will in der Philosophie — wie in den Wissenschaften — ein Ideal durchsetzen, das man als antipluralistisch bezeichnen könnte. Man scheint häufig der Auffassung zuzuneigen, eine Vermehrung der Vielfalt von wissenschaftlichen Meinungen, Hypothesen und Theorien über einen Bereich müsse, für sich genommen, schon von Wert und Interesse sein, und die Vertreter einer anarchistischen Erkenntnistheorie stimmen mit der Meinung des kritischen Rationalismus' Praeceptor Germaniae überein, daß ein solcher Pluralismus von Hypothesen und Theorienkonkurrenz von alternativen Erkenntnismodellen, und, wie man die wild wuchernden Geschöpfe der Einbildungskraft noch nennen mag, für den Fortschritt der Wissenschaft geradezu unabdingbar wäre[7].

Demgegenüber behauptet Nelson, daß das Ideal der Wissenschaft gar nicht in einer Vermehrung der Mannigfaltigkeit von Meinungen zu einer Frage liegen könne, da ja vielmehr gerade deren Verminderung günstigenfalls auf eine, nämlich die zutreffende oder richtige, anzustreben wäre[8]. Das ist ein großes Wort, „die richtige Meinung". Aber wenn wir uns eine Kontroverse über ein und dieselbe Frage — p? — vor Augen führen, so werden wir keine Schwierigkeit darin finden — zumindest in der Form einer Idealisierung — das befriedigende Ende auch dem rational Erreichbaren gleichzusetzen, nämlich, daß p zutrifft, wahr ist, oder, daß p nicht wahr ist. Wenden wir diese Maxime auch auf die Frage nach der Möglichkeit einer Theorie der Erkenntnis an, so kann — dem Ideal folgend — die rational befriedigende Antwort auf die Frage nach der Möglichkeit der Erkenntnistheorie nur „nicht-möglich" oder „möglich" heißen.

IV.

Nelsons Beweis der Unmöglichkeit der Erkenntnistheorie unterscheidet sich von den meisten Einwänden gegen das Rechtfertigungsmodell der Erkenntnis und seiner Theorie, die man aus der Geschichte der Philosophie her kennt, nicht bloß durch seine Klarheit, sondern vor allem durch die antiskeptische Tendenz, die den Beweis motiviert. Er meint sogar, daß die von ihm vorgetragene Lehre das „einzige Mittel" sei, den Skeptizismus „von Grund aus zu beheben"[9].

Bevor wir uns jedoch der Interpretation widmen, wird es angebracht sein, uns den Beweis in Erinnerung zu rufen (wobei ich mich weitgehend an den Text des Kongreßvortrages halte)[10].

(1) Will man die Wahrheit oder objektive Gültigkeit der Erkenntnis prüfen — so lautet die erste Prämisse — müssen „wir ein Kriterium haben, durch dessen Anwendung wir entscheiden können, *ob* eine Erkenntnis wahr ist oder nicht".

(2) Dies Kriterium muß *entweder* selbst eine Erkenntnis sein, *oder* es ist keine Erkenntnis.

(3) Wäre das Kriterium eine Erkenntnis, so könnte über seine Wahrheit nur unter Voraussetzung von (1) entschieden werden.

(4) Also kann das Kriterium selbst keine Erkenntnis sein.

(5) Wenn das Kriterium keine Erkenntnis ist, müssen wir doch „erkennen können, *daß* es ein Kriterium der Wahrheit ist".

(6) Um zu erkennen, daß das Kriterium ein Kriterium der Wahrheit von Erkenntnissen ist, müssen wir es bereits anwenden.

(7) Wenden wir das Kriterium, ob eine Erkenntnis wahr ist, auf das Kriterium selbst an, so führt dies — so sagt Nelson — genauso zu einem Widerspruch, wie unter der Voraussetzung, das Kriterium selbst wäre eine Erkenntnis.

Diesen Beweis könnten wir auch den Beweis der *Antinomie des Wahrheitskriteriums* nennen. Aber Nelson bringt noch einen zweiten Beweis der Unmöglichkeit der Erkenntnistheorie, der folgendermaßen verläuft:

(1) Die Theorie der Erkenntnis *darf* Erkenntnis nicht als Tatsache voraussetzen.

(2) Soll die Erkenntnistheorie ihr Problem — nämlich die Frage nach der objektiven Gültigkeit, d. i. der Wahrheit von Erkenntnis — lösen, so muß sie von bloßen Begriffen ausgehen.

(3) Aus bloßen Begriffen lassen sich bestenfalls analytische Urteile bilden.

(4) Eine neue Erkenntnis, genauer eine Erkenntniserweiterung, kann nur in einem synthetischen Urteil bestehen.

(5) Da sich aus analytischen Urteilen kein synthetischer Satz ableiten läßt,

kann auch nicht nachgewiesen werden, daß aus „problematischen Vorstellungen", d. h. bloßen Begriffen „Erkenntnis werden kann".

Gehen wir von der Annahme aus, beide Beweise seien korrekt, so ist klar, daß die Konklusionen nicht die gleichen sind. Beim ersten Beweis folgt aus der Annahme, daß für die Feststellung des Wahrheitswertes einer Wissensbehauptung ein Kriterium notwendig sei, und der Annahme, daß dieses selbst entweder eine Wissensbehauptung oder keine ist, der Schluß, daß ein Kriterium unmöglich ist. Beim zweiten Beweis folgt aus der Annahme, daß für die Aufstellung des Problems, wie objektive Gültigkeit prüfbar sei, nur analytische Urteile, d. h. Aussagen, deren Wahrheit allein aufgrund der Bedeutung der verwendeten Ausdrücke beruht, zur Verfügung stehen, und aus der Annahme, daß aus analytischen Urteilen keine synthetischen Urteile folgen können, der Schluß, daß aus bloß problematischen Begriffen keine Erkenntnis gebildet werden könne. Wir könnten diesen Beweis auch den Beweis der *Antinomie der Analyse* nennen.

Die Konklusionen der beiden Beweise, aus denen dann die Unmöglichkeit der Erkenntnistheorie gefolgert wird, sind also verschieden. Und das ist selbstverständlich, denn es sind ja auch die Prämissen nicht gleich oder gleichartig. In der Selbstinterpretation der Beweise erfahren wir freilich ziemlich genau, in welchem Sinne Nelson in beiden Ableitungen eine einheitliche Schlußfolgerung für berechtigt ansehen könnte. Um dies zu verdeutlichen, mag man sich ähnlich geartete Argumente, die gegen die Möglichkeit des Wissens oder gegen die Möglichkeit der Erkenntnistheorie vorgebracht wurden, in Erinnerung rufen. Zum einen könnte es scheinen, als wiederholte Nelson nur die Beweise, die die Skeptiker seit jeher geführt haben. Zum anderen, als wiederholte er die von Hegel u. a. vorgebrachten Angriffe auf eine Theorie der Erkenntnis. In der Tat findet sich das Argument über das Kriterium jedenfalls bei Sextus Empiricus angeführt, wenn er gegen die Möglichkeit eines Kriteriums der Wahrheit sagt: „um den entstandenen Streit über das Kriterium zu entscheiden, müssen wir ein anerkanntes Kriterium haben, mit dem wir ihn entscheiden können, und um ein anerkanntes Kriterium zu haben, muß vorher der Streit über das Kriterium entschieden werden. So gerät die Erörterung in die Diallele, und die Auffindung des Kriteriums wird aussichtslos..."[11]. Und den Angriff gegen die Möglichkeit der Erkenntnistheorie finden wir bei Schelling, Herbart, Lotze, um nur einige der auch bei Nelson angeführten Autoren zu nennen, und bekanntermaßen jedenfalls auch bei Hegel. Wenn Hegel sagt, „Erkennen wollen aber, ehe man erkenne, ist ebenso ungereimt als der weise Vorsatz jenes Scholastikers, schwimmen zu lernen, ehe er sich ins Wasser wage", dann polemisiert er gegen die These, daß das Erkenntnisvermögen auf seine Disposition hin, erkennen zu können, untersuchbar sei[12].

Nelson jedoch lehnt es ausdrücklich ab, in eines der beiden erwähnten Lager gereiht zu werden, denn er will weder aus der behaupteten Unmöglichkeit der Erkenntnistheorie auf die Unmöglichkeit der *Erkenntnis* schließen, noch aus dem Anschein des Paradoxen eines Kriteriums auf eine nicht gerechtfertigte dogmatische Metaphysik.

Was also ist sein Lösungsvorschlag für dieses *Problem*, von dem ein zeitgenössischer Philosoph gesagt hat, daß es zu den wichtigsten und schwierigsten Problemen der Philosophie überhaupt gehört[13]. Mit analytischem Scharfsinn folgt er der methodologischen Regel, wo ein Streit um eine Dichotomie ohne Aussicht auf Schlichtung anhält, spricht alles dafür, daß eine von beiden Parteien angenommene Voraussetzung falsch ist[14]. In dem Streit zwischen dem *Rechtfertigungsmodell* des Wissens, d. h. zwischen der Notwendigkeit, jede Erkenntnis zu begründen, und dem *Entscheidungsmodell* des Wissens, demzufolge auch Urteile ohne Rechtfertigung aufgestellt und akzeptiert werden können, sieht Nelson die beiden Positionen gemeinsame Voraussetzung in der Annahme, „daß jede Erkenntnis ein Urteil sei"[15]. Insoferne die Forderung nach Rechtfertigung auf Urteile beschränkt bleibe, gilt sie strikt allgemein: Jedes Urteil bedarf der Rechtfertigung. Aber da nicht alle Erkenntnisse Urteile seien, es auch unmittelbare (wenngleich nicht grundlose) Erkenntnisse gebe, könne es auch Erkenntnisse geben, die nicht durch Urteile begründbar wären.

Demzufolge — und ich muß mich hier auf das Wichtigste beschränken — muß an die Stelle der falschen Voraussetzung die richtige gesetzt werden: nämlich „das *Faktum* des Selbstvertrauens der Vernunft", in dem Nelson die alles „entscheidende Instanz gegen allen Skeptizismus" sieht, eine Instanz, „die selbst einer Begründung nicht nur nicht fähig, sondern auch gar nicht bedürftig ist"[16].

Freilich, ein solch glücklicher Ausweg, wo wir zwar einen Grund alles Wissens finden, der — selbst kein Urteil, doch auch gewußt wird — eine Erkenntnis ist, und weil kein Urteil, auch keiner Rechtfertigung bedürftig, sondern selbst rechtfertigend ist: ein solcher Ausweg aus dem schwierigen Problem scheint zu schön, zu einfach, um ins Gelobte Land der empirisch gewonnenen Vernunft zu führen. Was also ist es, was uns abhält, diesen Ausweg aus den Dilemmata oder Trilemmata der Rechtfertigung unseres Wissens zu benützen?

V.

Beginnen wir beim Sicheren. Spätestens seit Aristoteles wissen wir zweierlei: erstens, daß jede Wissensbehauptung einer Rechtfertigung bedarf, die zur

Begründung des Fürwahrhaltens des behaupteten Urteils dient und vorgebracht werden kann; zweitens, daß jede solche Begründung entweder in einen *regressus in infinitum* oder in einen *Zirkel* mündet, wenn sie nicht durch Urteile gerechtfertigt wird, die sich selbst rechtfertigen, bzw. einer Rechtfertigung nicht bedürftig sind. Bricht man die Rechtfertigung freilich beliebigerweise ab, ohne auf einen zureichenden Grund für die Wahrheit des für wahr gehaltenen Urteils gestoßen zu sein, dann mag man entweder ein Urteil hypothetisch als zureichenden Grund annehmen, oder es kraft einer Entscheidung als einen solchen akzeptieren, womit man — freilich nur in letzterem Falle — den Vorwurf eines Dogmatismus auf sich zieht bzw. nehmen muß. Die jüngere Skepsis hat alle diese Fragen gekannt, die hierzulande unter dem Märchentitel des „Münchhausen-Trilemmas" angeboten werden[17]. Sei es mit diesem sogenannten Trilemma bestellt, wie es sei, so müssen wir doch zugeben, daß die Begründung einer Wissensbehauptung auch nicht in der Iteration des Wissens, daß man weiß, liegen kann, denn sonst müßte ja diese Kette gleichfalls ins Unendliche führen: Daß ich weiß, daß ich weiß, daß ich weiß etc. bleibt solange leer, als ich nicht weiß, was es ist, was ich weiß, daß ich weiß.

Nun unterscheidet man von altersher zwischen mittelbarer und unmittelbarer Erkenntnis, d. h. einem Wissen, das aus anderen Erkenntnissen abgeleitet werden kann, und einem, für welches das nicht zutrifft. Nelson ist nun der Auffassung, daß die unmittelbaren Erkenntnisse es sind, die uns den Grund liefern, der vom Postulat der Begründung gefordert wird: daß es also erstens unmittelbares Wissen gebe, daß dieses zweitens nicht urteilsartig sei und es drittens auch das gesuchte Kriterium sei, „das uns zur Kritik unserer Erkenntnis zur Verfügung steht"[18].

Es ist klar, daß auf ein nicht-urteilsartiges Kriterium auch die ursprüngliche Antinomie nicht anwendbar wäre. Wenn wir hier auch nicht die Einzelheiten einer solchen Auffassung besprechen können, so können wir doch die Frage nicht unterdrücken, wodurch sich denn erweist, daß unmittelbare Erkenntnis nicht urteilsartig ist? Nelsons Antwort an dieser Stelle ist wenig befriedigend, denn einerseits behauptet er, daß es sich bei der unmittelbaren Erkenntnis um eine Vernunftwahrheit handelt, andererseits schreiben wir den Urteilen oder ihren sprachlichen Ausdrücken Wahrheitswerte zu. Demzufolge müssen wir denn auch die unmittelbare Erkenntnis so interpretieren, daß sie zwar, wie jedes Wissen, ein Fürwahrhalten ist, das wahr ist, daß aber die Wahrheit nur einem Urteil zugesprochen werden könnte, das sich auf die innere Erfahrung als ihren Gegenstand bezieht. Denn diese innere Erfahrung ist es, die uns — so Fries wie Nelson — die Tatsache einer unmittelbaren metaphysischen Erkenntnis bringen soll. Nimmt man die letztere als den Gegenstand der ersteren, dann fällt der Vorwurf weg, die letztere als eine Prämisse verwendet zu haben.

In analoger Weise hat — Carl Stumpf zufolge — Franz Brentano die Aporie der Erkenntnistheorie aufgelöst. Die Aporie lautet: „Meiner Erkenntnisfähigkeit kann ich weder blind vertrauen, noch kann ich sie prüfen. Um sie zu prüfen, müßte ich mich derselben Erkenntnisfähigkeit bedienen, deren Zuverlässigkeit ich prüfen will. Also kann ich niemals einer Erkenntnis mit Zuverlässigkeit gewiß sein." Die Antwort lautet: „Ich kann auch *sehend* vertrauen. Ist ein Satz unmittelbar evident, so bedarf es zu seiner Erkenntnis keiner Prüfung, auch nicht der der Erkenntniskräfte. Wir stützen uns allerdings in gewissem Sinne auf die Zuverlässigkeit unserer Erkenntniskräfte, indem wir uns ihrer bedienen, aber nicht bedienen wir uns ihrer als Prämisse. Somit kann von Zirkelschluß nicht die Rede sein"[19].

Lassen wir an dieser Stelle die Problematik der Evidenz beiseite, und nehmen wir an, es gebe solche unmittelbar evidenten Sätze, so zeigt das Brentano-Argument noch deutlicher, worauf es ankommt: Daß nämlich das Vertrauen in einer Handlung liegt — *wir* stützen uns auf die Zuverlässigkeit der Erkenntniskraft, indem wir uns ihrer bedienen —, aber wir benützen dieses Faktum, das uns durch innere Wahrnehmung bewußt ist, nicht als Prämisse in einer Kette von Begründungen.

Wenn aber kein Zirkelschluß und kein unendlicher Regreß, dann ruht Erkenntnis nicht auf Widersprüchen. Heißt das aber, daß die Antinomie des Kriteriums nicht besteht? Ich denke, das können wir nicht sagen.

Die Voraussetzung, die, wie ich meine, in der von Fries herkommenden Nelson-Analyse *nicht* akzeptiert werden kann, ist, daß die unmittelbare Erkenntnis selbst keinen urteilsartigen Charakter habe und nichtsdestoweniger zwei Bedingungen der klassischen Definition des Wissens entspricht, nämlich erstens, sowohl für wahr gehalten zu werden, als auch zweitens, wahr zu sein. Daß wir dies unmittelbar erkennen, wäre gleichfalls ein Zirkel, und daß wir es erst durch philosophische Reflexion explizieren, zwar ein Motiv, aber keine Berechtigung für die Behauptung, daß nicht jede Erkenntnis ein Urteil ist. Somit scheint mir der Nelsonsche Beweis der Unmöglichkeit der Erkenntnistheorie auf einer Voraussetzung zu beruhen, die selbst nur durch unmittelbare Erkenntnis geklärt werden kann. Insofern ist die Erkenntnistheorie möglich. Wer sich freilich eine transzendentale Deduktion der Bedingungen der Möglichkeit der Erkenntnis erwartet haben sollte, oder einen Beweis der Möglichkeit, der hat sich zuviel erwartet. Er hat sich etwas erwartet, was auch ein Gott nicht leisten könnte, nämlich zu sagen, was sich nur zeigen läßt. Und das scheint mir auch in anderer Wendung eine Pointe der nicht-skeptischen Widerlegungsversuche eines wahrheitsgarantierten Wissens wie einer Theorie der Erkenntnis, daß für die Widerlegung durch Kritik genau das in Anspruch genommen wird, was als unmöglich zu beweisen war.

Wenn der Grundsatz des Selbstvertrauens gleichgesetzt wird mit dem Grundsatz der Entbehrlichkeit einer Letztbegründung, dann zeigt der Entbehrlichkeitsgrundsatz gleichermaßen die Unentbehrlichkeit der Erkenntnistheorie. Um es nochmals deutlich zu machen: Die faktische Aufweisung des Selbstvertrauens sichert vollgültige Begründung. „Diese Begründung" — so sagt Nelson wörtlich — „besteht in dem Nachweis, daß der Zweifel an der Gültigkeit des zu deduzierenden Prinzips der als unmittelbarer Erkenntnis faktisch vorhandener Gewißheit seiner Gültigkeit widerstreitet. Mit anderen Worten, sie besteht in dem Nachweis, daß ein solcher Zweifel buchstäblich nur wider besseres Wissen möglich ist"[20].

Das hieße und das heißt, daß letztlich auch die Kritik der Vernunft nichts besseres zu bieten hätte, als die vermeintlich unmögliche Erkenntnistheorie.

Diskussion

Reinhard Kleinknecht: 1. Ist nicht Nelsons (erster) „Beweis der Unmöglichkeit der Erkenntnistheorie" unnötig lang insofern, als die darin enthaltene Fallunterscheidung (das „erkenntnistheoretische Kriterium" ist entweder eine Erkenntnis oder nicht) überflüssig ist? Kommt es nicht bei der Nelsonschen Argumentation allein darauf an, daß das Kriterium, um anwendbar zu sein, *bekannt* sein müßte? Das Argument würde dann einfach so lauten:

Um die objektive Gültigkeit unserer Erkenntnis zu prüfen, müßten wir ein „erkenntnistheoretisches Kriterium" haben. Damit dieses anwendbar ist, müßten wir erkennen können, daß es ein Kriterium der Wahrheit ist. Um aber diese Erkenntnis zu gewinnen, müßten wir das Kriterium schon anwenden.

2. Wenn *jedes* Urteil „der Rechtfertigung bedarf", dann bedarf auch jedes *falsche* Urteil der Rechtfertigung. Folglich bedarf *nicht* jedes Urteil der Rechtfertigung. Wenn aber nur die wahren Urteile der Rechtfertigung bedürfen, muß dann nicht bereits *vor* der Rechtfertigung eines Urteils bekannt sein, *daß* es wahr ist? Kann aber die Wahrheit eines Urteils bekannt sein, ohne daß es gerechtfertigt ist?

Rudolf Haller: Die von Herrn Kleinknecht aufgeworfenen Fragen scheinen mir wichtig. Erstens, natürlich kann man den erwähnten Beweis kürzen. Die Konklusion bleibt trotzdem angreifbar, weil entweder die Prämissen nicht wahr, bzw. nicht beweisbar sind, oder ihre Wahrheit von angreifbaren Voraussetzungen abhängt.

Zum zweiten; aus der Tatsache, daß gerechtfertigte Urteile falsch sein können, läßt sich nicht folgern, daß nicht alle Urteile mit Wissensanspruch der Rechtfertigung bedürfen, sonst müßte die Rechtfertigung die Wahrheit der gerechtfertigten Urteile implizieren. Dem ist nicht so.

Friedrich Knigge: Ich möchte mich nur gegen den Ausdruck „empirische Metaphysik" im Zusammenhang mit der Philosophie von Fries und Apelt wenden; er erscheint mir als etwas anstößig. Allenfalls könnte man von *kritischer* Metaphysik sprechen, im Gegensatz zur *dogmatischen* Metaphysik.

Grete Henry: Der Einwand meines Vorredners ist bei strenger Anwendung der Fries-Nelsonschen Terminologie berechtigt. Der Ausdruck „empirische Metaphysik" muß — wenn angewandt zur Charakterisierung der Lehre Nelsons — offenbar verstanden werden als Hinweis darauf, daß nach Nelson die Begründung des *nicht-empirischen Systems* der Metaphysik erfolgt durch die *empirisch-anthropologische Kritik* der Vernunft.

Erich Spohr: Können Sie, Herr Haller, mir erklären, warum Nelson unter dem Titel „Erkenntnis" immer nur den Fall des wahren Urteils thematisiert, wo doch Kant diesen Ausdruck ganz anders, nämlich allgemein im Sinne eines geltungs*differenten* Gebildes überhaupt verwendet, — und können Sie mir erklären, wie Nelson — was offenbar damit zusammenhängt — auf die keineswegs originelle Idee kam, daß es die Aufgabe der Erkenntnistheorie sei, die *Wahrheit* von Erkenntnissen zu begründen? — Dies ist mir um so weniger verständlich, als Nelson ja Kants „Kritik der reinen Vernunft" gelesen hat, Kant aber in ihr gerade davor warnt, Erkenntnistheorie auf eine Theorie der Wahrheitsbegründung zu verkürzen, und er an einer berühmten Stelle der „Kritik" im Zusammenhang der Frage nach dem Wahrheitskriterium die ironische Bermerkung macht, es sei schon ein großer und nötiger Beweis der Klugheit oder Einsicht, zu wissen, was man vernünftigerweise fragen solle, denn da ungereimte Fragen zu ungereimten Antworten verleiten, *könnte* es passieren, daß (wie die Alten sagen) der eine den Bock melkt und der andere das Sieb darunter hält (Paraphrase von A 58, B 82).

Rudolf Haller: Die Antwort lautet einfach: weil Erkenntnis immer wahr ist. Sie können natürlich eine andere Terminologie einführen. Man könnte dann indizierend Erkenntnis$_1$ von Erkenntnis$_2$ unterscheiden. Dies aber wäre verwirrend und entfernte sich auch vom natürlichen Sprachgebrauch. Eine solche Unterscheidung hat H. A. Schmidt in seiner Interpretation des Nelson-Beweises getroffen. In der Tat sprechen wir nämlich nur dann von Wissen (von einer Erkenntnis), wenn das Geglaubte wahr ist. Die Rechtfertigung bezieht sich auf die Wahrheit des Urteils, bzw. auf den Sachverhalt, den das Urteil ausdrückt.

Lothar F. Neumann: Ich möchte Hallers Bemerkung problematisieren, Nelson wolle in der Philosophie wie in der Wissenschaft ein Ideal durchsetzen, das man als antipluralistisch bezeichnen könnte. — Gewiß, diese Deutung mag sich auf Belege stützen, die wir im philosophischen Werk Nelsons finden. Aber diese Deutung ist nicht zwingend und mit dem Geist der kritischen Philosophie Kant-Fries'scher Prägung kaum vereinbar. Man ist noch nicht dem antipluralistischen Ideal verpflichtet, wenn man dem modischen Pluralismus nicht folgt. Bei Julius Kraft wird dies deutlich. Er orientiert die um Wissenschaft bemühte kritische Philosophie nicht nur an dem Prinzip der Begründungsbedürftigkeit aller Urteile, sondern an dem noch allgemeineren Prinzip des Ausschlusses des nicht Begründungsfähigen. Aber wie verwirklicht die kritische Philosophie diese Prinzipien? Auf keinen Fall antipluralistisch. Denn die kritische Philosophie ist keine geschlossene, sondern eine prinzipiell offene Philosophie. Fries' grundlegende Unterscheidung von Kritik und System, seine Betonung der heuristischen Methoden wissenschaftlicher Forschung (z. B. analytische und synthetische Heuristik in der Mathematik) und die Betonung der Rolle regulativer Ideen im Forschungsprozeß sind mit einem antipluralistischen Ideal, das im Verständnis auch Julius Krafts nicht zur Wissenschaft, sondern zur Dogmatik führen würde, nicht vereinbar. Nelson mag die Fries'sche Philosophie in eine Richtung entwickelt haben, die die regulativen Maximen zuweilen nicht mehr erkennen läßt. Aber dadurch ist er noch nicht zum Anti-Pluralisten geworden. Dagegen spricht z. B. auch die starke Berücksichtigung der jeweiligen Situation in Nelsons Ethik und Nelsons Lehre von den Idealen.

Grete Henry: Im Gegensatz zu meinem Vorredner stimme ich der These des Referenten zu, wonach für Nelson Wahrheitsfragen nicht pluralistisch beantwortet werden können. Auf jede sinnvoll und hinreichend scharf gestellte Frage gibt es nur eine wahre Antwort. Sie kann allerdings selber auf eine Vielfalt verschieden zu beurteilender Fälle hinweisen, so etwa in der Anwendung des von Nelson entwickelten Sittengesetzes. Dieses läßt sich nicht in einen endlichen Sittenkodex auflösen, sondern bleibt in der Anwendung offen für die Vielfalt möglicher Konflikte und die in ihnen als praktisch notwendig zu erweisenden Verhaltensweisen.

Rudolf Haller: Die von mir erwähnte und auch verteidigte Deutung bezieht sich auf das Ziel der Wissenschaft. Dieses Ziel ist, soweit die Wahrheit von Urteilen in Frage steht, antipluralistisch in dem Sinne, daß von einem wahrheitswertfähigen Urteil nur die Wahrheitswerte „wahr" oder „falsch" ausgesagt werden können. Hier also kann es keinen Pluralismus geben, wie ihn Relativisten (z. B. Konsenstheoretiker) wünschen und voraussetzen. Und was das Ziel der Wissenschaft anbetrifft, so ist es damit ähnlich bestellt: Entweder wir wollen Wahrheit für die Aussagen unseres Systems oder wir meinen darauf verzichten zu können. Die regulative Idee im Forschungsprozeß — das war der Kern unseres Arguments — kann nicht ein Pluralismus von inkohärenten Urteilen sein, sondern die Ausschaltung bzw. Vermeidung falscher, irreführender etc. zugunsten wahrer Urteile. Mit anderen, nämlich

Nelsons Worten: „Das Ideal der Wissenschaft ist erst erreicht, wenn diese Fülle (d. h. die Mannigfaltigkeit vorhandener Meinungen) auf ein Minimum beschränkt ist, wenn sie herabgemindert ist bis auf eine einzige Meinung." Zugegeben handelt es sich dabei um ein Ideal, das nicht immer erreicht wird, und dessen Erreichbarkeit vom Erkenntnisstand abhängt. Wird es darum weniger erstrebenswert?

Anmerkungen

1. Ich zitiere im Folgenden noch L. Nelson, Gesammelte Schriften, hrsg. v. P. Bernays/W. Eichler/A. Gysin/G. Heckmann/G. Henry-Hermann/F. v. Hippel/S. Körner/W. Kroebel/G. Weisser. Hamburg: F. Meiner Verlag 1970 ff.; vgl. Nelson, Bd. II, S. 86 f.
2. Wieder abgedruckt im zweiten Band von Nelson, Gesammelte Schriften, Geschichte und Kritik der Erkenntnistheorie. Mit einem Vorwort von G. Weisser und L. F. Neumann, Hamburg: F. Meiner Verlag 1973, p. 59–369.
3. P. Bernays, in: L. Nelson, Bd. III, S. 6.
4. Vgl. etwa R. Carnap, Die Physikalische Sprache als Universalsprache der Wissenschaft, in: Erkenntnis 2 (1932); Otto Neurath, Physikalismus, in: Scientia 50 (1931); O. Neurath, Protokollsätze, R. Carnap, Über Protokollsätze, beide wieder abgedruckt in: H. Schleichert (Hrsg.) Logischer Empirismus. Der Wiener Kreis, München 1975; K. Popper, Logik der Forschung, Tübingen^2 1966 f.
5. W. Stegmüller, Probleme und Resultate der Wissenschaftstheorie und analytischen Philosophie. Bd. I: Wissenschaftliche Erklärung und Begründung, Berlin: Springer Verlag 1969, p. XXIII. Es ist allerdings nicht einsichtig, warum man metatheoretische Analysen wie überhaupt die Wissenschaftstheorie zur „Transzendentalphilosophie" rechnen sollte. Das heißt eine philosophische Streitfrage durch terminologische Festsetzung zu praejudizieren.
6. Vgl. S. Kripke, Identität und Notwendigkeit, dt., in: M. Sukale (Hrsg.), Moderne Sprachphilosophie. Hamburg 1976, p. 191 f.
7. Vgl. H. Albert, Traktat über die kritische Vernunft, H. Spinner, Pluralismus als Erkenntnismodell, Frankfurt 1974.
8. L. Nelson, Gesammelte Schriften, Bd. VII, Fortschritte und Rückschritte der Philosophie, S. 350.
9. L. Nelson, Bd. II, S. 497.
10. Nelson hat in einem Vortrag vom 11.4.1911 am IV. Internationalen Kongreß für Philosophie in Bologna seine Argumente, die er bereits in der Abhandlung Kritische Methode und das Verhältnis der Psychologie zur Philosophie (1904) sowie in derjenigen Über das sogenannte Erkenntnisproblem (1908), Bd. II, p. 92–94, vorgelegt hatte, neuerlich zusammengefaßt und auch auf verschiedene Einwände, u. a. von Enriquez, Gomperz, F. C. Schiller geantwortet. Vgl. Bd. II, Die Unmöglichkeit der Erkenntnistheorie, p. 461–501. Der Beweis findet sich auf p. 465.
11. Sextus Empiricus, Grundriß der Pyrrhonischen Skepsis. Einleitung und Übersetzung von M. Hossenfelder, Frankfurt 1968, p. 158.
12. G. W. F. Hegel, Enzyklopädie der philosophischen Wissenschaften. Erster Teil § 10, in: Werke, Bd. 8, Frankfurt 1970, p. 53. Zu Hegels Argument gegen die Erkennt-

niskritik vgl. auch L. Nelson, Gesammelte Schriften, Bd. VII, Fortschritte und Rückschritte in der Philosophie, S. 445.
13. R. M. Chisholm, The Problem of the Criterion, Milwaukee 1973, p. 1.
14. L. Nelson, Über das sogenannte Erkenntnisproblem, Bd. II, p. 91; vgl. R. Haller, Der Streit um die „analytisch-synthetisch'-Dichotomie, in: Deskription, Analytizität und Existenz. Hrsg. P. Weingartner, Salzburg 1966, p. 169. Zur Interpretation des Beweises siehe auch den ausgezeichneten Aufsatz von H. A. Schmidt, Der Beweisansatz von L. Nelson für die „Unmöglichkeit der Erkenntnistheorie" als Beispiel eines retroflexiven Schlusses, in: Argumentationen. Festschrift für J. König. Hrsg. H. Delius und G. Patzig, Göttingen 1964.
15. L. Nelson, Gesammelte Schriften, Bd. II, S. 472.
16. L. Nelson, Über das sogenannte Erkenntnisproblem, Gesammelte Schriften, Bd. II, S. 157.
17. Vgl. Sextus Empiricus, op. cit. (I, 164–174), S. 130 ff.; H. Albert, op. cit.; R. Haller, Über das sogenannte Münchhausen-Trilemma, in: Ratio 16, H. 2, (1974).
18. L. Nelson, Über das sogenannte Erkenntnisproblem, Gesammelte Schriften, Bd. II, S. 157.
19. C. Stumpf, Erinnerungen an Franz Brentano, in: O. Kraus, Franz Brentano. Zur Erkenntnis seines Lebens und seiner Lehre. Mit Beiträgen von C. Stumpf und E. Husserl, München 1919, S. 100.
20. L. Nelson, Gesammelte Schriften, Bd. VII, S. 630.

Keith Lehrer, Tucson

Knowledge and Freedom in the Philosophy of Leonard Nelson

My concern in this paper is to articulate an important similarity between the work of Leonard Nelson and a contemporary school of philosophy based on Bayesian probability. Nelson contends that we have nonintuitive immediate cognition of the principle of causality [1]. A Bayesian might affirm that we assign a high prior probability to such a principle. There is an interesting conflict within the two theories. Nelson, while affirming that the principle of causality is an immediate cognition also assumes that we have freedom of choice and, therefore, can conform to duty [2]. A Bayesian who assigns a high prior probability to the principle of causality might also assume we have freedom of choice. Thus, an immediate cognition or prior probability yields a principle which appears to conflict with freedom of choice.

Immediate Cognition and Bayesian Priors

Nelson says that we can use reason to ascertain that various propositions are immediate cognitions. We have immediate knowledge of the principle of causality and can prove that the principle is an immediate cognition. That is what we learn in the critique of reason. The Bayesian Theory has a similar consequence in terms of probability theory.

To illustrate this, perhaps a few words of exposition of Bayesian probability for Leonard Nelson scholars might be appropriate. The Bayesian assumes that conditional probabilities, the probability of H on E, symbolically, p(H/E), is derived from prior probabilities, the probability of E, p(E), and the probability of the conjunction of H and E, p(H & E). The axiom for the computation of probability is

(a) $\quad p(H/E) = \dfrac{p(H \& E)}{p(E)}$

From this axiom we can derive theorems that are characteristically associated with Bayesian theory. Among these are the following:

(1) $\quad p(H/E) = \dfrac{p(E/H)p(H)}{p(E)}$ and

(2) $\quad p(H/E) = \dfrac{p(E/H)p(H)}{p(E/H)p(H) + p(E/-H)p(-H)}$

Theorem (2) is derived from (1) from the theorem
$$p(E) = p(E/H)p(H) + p(E/-H)p(-H)$$
which follows from the axiom (a) and the addition axiom which says that if H and K are logically incompatible then
$$p(H \text{ or } K) = p(H) + p(K).$$
This yields the theorem
$$p(E) = p(E \& H) + p(E \& -H)$$
from which the result in the denominator of (2) is obtained from axiom (a) by algebraic manipulation.

A Bayesian Critique of Reason

The Bayesian formulas (a), (1) and (2) articulate a theory of the probabilistic reasoning from the evidence E to the hypothesis or conclusion H. Such formulas may also be used to discover our prior probability assignments. Hence, they reveal our presuppositions. It is here that the similarity with Nelson is striking. Nelson notes that if we have

B.   Every change has a cause

we may prove axiomatically that

B',   B is an immediate cognition

which is the deduction of B in the critique of reason[3]. Now similarly the Bayesian might argue that we can prove axiomatically that

B*.   B has a high prior probability

and that shows that, if we are Bayesians, we are committed by reason to B*. This reasoning does not constitute a demonstration of the truth of B. What it shows, instead, is that the truth of B is presupposed.

We shall now illustrate how Bayesian reasoning reveals what we presuppose. Let us first illustrate the general form of the reasoning and then consider some specific instances. Imagine that we have two principles P and P' which both would lead us to have the same experiential expectations, and let E represent that experiential content. Assuming that E is the totality of what is deducible from the principles concerning experience, E would summarize the experiential content of both P and P'. Suppose, moreover, we are convinced that $p(P/E) \neq p(P'/E)$ because $p(P/E)$ is greater. Let us then consider what we are presupposing about prior probabilities by appealing to the probability principle (1) above. According to that principle, we obtain the following equalities

$$p(P/E) = \frac{p(E/P)p(P)}{p(E)}$$

and

$$p(P'/E) = \frac{p(E/P')p(P')}{p(E)}$$

It is an axiom of probability theory that if E is deducible from P, then
$$p(P/E) = 1.$$
Hence the former two equations reduce to the following:
$$p(P/E) = \frac{p(P)}{p(E)}$$
and
$$p(P'/E) = \frac{p(P')}{p(E)}.$$

What this shows is that $p(P/E)$ is greater than $p(P'/E)$ if and only if $p(P)$ is greater than $p(P')$. The crux is that the conditional probability is determined by the prior probabilities so that the conditional probability of one principle is higher than the other if and only if the prior probability of that principle is higher than the other.

Hence, if we start with assumptions about conditional probabilities expressing our inferential cognitions, that is, our cognitive evaluation of the chances one statement has of being true on the condition that another is, we can use the axioms the Bayesian accepts to discover our prior commitments. In our scientific reasoning about the world we make inferences based on conditional probabilities, but when we turn to constructing a critique of our reasoning, we prove from axioms that those conditional probabilities presuppose certain prior probabilities. Thus the Bayesian application of probability theory to discover prior probability corresponds to the use of the mathematical method to discover our immediate cognitions in Nelson's philosophy.

Prior Probability and Skepticism

Let us consider a more specific application of the principles used above. Consider the Cartesian hypothesis that our sensory experiences are caused by some deceptive god rather than by the material objects we assume to be their source. Let us call a well articulated version of this hypothesis the demonic hypothesis, or more simply, hypothesis D. We contrast this hypothesis with the ordinary hypothesis that our sensory experiences are caused by the material objects we see before us. Let us call this hypothesis M. Now M and D provide us with the same expectations concerning what we would experience, for, by the Cartesian hypothesis, the deceptive god provides us with exactly the same experiences as we would have if there were material objects before us. Hence, if we let E designate those experiences, then the probability of those experiences occurring would be the same on the one hypothesis as the other, that is, $p(E/D) = p(E/M)$. Perhaps, indeed, it would be reasonable to so interpret the statements involved so that E follows deductively from either M or D. In any case, the expectation is the same, and so the equality holds. However, we do not agree that $p(D/E) = p(M/E)$, for, if we side with common sense, we hold that the material object hypothesis is more probable than the demonic hypothesis in relation to what we experience.

As Bayesians we are committed to the equalities

$$p(D/E) = \frac{p(E/D)p(D)}{p(E)}$$

and

$$p(M/E) = \frac{p(E/M)p(M)}{p(E)}.$$

But since $p(E/D) = p(E/M)$, it follows that $p(M/E)$ is greater than $p(D/E)$ if and only if $p(M)$ is greater than $p(D)$. Thus, we discover that the material object hypothesis has a high prior probability, and, therefore, that we presuppose that a world of material objects is the source of our experiences.

The Principle of Causality

Let us now consider the principle of causality. This principle tells us that there are necessary connections between causes and effects. We symbolize it as C. We contrast it with the principle that tells us that there are just accidental constant conjunctions between events rather than necessary connections. We symbolize the latter thesis as A. Hume successfully argued that our expectations concerning experience, which I symbolize as E, would be the same on A as on C. So once again the probability of E is the same assuming A as C, that is, $p(E/A) = p(E/C)$. Nevertheless, we think that C is a more probable hypothesis than A in relation to E. It is, of course, logically consistent to suppose that the succession of events we experience involves no causation, that there is no necessary connection between the one billiard ball striking the second and the movement of the second. It is logically consistent to suppose that the fact we experience the movement of the second regularly succeeding the movement of the first is nothing more than an accident. But, in fact, we believe that this is very improbable and that what is most probable is that the events we witness are causally related. Hence we hold that the $p(C/E)$ is much greater than $p(A/E)$.

We come, therefore, once again to Bayesian conclusion that the principle of causality is presupposed in the sense that it is assigned a high prior probability. For we have the probabilities

$$p(C/E) = \frac{p(E/C)p(C)}{p(E)}$$

and

$$p(A/E) = \frac{p(E/A)p(A)}{p(E)}$$

from the axioms of probabilities as well as the equality, $p(E/C) = p(E/A)$, based on the fact that we have the same expectation of the regular succession of events on the hypothesis of causality as on the hypothesis of regular succession. Therefore, $p(C/E)$ is greater than $p(A/E)$ if and only if the $p(C)$ is greater than the $p(A)$. By now this is a familiar line of Bayesian argumentation. It shows that we can prove that C has a high prior probability. Because it has a high prior, we may call it a presupposition.

In this context the second Bayesian formula is also of interest. It yields the following equalities:

$$P(C/E) = \frac{p(E/C)p(C)}{p(E/C)p(C) + p(E/-C)p(-C)}$$

and

$$p(A/E) = \frac{p(E/A)p(A)}{p(E/A)p(A) + p(E/-A)p(-A)}$$

Since the expectation of observing regular succession is the same on A as on C, again $p(E/C) = p(E/A)$. Hence, assuming that $p(C/E)$ is greater than $p(A/E)$, this must be explained by the resulting factors. Since $p(H) + p(-H) = 1$ for any H, it follows that $p(C)$ determines $p(-C)$ and $p(A)$ determines $p(-A)$.

The only new factors are $p(E/-C)$ and $p(E/-A)$. It is reasonable to think that $p(E/-C)$ is greater than $p(E/-A)$. For consider the negation of the causal principle, that is, assume the causal principle is false. Our expectation of observing the constant conjunctions we do would be less were we to suppose the causal principle to be false rather than true. Our expectation of such observation would be still less were we to suppose that there are not even accidental constant conjunctions. If the causal principle is false, that leaves open the possibility that such constant conjunctions as we observe might be the result of general but accidental constancy. But if that possibility is closed as well, our expectation of observing constant conjunctions would be still lower.

An analogy to a game of chance might be illuminating here. Let there be a fair die that is tossed, let E say that it fell with an even number up, let H_2 say that the 2 face turned up, and let H_{24} say that either the two or the four face turned up. Now $p(E/H_2) = p(E/H_{24})$ as $p(E/C) = p(E/A)$. When we consider the expectation of E on the negations of the hypotheses, the case is different. For $p(E/-H_2) = 2/5$, because the negation of H_2 leaves open the possibility of the remaining five faces turning up two of which are even, but $p(E/-H_{24}) = 1/5$ because the negation of H_{24} leaves open the possibility of the remaining four faces turning up only one of which is even. Thus just as the negation of the accidental hypothesis leaves fewer possibilities for accounting for the observation of constant conjunctions than the negation of the causal hypothesis, so the negation of H_{24} leaves fewer possibilities for accounting for the die falling even than the negation of H_2.

The upshot of the foregoing consideration is that for $p(C/E)$ to turn out higher than $p(A/E)$, $p(C)$ must be sufficiently higher than $p(A)$ to compensate for the fact that $p(E/-A)$ is lower than $p(E/-C)$ in the denominator of the fraction. This provides us with another Bayesian argument for the conclusion that the prior probability $p(C)$ must be high so that $p(-C)$ is low.

Let us now compare this Bayesian reasoning to Nelson's philosophy. Nelson says that we can by conscious thinking, that is, reasoning, arrive at the conclusion that C is an immediate cognition. This reasoning may follow the axiomatic method. He contends that it is important to distinguish between the claim that we can prove that C is an immediate cognition from the claim that we can establish C by proof. Principle C is not established by proof, for C is an immediate cognition[4]. Analogously, we have proven that C has a high prior probability. That is the conclusion of our reasoning based on the axioms of Bayesian probability. We have not established C by our proof. We have not established C by our proof, because C has a high prior probability. It is the high prior probability of C that warrants our acceptance of that metaphysical principle rather than our reasoning to show that it has a high prior probability just as, according to Nelson, it is our immediate knowledge of C that warrants our acceptance of the principle rather than our reasoning to show that it is an immediate cognition.

Certainty and a Probability of one

Nelson claims that cognition is an inner activity, and as a result, we may discover introspectively the conditions on which such activities depend. In this way, we may discover psychologically the principles which we also uncover through the use of reason. Moreover, Nelson regards such introspection or self-observation as yielding results that are certain rather than merely probable[5]. He may thus appear to disagree with the Bayesian theorist who speaks of probability. But it is characteristic of the Bayesian to assign a probabilitiy of one as the prior probability of some statements.

One Bayesian method for assigning probabilities that has this result is simple conditionalization. This method is as follows. Assume that we know S and that our original probability assignment is p_o. We then obtain a derived probability of any statement K, p_d, by the following formula:

$$p_d(K) = p_o(K/S).$$

This insures that $p_d(S) = 1$, because $p_o(S/S) = 1$. Thus the Bayesian method of conditionalization assigns some statements a probability equivalent to certainty. It is, therefore, open to a Bayesian to agree with Nelson that the principles we discover concerning the conditions of cognition by self-observation are certain. Those certainties are assigned a probability of one by the Bayesian. Nelson remarks that we may compare what we discover introspectively with what we discover is presupposed in the critique of reason[6]. Analogously, the Bayesian may compare the assignment of a probability of one on the basis of self-observation with the prior probabilities that are presupposed by the conditional probabilities that we use in reflective reasoning about the world.

Psychology and Reason: A Conflict

At this point in our consideration of Nelson, it is important to hazard a critical remark. What if by reason we should arrive at a result inconsistent with what we discover from self-observation? The Bayesian has a similar problem. He may assign a probabilities on the basis of introspection that are inconsistent with the conditional probabilities of reflective reason. What guarantee have we that the results of introspective psychology will agree with the presuppositions of reflective reason? We have none.

Freedom and Causality

The potentiality for conflict is, moreover, no mere hypothetical possibility. Within his system, Nelson confronts the conflict between the principle of causality, an immediate cognition, and the doctrine that we have freedom of choice. According to Nelson, we have knowledge of our responsibility to act in accordance with the practical moral law and choose to do our duty[7]. The human will is thus confronted with the choice to do one's duties or to violate and ignore them. The problem is to reconcile such choice with the principle of causality which tells us that everything in nature conforms to natural causal laws, including human action and choice. If a man does not choose in accordance with the ethical law, Nelson claims that he was able, if unwilling, to do so, and that this was his responsibility[8]. But as a result of subscribing to the principle of causality, he is committed to the view that the way a person chose, for example to neglect his duty, was necessary given the motivation that he had. How then was the man able to choose to do his duty when his motivation at the time causality necessitated that he would choose not to do so?

Before turning to Nelson's answer to this question, I should like to point out that the Bayesian theorist who assigns a high prior probability to the principle of causality must deal with a similar conflict. According to the Bayesian, probability is related to decision making by the principle of expected utility. The Bayesian assumes that a decision maker has a set of two or more actions, A_1, A_2, and so forth to A_n as options. The decision maker then chooses between those actions in a rational manner. Whichever action he chooses, one or the other of several states of nature, S_1, S_2, and so forth to S_m will prevail. Thus, if a person chooses A_j and S_k prevails, then outcome O_{jk} results. What it is rational for a person to do depends on the value or utility a person assigns to the outcomes and the probability of obtaining those outcomes. Thus, for example, if the person chooses A_1, the expected value or utility he obtains is computed from the value of each outcome on the action multiplied by the probability of obtaining that outcome. Letting $u(O_{jk})$ be the value or utility that outcome O_{jk} has, the expected value or utility of action A_1 is computed as follows:

$$e(A_1) = p(S_1/A_1)u(O_{11}) + p(S_2/A_1)u(O_{12}) + \ldots + p(S_m/A_1)u(O_{1m}).$$

The expected value for each action may be computed in this way, and the rational choice is the choice of an action that has a maximum of expected value or utility. Thus, for the Bayesian there is a logical connection between rational choice and probability. Moreover, this connection may be exploited to ascertain probabilities. If we assume that the choices a person makes are rational, we can use the formula just given to determine what probabilities a person assigns. The Bayesian who presupposes the principle of causality, assigning it a high prior probability, is, therefore, faced with a conflict between the assumption that a person has a choice between courses of action when he chooses an action having a maximal expected value or utility, and the assumption that it was causally necessitated that he would choose that course of action. In what sense is it true that the agent could have chosen some alternative action?

Both Nelson and the Bayesian are committed to the principle of causality and hence to the doctrine that a person chooses in accordance with the strongest motive, whether that be a maximal expectation of value or a sense of duty. At the same time, they both hold that the person was able to choose another course of action instead. There might appear to be a critical difference between the Bayesian and Nelson with regard to rational choice in that the Bayesian appears to be utilitarian while the Nelson, being a Neo-Kantian, is not. Others have suggested that this apparent difference is not fundamental. Let me say here only that the Bayesian can consistently assign values to outcomes so that the character of the action determines the values of the outcomes and the state of nature does not matter. This would reflect the view that the person has a duty to perform the action no matter what the state of nature. Of course, that will yield a quite uninteresting application of expected utility in rational choice for a Bayesian, but it is consistent with his theory.

Nelson's Reconciliation

Whether it is possible to reconcile a Bayesian and a Kantian conception of practical reason, in attempting to reconcile causality and freedom of choice, they confront a common problem. Let us consider, very briefly, the solution Nelson offers. Most fundamentally, Nelson avers that the world of experience does not exhaust reality. In his consciousness of freedom man is related by faith to a reality beyond the limits of nature. Our knowledge and our concepts are limited to the understanding of the world of experience, but faith and our ideas go beyond those limitations to a reality that is superior to nature. He attempts to further reconcile the apparent conflict by noting that our moral interests, which make moral motivation possible, are originally obscure and require the stimulation of experience to make them effective[9].

This account certainly appears to be unsatisfactory. First of all, the original obscurity of our moral interests can only explain why a person might fail to be morally motivated *before* he is morally enlightened. But that hardly explains how a person who is morally enlightened may fail to do his duty, and it is apparent from experience that this happens. In what sense, then, was a person able to do his duty, when though morally enlightened, some other motive was stronger? Moreover, the appeal to a reality beyond nature appears to fail to assist him in reconciling causality with freedom. For the actions we choose and motives which determine our choice are something we experience, they are in nature, and, as a result, are subject to the principle of causality. Is there any way of admitting that our choices are necessitated by natural law in accordance with causality and, at the same, consistently maintaining that we were quite able to have chosen differently?

The Argument Against Reconciliation

Suppose we have a law of nature or causality that when a person is in a certain motivational state, then that person will choose a specific action. If the motive is a sense of duty as on Nelson's account, then the law might tell us that when that motive is strongest it will result in the choice to do one's duty. Alternatively, on the Bayesian account, the law might tell us that when a certain action has a maximal expected value, it will result in the choice of that action. In either case, therefore, we might have a law of the form: when S is in motivational state M with respect to action A, then S will choose action A. The question then becomes — is the existence of such a natural law compatible with freedom of choice for a person in the motivational state M with respect to A?

The standard argument to show that such laws cannot be reconciled with freedom of choice is as follows. If it is a law that whenever a person is in motivational state M with respect to A, then a person in such a state *must* choose to do A. For, given the law, there is a *necessary connection* between being in the motivational state M with respect to A and choosing to do A. The necessity precludes choosing any other action. Indeed, it might be continued, a person in the requisite motivational state has no real choice about what he will choose because his choosing to do A is a necessary consequence of his being in that state. His choosing A is as necessary given his initial motivational state as the trajectory of an asteroid given the initial inertial state. As Spinoza noted, if the asteroid were conscious it might fancy that it freely chose the trajectory, but given the initial inertial state, that would be an illusion.

Natural Law and Human Choice

If the asteroid thought that it was unwilling but able to follow another course, then it would be in error. Is a man who thinks that he is unwilling but able to choose otherwise equally in error? Can we in any way rescue Nelson's idea that a person might be unwilling to do his duty but able to do so when he chooses not to do so as a necessary consequence of his motivational state? There is a way of accomplishing this end that is suggested by Nelson's remarks. Let us again consider a law of the form in question:
(L)   Whenever S is in motivational state M with respect to A, then S will choose to do A.

Suppose we agree that this is a law and that such laws involve a necessary connection. There is a difference between such a law and the law concerning the trajectory of the asteroid. How the asteroid moves does not depend on how anyone chooses. No one has any choice about the trajectory of asteroids. Thus, the law of the movement of the asteroid from the initial inertial state does not depend for its truth on what any person chooses. Here we discover a difference immediately. For with respect to law (L), it is incorrect to say that the law does not depend for its truth on how any person chooses. For, if even one person in motivational state M with respect to A were to fail to choose A, then (L) would be a false assertion rather than a natural law. Hence, the status of (L) as a law depends on how people choose, and this distinguishes (L) from many other natural laws whose truth is totally independent of how any person chooses.

It might be objected to the foregoing line of reasoning that the distinction between the way the asteroid moves and the way the man chooses is superficial. For whether something is a law about how projectiles move depends on how projectiles move in just the same way that a law about how people choose depends on how people choose. Suppose it is a law about the projectile that whenever a projectile O is in inertial state I, then it moves in path P. Whether this is a law, depends on whether objects move in path P. If a single object O in inertial state I fails to move in path P, then the principle would be a false assertion and not a law. So, the objection continues, there is no difference between laws about the movements of projectiles and laws about choices.

Our reply to this objection will bring us to the fundamental issue. Suppose someone chooses not to do his duty. We admit that the action he chooses was necessarily connected by law with the motivational state that obtained, and, indeed, we admit that anyone who, in fact, does his duty, would not have done so if he had been in that motivational state. But we contend, nonetheless, that the person could have done his duty. How are we to make sense of this?

I think we may understand Nelson's answer by asking ourselves what inference would be reasonable from the contrary to fact assumption that the person did do his duty. We say he could have done his duty. What if he had? There are two possible conclusions to consider.

(1) The motivational conditions that resulted in his failing to do his duty would have been different.
(2) The motivational conditions that resulted in his failing to do his duty would have been the same, but (L) would not have been a law.

Thus, if the person had done his duty, then either the motivational conditions would have been different, or, if they were the same, then (L) would not have been a law because it would have had a counterinstance. In the case of the projectile, we would certainly have to choose the alternative corresponding to (1) above. That is, if the projectile had not moved in path P, then the initial inertial state of the object would have been different, because given that the initial inertial state, the object had to follow path P by law. It would be outrageous in this case to suggest that the object could have followed a different path and falsified a law of nature.

In the case of human choice, alternative (2) seems genuine. Whether it seems reasonable as well might well depend on whether you think, as Nelson did, that there is some reality beyond the limits of nature. Suppose we think of some self beyond those limits, a self of which we have an idea though no concept, the latter being limited in application to experience. Then you might reason as follows. What choices occur in nature depends on this reality beyond the limits of nature. This reality may be such that our choices that occur within nature conform to law. But that those choices occur depends entirely on that reality beyond the limits of nature. The motivational conditions are related by law to a choice, but whether the general principle is a law depends on how we choose. Under the motivational conditions that resulted in the person failing to do his duty, he was able, if unwilling to do so. If he had done what he was able to do, that would not have altered the antecedent motivational conditions. By choosing to do his duty the person could not have altered the past, for that is beyond the power of us all. Instead, the motivational conditions would have resulted in a different choice. That is equivalent to saying that the law that yielded the actual result would not have been a law. That the laws of nature concerning human choice are what they are, depends on how we choose. The reality beyond nature being what it is, our choices conform to general principles expressing necessary connections. We may, therefore, say that those choices are necessary consequences of the motivational conditions. But, and this is the crux, that those necessary connections hold depends on the human person.

The transcendentalism of Nelson may seem obscure or inconsistent. The way in which what is in nature depends on a reality beyond nature remains obscure. For, the dependence cannot be causal. The concept of causality has no application in a reality beyond the world of experience. It would be inconsistent to claim that we have concept or knowledge of that reality. But Nelson does not claim this. Let me suggest in concluding that it is an open question whether such an appeal is necessary. If one wishes to claim as a Neo-Kantian or as a Bayesian that we have genuine freedom of choice in the sense that we sometimes fail to perform actions that we were able to perform no matter how unwilling we were to do so under the motivational conditions that obtained, it will suffice to embrace alternative (2) listed above. That is, we may say that if we had chosen otherwise, as we could have, then the laws of nature would have been other than they are. Thus, what the laws of nature concerning human choice turn out to be depends on how we choose.

If, for example, we are rational in Bayesian terms and always choose some action that has a maximum of expected value, then this will be a law of nature. But that it is a law depends entirely on our choosing what is maximal, it depends entirely on us. This doctrine seems most natural if we suppose that part of what we refer to as ourselves is something that is beyond nature on which the order of nature depends. That was Nelson's idea. It is one way of reconciling freedom and necessity. All that remains uncertain, in my opinion, is whether the appeal to a reality beyond nature is essential. The most felicitious and plausible theory would be one that permits us to maintain that the laws of nature concerning human choice depend on us, on how we choose, without positing a reality beyond nature. I see no inconsistency in the simpler theory, and, therefore, propose that a naturalistic conception of the self will suffice for the solution of the problem.

Diskussion

Charles Boasson: Professor Lehrer, your remarks might be relevant to criminal policy. The knowledge (that failure to fulfill a duty possibly leads to punishment) could be an additional motive to do your duty. However, this would be a reason for punishment which Nelson has rejected; the only reason for punishment Nelson accepted is *retributional*: one must suffer the harm one has done or intended to do. Yet I suggest that if the threat of punishment acts as a motivation to do your duty, that this must be accepted as a justification for punishment, even if it is not „ethics". Professor Lehrer accepted punishment as a possible motivational condition. Others were led to query the justification of such punishment or such ground for punishment. I would in addition suggest that such punishment, instituted theoretically as a policy of motives, when it has to be applied to any actual offender at once becomes to a great extent retributional.

Anmerkungen

1. Critical Philosophy and Mathematical Axiomatics, p. 166 and The Impossibility of the „Theory of Knowledge", p. 204, in: Socratic Method and Critical Philosophy: Selected Essays by Leonard Nelson, T. K. Brown, trans. (New York: Dover, 1949).

2. Cf. Vorlesungen über die Grundlagen der Ethik, (Leipzig 1917–1932) [L. Nelson, Gesammelte Schriften, hrsg. v. P. Pernays/W. Eichler/A. Gysin/G. Heckmann/G. Henry-Hermann/F. v. Hippel/S. Körner/W. Koebel/G. Weisser, Hamburg: Felix Meiner Verlag. 1970–73, Bd. IV und V, Hrsg.] Volume II is translated as N. Guterman, trans., System of Ethics, (New Haven 1956).
3. Critical Philosophy, p. 166.
4. Ibid.
5. The Critical Method and the Relation of Psychology to Philosophy, in: Socratic Method and Critical Philosophy, p. 121.
6. Ibid., pp. 121–136.
7. Cf. Vorlesungen über die Grundlagen der Ethik
8. Ibid.
9. Ibid.

William K. Frankena, Ann Arbor

Methods of Ethics, 1977

This paper is not a discussion of Leonard Nelsons's views but simply a review of certain points about some recent theories of the method of ethics. These points were not very much discussed by Nelson, and so I am not sure just where his position fits into my classification, but his views and mine are very similar in many important ways, and therefore I think he would agree with the general direction of my discussion. I know that he would approve of my saying something about moral education in connection with each type of theory to be reviewed, for both of us believe that an ethical theory essentially involves a conception of moral education — and that moral philosophers have not paid enough attention to this fact.

My discussion will be limited almost entirely to a review of recent British and American theories holding that there is such a thing as *the* Method of Ethics, meaning by this the Method of Normative Ethics, not Metaethics. There are philosophers who contend that there is no such thing, for example, some existentialists and situationalists and the British philosophers, D. Z. Philipps, H. O. Mounce, and R. W. Beardsmore, but here it will be assumed that they are mistaken[1]. Most moral philosophers have not followed this line of thought, but have presented us with other kinds of pictures of morality and, by implication at least, of moral education. They have advocated a more thorough use of reflection and criticism and been more convinced of the necessity and possibility of discovering moral standards that are in some sense rationally justifiable. This is true of most recent British and American moral philosophers, as well as of Nelson. Even earlier, however, philosophers characteristically looked for something that could reasonably be taken as basic in morality — some principle, end, virtue, method, "original position," or point of view, by reference to which it can be determined, either directly or indirectly, what it is morally right, rational, or good to do or be. They have looked for a rational method — let us say *the* Method — to use in moral reasoning and judging. Moreover, at least recently in Britain and America, unlike Nelson, they have generally given up any belief that it can begin with or uncover moral knowledge that is either innate (in reason or conscience), self-evident or otherwise apriori — let alone revealed. It is true, as we shall see, that they have different conceptions of what the Method is and of the way in which it is to be applied — e. g. some are act-utilitarians, some are rule- or principle-utilitarians, and some are non-utilitarians — and also that many of them are non-methodological relativists, believing that, while there is, indeed, a rational Method for answering ethical questions, it is not such as enables us always to decide between conflicting views. Still, they agree with Nelson that there is such a Method.

Such Methods obviously must be described in abstract and general terms and my review of them must likewise be rather abstract and general; I hope, however, that it will be intelligible, without being too schematic to be helpful. In reviewing them, part of my purpose will be to bring out the conceptions of moral education they seem to imply, since, as Michael Oakeshott points out.

"Every form of the moral life . . . depends upon education and the character of each form is reflected in the kind of education required to nurture and maintain it."[2]

Today, some of these Methods still take as basic some substantive End or Principle, e. g. the general welfare, the amelioration of the human predicament, the law of love, or the principle of Utility. Most of them, however, involve the idea of a basic "original position" or "moral point of view" by the taking of which the more substantive goals, principles, practices, and judgments of morality are to be arrived at and certified. In one way or another Kurt Baier, R. B. Brandt, J. N. Findlay, R. Firth, R. M. Hare, John Rawls, P. W. Taylor, and myself, espouse Methods of this type. These are of three main sorts: (a) benevolent or impartial spectator theories, (b) rational contractor or „social contract" theories, .and (c) universal prescriptivist theories. The main difference between the three sorts lies in the way in which they define or characterize the original position or moral point of view, and theories of each sort may also describe this in somewhat different ways, e. g. some theories of the first kind say that the spectator in question is to be benevolent, others that he is to be impartial.

Obviously, for each view of the nature of the Method, there will be a related view of moral education, since, if there is such a Method, it must be a primary aim of moral education to teach all or some of us this Method and to foster in all of us a disposition to live by its conclusions. The ends and means of moral education may overlap or be similar for different Methods, but they will also differ in certain respects. However, what mainly interests me here is another point, namely, that whatever the Method may be (or almost whatever), it may still be applied in rather diverse ways, and that much the same options about this are open under each Method. Most of them have been advocated by some recent moral philosopher or other, and each of them has implications for moral education. These options and their educational implications I shall now review, I fear rather sketchily.

Two other issues are more central in the present connection. Suppose that we are convinced that a certain Method is the one to use in an examined morality. Then the first question is whether we should regard this Method as a method for *individuals,* i. e. as the method by which an individual is to determine how he should act; as a method for institutions, i. e. as the method by which society is to determine what social institutions it should have or set up, including perhaps a socially sanctioned moral code (a "positive social morality" or PSM), the understanding being that individuals are to guide themselves, not by using the Method, but by the rules of these institutions; or *both* as a method for individuals and as a method for institutions. The second question, if we hold that our Method is for individuals, is whether it is to be used *directly* to determine what one should do in a particular situation, as it is, e. g., in act-agapism or act-utilitarianism, or *indirectly*, i. e. whether or not it is to be used to find what I shall call Gens (standards, principles, norms, rules, etc.) like "Treat people equally" or "Do not lie", by which one is then to determine what one should do in concrete cases. If a Method is to be used indirectly in this way, then moral reasoning is a two-story affair, as, e. g. in rule-utilitarianism, otherwise it is a single-story business. If a Method is to be taken as a method for institutions, then morality necessarily involves two stories, since institutions consist of Gens of a certain kind (i. e. rules), but the stories will be of a somewhat different sort. I shall, however, present the different types of answers to these two questions as if they formed a single spectrum.

At one end of this spectrum is an extreme form of what I shall call Actarianism[3]. It is one of the many kinds of things so confusingly and confusedly called "situation ethics" (some of which are not ethics at all); but there is an even more extreme kind of situation ethics that denies there is any such Method as we are talking about, insisting that morality is or should be a matter of wholly unguided personal decision or intuition in particular cases. The present theory holds that there is a Method to guide particular judgments, and that it is a method for individuals, but it is like the more extreme view in holding also that no Gens, not even rules of thumb, are to intervene between the Method and the particular judgment; nothing is to intervene except the relevant facts relating to the case. Some of these facts may be general, but at any rate no intermediate *moral* Gen is to play a part in moral reasoning and deliberation, only the Method and the facts. Among the facts, of course, may be facts about the rules and institutions obtaining in one's society, perhaps even facts about a prevailing moral code consisting of Gens, and these facts may have to be taken into consideration along with others, but, even so, the Gens, rules, etc., are not themselves to be used directly as bases for determining what to do.

This view may be taken by an act-agapist or act-utilitarian who is willing to be that situational. For it, a Method is a method for individuals to be used only to reach particular conclusions and to do so directly. An action is right in a situation if and only if it is dictated directly by the Method plus the relevant facts, and an action is to be *judged* right only if it is seen as being so dictated. The view may, however, take two forms, both of which represent interesting options. According to the first, morality is a purely personal matter; one is not to praise, blame, or otherwise apply moral sanctions (as distinct from legal ones) to the actions of others. "Judge not, that ye be not judged." Many so-called new morality spokespersons seem to hold this position. On the other form of the view, acts of praising or blaming others, etc., are permissible, but one must *each time* decide whether or not to engage in such an act by looking to see if doing so is itself dictated by the Method plus the facts. One must distinguish between the rightness of an action and the rightness of praising or blaming it (or of otherwise punishing or rewarding it) but in both cases the rightness is to be determined by a direct application of the Method in each particular situation; no Gens are to intervene in either case, not even rules of thumb.

It is important to notice here that, on the second form of this rather extreme Actarian view, it might sometimes be right to praise or sanction action in accordance with a certain rule or Gen, even if this is stronger than a rule of thumb, e. g. a law or a social rule, or even to advocate such a rule or Gen, provided, of course, that in each case the act of praising, sanctioning, or advocating is directly dictated by the Method and the facts. Even on this view, then, it would be possible for individuals to support a system of laws or a positive social morality, though only in those particular situations in which an act of doing so is required by the Method espoused. An action would, however, never *be* morally right because it is required by the law or the moral code, but only because it is called for, or at least permitted, by the Method. It should not even be *judged* to be right simply because it is required or permitted by the law or social code.

As for moral education — it would on both forms of this theory consist in teaching the Method and a disposition to act according to its conclusions, together with a disposition to get the facts straight about the situations one is faced with. This is true because, although such a view may allow one individual to address a Gen to another because doing so is called for by the Method, it cannot allow any individual to determine what he should do simply by appealing to a Gen (other than the Method itself).

It is, however, hard to see how morality and moral education can do without moral Gens in this way, and, in fact, the view just described is too extreme even for Joseph Fletcher; he calls it anti-nomianism as distinct from situationalism, which for him admits rules of thumb or "maxims" into the application of the law of love[4]. It is even harder to see how, in its second version, one can refrain from using the words „morally right" and „morally wrong" in any of the Gens one may, perhaps correctly, regard it as right to advocate, sanction, or teach, as the theory requires one to do. Rather more plausible, then, is a somewhat less extreme view, also Actarian, one which allows us to formulate and act on Gens of a certain sort, viz. rules of thumb, maxims, or what Rawls has called "summary rules". It also allows us to teach such Gens to others, especially to the young, for use when time is short or when ignorance of fact is not remediable. These Gens would be built up by inductive generalization from previous cases in which the Method has declared a certain action to be right or wrong; they would in effect say that, in situations of a certain sort, the Method has judged that one should or should not do so-and-so and probably will so judge next time[5]. Notice that, on this more modified form of Actarianism, an action will still *be* right if and only if it is required or at least permitted by the Method in the light of the facts, but it may sometimes be *judged* to be right, or rather probably right, even when it is not itself seen as called for or permitted by the Method. An action may also be overtly *said* to be right, even when it *is* not (and is judged not to be), if the act of saying so is called for by the Method on that occasion (or is suggested by a rule of thumb based on previous use of the Method). For on this kind of view, lying (or whatever) may sometimes be right, if found so by use of the Method; a rule of not lying can have only the force of a rule of thumb, even if it is sometimes right to treat it as if it were stronger. An action or its agent may, however, be judged to be *good*, whether it is right or not, if it is motivated by moral concern — and may be *said* to be good if saying so is right, whether the act or agent is actually good or not.

Just as in moral theology there has been much criticism of Fletcher and situation ethics, so in philosophy there has been much criticism of these extreme actarian Methods, usually in the form of attacks on act-utilitarianism. Often the critics accept the basic Method (e. g. the Principle of Utility or the Law of Love), but disagree with this kind of theory about how it is to be applied. One thing that troubles them, of course, is the point just mentioned about lying. More generally, there is a conviction, not only that Gens are needed in the moral regulation of conduct and in moral education, but also that rules of thumb are not strong enough to do the job. It is not just that time is often too short for the Method to be applied directly; there are also the fact that not following a rule of thumb can hardly generate feelings of compunction, the fact that people are often under stress or temptation, the fact that they are often ignorant, stupid, or careless and irresponsible in their thinking, and the fact that, even when they are not, their thinking may go awry because of bias or self-deception, often unconscious, due to desire or self-interest. These facts lead many, myself included, to doubt the wisdom of views that leave an individual's judgments and decisions so entirely to his own application of a Method in each situation he is in, and to look for a form of morality in which there are Gens about what is right or wrong, which are stronger than rules of thumb and taught and perhaps even sanctioned als such, whether regarded as absolute or not.

Even if we take this anti-situationalist position, however, a number of options are still open to us. We have a choice between taking our Method, whatever it is, as a method for individuals and taking it as a method for institutions. We must also decide between the view that an action is right if and only if it is itself directly dictated by our Method plus the relevant facts and the view that it is right if or because it is required by our intermediate Gens. And we must decide whether morality is or should be a purely personal business *or* take, at least in part, the form of a PSM. Depending on how we answer these questions, we shall be espousing one or another of the following theories.

At the opposite end of our spectrum from the theories just discussed is a kind of view of which Hegelianism is the best example[6]. On this occasion, however, since no Nelsonian is likely to take such views seriously, I shall simply assume that they are mistaken. More common in British and American philosophy at present is a type of theory that is also genarian and, in a sense, institutional, but much more individualistic. The nicest example is a certain sort of ideal-rule-utilitarianism, perhaps best expounded by R. B. Brandt.[7] It takes the Method to be a method for determining what moral code and institutions a society should have, and contends that an action is right if and only if it conforms to the Gens that would be institutionalized in those codes and institutions. However, unlike the Hegelian theory, it gives to the individual the job of using the Method to decide on the ideal set of rules for society to have (teach, sanction, etc.), with the understanding that *this* is what he is to live and judge by in practice (and not by a direct application of the Method in each situation), and that he is to do his bit to make it the code of his society — until he sees reason to revise it. The reflection involved is more conscious and individual than on the Hegelian view, but its function is also to work out and realize a set of social rules and institutions, not to determine directly what one should do in particular cases. Like the Hegelian theory this one takes the idea of a positive social morality as central, but it does not tell the individual to live by the prevailing one, or even to live by it except where he or she can "persuade" it to change (as Socrates held in the Crito), but rather to think out an ideal PSM and act according to it, while also acting to persuade his or her society to adopt it, applying sanctions in accordance with it, etc.

To my mind, this is the most satisfactory of the conceptions of morality so far reviewed. It says roughly, that one should judge and act on the moral code which, using the Method (e. g. the principle of utility or some other Method), one perceives as ideal for one's society. Moral education, will, then, have two aspects: one, the teaching of the Method to everyone, at least to those capable of grasping it and living by its conclusions, the other, the teaching of a code of moral rules seen as ideal through a use of the Method, plus a disposition to act according to them, feel compunction on violating them, disapprove of others violating them, etc. There are, however, still other views to look at. They are of rather different sorts but we may think of them as occupying the middle portion of our spectrum, between the theories just discussed and the rather extreme actarian ones reviewed earlier. Some of them take the method to be a method for individuals, but they insist that morality must or should involve Gens that are stronger than rules of thumb, and that we are normally to act according to these gens, rather than applying the Method directly. At the same time they maintain that the Gens must somehow be themselves justified by appeal to the Method, though not necessarily in the way rules of thumb are. The Gens one should normally act on are not necessarily those that prevail in society; they are, rather, those generated by an appeal to the Method in conjunction with the facts. But some of these theories hold that these Gens should be given the form of social rules (a PSM) while others do not, arguing that morality is a personal affair, and some of them allow that sometimes an individual may or must apply the Method directly in order to determine what to do. All of them agree that one may often judge an action to be right or wrong by reference to some set of intermediate Gens and act accordingly; what they differ about is whether these Gens should be incorporated in a PSM, and especially whether an action *is* right if and only if it conforms to them. As for *saying* that it is right when it is not and is not judged to be right, most proponents of these views would regard this as violating a Gen telling us that lying is wrong.

One of them is best illustrated by the more recent papers of R. M. Hare, though it need not be so utilitarian as he now seems inclined to be[8]. As a result of a difficult piece of argument, which I shall not try to recount (and do not find convincing), Hare thinks of the Method as equivalent to a kind of act-utilitarian reasoning that issues in particular moral judgments (or rather, since he holds these must be universalizable, in principles of unlimited specificity) about what to do in a certain situation, and he maintains, as I understand him, that an action is right if and only if it is dictated by correct act-utilitarian thinking, whether it conforms to any of our usual moral Gens or not. This distinguishes his position form that of rule-utilitarians like Brandt, with whom Hare otherwise largely agrees, and makes Hare an actarian in my sense rather than a genarian. However, he also contends, for such reasons as were indicated earlier, that morality cannot be simply a matter of everyone's trying to apply the Method directly; we must try to generate, teach, and sanction a set of standards of limited specificity, such as we usually think of in morality. And normally we should simply live by these Gens, rather than try to apply the Method, though there may be occasions when we must resort to it, e. g. in new or in conflict situations, so that we must, if possible, have a grasp of the Method and an ability to use it. This set of Gens may not coincide with the prevailing ones, but they should be given the form of a socially-sanctioned moral code, insofar at least as this is necessary and as we can agree about the Gens to be included. The Gens must, however, be selected and tested by the Method, i. e., for Hare, by act-utilitarian (not rule-utilitarian) reasoning; they must be those whose general acceptance in our lives will lead to the nearest possible approximation to the prescriptions of correct act-utilitarian thinking, since an action *is* right if and only if it is prescribed by the Method directly, i. e. by such thinking.

This is an actarian view, but one that entails a belief that morality should include a PSM and not be a purely personal matter, at least not while human beings are as they now are. As Hare thinks of it, it involves a kind of "double intellectual life" or two levels of moral thinking: Level I thinking, which is pretty much a matter of applying the rules one has been taught or taught oneself, feels compunction about violating, etc., and Level II thinking, which is a direct use of the Method (however this is conceived), and is to be used in selecting, testing, and revising these rules, in cases for which one has as yet no rules, and perhaps in a "cool hour", when one has the time and the necessary factual knowledge and is not under stress or in danger of error or self-deception. The task of moral education on such a view is to dispose and equip one — or everyone capable of it — for leading such a two level moral life.

A very different kind of conception of morality is best illustrated by the view put forward not long ago by G. J. Warnock[9]. This is a genarian but non-institutional conception. Like rule-utilitarianism, it says not only that an action may be *judged* right if it conforms to certain Gens, but that it *is* right if and only if it conforms to them. Like rule-utilitarianism too, it holds that these Gens must be justified by appeal to the Method, i. e., for Warnock, by a consideration of what is needed for "the amelioration of the human predicament." However, the view rejects the idea that morality should take the form of a positive social code of rules supported by moral sanctions, etc.; it thinks of its intermediate Gens, not as quasi-legal rules, but as simply "moral views" or "principles", though not as mere rules of thumb. In this sense, it regards morality as a personal affair of accepting and acting on one or more (Warnock thinks four) principles. These principles, however, are thought of as established by a procedure analogous to that of rule-utilitarianism, not, as in Hare's scheme, to that of act-utilitarianism. Moral education, then, will not involve the use of rules and social sanctions, but the fostering of a concern for the amelioration of the human predicament (or whatever, depending on how the Method is conceived) and a kind of instruction in the use of certain Gens thought of as justified by the Method and hopefully actually so justifiable. As it were, on this view, morality and moral education are conceived in liberty and dedicated to the proposition that they should ameliorate the human predicament (or whatever).

Actarians will object that, like rule-utilitarianism, such a view entails a species of "rule-worship", or rather, Gen-worship, since it takes the right to be determined by certain Gens, rather than by a direct application of a Method to a particular situation. It seems to me, however, to be very nearly a vision of what morality ideally ought to be like, though I have doubts about Warnock's form of this vision. What troubles me about it is a conviction that a realistic morality and moral education, while not consisting entirely of a PSM, must include such an institutionalized and/or socially sanctioned system of rules along, perhaps, with other sorts of standards, ideals, or "values" — given such facts about human nature as were mentioned before. I think, therefore, that we must in practice choose between Brandt's type of view and Hare's, though not necessarily in their utilitarian versions — unless some combination theory is more satisfactory.

Thus far I have been discussing rather pure types of theories about the Method and its application. It is, however, possible to complicate them in various ways, and it may be that such more complex theories are more adequate than any of the pure theories. One such theory was presented years ago by H. L. A. Hart, P. F. Strawson, and J. O. Urmson[10]; according to them morality is or should be partly a matter of positive social morality and partly a matter of personal ideals, moral views, or principles. For them both parts of morality involve intermediate Gens that are not mere rules of thumb, but perhaps one could think of one part in genarian and of the other in actarian of situational terms. The most widely discussed recent combination theory, however, is that of John Rawls and D. A. J. Richards[11]. This adopts a rational contractor (or hypothetical social contract) conception of the original position and hence of the Method, and maintains that this

Method is to be used to decide on principles, not to determine directly what is right in a particular situation (which is rather to be determined by reference to the principles), and that it is to be used to decide both on principles for individuals and principles for institutions. It is therefore a genarian theory, but more complex than the previous ones. It could be that the principle of utility would be chosen by such rational contractors, both for individuals and for institutions, but the proponents of this theory argue that in fact it would not, and they see their Method as an alternative to the utiliarianism so widely adopted by other recent American and British philosophers. In any case, they hold that the right action is the action that conforms to the principles such social contractors would agree to in the original position. They might also claim, though I am not sure they would, that such contractors would set up a PSM; at least they could argue that this is one of the institutions such contractors would devise or that, once chosen, principles for individuals or some of their corollaries should be embodied in positive social rules reinforced by internal and external moral sanctions. If so, then a PSM would figure in moral education, otherwise, not; in any case, moral education would presumably include (a) getting across the idea of taking a certain original position and of choosing Gens from this position, (b) teaching certain Gens as those one would choose from this position, and (c) fostering the dispositions needed to motivate one to live accordingly, e. g. a sense of justice.

In my opinion, some such complex non-utilitarian theory, one which favors having a PSM, is the line we should take. With this comment I conclude my rather sketchy review of recent theories of morality and moral standards. I hope to have shown that recent British and American moral philosophy has much to say that is interesting and constructive for those who are thinking about Nelson's ethical views.

Diskussion

Lothar F. Neumann: Ein großer Teil der Argumentation von Frankena entspricht der Argumentation von Emile Durkheim. Nelson hat bekanntlich Durkheims Argumentation auf dem IV. Internationalen Kongreß für Philosophie, 1911, in Bologna kritisiert.

William K. Frankena: Neumanns Hinweis stimmt. Ich habe Anregungen von Durkheim. Durkheim ist mir aber zu hegelianisch.

Lothar F. Neumann: Die Ethik des ökonomischen Liberalismus bietet eine formal elegante Lösung: Sie gibt Verhaltensregeln für die Individuen (Maximierung des Eigennutzens), die, wenn sie befolgt werden, zugleich den größten Gesamtnutzen erbringen — dies wird jedenfalls von den Liberalen behauptet.

William K. Frankena: Ich lehne eine solche Ethik inhaltlich ab. Formal läßt sich die Ethik des ökonomischen Liberalismus in dieser Weise deuten.

Friedrich Knigge: Was halten Sie von der Nelsonschen Formulierung des Sittengesetzes und des Rechtsgesetzes?

William K. Frankena: In gewisser Hinsicht stimme ich seinen Formulierungen zu, glaube aber, daß es erforderlich ist, ein Element des Utilitarismus hineinzubringen.

Jörn W. Kroll: I have a question about the relationship between ethical theory and moral education. Do you think that a moral life can be achieved by reflections on ethics?

William K. Frankena: I think one must say no to the question as stated. Reflecting about ethics does not suffice to make one a morally good person. If all one does is to reflect about ethics, one will not be a very good person, though one may not be very bad either. To be a good person one must build up virtuous character traits, and one cannot do this by thinking alone. I do believe, however, that reflecting on ethics can help to make one a better person, and that it is necessary for achieving the highest kind of moral goodness.

Jörn W. Kroll: The second question deals with individual and collective moral standards. Do you agree that the moral principles determining the relationship between individuals have to be identical with that what we might call the „general good" for society as a whole? In other words: Can moral principles sufficiently be justified by demonstrating the practical advantage for society as a whole, if this advantage is supposed to be the result of the interaction of individuals acting according to these principles? Or have individual moral standards enough justification of their own regardless of their social value?

William K. Frankena: This is a large question, and I shall say only a little about two parts of it. (a) Can moral principles about how individuals should act toward one another be justified by showing that our living by them is conducive to the greatest general good? Not fully. First, I think considerations of justice must also be taken into account. Second, it may be that there is some alternative principle such that living by it is equally conducive to the general good. (b) Can such moral principles be justified only by showing that our living by them is conducive to the greatest general good? No. Even if such a principle must be consistent with the greatest general good (which is not quite true if justice must also be considered), it still may be that it is justified, at least as a *ceteris paribus* principle. "It is wrong to lie" is justified in this sense simply by the fact that our not lying keeps people from having false beliefs they would have if we lied to them.

Anmerkungen

1. See D. Z. Philips and H. O. Mounce, Moral Practices, New York: Schocken Books, 1970; R. W. Beardsmore, Moral Reasoning, London: Kegan Paul, 1969.
2. M. Oakeshott, Rationalism in Politics, London: Methuen and Co. Ltd. 1962, p. 62.
3. On an actarian view what is right or wrong in a particular situation is to be determined by an individual by a direct use of the Method (itself a kind of Gen), e. g. by the principle of utility. On a genarian view, this is not so; what is right or wrong is to be determined, at least sometimes, by reference to Gens of limited specificity that are stronger than rules of thumb but are determined by a use of the Method.
4. J. Fletcher, Situation Ethics, Philadelphia: The Westminster Press, 1966, pp. 1—39.
5. For an earlier view that holds approximately this, see Adam Smith, The theory of Moral Sentiments, 1759, Part III, ch. II, III.
6. See W. H. Walsh, Hegelian Ethics, New York: St. Martin's Press, 1969, pp. 17, 77. For present purposes I include Marxists among Hegel's followers, as well as Walsh.
7. See e. g. Toward a Credible Form of Utilitarianism, in: Morality and the Language of Conduct, ed by. H. N. Castaneda and G. Nahknikian, Detroit: Wayne State University Press, 1963, pp. 107—143.
8. See especially, Principles, in: Proc. Aristotelian Society 72 (1972—73), pp. 1—18; Ethical Theory and Utilitarianism, in: Contemporary British Philosophy, Fourth Series, London: Allen and Unwin Ltd., 1976, pp. 113—131.
9. See The object of Morality, London: Methuen & Co. Ltd., 1971.
10. See H. L. Hart, The Concept of Law, Oxford: Clarendon Press, 1961; P. F. Strawson, Social Morality and Individual Ideal, in: Philosophy XXXVI (1961), pp. 1—17; J. O. Urmson, Saints and Heroes, in: Essays in Moral Philosophy, ed. by A. I. Melden, Seattle: University of Washington Press, 1958, pp. 198—216
11. See John Rawls, A Theory of Justice, Cambridge, Mass.: Harvard University Press, 1971; D. A. J. Richards, A Theory of Reasons for Action, Oxford: Clarendon Press, 1971.

Robert Alexy, Göttingen

R. M. Hares Regeln des moralischen Argumentierens und L. Nelsons Abwägungsgesetz

Ist Leonard Nelson Richard Mervyn Hares Zwillingsbruder? Der dänische Philosoph und Jurist Alf Ross behauptet dies jedenfalls[1]. Was Nelson und Hare derartig verbinden soll, sind Hares Regeln des moralischen Argumentierens einerseits und Nelsons Abwägungsgesetz andererseits.

In einer Situation, die dadurch gekennzeichnet ist, daß die Theorie Hares in Deutschland seit einiger Zeit intensiv diskutiert wird, während auf die Nelsons weiterhin das Wort Julius Krafts von der „Einsamkeit"[2] zutrifft, besteht, zumal auf einem Symposion zum 50. Todestag Leonard Nelsons, genügend Anlaß, der Rossschen Zwillingsbruderthese nachzugehen. Dies nicht in der Absicht, Gründe zu finden, einen Mann aus gegebenem Anlaß zu ehren, sondern in der Erwartung, daß dann, wenn die Zwillingsbruderthese zutreffen sollte, aus dem Vergleich beider Autoren ein Gewinn an philosophischer Einsicht hervorgehen könnte. Sollte sich diese Erwartung bestätigen, wäre die damit von selbst sich einstellende Ehrung Nelsons ein willkommener Nebeneffekt.

Hares Theorie der moralischen Argumentation gründet sich auf seine Analyse der Sprache der Moral[3]. Das Ergebnis dieser Analyse läßt sich in zwei Thesen zusammenfassen: Moralische Urteile sind (1) präskriptiv und (2) universalisierbar[4]. Was dies bedeutet, was für „rules of moral reasoning"[5] sich hieraus ergeben, und was Hare meint, wenn er die diesen Regeln folgende Argumentation eine „rationale Tätigkeit" (rational activity) nennt[6], läßt sich am einfachsten an dem einer biblischen Parabel[7] entnommenen Fall zeigen, den Hare verwendet, um das Grundgerüst seiner Theorie darzulegen.

A schuldet B Geld, und B schuldet C Geld. Das Gesetz bestimmt, daß Gläubiger berechtigt sind, ihre Schuldner zur Eintreibung von Schulden ins Gefängnis zu bringen. B fragt, ob er diese Maßnahme gegenüber A ergreifen sollte. Er möchte dies gerne, will aber wissen, ob er hierzu auch berechtigt oder verpflichtet ist[8]. Es geht ihm um die Richtigkeit des moralischen Urteils „Ich sollte A ins Gefängnis bringen, weil er seine Schulden nicht bezahlt". Die erste, hier eingreifende Regel des moralischen Argumentierens, das Prinzip der Universalisierbarkeit[9], hat zum Inhalt, daß B dann, wenn er dies Urteil akzeptiert, auch die moralische Regel „Jeder, der in meiner Lage ist, sollte seinen Schuldner ins Gefängnis bringen, wenn er seine Schulden nicht bezahlt" akzeptieren muß. Dieses „muß" ist ein logisches „muß", denn moralische Urteile sind dadurch definiert, daß in ihnen eine Regel wie die angegebene vorausgesetzt wird[10], aus der zusammen mit der Beschreibung des beurteilten Sachverhaltes das moralische Urteil logisch folgt[11]. Wenn keine solche Regel vorausgesetzt wird, handelt es sich nicht um ein moralisches Urteil, sondern um einen Imperativ[12]. Da B sich gegenüber C in genau der gleichen Situation befindet wie A gegenüber B, folgt aus der von B vorausgesetzten Regel das moralische Urteil, daß C ihn, den B, ebenfalls ins Gefängnis bringen sollte. B könnte dies nun als richtig einräumen, sich aber dennoch vorbehalten, alles zu unternehmen, um dem zu entgehen. Dieser Ausweg wird durch Hares zweites Prinzip, das Prinzip der Präskriptivität, versperrt[13]. Es besagt, daß moralische Urteile Imperative implizieren[14]. Sie erfüllen auf diese Weise ihre zentrale Funktion, Verhalten zu leiten (to guide conduct)[15]. Im vorliegenden Fall bedeutet dies, daß B, der aufgrund des Prinzips der Universalisierbarkeit gezwungen ist, das moralische Urteil „C sollte mich ins Gefängnis bringen" zu akzeptieren, aufgrund des Prinzips der Präskriptivität auch den Imperativ „Laß C mich ins Gefängnis bringen" akzeptieren muß. Diesen Imperativ zu akzeptieren bedeutet aber, entsprechend zu handeln[16]. Dies widerspräche jedoch B's Interessen bzw. Neigungen[17]. Er wird hierzu also nicht bereit sein. Dann aber muß er das Urteil „C sollte mich ins Gefängnis bringen" zurückweisen. Tut er dies, kann er das Urteil „Ich sollte A ins Gefängnis bringen" nicht aufrecht erhalten. B ist damit, so Hare, nicht berechtigt, den A, wie er es gerne möchte, ins Gefängnis zu bringen[18].

Das Besondere an diesem Argument ist, daß es ohne moralische Prämissen auskommt. Hare selbst bezeichnet es in Anlehnung an Popper als eine Art der Erforschung (kind of exploration)[19]. Es wird geprüft, ob die Konsequenzen eines moralischen Urteils für den, der es erwägt, akzeptabel sind. Vorausgesetzt werden dabei die Logik (zu der Hare auch seine Logik der Sprache der Moral rechnet), die Tatsachen des Falles und die Neigungen oder Interessen der Betroffenen[20]. Keinen moralischen Gehalt haben nach Hare insbesondere die beiden Regeln des moralischen Argumentierens, das Prinzip der Universalisierbarkeit und das Prinzip der Präskriptivität. Es sind Regeln der Logik der Sprache der Moral[21]. Damit stellt sich die interessante Frage, ob es Hare tatsächlich gelungen ist, eine Theorie der Moral zu entwickeln, die ohne moralische Prämissen zu enthalten, also unter für eine Theorie der Moral äußerst schwachen Voraussetzungen, stark genug ist, um auf überzeugende Weise auf moralische Fragen Antworten zu geben. Gerade wegen der Schwäche ihrer Voraussetzungen hätte eine solche Theorie eine gute Aussicht auf breite Zustimmung[22].

Das geschilderte Beispiel stellt einen sehr vereinfachten Fall der Anwendung der Hareschen Regeln dar. Um ihre volle Kraft zu entfalten, nimmt Hare eine wesentliche Erweiterung und zwei Generalisierungen vor.

Die Erweiterung besteht darin, daß die Anwendbarkeit des Arguments nicht auf Fälle wie den dargestellten beschränkt wird, in denen der Handelnde sich in der gleichen Situation wie sein Opfer befindet. Solche Fälle sind selten. Nach Hare reicht es aus, daß der Handelnde sich hypothetisch in die Situation seines Opfers versetzt[23]. Dabei soll es keine Rolle spielen, ob irgendeine Wahrscheinlichkeit besteht, daß er tatsächlich einmal in diese Situation gerät[24]. Der von B geforderte Rollentausch soll so geschehen, daß wir ihn fragen „Was sagst du (in propria persona) über einen hypothetischen Fall, in dem du in der Lage deines Opfers bist?"[25]. Es wird nicht gefragt, was B sagen würde, es wird gefragt, was er jetzt über den hypothetischen Fall sagt. Damit wird ein Widerspruch zwischen B's Äußerungen über den hypothetischen und den tatsächlichen Fall möglich. Im Rahmen des Hareschen Arguments kann ihn nur ein solcher Widerspruch zwingen, seine ursprüngliche Äußerung zurückzunehmen. Zu den drei notwendigen Zutaten des Hareschen Arguments kommt auf diese Weise eine vierte: die Fähigkeit zur Vorstellung (imagination) der Situation des anderen und die Bereitschaft, diese Fähigkeit zu nutzen[26]. In der hypothetischen Situation soll B einerseits als B urteilen, andererseits soll er sich mit A's Wünschen, Neigungen und Interessen ausgestattet vorstellen[27]. Der Sinn dieses Gedankenexperiments liegt darin, daß B den Wünschen und Interressen des A die gleiche Beachtung schenken soll wie seinen eigenen. „This is what turns selfish prudential reasoning into moral reasoning"[28].

An dieser Stelle stellen sich vor allem zwei Fragen. Folgt die Forderung nach hypothetischem Rollentausch tatsächlich aus den Prinzipien der Universalisierbarkeit und der Präskriptivität, oder führt Hare mit ihr nunmehr doch eine normative Prämisse ein? Ist der Rollentausch wie Hare ihn vorschlägt überhaupt logisch möglich? Ist B noch B, wenn er sich in die Situation des A, etwa eines Angehörigen einer anderen Rasse versetzt und dessen Wünsche, Neigungen und Erwartungen übernimmt? Bevor hierauf eingegangen wird, sollen zunächst Hares zwei Generalisierungen seines Arguments betrachtet werden. Bereits an dieser Stelle aber sei bemerkt, daß mit Hares Experiment des Rollentausches ein Kennzeichen seiner Theorie erwähnt worden ist, das sich möglicherweise auch bei Nelson wiederfindet: in Nelsons Forderung, mir die Interessen der von meiner Handlung Betroffenen mit meinen in meiner Person vereinigt vorzustellen.

Die erste Generalisierung nimmt Hare für die Fälle vor, in denen sich die Neigungen oder Interessen der Parteien unterscheiden. Hare führt hierzu folgendes Beispiel an: A hört gerne klassische Musik auf seinem Plattenspieler. B, der im Zimmer nebenan wohnt, überlegt, ob er auf seiner Trompete Jazz spielen sollte[29]. Geht B von seinen Interessen aus, so kann er ohne weiteres der allgemeinen Regel, daß Nachbarn von Leuten, die gerade klassische Musik hören, Trompete spielen dürfen, zustimmen. Ihn würde klassische Musik nur langweilen. Erst wenn B sich mit A's Wünschen und Neigungen ausgestattet vorstellt, kommt er zu einem anderen Ergebnis. Damit B's Urteil nun auch sein eigenes bleibt, meint Hare, daß „the natural way for the argument . . . to run" darin besteht, daß B zugibt, „that he is not prepared to prescribe universally that people's likes and dislikes should be disregarded by other people, because this would entail prescribing that other people should disregard his own likes and dislikes"[30]. Die Generalisierung besteht darin, daß B sich mit seiner Regel nicht direkt auf A's tatsächlich vorhandenen Wünsche bezieht, sondern sie unabhängig von ihrem konkreten Inhalt allgemein als Wünsche berücksichtigt. Daß damit noch keine Lösung des Falles zu erreichen ist, sieht Hare selbst. Es stellt sich nunmehr das Problem der Verteilung von Spielzeiten. Eines aber leistet das Argument in dieser Form nach seiner Meinung auf jeden Fall: „to argue B out of an attitude of complete selfishness"[30].

Die zweite Generalisierung wird in multilateralen Fällen erforderlich. Hare diskutiert den Fall des Richters, der einen Straftäter zu verurteilen hat. In diesem Fall reicht es nicht aus, daß der Richter sich vorstellt, was er in der Situation des Straftäters gerne hätte, er muß sich fragen, was er bei Berücksichtigung der Interessen aller von seiner Entscheidung Betroffenen akzeptieren kann[31]. Hierzu soll er sich in die Situation eines jeden, der betroffen ist, versetzen, zumindest aber, wenn es viele sind, in die Situation einer repräsentativen Auswahl[32]. Damit entsteht das Problem, wie der Richter, nachdem er dies getan hat, die festgestellten Interessen „into a single answer to our moral problem" verbinden soll[33]. Hare schlägt eine utilitaristische Lösung dieses Problems vor. Die Basis bildet der Grundsatz „Everybody to count for one, nobody for more than one", der eine Folge seines Prinzips der Universalisierbarkeit sein soll[34]. Dieser Grundsatz formuliert den Kern dessen, was das Haresche Verfahren verlangt, nämlich „to make an impartial moral judgement giving equal weight to the interests of all parties"[35]. Wie die verschiedenen Interessen zu kombinieren sind, läßt Hare bei seinem Verweis auf den Utilitarismus jedoch offen. Er überläßt dies dem weiteren Ausbau utilitaristischer Theorien, zu dem er in „Freedom and Reason" einen Problemkatalog beiträgt[36].

Worauf es Hare ankommt, ist, daß es letzthin eine Abwägung von Interessen sein muß, die entscheidet, und zwar der tatsächlich vorhandenen Interessen (inclinations and interests that people *actually* have)[37]. Der Abwägung von Interessen stellt Hare die Orientierung an einem Ideal gegenüber. Ein Ideal zu haben „is to think of some kind of thing as pre-eminently good within some larger class"[38]. Wer seinen Idealen sowohl die eigenen Interessen als auch die seiner Mitmenschen opfert, ist nach Hare ein

Fanatiker. Gegen ihn sollen moralische Argumente machtlos sein[39]. Das Hauptbeispiel Hares hierfür ist der Nationalsozialist, der für den Fall, daß sich herausstellt, daß er ein Jude ist, ernsthaft bereit ist, in die Gaskammer zu gehen[40].

Moralische Argumente erweisen sich noch in einer anderen Beziehung als machtlos. Sie können nicht nur gegen den nichts ausrichten, der seine Argumente allein auf Ideale und nicht auf Interessen stützt, sondern auch nichts gegen den, der sich gar nicht auf moralische Äußerungen und damit auf moralisches Argumentieren einläßt. Eine Verpflichtung zum Gebrauch moralischer Ausdrücke in ihrer vollen Bedeutung, d. h. zur Anwendung und Einhaltung der beiden Prinzipien, versucht Hare nicht zu begründen. Seine Prinzipien definieren das „moral ‚game' "[41]. Gegen den, der es nicht spielen will, läßt sich mit Argumenten nichts ausrichten. „Moral argument is impossible with a man who will make no moral judgements at all"[42]. Dies alles soll nach Hare aber kein schwerer Mangel sein, denn die überwiegende Zahl der Menschen benutze moralische Ausdrücke in dem von ihm beschriebenen Sinne[43], und wirkliche Fanatiker gebe es nur wenige[44]. Die von ihm entwickelte Theorie, so Hares Selbsteinschätzung, soll deshalb insgesamt als ein „immensely powerful engine for producing moral agreement"[45] angesehen werden können.

Bevor die dargestellte Theorie mit der Nelsons verglichen wird, ist es zweckmäßig, zunächst auf einige ihrer kritischen Punkte einzugehen. Eine Verwandtschaft beider Theorien könnte nicht nur auf gemeinsamen Stärken, sondern auch auf gemeinsamen Schwächen beruhen.

Ein schon erwähntes Problem besteht darin, ob Hares Verfahren tatsächlich nur auf den Prinzipien der Universalisierbarkeit und Präskriptivität beruht, oder ob es nicht vielmehr weitere, und zwar moralische Regeln einschließt, insofern also nicht, wie Hare behauptet[46], moralisch neutral ist. Zweifel erheben sich hinsichtlich der Forderung nach hypothetischem Rollentausch. Es spricht einiges dafür, daß es sich hierbei um eine über die beiden Prinzipien hinausgehende, d. h. nicht aus ihnen folgende, selbständige moralische Regel handelt. Die beiden auf der Logik der Sprache der Moral beruhenden Regeln sind erfüllt, wenn der Urteilende bereit ist, die sich aus seinem Urteil ergebenden Konsequenzen zu akzeptieren. Es widerspricht ihnen nicht, wenn der Urteilende sich dabei auf die Beachtung derjenigen Konsequenzen beschränkt, die für ihn selbst tatsächlich oder wahrscheinlich eintreten werden. Ein Verstoß gegen diese Regeln liegt erst dann vor, wenn der Urteilende den Rollentausch vornimmt, und dann in der Rolle des anderen nicht entsprechend diesen Regeln urteilt. Daß man sich aber auch dann in die Situation anderer versetzen soll, wenn man weiß oder davon ausgehen kann, daß man nie in diese Situation geraten wird, geht erheblich über das, was die beiden Prinzipien fordern, hinaus[47]. Die Forderung nach hypothetischem Rollentausch muß daher als eine selbständige moralische Regel angesehen werden[48]. Hare selbst ist sich in einer neueren Veröffentlichung denn auch nicht mehr sicher, ob es sich bei dieser Forderung um eine „independent condition" handelt „or not"[49]. Die mangelnde Begründung der Forderung nach Rollentausch führt allerdings noch nicht zur Fehlerhaftigkeit der Hareschen Theorie. Die Forderung ist in hohem Maße plausibel. Es ist jedoch festzuhalten, daß Hares Theorie, was diese Forderung anbetrifft, nur unvollkommen begründet ist. Es wird interessant sein zu fragen, ob bei Nelson eine entsprechende Regel vorkommt, die besser begründet wird.

Ein wesentlich gewichtigerer Einwand besteht in der vor allem von Taylor aufgestellten These[50], daß die Durchführung des Hareschen Verfahrens zumindest in einer Reihe von Fällen aus logischen Gründen nicht möglich sei. Die logische Unmöglichkeit soll sich daraus ergeben, daß Hare fordert, der Urteilende solle sich in eigener Person (in propria persona) in die Situation seines Opfers versetzen[51]. Dies bedeute, daß er sich mit den für die Entscheidung wesentlichen Eigenschaften des anderen ausgestattet vorstellen müsse. Es gebe aber Fälle, in denen der Urteilende nicht zugleich dies tun als auch der bleiben könne, der er ist[52]. Entweder er nimmt die Eigenschaften des anderen an, wird damit der andere, und kann deshalb nicht mehr in propria persona urteilen. Oder er bleibt der, der er ist, dann kann er nicht die Eigenschaften des anderen annehmen und sein Urteil aus der Situation des anderen heraus fällen.

Taylor illustriert diese Schwierigkeit am Beispiel Henrik Potgieters[53]. Henrik Potgieter ist ein südafrikanischer Farmer holländischer Herkunft, mit mäßigen Einkünften, höherer Schulbildung und strengen calvinistischen Prinzipien. Henrik Potgieter ist der Auffassung, daß Bantus von ihren weißen Herren wie Leibeigene behandelt werden sollten. Er begründet dies mit ihrem Aufwachsen in einer Stammesgesellschaft, deren moralische Einstellungen sich völlig von den unseren unterscheiden, sowie damit, daß Bantus die europäischen Standards der Kultur, Bildung usw. nicht akzeptieren. Wenn Potgieter sich in die Situation eines solchen Bantus versetzen wollte, müßte er nicht nur dessen Hautfarbe, sondern auch dessen Erziehung, Lebensanschauung, Sympathien und Interessen übernehmen. Täte er dies, wäre er nicht mehr Henrik Potgieter, was er nach der Voraussetzung des Hareschen Arguments aber bleiben müßte.

Dies Beispiel weist auf Schwierigkeiten der Hareschen Formulierung seiner Theorie hin, es ist jedoch nicht geeignet, sie zu widerlegen[54]. Hare selbst hebt hervor, daß unter der Voraussetzung, daß es Bantus nichts ausmache, sie nicht unglücklich mache, auf einer Farm wie Vieh behandelt zu werden, sein Argument gegen eine Auffassung wie die Potgieters nichts ausrichten könne[55]. Gegen Potgieter etwas auszurichten vermag es, wenn diese Voraussetzung nicht zutrifft. Dies ist eine Tatsachenfrage. Es muß bezweifelt werden, daß Schwarze sich tatsächlich glücklich fühlen, wenn sie wie Leibeigene oder Tiere behandelt werden. Aussagen über die Gefühle anderer Leute sind zwar schwer zu verifizieren. Dies bedeutet jedoch nicht, daß sie nicht sinnvoll geäußert werden können. Mit einem bestimmten Grad an Sicherheit lassen sie sich auch in so schwierigen Fällen wie dem von Taylor angeführten begründet treffen[56]. Dies auf jeden Fall unter der plausiblen empirischen Annahme, daß Menschen gewisse gemeinsame Eigenschaften haben[57]. Setzt man dies voraus, läßt sich das Haresche Argument problemlos anwenden. Es genügt, daß Potgieter sich so weit in die Situation der Bantus versetzt, als es erforderlich ist, um festzustellen, ob und wie sie leiden. Er braucht das konkrete Leiden nicht zu seinem eigenen zu machen, schon gar nicht zu einem Bantu zu werden, es reicht aus, daß er sich vorstellt, daß er, vielleicht aus einem anderen Grund, aber in gleicher Stärke an seiner Handlung leiden würde[58]. Dies ist eine Folge der ersten Generalisierung, die schon im Trompeterfall erforderlich war. Taylor nimmt, indem er diese Variante des Hareschen Arguments außer Acht läßt, das von Hare benutzte Bild des Rollentausches zu wörtlich. Natürlich gelingt die Feststellung der Interessen anderer stets nur mehr oder weniger gut. Damit sie möglichst gut gelingt, ist ein möglichst hohes Maß an Vorstellungsvermögen erforderlich. Dies kann etwa durch praktische Lebenserfahrung und Beschäftigung mit Literatur kultiviert werden[59].

Der Einwand Taylors kann damit entkräftet werden[60]. Es bleibt das wohl am schwersten wiegende Problem: Führt das Haresche Verfahren überhaupt zu einer Entscheidung?

Dies Problem läßt sich gut an dem Hareschen Schuldnerfall verdeutlichen. Hierzu ist es zweckmäßig, den Fall nach einem Vorschlag Alf Ross'[61] auf heutige Verhältnisse zu übertragen und zu fragen, ob B berechtigt ist, gegen seinen säumigen Schuldner die Zwangsvollstreckung zu betreiben. Stellt man mit Hare in diesem Fall allein auf die Interessen des A, auf das was er will oder gerne hätte, ab, so kommt man schnell zu einem Ergebnis. Wenn A, wie anzunehmen ist, es nicht gerne hätte, daß B gegen ihn vollstreckt, muß B dies unterlassen[62]. Dies kann dadurch auf die Spitze getrieben werden, daß man sagt, daß nach dem Hareschen Kriterium überhaupt niemandem mehr eine Einschränkung seiner Wünsche und Interessen zugemutet werden kann, denn geht man allein von den Wünschen und Interessen aus, so wünscht und will jeder, daß diese nicht eingeschränkt werden.

Hare gibt zwar genügend Anlaß, dies für seine Auffassung zu halten, es ist jedoch deutlich, daß das ein Mißverständnis wäre. Hare führt eine Reihe von

Fällen an, in denen der Urteilende in der Situation des anderen sich nicht allein von dessen Neigungen, sondern zumindest auch von moralischen Überzeugungen leiten läßt: den „firm believer in the rights of property and the sanctity of contract"[63], den Richter mit einem „desire to see justice done even when he is the victim"[64] und sich selbst, der für den Fall, daß er einen Mord begeht, bereit ist, ins Gefängnis gesteckt zu werden[65]. Diese Fälle widersprechen der Hareschen Theorie unter einer wichtigen Voraussetzung nicht: Die in ihnen ausschlaggebenden moralischen Überzeugungen dürfen nicht Ausdruck eines Ideals, sondern müssen Ergebnis einer unparteiischen Abwägung aller betroffenen Interessen sein[66]. Dies hat sowohl für bilaterale als auch für multilaterale Fälle zu gelten. Eine solche Rettung des Hareschen Arguments muß allerdings teuer erkauft werden. Seine Zutaten verlieren ihre moralische Neutralität. Es beruht zwar weiterhin auf Interessen, setzt aber ein Kriterium der Abwägung von Interessen und damit weitere Regeln mit normativem Gehalt voraus[67]. Hare deutet, wie bereits gesagt, mit seinem Hinweis auf den Utilitarismus ein solches Kriterium nur vage an. Sein Argument schließt es nicht ein. Es beschränkt sich auf die Forderung, daß der Urteilende bereit sein muß, den Interessen der durch seine Handlung Betroffenen das gleiche Gewicht beizumessen wie seinen eigenen. Eine präzisere normative[68] Formulierung (Hare gibt eine solche nicht) dieser Forderung könnte folgendermaßen lauten:[69]

Jeder muß die Konsequenzen der in seinem moralischen Urteil vorausgesetzten Regel für die Befriedigung der Interessen einer jeden einzelnen Person auch für den hypothetischen Fall akzeptieren können, daß er sich in der Situation dieser Person befindet.

Die Schwäche dieser Formulierung liegt darin, daß „akzeptieren können" in ihr „als moralisch gerechtfertigt akzeptieren können" bedeutet. Sie läßt damit einen erheblichen Spielraum für unterschiedliche moralische Auffassungen. Ihre Stärke zeigt sich darin, daß mit ihr zumindest nicht alle moralischen Auffassungen verträglich sind[70]. Verträglich mit ihr sind nur diejenigen moralischen Aussagen, die der Urteilende unter der Voraussetzung der Berücksichtigung von Interessen, und zwar einer gleichberechtigten Berücksichtigung der Interessen aller Betroffenen akzeptieren kann. Das Kriterium ist damit trotz des gelassenen Spielraums nicht leer. Es bedarf aber der Ergänzung. Wenn Hare meint, daß es nur im Rahmen einer utilitaristischen Theorie vervollständigt werden kann, dann ist ihm allerdings nur unter dem Vorbehalt zuzustimmen, daß man unter „utilitaristische Theorie" jede Theorie versteht, die sich um einen gleichberechtigten Ausgleich von Interessen bemüht. Stimmt man dieser Sprachregelung nicht zu, dann ist jede Theorie, mag sie utilitaristisch sein oder nicht, die zu dem angegebenen Problem einen Vorschlag enthält, ein Kandidat für die Vervollständigung des Arguments.

Nach dem zuletzt Gesagten drängt sich der Vergleich mit dem Nelsonschen Abwägungsgesetz geradezu auf. Dieser Vergleich soll so geführt werden, daß zunächst auf das Abwägungsgesetz selbst, seinen Inhalt, und erst anschließend auf seine Begründung eingegangen wird.

Anders als Hare hat Nelson eine explizite Formulierung seines Abwägungsgesetzes gegeben. Sie lautet:
„Handle nie so, daß du nicht auch in deine Handlungsweise einwilligen könntest, wenn die Interessen der von ihr Betroffenen auch deine eigenen wären"[71].

Das Abwägungsgesetz drückt zusammen mit dem Vergeltungsgesetz, das sich auf Verstöße gegen das Abwägungsgesetz bezieht, das allgemeine Sittengesetz aus. Dies läßt sich nach Nelson folgendermaßen formulieren: „Wahre die Gleichheit der persönlichen Würde oder: handle gerecht"[72]. Die weitere Diskussion soll sich auf das Abwägungsgesetz beschränken.

Die eben angeführte Formulierung des Abwägungsgesetzes läßt drei wesentliche Merkmale des Sittengesetzes erkennen.

Die negative Fassung soll seinen beschränkenden Charakter zum Ausdruck bringen. Handlungen, die mit der Beachtung fremder Interessen vereinbar sind, sind nicht geboten, sondern sittlich indifferent[73]. Lediglich die hiermit unvereinbaren Handlungen sind verboten[74]. An dieser Stelle ist eine Präzisierung angebracht. Der beschränkende Charakter bedeutet nicht, daß das Abwägungsgesetz nur Handlungen verbietet, wie Nelsons Formulierungen es erscheinen lassen könnten[75]. Nelson spricht im Zusammenhang mit einem Beispiel von einer Pflicht zur Hilfeleistung[76]. Es ist naheliegend, eine solche Pflicht als Gebot zu formulieren. Daß das Sittengesetz beschränkenden Charakter hat, bedeutet lediglich, daß das Abwägungsgesetz Verbote und Gebote nur im Hinblick auf die Vermeidung der Verletzung der Interessen anderer auferlegt. Daß dies so sein muß, ergibt sich schon daraus, daß sich das Gebot einer Handlung in das Verbot ihrer Unterlassung umformen läßt und umgekehrt[77]. Damit wird deutlich, daß hinsichtlich des beschränkenden Charakters kein wesentlicher Unterschied zwischen Nelsons Abwägungsgesetz und dem Hareschen Argument festzustellen ist. Das Haresche Argument besteht in der Überprüfung, ob eine Handlung relativ auf die Interessen anderer gerechtfertigt ist. Werden Interessen anderer nicht verletzt, greift es nicht ein. Wie das Beispiel des Hilfsbedürftigen zeigt, besteht das entscheidende Problem nicht in der deontischen Modalität der begründbaren moralischen Urteile, sondern in der Bestimmung des Begriffs der Interessenverletzung. Dies aber führt auf inhaltliche Probleme beider Theorien.

Auch im zweiten wesentlichen Merkmal stimmen Nelson und Hare zunächst überein. Die Einschränkungen, die das Abwägungsgesetz auferlegt, sollen im Hinblick auf die Interessen anderer, und nur hierauf erfolgen[78]. Sie stimmen nur zunächst hierin überein, weil sich hinsichtlich dessen, was als Interesse aufgefaßt wird, wesentliche Unterschiede zeigen werden.

Das für unseren Vergleich interessanteste Merkmal ist das dritte. Es enthält die Forderung, daß die Einschränkung der Interessen unter der Bedingung der Gleichheit erfolgen soll. Um dies sicherzustellen, sieht das Abwägungsgesetz folgendes Verfahren vor: Der Urteilende soll sich die kollidierenden Interessen in seiner Person vereinigt vorstellen. „Das Kriterium der Rechtlichkeit einer Handlung liegt also darin, daß eine die beiderseitigen Interessen in sich vereinigende Person sich zu ihr entschließen könnte"[79]. Dies wird durch das Wort „auch" in der Formulierung des Abwägungsgesetzes zum Ausdruck gebracht[80].

Damit, daß gesagt wird, daß Interessen gegeneinander abgewogen werden sollen, ist noch nicht gesagt, wie dies zu geschehen hat. Bei Hare sollte dies im Rahmen einer utilitaristischen Theorie geschehen. Nelson schlägt hierfür seine Theorie des wahren Interesses vor.

Die Hauptthese der Nelsonschen Theorie des wahren Interesses besteht darin, daß es bei der Abwägung nicht auf die faktisch vorhandenen, sondern auf die „wahren" Interessen ankomme[81]. Die wirklichen und die wahren Interessen einer Person sollen aus zwei Gründen auseinanderfallen können. Der Urteilende kann sich in einem theoretischen oder in einem praktischen Irrtum befinden. In einem theoretischen Irrtum befindet sich etwa der, der ohne hiervon zu wissen, eine vergiftete Speise essen will[82]. Ihm fehlen Informationen, oder er geht von falschen Informationen aus. In einem praktischen Irrtum soll sich der befinden, dessen Interesse nicht die dem objektiven Wert eines Gegenstandes entsprechende Stärke hat[83]. Die Forderung, in der Abwägung nicht von den empirisch feststellbaren, sondern von in diesem Sinne wahren Interessen auszugehen, nennt Nelson „das Prinzip der Abstraktion von den Mängeln der Reflektion oder kurz das Prinzip der Interessenreduktion"[84]. Dies Prinzip bildet neben dem der Abstraktion von der numerischen Bestimmtheit, das dem Abwägungsgesetz zugrunde liegt, die Basis der Nelsonschen Ethik[85].

Wie aber soll festgestellt werden, was ein wahres Interesse ist? Nelson führt hierzu den Begriff der „vollkommen gebildeten Person" ein. Diese Person ist dadurch definiert, daß sie stets das Wertvollere erkennt und entsprechend handelt[86]. Sie orientiert sich dabei am „Wert des Lebens", und zwar indem sie auf die jeweils betroffene „Gesamtpersönlichkeit" abstellt[87]. Der Wert des Lebens einer Person bestimmt sich danach, inwieweit in ihr die „Herrschaft des vernünftig bestimmten Willens" zur Geltung kommt[88]. Kriterium für die Vorzugswürdigkeit von Interessen ist damit das Ideal der vernünftigen Selbstbestimmung[89].

Der Unterschied zwischen diesem Teil der Nelsonschen Theorie und der

Theorie Hares liegt auf der Hand. Bevor auf die Bedeutung dieses Unterschieds eingegangen wird, empfiehlt es sich jedoch, anhand einer kurzen Diskussion einiger Einwände gegen die Nelsonsche Theorie diese besser kennenzulernen.

Alf Ross behauptet, daß die Anwendung des Abwägungsgesetzes schon aus logischen Gründen unmöglich sei[90]. Dieser Einwand entspricht dem gegenüber Hare vorgetragenen. Hare wurde, wie sich zeigte zu Unrecht, vorgeworfen, er fordere etwas Unmögliches, nämlich daß die urteilende Person sowohl eine andere werden als auch dieselbe bleiben solle. Bei Nelson soll es das Interesse sein, das zugleich dasselbe als auch ein anderes zu sein hat. Die Weiterverfolgung dieses Einwands wird eine wesentliche Gemeinsamkeit deutlich machen.

Ross' Kritik basiert auf dem wohl zutreffenden Satz, daß Interessen wesentlich subjektszugehörig sind. Soll aber das Interesse des A, wenn auch nur in einem Gedankenexperiment, mein eigenes werden, dann müßte es unabhängig voneinander erstens Interessen und zweitens ihre Besitzer geben. Dies aber kann als ausgeschlossen gelten[91]. Die Schwäche dieses für sich starken Arguments besteht darin, daß in ihm wie beim analogen Einwand gegen Hare von einer zu starken Interpretation des vorgeschlagenen Verfahrens ausgegangen wird[92]. Der Sinn des Nelsonschen Verfahrens besteht darin, daß „jeder Vorzug ausgeschlossen (wird), der einer Handlung allein darum zukommen könnte, weil er ihr auf Grund des Interesses der handelnden Person im Unterschied von einer anderen Person zuteil wird. Es sollen also die Interessen, durch die sich die Vorzugswürdigkeit der Handlung bestimmt, unabhängig von ihrer Zuordnung zur einen oder anderen Person berücksichtigt werden"[93]. Dieser von Nelson „Prinzip der Abstraktion von der numerischen Bestimmtheit" genannte Grundsatz[94] entspricht genau der dem Hareschen Verfahren zugrundeliegenden Forderung. Interessant ist, daß auch Hare den Ausdruck „numerical difference" gelegentlich verwendet[95]. Geradezu als Beschreibung des Hareschen Verfahrens läßt sich folgende Formulierung Nelsons lesen: „Wir sollen den Wert einer Handlung, den sie für uns hat, nur vergleichsweise in Anschlag bringen, indem wir sie zugleich vom Standpunkt aller derer beurteilen, auf deren Interessen wir durch sie einwirken"[96]. An einer anderen Stelle erklärt Nelson ein Verfahren wie das Haresche zu einer gleichwertigen Alternative: „Statt von dem Unterschied der Personen als solcher zu abstrahieren, statt also in Gedanken die auf die verschiedenen Personen verteilten Interessen in einer Person zu vereinigen, können wir uns auch in Gedanken der Reihe nach in die Lage der einen und der anderen Person versetzen und annehmen, daß wir wirklich nach einander in beide Lagen gerieten, dabei aber nur in einer von ihnen unser Interesse befriedigen könnten"[97].

Der eigentliche Gehalt der Nelsonschen Forderung ist danach derselbe wie der der Hareschen. Die Interessen aller Betroffenen sind unter der Bedingung der Gleichheit[98] zu berücksichtigen, „everyone is entitled to equal consideration"[99]. Hares Rollentausch und Nelsons Interessenvereinigung sind verschiedene Weisen unter der Verwendung von Bildern psychischer Experimente dasselbe zu sagen. Um den Forderungen der beiden gerecht zu werden, ist es weder erforderlich, daß B zu A wird, noch, daß das Interesse des A das des B wird. Es reicht aus, daß das Interesse des A in die Abwägung des B einbezogen und dort nicht deshalb geringer bewertet wird, weil es nicht das Interesse des B ist. Mit dem zuletzt Gesagten ist zugleich der begründete Kern der Zwillingsbruderthese deutlich geworden. Die Hareschen Regeln des moralischen Argumentierens und das Nelsonsche Abwägungsgesetz definieren äquivalente Verfahren. Dies bedeutet, daß das Nelsonsche Gesetz alle Schwierigkeiten und die Schwäche der Hareschen Regeln teilt. Die Schwierigkeiten bestehen darin, daß die Verfahren ein sehr hohes Maß an Information, Vorstellungskraft und -bereitschaft voraussetzen. Die Schwäche darin, daß es keinen normativen Maßstab für den Ausgleich der Interessen enthält.

Damit ist die nächste Frage gestellt. Ist Nelsons Theorie des wahren Interesses geeignet, diese Schwäche zu beseitigen? Kann sie die mit Hares allgemeinem Hinweis auf den Utilitarismus weitgehend offengelassenen Probleme lösen?

Dies hängt sowohl von der Haltbarkeit als auch von der Brauchbarkeit jener Theorie ab. Nelson behauptet, daß seine Theorie des wahren Interesses nicht nur in seiner Deduktion gerechtfertigt werden kann, er behauptet auch, daß sie sich in seiner Exposition mit den Mitteln der logischen Analyse als in unseren alltäglichen moralischen Urteilen vorausgesetzt erweisen läßt[100]. Schon die Wahrheit dieser Behauptung muß bezweifelt werden. Nelson diskutiert einen dem Hareschen Trompeterfall ganz ähnlichen Fall. Von zwei Zimmernachbarn führt einer mit einem Freunde ohne höheren Zweck eine laute Unterhaltung, während der andere musiziert. Für Nelson ist nicht nur klar, daß das Interesse am Musizieren das wertvollere ist, sondern auch, und hierauf kommt es an dieser Stelle an, daß das in diesem Fall minderwertige Interesse dem höherwertigen weichen muß[101]. Die Behauptung, daß eine derartige Beurteilung in unseren, d. h. jedermanns moralischen Urteilen vorausgesetzt wird, ist ziemlich gewagt. Es gibt an moralischen Dingen interessierte Menschen, die in ihren gewissenhaftesten Urteilen, selbst wenn sie zugeben, daß das Interesse des Musikers in irgendeinem Sinne höherwertig sein mag, etwa zu dem Vorschlag kommen, daß der eine das Recht hat, am Dienstag einen Skatabend mit allen Begleiterscheinungen aber ohne höheren Zweck zu gestalten, und der andere das Recht, am Mittwoch ungestört zu musizieren. Hare z. B. spricht sich deutlich für eine Lösung dieser Art aus[102]. Der Grundsatz, daß bei zwischenmenschlichen Konflikten die höheren Interessen den niedrigeren, insbesondere den subjektiven und sinnlichen, wenn auch nicht in allen Fällen[103], so doch grundsätzlich vorzuziehen sind, kann vielleicht als logische Voraussetzung der moralischen Urteile einiger Personen, keinesfalls aber als Voraussetzung der moralischen Urteile aller erwiesen werden. Eines der grundlegenden Theoreme der Nelsonschen Theorie des wahren Interesses zeigt damit schon auf der Vorstufe seiner eigentlichen Begründung in der Deduktion eine entscheidende Schwäche. Natürlich könnte diese Schwäche dadurch behoben werden, daß dieser Grundsatz zu einem analytischen und damit notwendig wahren gemacht wird. Wir brauchen nur zu sagen, daß alle das Wertvollere dem Wertloseren vorziehen, und daß das Wertvollere das ist, was vorgezogen wird. Dies ist jedoch nicht das, was Nelson meint.

Auch die Brauchbarkeit der Nelsonschen Theorie des wahren Interesses ist sehr beschränkt. Die von ihm vorgeschlagenen Kriterien zur Bestimmung der Vorzugswürdigkeit lassen fast alle Fragen offen. Seine vollkommen gebildete Person ist dadurch definiert, daß sie stets das Wertvollere erkennt. Die Frage ist, wie sie dies tun soll, und wer vollkommen gebildet ist. Der ihr an die Hand gegebene Maßstab der vernünftigen Selbstbestimmung enthält nur sehr vage Anhaltspunkte. Verschiedene Urteilende werden ihn verschieden auslegen und dementsprechend sich und andere in unterschiedlichem Maße für vollkommen gebildet halten[104].

Damit verlieren die Nelsonschen Kriterien ihren Wert als Kriterien. Dies bedeutet nicht, daß die Nelsonsche Theorie des wahren Interesses damit völlig uninteressant wird. Sie enthält zum einen eine Vielzahl von interessanten Analysen, etwa die Analyse des theoretischen Irrtums, die zu der zutreffenden Forderung führt, daß der moralisch Urteilende über möglichst umfassende Tatsachenkenntnisse verfügen sollte. Zum anderen kann das Ideal der vollkommen gebildeten Person als ein Fingerzeig auf einen von sicher mehreren Kandidaten für eine Lösung des Abwägungsproblems verstanden werden. Ein vielleicht nicht ganz aussichtsloser Kandidat für die Lösung dieses Problems wäre eine Theorie, die einen Satz von zumindest teilweise idealen Bedingungen und Regeln vorschlägt und begründet, denen ein Entscheidender oder eine Mehrzahl von Entscheidenden in möglichst hohem Maße entsprechen muß, damit die Entscheidung vernünftig oder richtig genannt werden kann[105].

Kommt man auf den Vergleich mit Hare zurück, so kann im Hinblick auf Nelsons Theorie des wahren Interesses dreierlei gesagt werden. Erstens, Nelson schlägt dort, wo Hare eine Lösung nur andeutet, eine ausgearbeitete Theorie vor. Zweitens, diese Theorie widerspricht insofern den Vorstellungen Hares, als sie nicht auf tatsächlich vorhandene, sondern wesentlich auf wahre, objektive Interessen abstellt. Drittens, diese Theorie kann aus den angeführten Gründen nicht akzeptiert werden, enthält aber interessante Hinweise. Als positiven Ertrag des bisher angestellten Vergleiches zwischen Nelson und Hare behalten wir damit lediglich das durch Hares Regeln und Nelsons Gesetz gekennzeichnete Verfahren zurück.

Bei der Diskussion der Thesen Hares wurde festgestellt, daß das Haresche Verfahren aus mehr besteht als aus einer Anwendung der Prinzipien der Präskriptivität und der Universalisierbarkeit. Es schließt eine weitere normative Voraussetzung, die Hare durch die Forderung nach hypothetischem Rollentausch ausdrückt, ein. Diese Forderung wurde nicht hinreichend begründet. Damit legt sich die Frage nahe, ob wir bei Nelson eine überzeugende Begründung seines Abwägungsgesetzes finden. Sollte dies der Fall sein, bestünde aufgrund der Äquivalenz der Verfahren die Aussicht, sie auch auf das Haresche Argument zu übertragen.

Nelson gewinnt sein Abwägungsgesetz gemäß der Methode des philosophischen Kritizismus in zwei Schritten. Der erste Schritt, die Exposition, besteht, wie schon bei der Erörterung der Theorie des wahren Interesses bemerkt wurde, in einer logischen Analyse unserer tatsächlichen moralischen Urteile[106]. Der zweite, die Deduktion, d. h. der Erweis der Gültigkeit der auf diese Weise gewonnenen Prinzipien, soll in dem Aufweis der empirisch — psychologischen Tatsache unserer unmittelbaren, wenn auch nicht unmittelbar evidenten Erkenntnis dieser Prinzipien bestehen[107].

Es wäre schon hinreichend interessant, wenn das Abwägungsgesetz von Nelson, ganz gleich, ob seine Deduktion als gelungen bezeichnet werden kann oder nicht, tatsächlich in einer logischen Analyse als Voraussetzung unserer moralischen Urteile erwiesen worden wäre. Mehr als eine logische Analyse liefert auch Hare nicht. Hinsichtlich des oben erwähnten Theorems der Theorie des wahren Interesses mußte dies verneint werden.

Im ersten Teil seiner Analyse untersucht Nelson den Begriff der Pflicht. In dieser Analyse arbeitet er in erstaunlicher Übereinstimmung mit Hare ein dessen Universalisierbarkeitsprinzip entsprechendes „Prinzip der sittlichen Allgemeingültigkeit" heraus[108]. Sorgfältiger als Hare hält er dieses Prinzip und sein Verfahren auseinander[109]. Was diesen Teil seiner Analyse anbetrifft, kann Nelson unter Berücksichtigung der Zeitdifferenz und des ganz anderen Diskussionsstandes durchaus als ebenbürtiger Zwillingsbruder Hares angesehen werden. Man wird Nelson insofern vielleicht, wie Weisser meint[110], als Wegbereiter, auf jeden Fall aber als Vorläufer der analytischen Philosophie ansehen können.

Das hier interessierende Abwägungsgesetz gewinnt Nelson erst im zweiten Teil seiner Analyse bei der Suche nach einem Kriterium der Pflicht. Diese

Analyse kann nicht in dem Maße überzeugen wie die des Begriffs der Pflicht. Sie besteht im wesentlichen in der Feststellung, daß wir in unseren moralischen Urteilen davon ausgehen, daß „die Interessen der Behandelten den unseren gleich" zu achten sind[111]. Es stellt sich das gleiche Problem wie bei der Ideallehre: „wir", das mögen viele sein, ob es alle sind, kann bezweifelt werden.

Nelson versteht diese These auch nicht als Begründung. Um so mehr Aufmerksamkeit verdient sein in der Deduktion verwendetes Argument. Er begründet dort das „Prinzip der Abstraktion von der numerischen Bestimmtheit" und damit das Abwägungsgesetz mit einem Hinweis auf den diskursiven Charakter der sittlichen Erkenntnis[112]. Der Ausdruck „diskursiv" soll dabei so viel bedeuten wie der Ausdruck „begrifflich". Die sittliche Erkenntnis soll begrifflich sein, weil sie ihren Gegenstand „auf Grund seiner Zugehörigkeit zu einer Begriffsklasse" beurteilt[113]. Dies kann zunächst so verstanden werden, daß moralische Regeln keine Eigennamen enthalten dürfen. Dem kann man zustimmen. Eine solche Forderung würde aber nicht weiter gehen als Hares Prinzip der Universalisierbarkeit bzw. Nelsons Prinzip der sittlichen Allgemeingültigkeit. Das Abwägungsgesetz folgt aus ihr nicht. Unter Diskursivität müßte also mehr verstanden werden. Eine solche stärkere Variante könnte darin bestehen, daß in moralischen Argumentationen überhaupt keine Eigennamen vorkommen dürfen. Diese Variante ist jedoch aus mehreren Gründen problematisch. Es kann nicht gesagt werden, daß das Vorkommen von Eigennamen den begrifflichen Charakter einer Argumentation aufhebt. Dies schon deshalb nicht, weil Eigennamen durch bestimmte Beschreibungen ersetzt werden können. Ferner müßte man, wenn man behaupten wollte, daß das Vorkommen von Eigennamen den begrifflichen Charakter der moralischen Argumentation ausschließt, sagen, daß etwa Hares Argument keinen begrifflichen Charakter hat. In ihm kommen Eigennamen wesentlich vor. Man wird das Argument deshalb aber nicht als nicht begrifflich bezeichnen. Nelsons Argument gründet sich denn auch nicht auf eine Analyse der sprachlichen Bestandteile, die in moralischen Argumentationen vorkommen dürfen, sondern darauf, daß Individuen nur anschaulich erkannt werden können[114]. Was dies bedeutet, kann offen bleiben. Es reicht aus festzustellen, daß Nelson mit seinem Argument dem moralisch Urteilenden die Berücksichtigung bestimmter Kenntnisse über Individuen vorenthalten will. Dafür mag es gute Gründe geben. Die Rawlssche Konstruktion der original position etwa baut auf diesem Gedanken auf[115]. Solche Gründe lassen sich jedoch nicht aus dem begrifflichen Charakter moralischen Argumentierens gewinnen. Dies zum einen deshalb nicht, weil der begriffliche Charakter, insofern er eine logische Eigenschaft der moralischen Erkenntnis oder Argumentation bezeichnet, den Gebrauch von Eigennamen nicht ausschließt. Zum anderen deshalb, weil der begriffliche Charakter, falls man ihn als den Ausschluß bestimmter Informationen auffaßt, sich nicht von selbst versteht, sondern moralisch begründet werden müßte. Die Konstruktion einer Entscheidungs- oder Beratungssituation durch den Ausschluß bestimmter Kenntnisse ist als solche zwar moralisch neutral, die moralische Neutralität ist aber nur eine technische. Die Ergebnisse, zu deren Erzeugung die Konstruktion vorgenommen wird, sind nicht neutral. Der Ausschluß von Informationen über Individuen müßte deshalb, wenn er als Argument für moralische Prinzipien verwendet werden sollte, vorerst durch moralische Argumente gerechtfertigt werden[116].

Nelsons Abwägungsgesetz ist damit nicht besser begründet als das Haresche Verfahren[117]. Dies dürfte angesichts seiner hohen Plausibilität allerdings nur für den ein praktisch relevanter Mangel sein, der lediglich aufgrund von „letztbegründeten" Prinzipien zu handeln bereit ist. Auch für den, der eine solche Forderung nicht stellt, bleibt jedoch zumindest der Wunsch nach einer Begründung[118].

Faßt man das Ausgeführte zusammen, so kann man sagen, daß die Zwillingsbruderthese in einem wesentlichen Punkt zutrifft. Hares Regeln des moralischen Argumentierens und Nelsons Abwägungsgesetz schreiben auf verschiedene Weisen dasselbe Verfahren vor. Dies Verfahren setzt eine von beiden Autoren nicht hinreichend begründete moralische Forderung voraus, die allerdings in hohem Maße plausibel ist. Es stellt sehr hohe Anforderungen an den moralisch Urteilenden. Um eine moralische Frage zu entscheiden, sind weitere normative Prämissen erforderlich. Hare deutet ihre Begründung nur vage an, Nelson schlägt eine nicht akzeptable Theorie vor.

Dennoch sind die Theorien der beiden Autoren nicht wertlos. In dem Umfang, in dem sie akzeptabel sind, enthalten sie bereits in ihrer vorliegenden Form genügend, um das Vertrauen in die Möglichkeit der rationalen Begründbarkeit moralischer Urteile zu rechtfertigen. Sie erlauben es, um ein Bild Patzigs[119] zu gebrauchen, ein Stück Land „dem hin- und herwogenden Meer der Weltanschauungskämpfe" abzugewinnen. Weder die weitere Sicherung noch ein weiterer Ausbau ist ausgeschlossen. Sowohl eine bessere Begründung als auch die notwendige Ergänzung ist möglich. Als Kandidat für eine Ergänzung kommt jede Theorie in Frage, die den gerechten Ausgleich von Interessen zum Gegenstand hat. Solche Theorien sind etwa die Rawlssche[120], die verschiedenen Varianten der ideal observer theory[121] und des Utilitarismus[122], sowie die unter der Bezeichnung „Diskurstheorien" neuerdings entwickelten Theorien moralischen Argumentierens[123]. Dies kann und braucht hier jedoch nicht weiter verfolgt zu werden.

Diskussion

Hendrik van Eikema Hommes: Der Herr Referent hat in seinem interessanten Beitrag einige Resultate der Ethik Hares und Nelsons miteinander verglichen und auf verschiedene Punkte der Übereinstimmung hingewiesen. Er hat jedoch gerade den *methodischen* Unterschied zwischen den beiden Denkern nicht genannt. Wenn Nelson die Lehre Hares gekannt hätte, dann würde er diese nach meiner Meinung als unkritischen Empirismus abgewiesen haben. Denn Hare nimmt seinen sprachanalytischen Ausgangspunkt in empirischen moralischen Urteilen und Interessen ohne die kritische Frage aufzuwerfen nach den objektiven, allgemeingültigen Bedingungen unserer moralischen Erkenntnis. Nelson dagegen fragt immer nach diesen Bedingungen, und das Wesentliche der Methode Nelsons auf dem Gebiete der praktischen Vernunft und der philosophischen Rechtslehre ist soweit ich sehe die *transzendentalkritische* Untersuchung der transzendentalen, d. h. notwendigen und allgemeingültigen Bedingungen und Grenzen unserer moralischen Erkenntnis. Es ist mir aufgefallen, daß die transzendental-kritische Methode Nelsons, die nach meiner Meinung das vom philosophischen Standpunkt Wichtigste der Ethik und Rechtslehre Nelsons ausmacht, nicht nur nicht in diesem Vortrag, sondern auch in anderen Vorträgen dieses Symposions nicht oder kaum besprochen wurde. Ich bedaure das, weil m. E. die von Kant aufgeworfene transzendental-kritische *Fragestellung*, die von Kant nicht auf ethischem Gebiet durchgeführt wurde, jedoch auch hier ihre Anwendung finden soll (wie spätere Neukantianer und auch Nelson gesehen haben), den Schlüssel bietet zu der Einsicht in die grundlegende Struktur der Moral, die die transzendentale Bedingung unserer moralischen Erkenntnis ist.

Die Resultate der Nelsonschen Ethik hängen, losgelöst von ihrer transzendental-kritischen Grundlage, in der Luft.

Die Schwäche der transzendentalen Methode Nelsons auf dem moralischen Gebiet liegt m. E. in ihrem formal-*logischen* Charakter. Nach meiner Überzeugung soll die grundlegende Struktur des Moralischen nicht in einer *logischen* Denkkategorie fundiert werden, weil auf diese Weise die wesentlich *a-logische Eigenart* des Moralischen geleugnet wird. Eine wirklich *kritische* Untersuchung der Grundlagen des moralischen Urteils soll m. E. auf die wesentlich a-logische Transzendentalstruktur unserer ethischen Erkenntnis sich richten.

Robert Alexy: Ich stimme mit Ihnen darin überein, daß eine grundsätzliche Untersuchung der Nelsonschen transzendental-kritischen Methode interessant und wichtig ist. Ich halte aber den analytischen Ertrag der Theorie Nelsons für so bedeutsam, daß es sich lohnt, ihn in den Vordergrund zu stellen. Im übrigen hoffe ich, mit der Wahl meines Schwerpunktes nicht impliziert zu haben, daß andere Gewichtungen nicht möglich sind. Ich bin allerdings nicht der Meinung, daß *nur* eine transzendentalphilosophisch orientierte Behandlung Nelson gerecht werden kann. Dies schon deshalb nicht, weil ich seine in der Dekuktion angeführten Argumente, wofür ich Gründe anzugeben versucht habe, für schwächer halte als die in der Exposition verwendeten.

Axel Stupp: Ich beziehe mich auf die Diskussionsbemerkung, Herr Alexy habe die „transzendentale" Gemeinsamkeit bei Kant und Nelson zu wenig und die „analytische" Gemeinsamkeit bei Hare und Nelson zu sehr in den Vordergrund gestellt. Ich möchte hingegen zugunsten von Herrn Alexy Partei ergreifen und darauf hinweisen, daß Nelson, wenn ich es recht verstanden habe, zumindest in *einem* wesentlichen Punkt mit Hare mehr gemein hat als mit Kant, nämlich in der Frage der *Erforderlichkeit „materialer" Komponenten für die Bestimmung des moralisch Ge- oder Verbotenen*, wie Kant sagen würde. Dieses kann, so sagt Kant ausdrücklich, *allein* durch den „formalen" Test der Maximenverallgemeinerung ermittelt werden (freilich ist diese Ansicht kaum haltbar). Bei der Darstellung des Hareschen Konzepts hingegen nannten Sie als Voraussetzungen die Logik der Sprache der Moral (mit Präskript. – und Universalisierbarkeitsprinzip), die Tatsachen des jeweiligen, zur Debatte stehenden Falles und eben: die Neigungen oder Interessen der Betroffenen. Auch in Nelsons Abwägungsgesetz ist von den „Interessen der ... Betroffenen" die Rede, und bei der Diskussion des „wahren Interesses" spricht er von minder- und höherwertigen Interessen. Da, wie Sie sagten, das Abwägungsgesetz zusammen mit dem Vergeltungsgesetz das allgemeine Sittengesetz ausdrückt, liegt es meiner Meinung nach nahe, Nelsons Moralphilosophie in diesem wichtigen Punkt (der Erforderlichkeit „materialer" Komponenten) eher mit der Hares als mit der Kants zu vergleichen – vorausgesetzt allerdings, man interpretiert das „Wollen" in Kants berühmter Formel „Handle nur nach derjenigen Maxime, durch die du zugleich wollen kannst, daß sie ein allgemeines Gesetz werde!" nicht, wie es manche Interpreten wohl irrtümlich getan haben, als die Stelle, an der der Anschluß zu den „Interessen" bzw. Neigungen dann doch wieder hergestellt wird. Die Behauptung vom Bezug auf eine „materiale" Komponente trifft natürlich für Nelsons Interessentheorie zu, wie sie für sein Abwägungsgesetz von Bedeutung ist. Ob sie auch für sein allgemeines Sittengesetz zutrifft, kann ich hier nicht ausführen.

Robert Alexy: Wenn man Kant so interpretiert, daß bei der Anwendung des kategorischen Imperativs Interessen keine Rolle spielen, dann besteht in der Tat im Hinblick auf den Stellenwert von Interessen zwischen Nelson und Hare ein geringerer Unterschied als zwischen Kant einerseits und Nelson und

Hare andererseits. Sie geben allerdings zutreffend zu verstehen, daß die Beantwortung dieser Frage vom Verständnis Kants abhängt.

Ernst Bornemann: Ich knüpfe an die abschließenden Formulierungen des Referates an: „Als Kandidat für eine Ergänzung („der Regeln des moralischen Argumentierens oder des Abwägungsgesetzes nach L. Nelson") kommt jede Theorie in Frage, die den gerechten Ausgleich von Interessen zum Gegenstand hat." Mir scheint, daß der schlichte Satz des Neuen Testamentes „Liebe Deinen Nächsten wie Dich selbst" hier mitreflektiert werden sollte. Es handelt sich hier nicht nur um einen Satz der Liebe sondern ebenso auch um einen Satz der Gerechtigkeit. Er besagt, daß man sich selbst zu lieben und zu achten habe, daß man aber seine persönlichen Interessen und Bedürfnisse nicht höher stellen darf, als die des anderen. Hier wird also die persönliche Würde des Menschen angesprochen, zugleich wird aber der Mensch in Angelegenheiten seiner persönlichen Interessen einer höheren sachlichen (gerechten) Ordnung unterstellt.

Robert Alexy: Ich stimme mit Ihnen darin überein, daß der Satz „Liebe Deinen Nächsten wie Dich selbst" dann, wenn er eine Antwort auf die Frage nach dem gerechten Ausgleich von Interessen enthält, ein Kandidat für die Ergänzung des Verfahrens der beiden Philosophen ist. Sie heben eine Reihe von Bedeutungen dieses Satzes hervor, u. a. das Postulat der Gleichwertigkeit. Ich finde interessant, daß dieser Satz hinsichtlich dieser Bedeutungskomponente weniger einen Ergänzungsvorschlag als vielmehr eine andeutungsweise Formulierung des Verfahrens enthält. Ob er als Ergänzungsvorschlag akzeptabel ist, hängt davon ab, ob ihm akzeptable Kriterien für die Gerechtigkeit des Ausgleichs von Interessen entnommen werden können.

Anmerkungen

1 A. Ross, On Moral Reasoning, in: Philosophical Yearbook 1 (1964), S. 125: „It is obvious ... to anyone aquainted with the philosophy of Leonard Nelson, that Hare's ideals bear a most striking resemblance ... to the Nelsonian Kant-interpretation, a resemblance so much more interesting as it must be assumed that Hare is not acquainted with his German twin-brother."
2 J. Kraft, Leonard Nelson und die Philosophie des XX. Jahrhunderts, in: Leonard Nelson zum Gedächtnis, hrsg. v. M. Specht/W. Eichler, Göttingen 1953, S. 13.
3 Hare knüpft in seinem Buch „Freedom and Reason", Oxford 1963, in dem er seine Theorie der moralischen Argumentation entfaltet, ausdrücklich an seine in „The Language of Morals", Oxford 1952, vorgelegte Analyse der Sprache der Moral an, und zwar mit folgender Bemerkung: „But it is necessary not merely to achieve an understanding of the moral concepts, but to use this understanding in order to give an account of moral reasoning — showing that moral arguments proceed as they do because the logical character of the concepts is what it is." (R. M. Hare, Freedom and Reason, S. 4).

4 Ein drittes Ergebnis, die These, daß zwischen moralischen Urteilen logische Beziehungen bestehen können, die in „The Language of Morals" noch ausführlich begründet wurde (ders., a. a. O., S. 20 ff), wird in „Freedom and Reason" als nicht mehr weiter begründungsbedürftig und für die Theorie der moralischen Argumentation zwar notwendig, für deren Ausgestaltung aber nicht wesentlich vorausgesetzt (ders., a. a. O., S. 4 f).
5 Ders., Freedom and Reason, S. 89.
6 Ders., a. a. O., S. 2, vgl. ferner ders., Wissenschaft und praktische Philosophie, in: 9. Deutscher Kongress für Philosophie, Düsseldorf 1969, Philosophie und Wissenschaft, hrsg. v. L. Landgrebe, Meisenheim/Glan 1972, S. 81.
7 Matthäus 18, 23, vgl. ferner Lukas 6, 31.
8 Im Hareschen Beispiel fragt B, ob er A ins Gefängnis bringen *soll*. Es ist bemerkt worden, daß es adäquater wäre, B fragen zu lassen, ob er dies tun *darf*. Gauthier und Gensler behaupten, daß eine solche Umformulierung zur Fehlerhaftigkeit der Hareschen Theorie führen müsse (D. P. Gauthier, Hare's Debtors, in: Mind 77 (1968), S. 400 ff; H. J. Gensler, The Prescriptivism Incompleteness .Theorem, in: Mind 85 (1976), S. 589 ff). Die Kritik beruht wesentlich darauf, daß zuzugeben, daß ein anderer etwas dürfe, noch nicht bedeute, die Wahrnehmung dieses Rechtes durch den anderen hinzunehmen. Ein Fußballspieler wird zugeben, daß die Gegenpartei Tore schießen darf, er wird aber alles tun, um dies zu verhindern. Diesem Einwand kann zwar nicht damit begegnet werden, daß moralische Situationen Wettbewerbssituationen nicht „truely analog" sind (so aber M. T. Thornton, Hare's View of Morality, in: Mind 80 (1971), S. 618, dagegen mit Recht N. Hoerster, R. M. Hares Fassung der Goldenen Regel, in: Philosophisches Jahrbuch 81 (1974), S. 190), aber damit, daß genau bestimmt wird, was gemeint ist, wenn eingeräumt wird, daß der andere etwas darf, insbesondere worauf sich ein solches „dürfen" bezieht. Keine erfolglose Fußballmannschaft wird nach einem fairen Spiel sagen, ihr Recht auf ein Tor sei verletzt worden, sie kann dies aber sagen, wenn sie durch Fouls hieran gehindert wurde. Jede Mannschaft hat das Recht, sich den Regeln gemäß um den Sieg zu bemühen. Wenn eine Mannschaft dem zustimmt, muß sie die Bemühungen ihrer Konkurrenten insofern hinnehmen, als sie diese nicht durch unfaire Maßnahmen behindern darf, sie ist verpflichtet, sich diesen auszusetzen. Einen Sieg des Gegners kann sie dagegen mit allen erlaubten Mitteln zu vermeiden suchen. Versteht man unter „dürfen" in diesem Sinne „ein Recht haben", werden die angeführten Einwände gegenstandslos. Auch Hoersters verbleibenden Bedenken (ders., a. a. O., S. 191) entfallen. Nur angedeutet sei, daß Hares Argument auch unter Voraussetzung einer schwachen Erlaubnis (Negation eines Verbots) sinnvoll sein könnte. In vielen Situationen ist schon der Verlust des Schutzes meiner Interessen durch ein Verbot an andere nicht akzeptabel.
9 R. M. Hare, Freedom and Reason, S. 7 ff; ders., Universalisability, in: Procedings of the Aristotelian Society 55 (1954/55) S. 295 ff.
10 Ders., Freedom and Reason, S. 30 ff.
11 Ders., a. a. O., S. 219, The Language of Morals, S. 145.
12 Ders., Wissenschaft und praktische Philosophie, S. 86.
13 Ders., Freedom and Reason, S. 91. Zum präskriptiven Charakter der Sprache der Moral vgl. ders., The Language of Morals, S. 1 ff, Freedom and Reason, S. 51 ff. Von den zahlreichen Gegnern der Hareschen Präskriptivitätsthese seien hier G. J. Warnock, Contemporary Moral Philosophy, London/Basingstoke 1967, S. 30 ff und Ph. Foot, Moral Beliefs, in: Proceedings of the Aristotelian Society 59 (1958/59), S. 83 ff angeführt. Hares These von der Präskriptivität kann hier nicht

diskutiert werden. Zu einigen Bemerkungen, wie sie, zwar in einer abgeschwächten, aber für das Haresche Argument hinreichenden Form verteidigt werden kann, vgl. R. Alexy, Theorie der juristischen Argumentation. Die Theorie des rationalen Diskurses als Theorie der juristischen Begründung, Frankfurt a. M. 1978, S. 83 ff.

14 R. M. Hare, The Language of Morals, S. 172.
15 Ders., Freedom and Reason, S. 70. Die Funktion, Verhalten zu leiten, ist von der Funktion, Verhalten zu bewirken, zu unterscheiden. Letztere liegt den Analysen emotivistischer Theoretiker zugrunde. So spricht etwa Stevenson von einem „elaborate process of conditioning" (Ch. L. Stevenson, Ethics and Language, New Haven/London 1944, S. 61). Nach Hare demgegenüber wird dem Hörer mit moralischen Äußerungen lediglich gesagt, was er tun soll. Dieser Unterschied entspricht dem Austinschen zwischen dem, was man tut *indem* man etwas sagt, und dem, was man *dadurch* tut (vgl. J. L. Austin, How to do things with Words, London/ Oxford/New York 1962, S. 99 ff).
16 R. M. Hare, The Language of Morals, S. 20. Vgl. hierzu P. L. Gardiner, On Assenting to a Moral Principle, in: Proceedings of the Aristotelian Society 55 (1954/55), S. 23 ff.
17 Hares Sprachgebrauch ist in diesem Zusammenhang nicht einheitlich. Er spricht von „interests", „inclinations", „likes", „dislikes", „desires", sowie von „inclined" und „want" (ders., Freedom and Reason, S. 91 ff, 113, 116). Diese Ausdrücke werden jeweils so gebraucht, daß sie untereinander austauschbar sind. Es wird jedoch deutlich, daß Hare den Begriff des Interesses als grundlegend erachtet (ders., a. a. O., S. 125 f, 129, 149). Den Begriff des Interesses definiert Hare unter Zuhilfenahme des Begriffs des Wollens: „To have an interest is, crudely speaking, for there to be something which one wants, or is likely in the future to want, or which is (or is likely to be) a means necessary or sufficient for the attainment of something which one wants (or is likely to want)" (ders., a. a. O., S. 122, vgl. ferner S. 157). Der Begriff des Wollens wiederum wird durch den Begriff der Zustimmung zu einer Vorschrift definiert: „To want something, is to assent to a prescription of some sort" (ders., Wrongness and Harm, in: ders., Essays on the Moral Concepts, London/Basingstoke 1972, S. 98).
18 Ders., Freedom and Reason, S. 90 f.
19 Ders., a. a. O., S. 88.
20 Ders., a. a. O., S. 92 ff.
21 Ders., a. a. O., S. 30 ff, 186 ff, 192. Inwiefern es berechtigt ist, das Prinzip der Präskriptivität als eine logische Regel zu bezeichnen, soll hier nicht erörtert werden. Auf jeden Fall kann es als eine Regel für den Gebrauch moralischer Ausdrücke bezeichnet werden, die unabhängig ist von bestimmten moralischen Auffassungen.
22 Vgl. G. Patzig, Die Begründung moralischer Normen, in: Logik, Ethik, Theorie der Geisteswissenschaften. XI. Deutscher Kongress für Philosophie, Göttingen 1975, hrsg. v. G. Patzig/E. Scheibe/W. Wieland, Hamburg 1977, S. 13.
23 R. M. Hare, a. a. O., S. 93; ders., Principles, in: Proceedings of the Aristotelian Society 73 (1972/73), S. 7.
24 Ders., Freedom and Reason, S. 93.
25 Ders., a. a. O., S. 93.
26 Ders., a. a. O., S. 94.
27 Ders., a. a. O., S. 94, 113.
28 Ders., a. a. O., S. 94.
29 Ders., a. a. O., S. 112.

30 Ders., a. a. O., S. 113.
31 Ders., a. a. O., S. 116 f.
32 Ders., a. a. O., S. 123.
33 Ders., a. a. O., S. 117.
34 Ders., a. a. O., S. 118. Zu diesem Grundsatz vgl. J. S. Mill, Utilitarianism, 13. Aufl., London/New York/Bombay 1897, S. 93, den auch Hare anführt. Mill wiederum beruft sich auf Bentham.
35 R. M. Hare, Freedom and Reason, S. 123.
36 Ders., a. a. O., S. 119 ff.
37 Ders., a. a. O., S. 118; Sperrung von mir.
38 Ders., a. a. O., S. 159. Zur Kritik der von Hare vorgenommenen strikten Trennung zwischen Interessen und Idealen vgl. R. N. Berki, Interests and Moral Ideals, in: Philosophy 49 (1974), S. 265 ff; M. T. Thornton, Hare's View of Morality, S. 619. Es ist Berki darin zuzustimmen, daß in zahlreichen Fällen die Auffassung von etwas als ein Interesse durch normative Vorstellungen mitbestimmt ist. Hares Unterscheidung wird damit jedoch nicht sinnlos. Es ist ein Unterschied, ob jemand eine normative Vorstellung ohne Rücksicht auf sich selbst und andere durchsetzt, oder ob er in seinem Handeln die wie auch immer normativ überformten eigenen und fremden Wünsche berücksichtigt.
39 R. M. Hare, Freedom and Reason, S. 151.
40 Ders., a. a. O., S. 170 ff.
41 Ders., a. a. O., S. 89.
42 Ders., a. a. O., S. 101.
43 Ders., a. a. O., S. 97 f.
44 Ders., a. a. O., S. 171, 185, 220.
45 Ders., a. a. O., S. 97.
46 Ders., a. a. O., S. 88 f, 97. Kritisch zur Neutralitätsthese H. Lenk, Kann die sprachanalytische Moralphilosophie neutral sein?, in: Archiv für Rechts- und Sozialphilosophie 53 (1967), S. 367 ff. [(1976), S. 143.
47 Vgl. J. P. Sterba, Prescriptivism and Fairness, in: Philosophical Studies 29
48 Im Ergebnis ebenso I. Craemer – Ruegenberg, Moralsprache und Moralität, Freiburg/München 1975, S. 32, 86.
49 R. M. Hare, Critical Study: Rawls' Theory of Justice, in: Philosophical Quarterly 23 (1973), S. 154.
50 C. C. W. Taylor, Rez. Freedom and Reason, in: Mind 74 (1965), S. 286 ff.
51 R. M. Hare, Freedom and Reason, S. 108.
52 Ähnlich A. Ross, On Moral Reasoning, S. 130: „I can imagine myself equipped with the hat of another man, not with his personality, and still consider myself „myself"". Vgl. ferner J. P. Sterba, Prescriptivism and Fairness, S. 143 f.
53 C. C. W. Taylor, a. a. O., S. 287.
54 Dies gilt auch für den von Silverstein diskutierten Sterbebettfall. B verspricht dem sterbenden A etwas, von dem er weiß, daß er es nicht halten wird, um A ruhig sterben zu lassen. Nach Silverstein soll dieser Fall „moraly Gödelian" sein. Wenn B sich mit dem Wissen um seine Absicht in A's Situation versetzt, dann ist A's Situation gar nicht die Situation des betrogenen Sterbenden. Tut er dies ohne dies Wissen, dann kennt er das Problem nicht und kann nicht entscheiden (H. S. Silverstein, A Note on Imagining Oneself in the Place of Others, in: Mind 81 (1972), S. 449). Die Schwäche dieses Arguments scheint darin zu liegen, daß nicht zwischen der Situation des A als eines Behandelten, die sich durch eine Information über die Absicht des B in der Tat ändern würde, und der Position des B in der

Situation des A als eines Urteilenden unterschieden wird. In der letztgenannten Position kann sich B durchaus unter Zugrundelegung des Interesses des Sterbenden ein Urteil darüber bilden, ob es ein Recht gibt, Sterbenden ein Versprechen zu geben in der Absicht, es nicht zu halten.

55 R. M. Hare, Freedom and Reason, S. 206.
56 Ders., a. a. O., S. 206 f.
57 Ders., a. a. O., S. 221 f.
58 Dies gibt auch eine Erklärung für die von Taylor kritisierten (C. C. W. Taylor, a. a. O., S. 290 f) Hareschen Tierfälle (R. M. Hare, a. a. O., S. 223). Hares Argument verlangt nicht, daß wir uns vorstellen, daß wir Bären sind, sondern nur, daß wir, falls wir vorhaben Bären zu hetzen, dann, wenn wir zu der Überzeugung kommen, daß auch Bären leiden können, uns fragen, ob wir eine derartige Zufügung von Leid selbst akzeptieren.
59 R. M. Hare, a. a. O., S. 98, 207, 224.
60 Eine gewisse Schwäche des Taylorschen Einwandes zeigt sich auch darin, daß Taylor davon spricht, daß das Haresche Argument in der Mehrzahl der Fälle durchaus brauchbar sei, daß es aber einzelne Fälle gebe, in denen dies nicht der Fall sei (ders., a. a. O., S. 286). Wenn das Haresche Argument tatsächlich derartige logische Schwierigkeiten einschlösse, die nach Taylor nur in einer Theorie der persönlichen Identität zu lösen wären (ders., a. a. O., S. 288), dann müßte vermutet werden, daß sie in allen Fällen auftauchen, bestenfalls vielleicht in einigen Fällen nicht so sehr ins Gewicht fallen. Setzt man die angedeutete Vermutung über den umfassenden Charakter des Problemes voraus, dann liegt es eher nahe, es insgesamt als nicht vorhanden anzusehen, und mit Hare lediglich Fälle unterschiedlicher Schwierigkeit anzunehmen.
61 A. Ross, On Moral Reasoning, S. 127 f.
62 Für Ross (a. a. O., S. 127) ist dies der Grund, es für „glaring clear" zu halten, daß Hares Argument „must be wrong". Ross betont allerdings, daß er bei diesem Urteil allein auf die geschilderte Version abstellt, in der es nur auf die Wünsche des Opfers ankommt. In diesem Punkt ist ihm zuzustimmen.
63 R. M. Hare, Freedom and Reason, S. 103.
64 Ders., a. a. O., S. 116.
65 Ders., a. a. O., S. 222.
66 Ders., a. a. O., S. 103, 116 ff, 123, 222.
67 Daß solche Regeln normativen Gehalt haben, zeigt sich schon daran, daß mit ihrer Hilfe etwa die Fragen, ob eine gleiche aber eingeschränkte Befriedigung aller einer vollen Befriedigung der meisten vorzuziehen ist, und ob bestimmte Bedürfnisse anderen gegenüber höherwertig sind, entschieden werden müssen (vgl. hierzu R. M. Hare, Freedom and Reason, S. 121).
68 Eine normative Formulierung ist deshalb erforderlich, weil die Forderung nach hypothetischem Rollentausch, die oben als normative (moralische) Forderung gekennzeichnet wurde, wesentlich in die Formulierung eingeht.
69 Ross und Hoerster haben weitere Formulierungen vorgeschlagen. Die Ross' lautet: „Don't treat any person in a certain way if you would not like to be treated in the same way" (ders., a. a. O., S. 127). Diese Formulierung ist deutlich an der Version orientiert, die von den Wünschen der Opfer ausgeht. Hoerster erörtert zwei Versionen, von denen die erste eine moralische Prämisse voraussetzt: „Was du einen andern für verpflichtet hältst, dir nicht zu tun, das mußt du dich für verpflichtet halten, auch einem andern nicht zu tun" (Fassung 1), und „Was du nicht willst, das man dir nicht tu', das mußt du dich für verpflichtet halten, auch einem andern

nicht zu tun" (Fassung 2) (N. Hoerster, a. a. O., S. 194). Diese Formulierungen sind erkennbar an der goldenen Regel orientiert. Zur goldenen Regel vgl. H. Reiner, Die „Goldene Regel", in: Zeitschrift für Philosophische Forschung 3 (1948), S. 74 ff; L. J. Philippidis, Die „Goldene Regel" religionsgeschichtlich untersucht, Diss. phil. Leipzig 1929.

70 Hoerster meint, daß eine Fassung des Hareschen Arguments, die eine normative Prämisse voraussetzt, mit der bloßen Forderung nach Universalisierbarkeit zusammenfalle, und daß deshalb mit einer solchen Fassung nicht viel gewonnen sei (N. Hoerster, a. a. O., S. 194). Dies ist, wie die oben angegebene Formulierung zeigt, nur begrenzt richtig. Richtig ist dies im Fall eines Fanatikers im Hareschen Sinne, der seine moralischen Urteile unabhängig von eigenen und fremden Interessen zu universalisieren bereit ist. Die angegebene Formulierung fordert demgegenüber nicht nur, daß der Urteilende sein Urteil universalisiert, sondern darüber hinaus, daß das Urteil so beschaffen ist, daß er es unter Berücksichtigung der Interessen jedes Betroffenen für moralisch gerechtfertigt hält. Sie grenzt die Klasse der in die Hoerstersche Fasssung 1 des Arguments einsetzbaren moralischen Urteile ein. Damit wird vielleicht nicht viel erreicht, aber immerhin etwas. Insofern verliert auch ein weiterer Einwand Ross' zumindest teilweise an Kraft. Ross meint, daß Hares Argument dann, wenn normative Überzeugungen einbezogen werden, seine Effektivität etwa gegenüber Rassisten verliere (A. Ross, a. a. O., S. 127). Gegenüber Fanatikern kann es seine Kraft nicht verlieren, weil es ihnen gegenüber in jeder Version kraftlos ist. Für Personen, die keine Fanatiker sind, hat es dagegen die eben angegebene Kraft. Diese besteht nicht lediglich, wie Ross meint, in seiner didaktischen Wirkung (ders. a. a. O., S. 130 ff). Daß dieses Kriterium insofern schwach ist, als es die Wahl der Abwägungsregel nicht festlegt, macht es nicht kraftlos. Zumindest von der Begründung her bleiben nicht alle Möglichkeiten offen. Bereits dies bedeutet eine Eingrenzung.

71 L. Nelson, Kritik der praktischen Vernunft, 1917, in: Gesammelte Schriften, hrsg. v. P. Bernays/W. Eichler/A. Gysin/G. Heckmann/G. Henry-Hermann/Fr. v. Hippel/S. Körner/W. Kroebel/G. Weisser, Hamburg 1970 ff, Bd. IV, 1972, S. 133.

72 Ders., a. a. O., S. 135.

73 Ders., a. a. O., S. 213.

74 Ders., a. a. O., S. 127 ff, 132 f.

75 Vgl. etwa ders., System der philosophischen Ethik und Pädagogik, aus dem Nachlaß hrsg. v. G. Hermann / M. Specht, 1932, in: Gesammelte Schriften, Bd. V, Hamburg 1970, S. 108.

76 Ders., Kritik der praktischen Vernunft, S. 174, System der philosophischen Ethik und Pädagogik, S. 137 ff. Nelson schränkt die Pflicht zu Förderung fremder Interessen allerdings auf die Fälle ein, in denen der Betroffene ohne sein Verschulden hilflos, d. h. ohne die Möglichkeit der Interessenbefriedigung ist. Diese Einschränkung ergibt sich jedoch nicht zwingend aus der Formulierung des Abwägungsgesetzes. Sie beruht auf einer weiteren Überlegung.

77 Vgl. hierzu G. H. v. Wright, Norm and Action, London/New York 1963, S. 35 ff.

78 L. Nelson, Kritik der praktischen Vernunft, S. 132 f.

79 Ders., a. a. O., S. 134.

80 Nelson hebt mehrfach hervor, daß damit eine Ungereimtheit wie die, die Hare von Ross vorgeworfen wird, nämlich die, daß wir „unsere Handlungen immer so zu beschränken (haben), daß jede Verletzung der Interessen anderer ausgeschlossen" ist, vermieden wird (ders., a. a. O., S. 134, 177, 522).

81 Ders., a. a. O., S. 257, 526 ff, 582 ff.; ders., Die Theorie des wahren Interesses und ihre rechtliche und politische Bedeutung, in: ders., Sittlichkeit und Bildung, in: Gesammelte Schriften, Bd. V, Hamburg 1971, S. 6 ff. Zustimmend etwa H. J. Wolff, Über die Gerechtigkeit als principium juris, in: Festschrift f. W. Sauer, Berlin 1949, S. 112.
82 Ders., Kritik der praktischen Vernunft, S. 185 ff.
83 Ders., a. a. O., S. 257, 527. Neben den auf Irrtum beruhenden Interessen sollen ferner unberechtigte Interessen bei der Anwendung des Abwägungsgesetzes nicht zu berücksichtigen sein. Unter unberechtigten oder verwerflichen Interessen versteht Nelson solche, deren Befriedigung gegen das Abwägungsgesetz verstoßen würde (ders., a. a. O., S. 183 ff). Ross hat zu Recht bemerkt, daß diese Konstruktion unglücklich ist (A. Ross, Kritik der sogenannten praktischen Erkenntnis, Kopenhagen/Leipzig 1933, S. 369 f). Sie wäre aus Gründen der Vereinfachung sinnvoll, wenn es möglich wäre, bestimmte Interessen, als in allen Fällen pflichtwidrig auszuzeichnen. Diese starke These ist jedoch überflüssig, denn es ist möglich, sämtliche betroffenen Interessen stets in einem Gang abzuwägen. Es ist deshalb gar nicht erforderlich, bestimmte Interessen in einem ersten Schritt auszuschließen und in einem zweiten Schritt dann nicht zu berücksichtigen.
84 Ders., a. a. O., S. 528.
85 Ders., a. a. O., S. 518, 552 f.
86 Ders., a. a. O., S. 252; ders., Die Theorie des wahren Interesses und ihre rechtliche und politische Bedeutung, S. 13.
87 Ders., Kritik der praktischen Vernunft, S. 250.
88 Ders., a. a. O., S. 453. Zur konkreten Ausarbeitung der Nelsonschen Ideallehre vgl. ders., System der philosophischen Ethik und Pädagogik, S. 194 ff.
89 Ders., System der philosophischen Rechtslehre und Politik, 1. Aufl. 1924, in: Gesammelte Schriften, Bd. V, Hamburg 1970, S. 116. Das Ideal der vernünftigen Selbstbestimmung hat nach Nelson ein ästhetischer Wert. Nelson begründet diesen Wert damit, daß, so wie Gesundheit Bedingung der Schönheit eines Organismus sei, die vernünftige Selbstbestimmung Bedingung der Schönheit einer Persönlichkeit sei (ders., Kritik der praktischen Vernunft, S. 451 ff.). Eine andere Begründung besteht darin, daß es a priori feststehe, daß ein „vernünftige(s) Wesen das, was es seinem Begriff zufolge, der Möglichkeit nach ist, auch wirklich" werden müsse (ders., System der philosophischen Rechtslehre und Politik, S. 116).
90 A. Ross, Kritik der sogenannten praktischen Erkenntnis, S. 360 ff.
91 Ders., a. a. O., S. 361; ders., On Law and Justice, Berkeley/Los Angeles 1959, S. 278. Ebenso im Anschluß an Ross O. W. v. Tegelen, Leonard Nelsons Rechts- und Staatslehre, Bonn 1958, S. 31, sowie, allerdings mit anderen Schlußfolgerungen, A. Gysin, Die Lehre vom Naturrecht bei Leonard Nelson und das Naturrecht der Aufklärung, Berlin-Grunewald 1924, S. 38. In diesem Punkt zustimmend Chr. Westermann, Argumentationen und Begründungen in der Ethik und Rechtslehre, Berlin 1977, S. 112.
92 Insofern ist der Bemerkung Gysins zuzustimmen, der im Hinblick auf die Vereinigungsforderung davon spricht, „daß das Bild, welches das Abwägen der Interessen einer fremden Person gegen unsere eigenen Interessen dadurch verdeutlicht, daß die Interessen beider Personen in unserer Person vereinigt gedacht werden, nur als ein Hilfsmittel der Erklärung aufgefaßt werden kann" (A. Gysin, a. a. O., S. 38).
93 L. Nelson, Kritik der praktischen Vernunft, S. 519.
94 Ders., a. a. O., S. 518.
95 R. M. Hare, Freedom and Reason, S. 216.

96 L. Nelson, Kritik der praktischen Vernunft, S. 132. Henry-Hermann meint, daß das Gebot, die Interessen aller Betroffenen zu berücksichtigen, „Übermenschliches verlange". „Der Bereich dessen, was wir ins Auge fassen sollen (wachse) ins Unermeßliche", eine Abwägung werde damit unmöglich (G. Henry-Hermann, Die Überwindung des Zufalls, in: Leonard Nelson zum Gedächtnis, hrsg. v. M. Specht / W. Eichler, Frankfurt a. M. / Göttingen 1953, S. 68). Dem ist insofern zuzustimmen, als das Abwägungsgesetz (und entsprechend Hares Verfahren) in der Tat sehr hohe Anforderungen stellt. Dies bedeutet jedoch nicht, daß eine Abwägung unmöglich ist. Was die Informationen über die betroffenen Interessen betrifft, so hilft der Haresche Hinweis weiter, daß es ausreiche, repräsentative Beispiele zu berücksichtigen (ders., a. a. O., S. 123). Auf diese Weise kann zumindest eine gradweise richtige Erfassung der gesamten Interessenlage erreicht werden. Solange der Urteilende revisionsbereit bleibt, ist dies ein geringerer Mangel als die Ausklammerung bestimmter Bereiche aus der moralischen Beurteilung. Die Frage, in welchem Umfang die eigenen Interessen zu Gunsten der Interessen sehr fern stehender Personen (etwa Bewohnern von Ländern südlich des Äquators) einzuschränken sind, muß, wie das Verfahren der Abwägung überhaupt, im Abwägungsgesetz nicht enthaltenen weiteren Regeln überlassen werden. Die Bedeutung des Abwägungsgesetzes wird damit zwar relativiert, unbrauchbar wird es jedoch nicht.

97 L. Nelson, System der philosophischen Ethik und Pädagogik, S. 136.

98 Ders., Kritik der praktischen Vernunft, S. 181.

99 R. M. Hare, Freedom and Reason, S. 118.

100 L. Nelson, Kritik der praktischen Vernunft, S. 335 ff.

101 Ders., Die Theorie des wahren Interesses und ihre rechtliche und politische Bedeutung, S. 8 f.

102 R. M. Hare, Freedom and Reason, S. 113, 121.

103 L. Nelson, Kritik der praktischen Vernunft, S. 242 f, 251.

104 Auf diesen Punkt zielt auch folgender Einwand von Ross: „Um zu wissen, wer „vollkommen gebildet" ist, müssen wir eine neue „vollkommen gebildete Person" voraussetzen und so endlos weiter" (A. Ross, Kritik der sogenannten praktischen Erkenntnis, S. 374). Henry-Hermann ist der Auffassung, daß es sich bei der vollkommen gebildeten Person deshalb nicht um einen „eindeutig anwendbaren Maßstab" handele, weil er ein Ideal definiere, das wir nie erreichen können (G. Henry-Hermann, Die Überwindung des Zufalls, S. 71). Dies wäre jedoch noch kein entscheidender Einwand. Die nur approximative Erreichbarkeit könnte unter der Voraussetzung einer fallibilistischen Haltung hingenommen werden. Wesentlich ist, daß es sich, insofern es sich um ein Ideal handelt, um ein unbestimmtes Ideal handelt. Nicht zugestimmt werden kann der Auffassung Westermanns, daß die Nelsonsche Theorie für die Entscheidung von Einzelfällen über hinreichende Kriterien verfüge (Chr. Westermann, Recht und Pflicht bei Leonard Nelson, Bonn 1969, S. 53). Die von Westermann angeführte „praktische Lebensansicht" kann nur Grundlage der „Pflichtüberzeugung", nicht der „objektiven Rechtlichkeit" sein. Die gegenläufige unscharfe Äußerung Nelsons in „Die Theorie des wahren Interesses und ihre rechtliche und politische Bedeutung", S. 14 wird durch eine spätere direkt auf dies Problem bezogene Äußerung Nelsons gegenstandslos: „Die objektive Rechtlichkeit ist unabhängig von den subjektiven Überzeugungen des einzelnen, sowohl von seinem theoretischen Wissen als auch von seiner praktischen Lebensansicht" (L. Nelson, Kritik der praktischen Vernunft, S. 254).

105 Zu dem Vorschlag, den rationalen Gehalt der Nelsonschen Theorie des wahren Interesses in Anknüpfung an die moderne Ethikdiskussion anzufüllen vgl. R.

Dreier, Probleme der Rechtsquellenlehre, in: Fortschritte des Verwaltungsrechts, Festschrift f. H. J. Wolff, hrsg. v. C.-F. Menger, München 1973, S. 25 ff.
106 L. Nelson, Kritik der praktischen Vernunft, S. 10, 13, 119 f, 339 f.
107 Ders., a. a. O., S. 42 ff, 335 ff.
108 Ders., a. a. O., S. 118 ff; ders., System der philosophischen Ethik und Pädagogik, S. 52 ff.
109 Ders., Kritik der praktischen Vernunft, S. 123 ff.
110 G. Weisser, Stichwort: Nelson, Leonard, in: Handwörterbuch der Sozialwissenschaften, hrsg. v. E. v. Beckerath u. a. Bd. 7, Göttingen 1961, S. 558.
111 L. Nelson, a. a. O., S. 132.
112 Ders., a. a. O., S. 516.
113 Ders., a. a. O., S. 472.
114 Ders., a. a. O., S. 516.
115 J. Rawls, A Theory of Justice, Oxford 1972, S. 20.
116 Zur Illustration vgl. J. Rawls, a. a. O., S. 20, 48, nach dem sich die Akzeptabilität seiner Bedingungen der original position danach bemißt, ob die unter diesen Bedingungen möglichen Entscheidungen unseren „considered convictions of justice" im „reflective equilibrium" entsprechen.
117 Zur Kritik der Nelsonschen Deduktion des Sittengesetzes vgl. A. Ross, Kritik der sogenannten praktischen Erkenntnis, S. 379; W. Dubislav, Zur Unbegründbarkeit der Forderungssätze, in: Theoria 3 (1937), S. 330 ff (abgedr. in: Werturteilsstreit, hrsg. v. H. Albert/E. Topitsch, Darmstadt 1971, S. 439 ff); L. Kofler, Ethischer oder Marxistischer Sozialismus, in: Die Neue Gesellschaft 2 (1955), S. 44 ff; O. W. v. Tegelen, Leonhard Nelsons Rechts- und Staatslehre, S. 19; H. Finscher, Untersuchung der von L. Nelson in seiner „Kritik der praktischen Vernunft" vorgelegten Begründung des Sittengesetzes, Diss. Bonn 1924, S. 70 ff; (Auszug in: Jahrbuch der Philosophischen Fakultät der Universität Bonn 2, 1. Halbbd. 1923/24, S. 19 ff); R. Dreier, Probleme der Rechtsquellenlehre, S. 15 ff. Allgemein zur Methode der Nelsonschen Deduktion vgl. W. Dubislav, Die Friessche Lehre von der Begründung. Darstellung und Kritik, Dönitz 1926; P. Bernays, Über die Fries'sche Annahme einer Wiederbeobachtung der unmittelbaren Erkenntnis, in: Leonhard Nelson zum Gedächtnis, S. 113 ff; H. Albert, Traktat über kritische Vernunft, Tübingen ^{2}1969, S. 14, Anm. 9.
118 Daß eine solche Begründung möglich ist, kann, solange sie nicht vorgelegt wird, ebensowenig behauptet werden, wie daß sie unmöglich ist. Beweise für die Unmöglichkeit einer Begründung sind in ihrer Kraft stets auf einen bestimmten Begriff der Begründung bezogen. Es ist nie ausgeschlossen, daß man noch etwas anderes als Begründung akzeptieren kann, und daß danach eine Begründung möglich ist. Zu einer Begründung einer Forderung wie der oben angeführten im Rahmen eines mehrere Verfahren verknüpfenden, sehr liberalen Begründungsbegriff vgl. R. Alexy, Theorie der juristischen Argumentation, S. 225 ff.
119 G. Patzig, Die Begründung moralischer Normen, S. 8.
120 Damit stellt sich die interessante Frage, ob die Rawlssche Theorie nicht etwa, wie Hare behauptet, mit der seinigen „praktisch äquivalent" ist (R. M. Hare, Critical Study: Rawls' Theory of Justice, S. 145 f, kritisch J. P. Sterba, Prescriptivism and Fairness, S. 141 ff), sondern vielmehr zu ihrer Ergänzung herangezogen werden kann. Eine gewisse Plausibilität hat diese Vorstellung insofern, als die Haresche Theorie sich mit der moralischen Rechtfertigung des Handelns einzelner beschäftigt, während es in der Rawlsschen Theorie um die Gerechtigkeit der „basic structure of society" geht (J. Rawls, A Theory of Justice, S. 7).

121 Vgl. hierzu R. Firth, Ethical Absolutism and the Ideal Observer, in: Philosophy and Phenomenological Research 12 (1952), S. 317 ff; R. Brandt, Ethical Theory, Englewood Cliffs NJ, 1959, S. 173 ff.
122 Zum Utilitarismus vgl. die Bibliographie bei D. W. Brock, Recent Work in Utilitarianism, American Philosophical Quarterly 10 (1973), S. 241 ff.
123 Aufgabe einer solchen Theorie ist es, ein System von Regeln und Formen moralischen Argumentierens zu entwickeln, das genügend stark ist, um in Fragen wie den von Hare und Nelson offen gelassenen zu einer Antwort zu führen, das aber andererseits genügend schwach ist, um allgemeine Zustimmung zu finden. Zu einem solchen Regelsystem sowie zum gegenwärtigen Diskussionsstand vgl. R. Alexy, Theorie der juristischen Argumentation, S. 53 ff, 221 ff.

Ota Weinberger, Graz

Schlüsselprobleme der Moraltheorie

In dieser Abhandlung werde ich folgende Probleme behandeln, die — wie mir scheint — für die Moraltheorie, insbesondere für ihre metaethische Basis, von grundlegender Bedeutung sind:
   I. Die semantische Basis der Ethik
  II. Die Rationalität in der Ethik
 III. Gesinnungs- oder Erfolgsethik
 IV. Das Determinismusproblem und Verantwortung
  V. Sittengesetz und Interessenabwägung

I. Die semantische Basis der Ethik

Die moderne Moraltheorie stützt sich auf die Metaethik, d. h. auf eine Theorie der Ausdrucksmittel und des Beweisens und Begründens in Sachen der Moral.

Meiner Überzeugung nach muß die Metaethik von einer Semantik ausgehen, die entsprechend der Unterscheidung der beschreibenden und der auffordernden Funktion der Sprache Satzkategorien unterscheidet, nämlich: *theoretische* und *praktische Sätze*. Der kategorialen Unterscheidung dieser Satzkategorien entspricht die analoge Unterscheidung beschreibender und praktischer Begriffselemente. Eine Semantik, die von diesen fundamentalen Unterscheidungen ausgeht, nenne ich ‚gnoseologisch differenzierte Semantik', denn diese Verschiedenheit ist gleichzeitig eine Verschiedenheit der pragmatischen Funktion der Elemente der einander gegenübergestellten Kategorien und eine Verschiedenheit der Erkenntnis- und Begründungsweise.

Diese beiden Funktionen der Sprache — beschreibende Information und Aufforderung zu einem Verhalten — dürften der Sprache von ihrer Entstehung an eigen gewesen sein. In der Ursprache war der Unterschied vielleicht nicht am Ausdruck selbst erkennbar, sondern die Signale nahmen je nach der Situation eine unterschiedliche Funktion an. In den Kultursprachen gibt es eine Differenzierung der Ausdrücke selbst, die die unterschiedliche Rolle der sprachlichen Äußerung widerspiegelt. Wenn es auch in unserer Umgangssprache Fälle gibt, in denen der Unterschied zwischen der beschreibenden und der auffordernden Funktion von Ausdrücken nur durch die Umstände, unter denen die Äußerungsakte vor sich gehen, unterschieden sind, muß die philosophische Analyse eine explizite Klärung des semantischen Charakters jedes Ausdruckes anstreben. Dies kann nur auf der Basis einer gnoseologisch differenzierten Semantik erreicht werden.

Die Festsetzung einer gnoseologisch differenzierten Semantik, die von der fundamentalen Unterscheidung theoretischer und praktischer Sätze sowie beschreibender und stellungnehmender Begriffselemente ausgeht, hat weitreichende Konsequenzen:

1. Die rationalen Beziehungen und Operationen beziehen sich auf beide Satzkategorien, wobei die Regeln genau unterscheiden, welcher Kategorie die Elemente der Relationen und Operationen angehören. Beide Arten von Sätzen können Elemente von Folgerungsrelationen (Argumente, Schlußfolgerungen) sein.

2. Die Logik wird dann als Theorie der Gedankenstrukturen (Sätze, Begriffe) beider Arten aufzufassen sein. Sie wird sich auf theoretische (beschreibende) Sätze, auf praktische Sätze, und auf die Beziehungen zwischen beiden Bereichen beziehen. Dies kann durch folgendes Schema angedeutet werden:

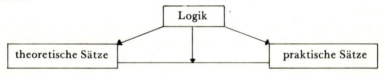

3. Es müssen Logiksysteme entwickelt werden, die der Logik der deskriptiven Sprache gegenüberzustellen sind und in denen auch praktische Sätze als Elemente auftreten. In diesen Systemen werden den Satzkategorien entsprechend unterschiedliche Variable auftreten, die nur Werte der entsprechenden Satzkategorie annehmen können. Die Operationsregeln dieser Systeme werden die gnoseologisch-semantischen Unterschiede berücksichtigen.

4. Die philosophische Analyse wird von dem Postulat ausgehen, daß der gnoseologisch-semantische Charakter jedes Satzes, jedes Teilsatzes, jedes Begriffes und jedes Begriffselementes bestimmt werden muß.

5. Es gibt zweifellos Sprechakte, in denen die Äußerung gleichzeitig verschiedene pragmatische Funktionen erfüllt, z. B. gleichzeitig eine Tatscheninformation gibt und zu einem Verhalten auffordert (Beispiel: der Beifahrer sagt zum Fahrer „Es ist rot!"). Die logische Rekonstruktion spaltet dann die Äußerung in mehrere Gedanken auf, die in verschiedene Gedankenketten eingereiht werden. Analoges gilt für gewisse Begriffe, die beschreibende und präskriptive (ggf. wertende) Komponenten enthalten. Auch hier gilt es, diese Zusammenhänge aufzudecken und zu bestimmen, ob der Terminus im gegebenen Kontext als Beschreibung mit normativen oder wertenden Merkma-

len, oder aber umgekehrt als normativer Begriff mit deskriptiven Merkmalen aufzufassen ist.

Die Unterscheidung der gnoseologisch-semantischen Kategorien der theoretischen und praktischen Sätze ist so aufzufassen, daß Sätze verschiedener Kategorien immer bedeutungsverschieden sind, so daß eine Übersetzung in Sätze der anderen Kategorie grundsätzlich unmöglich ist. Dies gilt insbesondere für die Versuche, eine Reduktion praktischer Sätze auf indikative Sätze durchzuführen: diese Versuche sind im vorhinein zum Scheitern verurteilt.

Der prinzipielle Bedeutungsunterschied der Satzkategorien kann nur aus der pragmatischen Rolle der Sätze verstanden werden. Aus der unterschiedlichen Funktion und Bedeutung folgen einige Unterscheidungsmerkmale: Theoretische Sätze werden als objektiv beschreibend verstanden; die Berechtigung, sie zu behaupten, wird als in den Tatsachen fundiert aufgefaßt, über die der Satz berichtet. Praktische Sätze sind dagegen systemrelativ; sie werden als Ausdruck der Stellungnahme von Subjekten (Willenssystemen) gesetzt und vom Zuhörer in diesem Sinne aufgefaßt.

Im Rahmen der beiden grundlegenden semantischen Kategorien können semantisch verschiedene Satzarten unterschieden werden. Die praktische Philosophie zieht insbesondere folgende Arten praktischer Sätze in Betracht: (a) Normsätze, (b) Wertsätze (einstellige und relative Wertsätze) und (c) Forderungssätze (durch die z. B. Zielsetzungen ausgedrückt werden).

Ich bin der Meinung, daß man von der grundlegenden Gegenüberstellung theoretischer und praktischer Sätze ausgehen muß; an diesem Ort beschränke ich mich jedoch auf die Erörterung der Beziehung zwischen Normsätzen und Aussagesätzen.

Der Metaethiker steht vor einem doppelten Dilemma: (1) Er sieht klar, daß zwischen Aussagesatz und Normsatz ein fundamentaler Bedeutungsunterschied besteht; er möchte aber die vorliegenden formalen Instrumente der Logik, die für den Bereich der deskriptiven Sprache entwickelt wurden, auch in der Moralargumentation verwerten, obwohl er es dort immer auch mit praktischen Sätzen zu tun hat. (2) Er geht zwar von der Systemrelativität der Normsätze aus, die impliziert, daß Normsätze stellungnehmenden (voluntaren) Charakter haben; er möchte aber eine objektiv gültige wissenschaftlich-rational fundierte Begründung der Moralgrundsätze liefern.

Aus dem ersten Dilemma gibt es nur den Ausweg, eine genuine Normenlogik zu entwickeln, die den methodologischen Anforderungen der normativen Bereiche gerecht wird; es genügt nicht, Modallogiksysteme so zu adaptieren, daß sie den Anschein von Normenlogiken wecken, oder Reduktionssysteme vorzuschlagen, die Normsätze durch irgendwie verwandte Aussagesätze zu ersetzen suchen. Beide kritisierten Methoden des Zutritts zur Normenlogik führen zu paradoxen (kontraintuitiven) Regeln, d. h. zu solchen

Regeln, die der Methodologie der normativen Disziplinen nicht entsprechen. Die Problematik des zweiten Dilemmas wird im nächsten Abschnitt abgehandelt werden. Hier möchte ich nur eine Vorfrage diskutieren, nämlich die These, daß aus Sein kein Sollen und aus Sollen kein Sein folgt. Genauer müßte man diese Grundsätze, die ich ‚Unableitbarkeitspostulate' nenne, in folgender Weise ausdrücken:

(1) Eine informative-normative Schlußfolgerung kann nur aus einer Klasse von Prämissen gewonnen werden, in der wenigstens ein Normsatz (ein praktischer Satz) enthalten ist.

(2) Aus einer Klasse von Prämissen, die nur Normsätze, aber keinen Aussagesatz enthält, kann kein informativer Aussagesatz als Konsequenz gewonnen werden.

Die Unableitbarkeitsgrundsätze hängen offensichtlich mit der gnoseologisch-semantischen Kategorisierung zusammen. Es zeigt sich hier der Wesenszusammenhang zwischen der Semantik und der Folgerungstheorie.

Einige Autoren halten die Unableitbarkeitspostulate für logische Grundsätze und versuchen, sie logisch zu begründen. Dies ist ein prinzipiell verfehltes Unterfangen.

Auch Leonard Nelson versucht einen Beweis dieser Art zu geben:

„Aus Tatsachen, d. h. daraus, daß etwas Bestimmtes *ist*, läßt sich kein Schluß ziehen darauf, daß etwas Bestimmtes sein *sollte*. Denn der Begriff des Sollens ist gegenüber dem Begriff des Seins etwas gänzlich Neues. Ein Begriff, der in den Prämissen eines Schlusses gar nicht vorkommt, kann aber auch nicht in seinen Schlußsatz eingehen. Ein Schluß von dem, was ist, auf das, was sein sollte, ist folglich unmöglich . . ."[1].

In dieser Form gilt der Beweis sicherlich nicht, denn es ist einfach nicht richtig, daß ein Begriff, der in den Prämissen nicht vorkommt, nicht im Schlußsatz enthalten sein kann. Niemand zweifelt an der Gültigkeit der Folgerungsrelation „Aus ‚p' folgt ‚p $\wedge$ q' ": In ‚q' können beliebige Begriffe auftreten, die in der Prämisse ‚p' nicht enthalten sind. In der Modallogik gilt bekanntlich: „Aus ‚p' folgt ‚Mp' (Es ist möglich, daß ‚p')".

Nur wenn man dazu übergeht, Folgerungsrelationen bloß als gültig im Rahmen eines gewissen Systems anzusehen, und von dem System voraussetzt, daß es keine normativen Operatoren, also keine Sollsätze enthält, kann man sagen, daß die Konklusion keine dem System fremden Begriffe enthalten kann. Dann hört aber die Überlegung auf, ein Beweis für die Unableitbarkeitsthese zu sein, denn die Argumentation steht und fällt mit der *Voraussetzung*, daß Normsätze keine Elemente von Logiksystemen der deskriptiven Sprache sind. In Wirklichkeit ist diese Voraussetzung ein tiefergreifender Unterschied als die Einführung neuer Begriffselemente, denn z. B. alethische Modalsätze, wie „Es ist notwendig, daß p" können — obwohl in ihnen neue, aber aussagesätzebildende Operatoren auftreten — in Aussageformeln eingesetzt werden.

Jeder Versuch, die Unableitbarkeitspostulate logisch zu beweisen, ist zirkulär und vergeblich, weil es hier um die Frage des adäquaten Folgerungssystems geht; es handelt sich also um eine metalogische Frage, und nicht um eine auf Grund geltender logischer Regeln zu beweisende These. Der springende Punkt in der Diskussion der Unableitbarkeitspostulate ist doch die Frage, welche logischen Folgerungsregeln adäquat sind. Es geht also um Postulate, die als Kriterien für die Beurteilung proponierter Logiksysteme verwendet werden. Dann ist es wohl einleuchtend, daß die metalogischen Fragen — wie adäquate Logiksysteme aussehen sollen, welche Art von Folgerungsregeln sie enthalten dürfen — keine Fragen sind, die durch ein Logiksystem mit gegebenen Folgerungsregeln beantwortet werden können. Die Postulate sind keine logischen Thesen oder logischen Regeln, sondern metalogische Konstruktionsgrundsätze für Normenlogiksysteme, die ihre Begründung in der Struktur des Problemfeldes finden, in dem diese Systeme angewendet werden sollen. Die Methodologie der normativen Disziplinen ist der Grund, warum Sollen nicht aus Sein allein ableitbar sein darf. Sollen wird in den normativen Bereichen als voluntare Setzung angesehen, die nicht eine bloße logische Konsequenz von Tatsachenprämissen sein darf, denn dadurch würde der spezifisch stellungnehmende Charakter der Normsätze aufgehoben.

Ich möchte hier zu der beachtenswerten Argumentation von J.-L. Gardies Stellung nehmen, die darauf abzielt, die Zäsur zwischen Sein und Sollen in Frage zu stellen[2]. Gardies bringt im wesentlichen drei Argumente:
1. Gemischte Sätze mit indikativen und normativen Satzkomponenten seien weder Aussagesätze noch Normsätze;
2. Auf Grund des Zusammenhanges zwischen Sollsätzen und gewissen Modalsätzen gelten Schlüsse, die dem Unableitbarkeitsprinzip zuwiderlaufen;
3. Institutionelle Tatsachen seien Entitäten, die in untrennbarer Weise aus tatsächlichen und normativen Bestandteilen bestehen, so daß eine kategoriale Trennung zwischen Sein und Sollen unmöglich sei.

Zum 1. Argument
Gardies sucht zu beweisen, daß gemischte Sätze — z. B. der Bedingungsnormsatz „Wenn p, soll q sein" (Si p alors il est obligatoire que q) — weder dem indikativen noch dem normativen Bereich zuzurechnen sind. Würde man den Bedingungsnormsatz als Aussagesatz betrachten, erhielte man einen Schluß der folgenden Form:

(1) Wenn p, soll q sein   (Si p alors il est obligatoire que q
     p   p
     ―――――――――――   ―――――――――――――――――――――――――――
     q soll sein   Il est obligatoire que q)

Man würde also eine normative Konsequenz aus zwei indikativen Prämissen ableiten. Würde man aber den Bedingungsnormsatz in die Kategorie der Normsätze einordnen, dann würde man auf Grund der Kontraposition des Bedingungsnormsatzes und der Abtrennungsregel folgenden Schluß erhalten, in dem aus zwei Normsätzen ein Aussagesatz abgeleitet wird:

(2)   Wenn p, soll q sein   (Si p alors il est obligatoire que q
        <u>q soll nicht sein</u>   <u>Il n'est pas obligatoire que q</u>
        nicht p   non p)

Der Bedingungsnormsatz darf nicht als wahrheitsfunktionaler Konditionalsatz (als materiale Implikation) angesehen werden; er ist ein Bedingungssatz sui generis, der mittels des normsatzbildenden Funktors ‚wenn . . ., dann soll - - - sein' gebildet wird. Daraus geht schon hervor, daß der Bedingungsnormsatz ein Normsatz ist. Für den angeführten Funktor ist es charakteristisch, daß sein erstes Argument aussagender, sein zweites Argument normativer Natur ist. Die Kontraposition des Bedingungsnormsatzes ist daher problematisch. Wenn man die im Satz auftretenden Sachverhaltsbeschreibungen negiert und ihre Stellung im Satz vertauscht, bekommt man sicherlich nicht gleichwertige Sätze, z. B.:

(3)   Wenn es regnet, sollst du den Regenschirm öffnen (p > ! q)³.
(4)   Wenn du den Regenschirm nicht öffnest, soll es nicht regnen (¬q >! ¬ p).

Diese Transformation ist sicherlich nicht als äquivalente Umgestaltung anzusehen, wie es die Kontraposition in der Aussagenlogik ist. Faßt man aber die „Kontraposition" als Negation der Argumente und deren Umreihung im Bedingungssatz auf, dann bestehen zwei verschiedene Möglichkeiten, das normative Argument zu negieren:

    (I) Es gilt nicht, daß du den Regenschirm öffnen sollst (¬ ! q),

oder

    (II) Du sollst den Regenschirm nicht öffnen (das Verbot, den Regenschirm zu öffnen; ! ¬ q)

(5)   Wenn nicht gilt, daß du den Regenschirm öffnen sollst, dann regnet es nicht. (Wenn ¬ ! q, dann ¬ p)
(6)   Wenn du den Regenschirm nicht öffnen sollst (Verbot), dann regnet es nicht. (Wenn ! ¬ q, dann ¬ p)

Weder (5) noch (6) sind Bedingungsnormsätze; es kommt also zu keiner äquivalenten Transformation, da die umgeformten Sätze einen Aussagesatz als zweites Argument haben, während bei Bedingungsnormsätzen das zweite Argument ein Normsatz ist.

Das erste Argument von Gardies fällt also in sich zusammen. Die Bedingungsnormsätze sind Normsätze besonderer Art.

Zum 2. Argument

Gardies führt drei Prinzipien an, nach denen Modalsätze als Konsequenzen von Normsätzen gewonnen werden könnten.

1. Le principe normatif de possibilité (das normative Erfüllbarkeitsprinzip): Wenn p geboten ist, dann ist p möglich.
2. Le principe normatif de contrainte (das normative Prinzip des Zwingenden): Wenn p notwendig ist, dann ist p geboten.
3. Le principe normatif de précarité (das normative Prinzip der Unnotwendigkeit): Wenn p notwendig ist, dann ist p nicht geboten (oder in anderer Formulierung: Wenn p geboten ist, dann ist es möglich, daß nicht-p).

Ich beschränke meine Überlegung auf das Erfüllbarkeitsprinzip, das dem Autor als das unstrittigste erscheint.

Es ist unbestreitbar, daß ein Modalsatz vom Typus „Es ist möglich, daß p" indikativen Charakter hat, ebenso wie außer Streit gestellt werden kann, daß aus der dem Erfüllbarkeitsprinzip entsprechenden These und dem Gebot, daß p sein soll, der angeführte Modalsatz ableitbar ist.

Der viel diskutierte Satz, „Aus Sollen folgt Können", erfordert eine nähere Erörterung. Ein ähnlicher Grundsatz kommt sowohl bei Kant als auch bei Nelson vor, jedoch nicht im Kontext normenlogischer Überlegungen[4].

Ich behaupte, daß das Erfüllbarkeitsprinzip kein Grundsatz der Normenlogik ist. Er ist auch kein adäquates metalogisches Postulat für die Konstruktion normenlogischer Systeme. Der Satz

(7)   Wenn p sein soll, ist p möglich

ist auch kein allgemein gültiger Satz, der zusammen mit der Setzung des Gebotes, daß p sein soll, den modalen Schlußsatz „p ist möglich" begründen würde.

Nelson ist zwar recht zu geben, daß das Bewußtsein, daß ich etwas tun soll, das Bewußtsein einschließt, daß ich das Gesollte auch ausführen kann; genauer: daß ich nicht weiß, daß es unmöglich ist, das Gesollte auszuführen, denn Gewißheit über die Ausführbarkeit meiner Absicht habe ich doch meist nicht. Es folgt daraus aber keineswegs, daß der Variabilitätsbereich der Sachverhaltsvariablen des Sollens auf Mögliches eingeschränkt werden müßte. Es mag — mit gewissen Einschränkungen — eine ganz vernünftige legislative Maxime sein, Unmögliches nicht zum Inhalt des Sollens zu machen, doch heißt dies keineswegs, daß das Erfüllungsprinzip ein Grundsatz der Logik oder ein Konstruktionsprinzip für normenlogische Systeme ist.

Man muß „logische Möglichkeit" von der „faktischen Möglichkeit" unterscheiden. Es wäre denkbar, logisch Unmögliches als Inhalt von Normen auszuschließen; erforderlich ist dies aber nicht, denn solche Gebote werden einfach de facto niemals gesetzt werden. Die Einschränkung zulässiger Norminhalte auf faktisch Mögliches würde aber das System nicht nur äußerst komplizieren, es hätte auch folgende schwerwiegende Konsequenzen:

a) Da nicht immer bekannt ist, was faktisch möglich ist, wüßte man nicht, was angeordnet werden kann. Die logischen Formalismen wären also von unserem Wissen und Meinen abhängig.

b) Die Setzung von Normen verändert oft die Situation so weitgehend, daß durch die Normen möglich werden kann, was unmöglich war, und umgekehrt.

c) Es wäre unmöglich, sogenannte Idealnormen zu setzen. „Du sollst niemals die Unwahrheit sagen" könnte als Norm nicht gesetzt werden, solange nicht nachgewiesen ist, daß die Norm restlos erfüllbar ist. Da dies bei solchen Normen, die als Ideale gelten, nicht möglich ist, könnten Idealnormen überhaupt nicht als Norm gesetzt werden.

d) Es wäre nicht möglich, generelle Normen von der Art „Niemand darf jemals stehlen" zu setzen, wenn wir es als soziologisches Gesetz ansehen, daß in einzelnen Fällen trotz Geltung der Norm tatsächlich gestohlen werden wird.

Wenn jemand aus der gesellschaftlichen Existenz einer Norm schließen möchte, daß die Realisation ihres Inhalts faktisch möglich ist, wäre dies eine äußerst unvernünftige Denkweise (Vgl. das Beispiel des allgemeinen Diebstahlverbots).

Zum 3. Argument

Gardies Überlegungen über die institutionellen Fakten knüpfen an Searle's bekannten Versuch an, am Beispiel der Analyse des Prozesses, durch den ein Versprechen gegeben wird, zu zeigen, daß ohne Einbeziehung normativer Prämissen normative Konklusionen gewonnen werden können[5]. Gardies akzeptiert einerseits die Kette von indikativen Sätzen, die Searle unter Hinzuziehung einiger Nebenbedingungen zur normativen Schlußfolgerung führt[6], andererseits legt er besonderes Gewicht auf die These, daß institutionelle Tatsachen — und die mit ihnen zusammenhängenden Begriffe von der Art „Ehe", „Vertrag", „Geld", „Fußball" — nicht einfach als Gemenge von natürlichen Tatsachen (brute facts) und normativen Elementen analysiert werden können, die wenigstens theoretisch voneinander getrennt werden könnten.

Searle's Kette lautet:

(1) Jones hat gesagt: „Ich verspreche Ihnen, Herr Smith, fünf Dollar zu zahlen."

(2) Jones hat versprochen, Herrn Smith fünf Dollar zu zahlen.

(3) Jones hat die Verpflichtung auf sich genommen, Herrn Smith fünf Dollar zu zahlen.

(4) Für Jones besteht die Verpflichtung, Herrn Smith fünf Dollar zu zahlen.
(5) Jones soll Herrn Smith fünf Dollar zahlen.

Es besteht kein Zweifel daran, daß die ganze Überlegung Searle's von der gesellschaftlichen Tatsache abhängt, daß die Institution des Versprechengebens und der moralischen Bindung durch Versprechen existiert. Man kann auch nicht daran zweifeln, daß diese moralische Bindung Sollenscharakter hat, daß also die Institution die Moralnorm umfaßt:

(I) Jeder, der einem anderen ein Versprechen gibt, soll sich — gegebenenfalls mit der Einschränkung: wenn weitere Bedingungen erfüllt sind — so verhalten, wie er versprochen hat.

Dann beschränkt sich das Problem der Analyse der Searleschen Kette darauf zu zeigen, in welcher Weise die institutionell gegebene normative Prämisse in die Kette eingreift. Dies ist aber ganz einfach: Daß Jones dem Smith etwas sagt, was er in (1) selbst als Versprechen charakterisiert, und daß seine Rede nach dem Maßstab der Moralnorm (1) ein Versprechengeben bedeutet, ist der faktische Vorgang, der in (2) konstatiert und als Fall anerkannt wird, der unter die institutionalisierte Moralnorm des Versprechens subsumierbar ist. Daraus — und aus (1) — folgt unmittelbar, daß Jones — im Sinne des institutionalisierten Moralnormensystems — dem Herrn Smith fünf Dollar bezahlen soll. Es geht also um einen einfachen normenlogischen Subsumtionsschluß. Die Sätze (3) und (4) sind eigentlich überflüssig.

Äußerst wichtig erscheint mir der Hinweis von Gardies, daß institutionelle Tatsachen und die durch ihr Bestehen fundierten Begriffe normative Elemente umfassen. Es ist auch in dem Sinne richtig, daß hier die beiden Faktoren: das Tatsächliche und das Normative, nicht voneinander getrennt werden können, daß z. B. eine Ehe als Begriff und soziologisches Faktum nur dann bestehen kann, wenn sie als Institution gleichzeitig normativ verstanden wird[7]. Es geht aber meiner Meinung nach gerade darum — und darin unterscheide ich mich von Gardies — durch Analyse aufzuweisen, daß in der gesellschaftlichen Realität der Institutionen normative Elemente enthalten sind, sie explizit zu machen, und die normenlogischen Konsequenzen möglichst rein darzustellen.

Gardies Argumentation beweist nichts gegen die gnoseologisch-semantische Unterscheidung, sie unterstreicht aber mit Recht das Bestehen von Zusammenhängen zwischen der Realität der brute facts und dem institutionalisierten Sollen.

II. Die Rationalität in der Ethik

Meine Auffassung des Gebrauchs der Vernunft in der Ethik beruht auf der gnoseologisch differenzierten Semantik und ihren Implikationen. Die Ethik wird demnach Logiksysteme anwenden, die sich auch auf praktische Sätze beziehen, insbesondere: die Normenlogik, Präferenzlogiken und die formale Teleologie.

Ich gehe von einer rein operationalen Konzeption der Rationalität aus und von der damit verbundenen These, daß die Logik prinzipiell unschöpferisch ist. Diese Auffassung muß ich näher erläutern.

Die rationale Tätigkeit kann keine Quelle von inhaltlichen Erkenntnissen sein, ebensowenig in der kognitiven wie in der praktischen Sphäre. Das rationale Denken ist eine rein transformative Bearbeitung von Prämissen, die gewissen Bedingungen genügt. So ist z. B. in der Logik der deskriptiven Sprache das Folgern wahrheitserhaltend. Die rationale Begründung von informativen Schlußfolgerungen ist immer nur relativ zur Wahrheit (Geltung) von informativen Prämissen gegeben. Logische Thesen, die auch aus der leeren Prämissenmenge abgeleitet werden können, sind informationsleer.

Die besondere Situation im Bereich der Logik der praktischen Sätze, nämlich: daß die Geltung praktischer (insbesondere normativer) Prämissen immer als systemrelativ anzusehen ist, bedeutet für die Logik gar keine Schwierigkeit, denn für die logischen Beziehungen und das Folgern ist es irrelevant, ob die informativen Prämissen absolut als Erkenntnisse oder als Voraussetzungen, Annahmen, Hypothesen gelten, oder ob sie bewußt kontrafaktual gesetzt werden. Die systemrelative Setzung von praktischen Sätzen als Prämissen ist allerdings mit dem Postulat verbunden, daß die Sätze als Elemente ein und desselben Systems aufgefaßt werden[8].

Auf die Frage, ob es auch logische Sätze der Normenlogik und anderer Systeme, die praktische Sätze umfassen, gibt, kann leicht geantwortet werden. Es gibt sie: diese Sätze sind informationsleere Sätze, die als Bestandteile jedes Systems anzusehen sind. Sie interessieren aber den Praktiker der normativen Bereiche ebensowenig, wie der Physiker an logischen Tautologien als Bestandteil physikalischer Theorien interessiert ist.

Die operationale Konzeption der Ratio schließt es a limine aus, allein aus der Vernunft eine Naturwissenschaft, eine Ethik oder eine Rechtsphilosophie ableiten zu wollen.

In rationalen praktischen Analysen zeigt sich die Relativität der Vernunftoperationen in markanter Weise. Aus gesetzten oder vorausgesetzten praktischen Prämissen werden — oft zusammen mit deskriptiven Prämissen — Folgerungen abgeleitet. Die Stellungnahme zu den Folgerungen bedeutet oft eine Bewährungsanalyse in der praktischen philosophischen Untersuchung, die zur Ablehnung der vorausgesetzten praktischen Prämissen führen kann. Dieser Vorgang ähnelt strukturell dem Prozeß der Hypothesenbildung und Hypothesenbewährung.

Es stelt sich nun die Frage, ob meine Auffassung der praktischen Rationalität mit der praktischen Vernunft im Sinne von Kant und Nelson verträglich ist. Welche Beziehung besteht zwischen meiner These vom unschöpferischen Charakter der Vernunftoperationen und der Möglichkeit einer reinen praktischen Erkenntnis?

Die kritizistische Ethik setzt direkt keine inhaltlichen Moralprinzipien fest, sondern nur Prinzipien des moralischen Entscheidens. Dies gilt sowohl von Kants kategorischem Imperativ: „Handle nur nach derjenigen Maxime, durch die du zugleich wollen kannst, daß sie ein allgemeines Gesetz werde" (1. Formulierung), „Handle so, daß du die Menschheit, sowohl in deiner Person als in der Person eines jeden anderen, jederzeit zugleich als Zweck, niemals bloß als Mittel brauchst" (2. Formulierung)[9] als auch von Nelsons Sittengesetz „Handle nie so, daß du nicht auch in deine Handlungsweise einwilligen könntest, wenn die Interessen der von ihr Betroffenen auch deine eigenen wären" und seinem Vergeltungsgesetz „Du sollst in eine gleiche Nichtachtung deiner Interessen einwilligen, wie du sie anderen gegenüber bewiesen hast", resp. zusammengefaßt: „Wahre die Gleichheit der persönlichen Würde"[10]. Die reinen praktischen Gesetze der kritizistischen Ethik sind Postulate der Generalität der moralischen Prinzipien, wobei für die Abwägung die Gleichstellung aller Personen gefordert wird. Es wird also eine formale Struktur der moralischen Analyse und Entscheidung — nämlich die Allgemeinheit in bezug auf alle Personen — festgesetzt. Ist dies eine logische, also informationsleere Bestimmung? Ich glaube, es ist ein rein formales und logisches Prinzip, insoweit es festlegt, daß die moralische Entscheidung nach generellen Regeln geschieht; es ist aber eine Stellungnahme, also ein inhaltliches Postulat insoweit, als die Allgemeinheit auf die Gesamtheit der Personen — im Sinne von allen Menschen — bezogen wird. Die Bestimmung des Quantifikationsuniversums für die Allgemeinheit des Sittengesetzes ist nicht als etwas rein Logisches anzusehen und daher nicht inhaltsleer. Es geht um eine inhaltliche Bestimmung für die Anwendungsweise der Logik. Das Postulat der Allmenschlichkeit der Moral ist nicht durch die Vernunft (in meinem Sinne) bestimmt, sondern es ist eine Stellungnahme: nicht vernunftnotwendig, sondern eine Überzeugung. Es ist keine Erkenntnis, sondern ein akzeptiertes Postulat.

Die moralische Handlung ist nach kritizistischer Auffassung nicht nur durch universale Allgemeinheit des Gesetzes bestimmt, sondern auch durch den Entschluß der Person, so zu handeln, wie das Gesetz es gebietet; oder genauer: wie das autonome Subjekt es als gesollt ansieht auf Grund einer

Abwägung, deren Form das Sittengesetz (oder der kategorische Imperativ) darstellt.

Die operationale Auffassung der Rationalität steht mit der kritizistischen Ethik insoweit in Konflikt, als diese die Forderung der universalen Allgemeinheit des Gesetzes und den Willen, nach dem Gesetz zu handeln, als immanente Chrakteristiken, als Erkenntnisse der praktischen Vernunft, auffaßt, während vom Standpunkt der operationalen Konzeption der Vernunft die Konstitution der Moral als Wille, nach dem Sittengesetz zu handeln, das universalmenschlich orientiert ist, keine Gegebenheit der reinen praktischen Vernunft, sondern eine Dezision ist.

Eine rationale rein objektive Begründung von moralischen Prinzipien, d. h. eine praktische Erkenntnis, halte ich für unmöglich. Ich bin aber operationaler Rationalist und anerkenne Vernunftoperationen und Beweise im Bereich der Praxis. Allerdings sind diese Beweise — wie alle Beweise — relativ zu Voraussetzungen, empirischen Erkenntnissen oder voluntaren Setzungen.

Die Tatsache, daß man sich oft nicht über die rein operationale Funktion der Vernunft im klaren ist und daß man den Vernunftgebrauch als Art der Erkenntnisgewinnung ansieht, führt dazu, daß jene Ethiker, die bemüht sind, Vernunft und Wissenschaft als grundlegende Mittel der praktisch-philosophischen Argumentation einzusetzen, meinen, dies sei dann und nur dann möglich, wenn es eine praktische Erkenntnis gibt. Dies ist nicht nur deswegen irrig, weil es trotz größter Bemühungen nicht gelingt, eine plausible Methode der praktischen Erkenntnis anzugeben; es ist auch deswegen abzulehnen, weil auf Grund unserer semantisch-logischen Auffassungen rationale Analysen und Argumente aus wissenschaftlicher Erkenntnis in der praktischen Überlegung sehr wohl angewandt werden können, ohne daß man die Überlegung als Erkenntnisprozeß deuten müßte.

Einige einflußreiche Denker versuchen, die Rationalität in der praktischen Philosophie auf den Begriff des praktischen Konsenses zu stützen. Als rational wird das angesehen, was Konsens erlangt, oder was den Konsens der kompetenten Beurteiler erlangen müßte. Konsens bildet für diese Denker eine gemeinsame Plattform der Rationalität sowohl für den theoretischen wie für den praktischen Bereich. An und für sich bedeutet Konsens ebensowenig einen Beleg für die Wahrheit einer These wie für die Richtigkeit eines praktischen Satzes, denn man kann offenbar auch im Irrtum oder in der verwerflichsten Werteinstellung übereinstimmen. Modifiziert man die Konsenskonzeption so, daß man den Konsens der Kompetenten als Basis des rationalen Standpunkts heranzieht, dann gelangt man zu einer täuschenden zirkulären Argumentation: Die Kompetenten sind nämlich nicht durch äußere Merkmale — wie blaue Augen oder Körpergröße — bestimmt, sondern gerade dadurch, daß sie die richtige Meinung vertreten. Man kann diese

Argumentationsweise nicht einmal dadurch retten, daß man die Kompetenz durch allgemeine geistige Merkmale bestimmt, denn die sehr Kompetenten in einem Bereich (etwa die hervorragenden Mathematiker) könnten in einem anderen Bereich (z. B. in der Medizin oder in der Ethik) vollkommen versagen ebenso wie sie in einzelnen Fragen ihrer Disziplin Unrecht haben können. Die ganze Konsenskonzeption der Rationalität ist pervers: es geht nämlich niemals um einen Prozeß der faktischen Meinungsübereinstimmung, die empirisch festgestellt werden könnte, sondern darum, daß eine These als des allgemeinen Konsenses der Kompetenten gewiß hingestellt wird. Dann ist aber diese Gewißheit durch die sachliche Begründung oder durch die Erkenntnis der gemeinsamen Werteinstellung einer Gruppe begründet, nicht aber die Vernunftmäßigkeit der These durch den Konsens.

Ebensowenig wie Wahrheit durch Konsens bestimmt werden kann, darf die praktische Argumentation sich mit dem Konsens zufrieden geben. Nur dann, wenn wir den Konsensbegriff klar von der Wahrheit trennen, werden wir dazu hingeführt, sachliche Prüfungen unserer Thesen durchzuführen. Der praktische Konsens bietet keine hinreichende Begründung praktischer Sätze, seien es moralische Wertungen, seien es moralische Prinzipien.

Natürlich kann in einer Gruppe von Menschen die Lebensform durch Konsens reguliert werden. Und dies halte ich auch für empfehlenswert. Doch bedeutet dies nicht, daß hierdurch allein die Adäquatheit der Regulierung bewiesen wäre.

Das Suchen nach Konsens in praktischen Fragen kann zwar durch Analysen, die in dieser Tendenz durchgeführt werden, wesentlich zur Klärung des moralischen Bewußtseins und zu vernünftigeren Auffassungen führen, doch ist es nicht der Konsens selbst, sondern die Analysen und die in ihnen vorgetragenen Argumente, was den Moralphilosophen interessiert.

In gesellschaftlicher Sicht, bei der demokratischen Lenkung von Gemeinwesen, ist der Konsens konstitutiv, doch soll er sich auch hier auf sachliche Analysen und Informationen stützen; im Bereich der individuell autonomen Moral kann Konsens eigene Überlegungen, eigene Wertung und verantwortungsbewußtes Entscheiden nicht ersetzen.

Nach Meinung vieler Wissenschaftstheoretiker besteht die Rationalität in der Methode der Überprüfung von Theorien. Man könnte also meinen, daß man nach diesem Muster die Rationalität in der Ethik durch die Methode der Prüfung moralischer Prinzipien definieren könnte. Im praktischen Bereich gibt es keine objektive empirische Bewährung, sondern der Effekt von Handlungen oder die Auswirkung von Normen oder Werteinstellungen wird wertend begutachtet. Die Bewährungsanalyse führt also im Bereich der praktischen Philosophie nicht zur gesuchten objektiven Rationalität. Es erscheint mir wohl berechtigt, eine rational-analytische Einstellung zu Moralproblemen — zum Unterschied von der bloß global-intuitiven Wertungsweise — zu fordern, doch gelangt man durch eine solche methodische Einstellung keineswegs zu einer objektiven und rationalen praktischen Erkenntnis. Das Moment der Stellungnahme wird durch die analytische Methode nicht ersetzt und die Ergebnisse der Erfahrung sind nicht direkt Bewährungsinstanzen, sondern die Bewertung der empirisch feststellbaren Folgen.

III. Gesinnungs- oder Erfolgsethik

Eine Handlung, die vom Entschluß getragen ist, das moralische Gesetz zu erfüllen, ist eine moralische Handlung. Entscheidend für den moralischen Wert einer Handlung ist also allein die Gesinnung, aus der sie entspringt. Nicht die Tat, nicht die konkrete Intention des Handelnden, sondern der Zutritt zur Handlung, die Gesinnung, die Pflicht zu erfüllen, ist nach kritizistischer Auffassung die Quelle der Moral und der Grund der Freiheit des Handelnden.

Nelson unterscheidet zwei Typen von Gesinnungsethik, die formalistische, derzufolge das Sittengesetz eine inhaltlose Form ist, und die Gesinnungsethik, die dem Sittengesetz einen Inhalt zuspricht[11]. Kants Ethik gehört wohl zur ersten Art. Nelson vertritt eine Lehre der zweiten Art, wenn er die These aufstellt, das Sittengesetz enthalte eine Regel für die Beschränkung unserer Interessen durch die kollidierenden Interessen anderer[12].

Es hängt von der Interpretation des Kantschen kategorischen Imperativs ab, ob man den Unterschied zwischen Kant und Nelson als wesentlich ansehen wird. Ich deute Kant in der Weise, daß die vom kategorischen Imperativ postulierte Moralüberlegung die Interessen der anderen Person berücksichtigen muß, weil jede andere Person mit als Zweck auftreten soll (vgl. 2. Formulierung des kategorischen Imperativs). Nelsons Interessenabwägung erscheint mir also gegenüber der Kantschen Lehre nicht als etwas vollkommen Neues; es ist aber unzweifelhaft, daß diese Interessenabwägung bei Nelson — zum Unterschied von Kant — explizit und ausführlich analysiert wird. Wichtig ist insbesondere, daß bei Nelson der Charakter der abzuwägenden Interessen untersucht wird, wobei für die Abwägung nicht entscheidend ist, was die Person selbst für ihr Interesse hält. (Vgl. Abschnitt V.) Obwohl Nelson dem Sittengesetz einen Inhalt zuspricht und in der Untersuchung der moralischen Abwägung über Kant hinausgehend inhaltliche Beziehungen ins Auge faßt, bleibt auch Nelsons Theorie formalistisch[13]. Man hat zwar den Eindruck, daß die Interessenabwägung auf eine Wertetheorie und Wertpräferenzen hinweisen müßte, doch bleibt Nelson bei der formalen Charakteristik der Interessenabwägung stehen.

Wichtiger als diese Fragen scheint mir die grundsätzliche Betrachtung über den Streit zwischen Erfolgs- und Gesinnungsethik zu sein, denn diese Meinungsdivergenz beherrscht die Szene der Moraltheorie.

Ich möchte zeigen, daß diese Alternative eigentlich nicht zu Recht besteht. Ich werde eine Deutung der Problemsituation geben, in der die moralische Gesinnung ebenso wie die Erfolgsanalyse — allerdings neben anderen Momenten — einen Platz finden werden.

Der Streit zwischen Gesinnungsethik und Erfolgsethik liegt in der Frage, ob die Kriterien des Moralischen bloß im Entschluß liegen, sich nach Moralgesetzen zu verhalten, oder ob aus dem Erfolg, d. h. den Folgen der Handlung, nach gewissen Kriterien erschlossen werden kann, was moralisch richtig ist.

Analyse der gesinnungsethischen Position

Auch wenn ich entschlossen bin, pflichtgemäß zu handeln, erübrigt sich keineswegs die Überlegung, wie ich richtig handeln soll. In dieser Überlegung kann nicht von den Folgen möglicher Handlungsalternativen abgesehen werden. Die Kriterien des Sittengesetzes allein reichen sicherlich nicht aus, mein Handeln inhaltlich zu bestimmen.

Es stellt sich nun die Frage, ob meine Überlegung gespalten ist (a) in die Bestimmung, was in der gegebenen Situation nach den Anforderungen des Sittengesetzes gesollt ist, und (b) in Abwägungen, was nach unseren Bedürfnissen und Wünschen getan werden soll. Ich glaube, daß so eine strikte Spaltung nicht besteht.

Der Entschluß, moralisch zu handeln, kann zwar in absoluter Weise postuliert werden, in Wirklichkeit tritt er aber im Motivationsprozeß in Konkurrenz mit dem Utilitätswollen. Das faktische Verhalten des Menschen kann als Resultante aus Moral- und Utilitätsmotivation gedeutet werden.

Die absolute Abtrennung des moralischen Gesinnungsentschlusses und der Moralüberlegung von der Gesamtheit der das Handeln bestimmenden Momente führt m. E. zu einer Konzeption, die sich weit von der empirischen Realität des menschlichen Lebens entfernt.

Der Mensch hat Bedürfnisse und Intentionen, die vorerst nicht mit moralischer Wertung ausgestattet sind. Daneben kennt er Zielsetzungen, die er als moralische Werte erlebt, mag er sie durch Erziehung aufgenommen haben, oder auf Grund eigener Überlegungen als gesellschaftlich entsprechend ansehen. Die moralische Reflexion tritt als kritische Instanz, nicht als selbständige treibende Kraft des Handelns auf[14]. Die Gesinnung, der Vorsatz, so zu handeln, wie ich es als moralisch vertretbar ansehe, reicht nicht aus, eine positive Bestimmung meiner Handlungen zu geben. In der Untersuchung, ob eine Handlung moralisch zulässig ist, werden — ebenso wie in der Utilitätsabwägung, die m. E. immer mitspielt — die zu erwartenden Folgen bestimmt und gewertet. Die praktische Deliberation ist also immer erfolgsbezogen, auch dort, wo die moralische Wertung nach den Prinzipien des Sittengesetzes durchgeführt wird, denn es geht darum, zu untersuchen, ob die Handlung *und ihre Folgen* so sind, daß ich so eine Handlungsweise als allgemein moralisch gesollt wollen kann, resp. ob die Handlung *samt ihrer Folgen* unter Berücksichtigung der Interessen der anderen zulässig ist[15].

Eine der wichtigsten Folgen der moralischen Gesinnung ist die Einschränkung der Klasse der anwendbaren Mittel durch moralische Wertungen.

Analyse der erfolgsethischen Position

Wenn man von der Betrachtung der Auswirkung möglicher Handlungen ausgeht und Nutzenmaximierung sucht, ist der Moral noch kein Platz eingeräumt. Erst dann, wenn man Bestimmungskriterien des moralischen Handelns heranzieht, wie es z. B. das Kriterium des klassischen Utilitarismus ist, daß durch die Handlung das größtmögliche Glück der größtmöglichen Anzahl erreicht werden solle, gelangt man zu einem Begriff der moralischen Handlung[16]. Dann besteht aber eine Zweibahnigkeit der Handlungsmotivation: (a) die Handlung wird bestimmt durch die Nutzenanalyse nach persönlichen Wünschen und Zielsetzungen des Subjekts, (b) nach dem utilitaristischen Kriterium. Analoges gilt für alle anderen Kriterien der Moral, die an den Erfolg der Handlungen anknüpfen, wie z. B. für die Theorie des Regelutilitarismus[17]. Auch für den Utilitaristen — und jeden Erfolgsethiker — ist zur Konstitution der moralischen Handlung ein Gesinnungsentschluß erforderlich, das zu tun, was nach seinem Kriterium moralisch gesollt ist.

Die Erfolgsabwägung nach einem festgesetzten Kriterium kann keinesfalls die gesamte Ethik vorstellen, denn damit überhaupt eine moralische Handlung zustande kommen kann, muß der Wille, moralisch zu handeln, vorliegen. Der Gesinnungsentschluß ist also Bestandteil jeder Erfolgsethik, wenn dies auch nicht unbedingt in dieser Terminologie gesagt werden muß.

Man könnte einwenden, daß ein Moralsystem, das nur die Maximierung des eigenen Genusses anempfiehlt, keine Zweibahnigkeit von Nutzen und Moral kennt. Meiner Meinung nach geht es hier nicht um ein Moralsystem; ein solches wird erst durch Verhaltensprinzipien konstituiert, die die Perspektive der subjektiven Nutzenabwägung transzendieren.

Meine These lautet also: Es gibt keine Ethik, in der nicht auch Erfolgsanalysen vorzunehmen sind, ebenso wie es keine Ethik gibt, in der die moralische Handlung nicht durch Gesinnungsentschluß konstituiert wird.

Ist der kritizistische Begriff der moralischen Gesinnung für die Konstitution der moralischen Handlungen entscheidend, so erscheint der Begriff der Absicht für das Problem der moralischen Wertung fundamental. *Die Absicht* oder *Intention* einer Handlung ist das, was der Handelnde durch die Handlung bewirken will. *Der Erfolg oder Mißerfolg der Handlung* ist dadurch bestimmt, ob durch die Handlung die Handlungsabsicht tatsächlich realisiert wird. *Die Auswirkung der Handlung* ist die Gesamtheit der Folgen der Handlung, nicht nur der beabsichtigten Ergebnisse.

Die moralische Beurteilung wertet die Absicht des Handelnden, nicht den Erfolg und die Auswirkungen, denn diese sind abhängig von Umständen und Zufällen, die nicht der Kontrolle des Handelnden unterliegen[18]. Dagegen bewegt sich die zur Handlung führende Überlegung in der Ebene der prognostizierten Folgen.

Moralische Überlegungen als geistige Tätigkeit, die unser Verhalten lenkt, unterscheidet sich also auch dem Gegenstand nach von der *moralischen Beurteilung* unseres eigenen und fremden Handelns. In der Überlegungsperspektive, die ich für das primäre Anliegen der Moral halte, kommt eine andere Struktur der Argumentation zur Geltung als bei der moralischen Beurteilung.

IV. Das Determinismusproblem und Verantwortung

Die Überzeugung, daß alle Prozesse in der Welt durch das Wesen der an ihnen beteiligten Gegenstände und durch deren Beziehungen bestimmt sind, bedeutet nichts anderes als die Leugnung echter Wunder. Die Selbstdeterminiertheit der Welt besagt gar nichts über die Möglichkeit der Erkenntnis der determinierenden Beziehungen. Die Voraussetzung der Selbstdeterminiertheit des Geschehens ist aber eine notwendige Voraussetzung für die Möglichkeit der Erkenntnis kausaler Zusammenhänge in der Welt. Die Selbstdeterminiertheit der Welt schließt die Annahme aus, daß irgendeine Entität, sagen wir: ein Dämon, ganz willkürlich und regellos das Verhalten der Dinge bestimmen würde. Würde man so einen Dämon — oder was dasselbe ist: echte Wunder — voraussetzen, dann wäre jeder Versuch sinnlos, Gesetzmäßigkeiten in der Natur zu suchen, gewisse Tatsachenverläufe zu prognostizieren[19].

Mit der Voraussetzung der Selbstdeterminiertheit sind folgende Behauptungen durchaus verträglich:

(a) Es gibt Umstände, die den Ablauf beobachtbarer Phänomene (aller oder mancher) in wesentlicher Weise beeinflussen oder sogar überhaupt bestimmen, die sich aber unserer Kenntnis vollkommen entziehen.

(b) Das Geschehen in der Welt ist so chaotisch, daß eine Kausalerkenntnis unmöglich ist und daß in der Vergangenheit festgestellte Häufigkeitsrelationen absolut keinen Informationswert für künftige Erscheinungen, also für unsere Erwartungen, haben.

Ohne näher auf eine Begründung meiner Meinung einzugehen, behaupte ich, daß These (b) unserem heutigen wissenschaftlichen Weltbild nicht entspricht und These (a) nur in der schwächeren Formulierung, daß gewisse Sphären der die beobachtbaren Phänomene bestimmenden Umstände unserer Erkenntnis in der Weise verschlossen sind, daß wir kausale Antezedenzien gewisser Phänomene — insbesondere bei Mikroprozessen und bei menschlichen Verhaltensweisen — nicht erkunden können, so daß eine kausalgesetzliche Bestimmung der beobachtbaren Phänomene hier nicht im einzelnen erreicht werden kann. Wir können auch bei anderen Phänomenen nicht absolut ausschließen, daß der Ablauf kausal erfaßter Vorgänge u. U. durch unkontrollierte oder unkontrollierbare Momente modifiziert wird.

Wenn Fragen der Kausalität im Zusammenhang mit der Analyse von Handlungen erörtert werden, stößt man auf das Problem, ob Kausalität nur zwischen Zuständen, die durch Sachverhaltsbeschreibungen bestimmt sind, besteht, oder ob auch Motive, die Informationscharakter haben und die nicht als Sachverhaltsbeschreibungen beobachtbarer Zustände ausgedrückt werden können, als Ursache anzusehen sind[20].

Auf Grund unserer Erfahrungen können wir nicht daran zweifeln, daß es Systeme gibt, deren Verhalten durch Informationen und teleologische Überlegungen, Präferenzen und Wahlakte bestimmt wird[21]. Wir wissen auch einiges über die Struktur dieser Systeme und die Informationsverarbeitungsprozesse, die diesen sogenannten Willensphänomenen zugrunde liegen.

Wir wissen aus innerer Erfahrung, daß wir — wenn wir es wollen — den Arm heben können, und aus Beobachtungen, daß wir und andere Menschen Wahlhandlungen vollführen. D. h. wir sind vertraut mit der Tatsache, daß aus Überlegungen und Entschlüssen sowie aus erlernten Automatismen Handlungsakte als Vorgänge in der Wirklichkeit hervorgehen. Wir sind auf Grund von Entschlüssen fähig, entsprechend unseren Präferenzen und Vorsätzen zu handeln. Diese Tatsachen schließen keineswegs aus, daß in anderer Sicht gefragt werden kann, wie die Motive und Präferenzen des Handelnden bedingt sind.

Jeder Determinist anerkennt natürlich, daß das handelnde Subjekt mit seiner Konstitution und tiefenpsychologischen Struktur ein wesentliches Element ist, das die Entscheidungen und Handlungen mitbestimmt. Auch Vorsatz und Normen werden als Momente in irgendeiner Weise (die nicht einfach zu beschreiben ist[22]) als Handlungsdeterminanten anerkannt. In extrem deterministischen Lehren wird jedoch die Struktur der Person als

Entscheidungsdeterminante bloß als Zwischendatum angesehen, das selbst restlos durch generierende Determinanten bestimmt ist. Die extremsten Deterministen setzen außerdem voraus, daß diese Determinanten — wenigstens mit fortschreitender Annäherung — restlos der Erkenntnis zugänglich sind.

Es wird oft behauptet, daß die Indeterminiertheit der Handlung eine notwendige Voraussetzung dafür ist, daß (1) überhaupt von Handlungen und (2) von Verantwortung, von Schuld und von gerechtfertigter Strafe gesprochen werden kann. Meiner Meinung nach ist es sinnvoll und zweckmäßig, genau dann von Handlungen zu sprechen, wenn wir es mit Systemen der oben beschriebenen Art zu tun haben, d. h. wenn das Verhalten dieser Systeme als durch Entscheidungsprozesse bestimmt angesehen werden kann, die auf Grund von Informationen, Zielsetzungen, Präferenzen und gegebenenfalls Vorsätzen vor sich gehen. Es ist sinnvoll, menschliches Verhalten in dieser Weise als bestimmt anzusehen, und zwar unabhängig davon, ob in einer weiteren Untersuchung die Genesis der Information, Zielsetzungen, Präferenzen und Vorsätze untersucht wird.

Die Verantwortung wird in der Regel als eine moralische oder rechtliche Beziehung aufgefaßt, die wegen der natürlichen Beziehung des Handlungssubjektes zur Handlung besteht, nämlich auf Grund des natürlichen Zusammenhanges, daß das Subjekt Urheber der Handlung ist. Die Urheberschaft als Bedingung der Verantwortung wird mit der These verbunden und durch sie begründet, daß der Handelnde hätte anders handeln können, so daß es gerade er ist, bei dem der Grund des Handlungsergebnisses liegt — und daher auch die Verantwortung für die Handlung.

Diese Auffassung halte ich nicht für richtig; sie ist auch daran schuld, daß die Grundlagenprobleme der praktischen Philosophie: Determinismus oder Freiheit, Verantwortung oder Kausalität, verschleiert vor uns liegen.

Verantwortung ist keine naturgegebene Beziehung, sondern eine wertende Zurechnung im Rahmen der natürlichen Verursachungsbeziehungen.

Ich kann frei handeln, d. h. das tun, wofür ich mich entschließe. Ob mein Entschluß als Verdienst oder Schuld — d. h. als verantwortungsmäßig zurechenbar — betrachtet werden kann, oder ob die Ursächlichkeit und gegebenenfalls die Verantwortung irgendwelchen motivations- oder verlaufsbestimmenden Bedingungen zuerkannt wird, ist Sache einer Stellungnahme, keine reine Naturbeziehung. Wenn z. B. mein Entschluß durch unverschuldeten Irrtum oder undurchschaubaren Betrug eines anderen bedingt war, wird man mich für die Handlung nicht als verantwortlich ansehen.

Hierzu ein aktuelles Beispiel: Wenn Terroristen im Verlauf einer Entführungsaktion plötzlich einen Kinderwagen in die Fahrbahn schieben, so daß der Lenker des herannahenden Wagens sich entschließt (und als normaler moralisch fühlender Mensch sich so entschließen muß), auszuweichen und anzuhalten, dann war er faktisch ursächlich in der Entführungsaktion mittätig, sogar genau im Sinne des Entführungsplanes; er hat auch frei gehandelt, d. h. auf Grund seines Entschlusses, doch wird wohl niemand meinen, er sei für die Entführung mitverantwortlich, weil die Entführung nur durch seinen Entschluß und seine Handlung möglich wurde.

Im Prinzip ist es immer möglich, die Urheberschaft eines Subjektes zu hinterfragen, d. h. zu fragen, was seinen Entschluß und seine Handlung verursachte. Wenn dies aber möglich ist, könnte man immer dazu übergehen, nicht den Urheber, sondern die sein Verhalten bestimmenden Momente für die Handlung verantwortlich zu machen. Die Zurechnungsentscheidung betrifft immer handlungsfähige Systeme. Andere Umstände können nur die Zurechnung als Schuld oder Verdienst ausschließen. Ob wir Verantwortung wegen sogenannter Unzurechnungsfähigkeit ausschließen, ob wir den Handelnden als verantwortlich beurteilen, ist eigentlich eine Bewertung, die durch Sachüberlegungen und Erfahrungen, die wir selbst als handelnde Individuen haben, motiviert ist.

Im Bereich des Rechts fällt sogar gelegentlich die Urheberschaft und die Verantwortungszurechnung auseinander. Wenn das Subjekt S für den durch sein Kind verursachten Schaden aufzukommen hat, wird S Verantwortung auferlegt, ohne daß man fragt, ob S hätte so handeln können, daß der Schadensfall nicht eingetreten wäre.

Wenn ich auch frei, d. h. entschlußgemäß (also auch normgemäß) handeln kann, bin ich nicht Herr über die Folgen und Auswirkungen meiner Handlung. Auch wenn ich großen Hunger habe, kann ich weiterfasten, ich kann aber nicht verhindern, daß ich dabei abnehme — oder im Extremfall, daß ich verhungere. Ich kann weder die positiven Rückwirkungen meiner freien Handlung auf mich selbst verhindern (z. B. daß ich mich daran gewöhne, sittlich zu handeln), noch die negativen (z. B. die Enttäuschung über vergebliche Mühe). Ich kann durch meinen bloßen Wunsch auch nicht die gesellschaftlichen Folgen meiner Handlung bestimmen, sondern muß die Auswirkungen — soweit sie abschätzbar sind — mit ins Kalkül ziehen. Ich kann selbstlos handeln, es steht aber nicht in meiner Macht zu verhindern, daß mein Nachbar dies ausnützt.

Nun zur Frage der Beziehungen des Handelns und der Verantwortung zu kontrafaktualen Behauptungen. Vorerst: Wenn der Zustand Z, der eingetreten ist, unabhängig vom Verhalten des Subjekts S ist, d. h. wenn jede andere Verhaltensweise von S Z nicht verändert hätte, dann kann wohl Z nicht als Handlung, bzw. Handlungsergebnis der Tätigkeit des Subjektes angesehen werden. Das bedeutet aber nichts anderes, als daß S nur dann eine durch den Zustand Z charakterisierte Handlung vollführt, wenn Z durch S verursacht (mitverursacht) ist.

Die Frage „Hätte die Person S auch anders handeln können, und zwar so, daß das Ergebnis nicht eingetreten wäre?", kann nicht als Kriterium für die Entscheidung verwendet werden, ob eine freie Handlung der Person S und demnach Verantwortung der Person S für die Handlung, vorliegt.

Die Behauptung „S hätte anders handeln können" ist ein kontrafaktualer Satz. Damit so ein Satz einen präzisen Sinn bekommt und damit bestimmbar wird, ob er wahr ist, ist erforderlich, festzulegen, wie weit die kontrafaktualen Annahmen reichen[23]. Wenn nämlich gar nichts an den kausalen Antezedenzien geändert wird, ist eine kontrafaktuale Behauptung einfach ein unwahrer Satz. Nur wenn man annimmt, daß gewisse Bedingungen (Umstände) anders gewesen sind als sie tatsächlich waren, kann ein kontrafaktualer Satz wahr sein[24].

Wenn man sagt „Er hätte anders handeln können", muß genau spezifiziert werden, was gegenüber der Wirklichkeit kontrafaktual angenommen wird. Man kann z. B. behaupten, „Er hätte anders handeln können, wenn er sich anders entschieden hätte". Und so ein Satz kann wahr sein, da wir aus Erfahrung wissen, daß der Mensch in gewisser Sicht ein liberum arbitrium hat. Man kann aber auch ganz andere kontrafaktuale Annahmen machen. „Er hätte anders handeln können, wenn andere Umstände seine Motivation beeinflußt hätten (z. B. wenn er mehr gewußt hätte, wenn er anders erzogen worden wäre, usw.)".

Da die Wahrheit dieser Sätze offenbar davon abhängt, welche Umstände den Tatsachen widersprechend modifiziert werden, kann das „Er-hätte-anders-handeln-können" nicht Kriterium für die Bestimmung der Verantwortung sein.

Wenn überhaupt eine Kausalbeziehung zwischen der Handlung und dem Zustand Z, für den jemand (S) verantwortlich gemacht wird, besteht, dann wird fast immer der Satz „S hätte sich anders verhalten können, wenn S sich anders entschlossen hätte" wahr sein. Man käme also praktisch immer zu dem Ergebnis, daß S für Z (mit)verantwortlich ist. Würde man aber die kontrafaktualen Bedingungen bis zu den Gründen der Motivation von S zurückverlegen, bekäme man immer das Ergebnis, daß S nicht Verursacher ist, daß S also nicht verantwortlich ist, sondern daß die Gesamtheit der bedingenden Umstände Z verursacht hat.

Verantwortung ist eine wertende Zuschreibung, keine Erkenntnis.

Wenn man in der Morallehre ein verantwortungsbewußtes Handeln fordert, bedeutet dies:

1. daß die Handlung aus moralischer Gesinnung entspringen soll,
2. daß der Handelnde auf Grund moralisch wertender Überlegungen und seiner autonomen Wahlentscheidungen handeln soll und
3. daß er sich der Tragweite seiner Entscheidung bewußt sein soll, sowie der

Tatsache, daß er durch seine Entscheidung als Urheber des Handlungsergebnisses in die Realität tritt und daher für eine moralische Beurteilung als verantwortlich gilt.

V. Sittengesetz und Interessenabwägung

Nelson faßt das Sittengesetz als inhaltliches Gesetz auf. Die inhaltliche Komponente wird durch den Begriff des Interesses und der Abwägung von Interessen aller beteiligten Menschen gebildet. Der Begriff des Interesses ist offensichtlich inhaltlicher Natur, denn im Interesse kommen die Persönlichkeit, ihre Bedürfnisse und Strebungen zur Geltung.

Noch ein zweites Moment der Nelsonschen Lehre scheint mir einen Schritt zur inhaltlichen Betrachtung und zur Annäherung der Theorie an die Realität des tatsächlichen moralischen Lebens zu bedeuten: seine Überlegungen über die Sittenregeln. Nelson macht darauf aufmerksam, daß wir praktisch mit moralischen Faustregeln arbeiten, die wir als Handlungsgrundsätze fixiert haben, und die — richtig gesehen — nicht absolut, sondern nur in den üblichen Fällen, nicht jedoch in den Grenzfällen, gelten. In diesen Regeln ist m. E. eine Kombination von sittlichen Maßstäben und inhaltlichen Lebensgrundsätzen enthalten, die nicht nur aus rein moralischen, sondern auch aus praktischen Gründen verfolgt werden[25]. Die Sittenregeln sind als Maßstäbe durch das Sittengesetz begründet, das auch immer dann herangezogen werden muß, wenn uns die Sittenregeln im Stiche lassen oder wenn Situationen beurteilt werden, in denen Konflikte zwischen den Sittenregeln bestehen[26].

Das gerechte Handeln beruht darauf, daß die Interessen des Handelnden und der anderen durch die Handlung betroffenen Personen gleichgestellt werden. Dies kommt insbesondere in dem Nelsonschen Abwägungsgesetz zum Ausdruck; im Vergeltungsgesetz eigentlich nur sekundär. Daß man die gleiche Nichtachtung der eigenen Interessen akzeptieren soll, kann bedeuten: a) daß diese Interessen im Verhältnis zu den Interessen der anderen von untergeordnetem Gewicht sind, oder b) daß man unberechtigterweise die Interessen eines anderen nicht beachtet hat. Im Fall a) geht es eigentlich um eine Interessenabwägung, im Fall b) um eine kompensierende Folge einer das Abwägungsgesetz verletzenden Handlung.

Das Zusammenbestehen von Interessen verschiedener Personen und die Abwägung dieser Interessen als gleichgestellter Elemente wirft schwierige Probleme auf. Ich werde das recht komplexe Problem des Interesses hier nur so weit behandeln, wie es für die Analyse des Nelsonschen Sittengesetzes erforderlich ist.

Jeder Mensch hat Interessen und jeder meint, gewisse Interessen zu haben. Wir können sagen, es gibt faktische Interessen; sie zeigen sich im bewußten Erleben des Menschen oder nur in seinem tatsächlichen Wahlverhalten. Aus zwei Gründen können die faktischen Interessen nicht als Grundlage der moralischen Abwägung gelten: 1. sie können irrig sein, 2. sie sind nicht direkt vergleichbar. Deswegen nimmt Nelson nicht die faktischen Interessen, sondern die wahren Interessen als Basis der sittlichen Abwägung.

Das subjektiv erlebte, faktische Interesse kann irrig sein, weil die Person von falschen Tatsacheninformationen ausgeht. In diesem Fall kann man die Interessen kritisieren und sie als unrichtig erkennen. Nur die wohlverstandenen Interessen, die auf wahrer Erkenntnis beruhen, können in der moralischen Wertung berücksichtigt werden[27].

Nelson ist davon überzeugt, daß die wahren Interessen kognitiv bestimmt werden können. Das faktische Interesse weicht gegebenenfalls nicht nur wegen Tatsachenirrtümern von wahren ab, sondern auch deswegen, weil der einzelne oft minderwertigen Interessen gegenüber höheren den Vorrang gibt. Es lassen sich wohl leicht Beispiele angeben, wo wir die Höherwertigkeit des einen Interesses gegenüber dem anderen einsehen. So z. B. wenn Nelson die Interessen zweier Zimmernachbarn gegenüberstellt, von denen der eine ohne höheren Zweck eine laute Unterhaltung führt, der andere musiziert[28]. Wenn man nicht in die vorausgesetzten Bedingungen schon heimlich die Entscheidung hereinlegt (wie hier durch die Voraussetzung „ohne höheren Zweck"), wird die relative Wertung der Interessen von dem akzeptierten Wertstandard abhängen, und objektiv nicht bestimmbar sein. Die Beurteilung des relativen Wertes hänge von der Einsicht des Menschen ab, sie könne wahr oder falsch sein. Wenn man sich an das Rauchen gewöhnt, nachdem man erst dabei Übelkeit empfand, sei dies keine Berichtigung des Werturteils; wenn man aber Kartenspielen durch die Lektüre guter Bücher ersetzte, sei das ein Fortschritt des Verständnisses für wahre Interessen[29]. Nelson versucht das Problem der objektiven relativen Einstufung von verschiedenen Interessen mittels der Idee der vollkommen gebildeten Person zu lösen. Sie entscheidet über die Höher- oder Minderwertigkeit von Interessen ebenso wie über die relative Stärke von Interessen. Es geht ja darum, jene Wertrelation und jene Beziehung der Interessenintensität zu bestimmen, die verdientermaßen besteht, nicht wie sie faktisch erlebt wird. Nun ist aber die Idee der vollkommen gebildeten Person begrifflich dadurch bestimmt, daß dies so eine Person ist, die Einsicht in den wahren Wert der Dinge hat und das als wertvoller Erkannte auch tatsächlich dem weniger wertvollen vorzieht[30]. Wenn man als Definition der vollkommen gebildeten Person festsetzt, daß dies eine Person ist, die Wertrelationen richtig erfaßt und demgemäß auch ihre Präferenzen setzt, und den Begriff dieser Person dazu benützt, zu bestimmen, was wahre

Interessen sind, dann argumentiert man in einem fehlerhaften Kreis. Wird die vollkommen gebildete Person direkt bestimmt durch die Idee des ursprünglich dunklen, reinen Interesses, dann bleibt von einer inhaltlichen Moralüberlegung kaum etwas übrig, außer die Sätze von der Unveräußerlichkeit des Rechts auf Selbstbestimmung, vom wahren Interesse an der Selbsttätigkeit und dem Recht auf Bildung. Man hat keinen Maßstab dafür, was die echte Bildung ist. Eine relative Wertung kann faktisch nur durch subjektive Stellungnahme zustande kommen.

Da weder die Bestimmung des wahren Interesses, noch die objektive Abwägung verschiedener Interessen möglich ist, sehe ich keinen Weg zu einer objektiven praktischen Erkenntnis, die von subjektiven Stellungnahmen unabhängig wäre, wie es ein ethischer Kognitivismus erfordern würde.

Diskussion

Grete Henry: Der Referent ging in seinen Erörterungen davon aus, der Sprache zwei Funktionen zuzuschreiben: die der beschreibenden Information und die der Aufforderung zu einem Verhalten. Ich knüpfe an diese Unterscheidung und Einteilung an mit der Frage, ob sie zur Lösung des folgenden Problems herangezogen werden kann:

Kant und Nelson stellen der inhaltlichen Diskussion des Sittengesetzes das Prinzip der Autonomie voran, der Selbstgesetzgebung also, wonach nur eigene Einsicht, nicht aber die Weisung eines anderen zur Pflichterkenntnis führen und diese klären kann. Auf der anderen Seite aber formulieren beide das Sittengesetz durch einen Imperativ, grammatisch also in der zweiten Person und damit in der sprachlich-begrifflichen Form von Handlungsanweisungen an einen *fremden* Willen. Es besteht kein inhaltlicher Widerspruch zwischen dem Prinzip der Autonomie und dem imperativisch formulierten Sittengesetz, wohl aber eine Diskrepanz zwischen Form und Inhalt der Kant-Nelsonschen Bemühungen um die begriffliche Fassung des Sittengesetzes.

Ist diese Diskrepanz nun ein unverarbeitetes Relikt früherer ethischer Überzeugungen, wie etwa der Anerkennung der zehn Gebote, deren imperative Form als göttliche Aufforderung an den menschlichen Willen verstanden werden kann? Oder erklärt sich die imperative Form des von Kant und des von Nelson formulierten Sittengesetzes daraus, daß auch die vom Prinzip der Autonomie ausgehende Ethik nur als kritische Interpretation und Fortbildung historischer, traditionell überlieferter ethischer Systeme wirksam werden kann? Der Mensch ist für die Entwicklung ethischer Überzeugungen auf eine soziale Umwelt angewiesen, in der, aus ihrer geschichtlichen Entwicklung heraus, eine gewisse ethisch-rechtliche Ordnung der mitmenschlichen Beziehungen und des faktisch eingespielten menschlichen Verhaltens herrscht und von Generation zu Generation tradiert wird. Diese Überlieferung geschieht in Anforderungen an den Willen des Partners, und für diese ist der Imperativ der angemessene sprachlich begriffliche Ausdruck. Diesem Charakter der Überlieferung haben sich, wie mir scheint, Kant und Nelson mit ihrer imperativen Formulierung des Sittengesetzes angepaßt — vielleicht in der Hoffnung, herrschende ethische Überzeugungen durch eine philosophisch gereinigte, vom Zufall historischer Meinungsbildung befreite Ethik ersetzen zu können, in der das Sittengesetz an Stelle historisch tradierter Regeln den Obersatz für Schlüsse auf das jeweils sittlich Gebotene liefert.

Ich halte diese Hoffnung für trügerisch und meine, die philosophisch bedeutsame Funktion des Sittengesetzes liege darin, als Kriterium für die Rechtmäßigkeit und die praktisch notwendige Fortentwicklung historisch-soziologisch entstandener ethisch-rechtlicher Systeme zu dienen.

Ota Weinberger: 1. Für die kritizistische Ethik — und seit Kant wohl für jede philosophische Moraltheorie — ist das Prinzip der Autonomie fundamental: Moral ist Handlung aus eigenem Wollen und nach Maßstäben des eigenen Wollens. Zweifellos erhält in der Kantschen und Nelsonschen Konzeption das Prinzip der Autonomie einen allgemeinen und objektiven Charakter (mehr bei Kant als bei Nelson) in der überpersönlichen Geltung des Sittengesetzes. Das Sittengesetz als Imperativ auszudrücken, bildet deswegen keine unüberwindliche Schwierigkeit, weil in diesen philosophischen Systemen der Imperativ nicht als von einer übergeordneten Instanz auferlegtes Sollen, sondern einfach als Sollen aus eigenem Willen, aber als allgemeines normatives Prinzip, verstanden wird.

2. Die Verwendung des Terminus ‚Imperativ' in der Bezeichnung des Sittengesetzes bei Kant und seine imperativistischen Formulierungen halte ich nicht für Relikte früherer Auffassungen der theologischen Ethik, sondern für die Verwendung eines Terminus in verwandter, aber doch der neuen Konzeption entsprechend modifizierter Bedeutung.

In ihrer philosophischen Begründung ist die kritizistische Ethik eigenständig. In den ihr zugrunde liegenden Einstellungen manifestiert sich sicherlich viel aus der traditionellen Ethik, so daß die Kantsche Ethik trotz ihrer eigentümlichen Konstruktion teils auch als Fortentwicklung und Läuterung traditioneller Auffassungen angesehen werden kann.

3. Das Sittengesetz im Sinne von Kant und Nelson halte ich für den formalen Rahmen, der das Prinzip der Generalität und der Gegenseitigkeit ausdrückt, und der als Grundlage der autonomen Moralüberlegung und -wertung dienen soll. Diesem Rahmen kommt aber formale und daher übersubjektive Geltung zu.

Anmerkungen

1 L. Nelson, Kritik der praktischen Vernunft, in: Gesammelte Schriften, hrsg. v. P. Bernays / W. Eichler / A. Gysin / G. Heckmann / G. Henry-Herrmann / Fr. v. Hippel / S. Körner / W. Kroebel / G. Weisser, Bd. IV, Hamburg ^{2}1972 (^{1}1917), S. 31.
2 J.-L. Gardies, De quelques voies de communication entre l'„etre" et le „devoir-etre", in: Revue philosophique, No. 3, 1976, S. 273–292.
3 ‚>!' verwende ich hier als Funtor zur Bildung von Bedingungsnormsätzen. Als Argumente sind Sachverhaltsbeschreibungen – ausgedrückt durch die Zeichen ‚p', ‚q' – einzusetzen. Man kann das Funktorsymbol auch so deuten, daß nur > den Funktor des Bedingungsnormsatzes darstellt, was mit der Festsetzung verbunden ist, daß als erstes Argument Aussagesätze zulässig sind, als zweites jedoch nur Normsätze.
4 Vgl. I. Kant, Anthropologie in pragmatischer Sicht, 1. T., 1. B., § 10: „was er (der Mensch) nämlich *auf den Geheiß seiner moralisch-gebietenden Vernunft* will, das *soll* er, folglich *kann* er es auch tun (denn das Unmögliche wird ihm die Vernunft nicht gebieten)." L. Nelson, a. a. O., S. 279: „Wenn ich etwas tun oder lassen soll, d. h. wenn für mich etwas ein praktisches Gesetz ist, so liegt darin die Voraussetzung, daß das, was ich tun oder lassen *soll*, auch tun oder lassen *kann*, d. h. daß es *nicht unmöglich* für mich ist, das zu tun, was ich tun soll, oder auch, es zu unterlassen. Im Bewußtsein des Sollens liegt unmittelbar das Bewußtsein des Könnens."
5 Gardies verweist auch auf Adolf Reinach, der in seiner Arbeit „Die apriorischen Grundlagen des bürgerlichen Rechts" (1913) zu ähnlichen Ergebnissen gekommen sei wie Searle.
6 Vgl. J. R. Searle, How to derive „ought" from „is", in: Philosophical Review, LXXIII/1964, S. 43–58; zum Folgendem auch: ders., Sprechakte. Ein sprachphilosophischer Essay, Frankfurt a. M. 1971 (Original: Cambridge 1969).
7 Vgl. O. Weinberger, Die Norm als Gedanke und Realität, in: ÖZÖR, Bd. 20 (1970), S. 203–216; auch in: ders., Studien zur Normlogik und Rechtsinformatik, Berlin 1974.
8 Über die Möglichkeit rationaler Operationen in bezug auf mehrere Normensysteme unter grundsätzlicher Einhaltung des Postulats der Systemgebundenheit und logischen Ausschließlichkeit des einzelnen Systems spreche ich in: Die Pluralität der Normensysteme (ARSP LVII/1971, S. 399–427; auch in: ders., Studien zur Normenlogik und Rechtsinformatik, Berlin 1974, S. 213–237).
9 I. Kant, Grundlegung zur Metaphysik der Sitten, Zweiter Abschnitt, Ak. Ausg., Bd. IV, S. 421, S. 429.
10 L. Nelson, a. a. O., S. 133, S. 136.
11 L. Nelson, a. a. O., S. 115 f.
12 Vgl. I. Kant, a. a. O., S. 415, S. 51; L. Nelson, a. a. O., S. 130.
13 L. Nelson, a. a. O., S. 513.
14 Vgl. Nelsons Begriff des ‚negativen Charakters der sittlichen Wertung', z. B.: L. Nelson, a. a. O., S. 464; vgl. ferner S. 127, S. 133, S. 514.
15 Nelson dürfte anderer Meinung gewesen sein; vgl. L. Nelson, a. a. O., S. 486.
16 Wir können hier von den wesentlichen methodologischen Schwierigkeiten des Utilitarismus absehen. Auf einige wichtige Schwierigkeiten hat Nelson hingewiesen. Vgl. L. Nelson, a. a. O., S. 636 f.

17 Vgl. N. Hoester, Utilitaristische Ethik und Verallgemeinerung, Freiburg / München 1971.
18 Vgl. L. Nelson, a. a. O., S. 229.
19 Wenn man die Existenz Gottes und die Welt als seine Schöpfung voraussetzt, dann kann dieser Glaube in zweierlei Weise mit der These von der Selbstdetermination in Einklang gebracht werden:
   1. Wenn Welt und Gott als ein komplexes Gesamtsystem aufgefaßt werden, von dem uns nur das Teilsystem Welt durch Erfahrung zugänglich ist. Es sind dann noch verschiedene Konzeptionen der Beziehung der Teilsysteme, Gott und Welt, möglich. (1) Nur im Schöpfungsakt ist Gott Ursache der Welt, die fürderhin als ungestörtes selbstdeterminiertes System besteht. (2) In der Schöpfung und in vereinzelten späteren Eingriffen — den Zeichen Gottes oder unechten Wundern — ist Gott willkürlich für die Phänomene der Welt bestimmend. (3) Durch den Schöpfungsakt und in jedem Phänomen ist Gott willkürlich für das Geschehen in der Welt bestimmend. (Wenn diese Konzeption nicht zu einem absoluten Kausalagnostizismus führen soll, muß vorausgesetzt werden, daß in gewissen Bereichen das Eingreifen Gottes in das Erfahrungsgeschehen keinen wesentlichen Einfluß auf das beobachtbare Phänomen hat.)
   2. Wenn vorausgesetzt wird, daß Gott zwar eine Entität ist, die zusammen mit der Welt nicht als ein Gesamtsystem angesehen werden kann (weil zwischen Gott und der Welt eine andere Art von Beziehungen besteht als zwischen Teilsystemen), die jedoch das System der Welt nicht absolut willkürlich, sondern entsprechend der Wesensstruktur Gottes beeinflußt. Inwieweit diese Wesensstruktur erkannt werden kann, darüber können Meinungsverschiedenheiten bestehen.
20 Dieses Problem kann hier nicht näher erörtert werden.
21 Auch für Kant ist dies eine Erfahrungstatsache; vgl. die hochinteressante Passage aus der Kritik der reinen Vernunft, Transzendentale Methodenlehre, 2. H.: „Die praktische Freiheit kann durch Erfahrung bewiesen werden. Denn, nicht bloß das, was reizt, d. i. die Sinne unmittelbar affiziert, bestimmt die menschliche Willkür, sondern wir haben ein Vermögen, durch Vorstellungen von dem, was selbst auf *entfernte*re Art nützlich oder schädlich ist, die Eindrücke auf unser sinnliches Begehrungsvermögen zu überwinden; diese Überlegungen aber von dem, was in Ansehen unseres ganzen Zustandes begehrenswert, d. i. gut und nützlich ist, beruhen auf der Vernunft." . . . „Ob aber die Vernunft selbst in diesen Handlungen, dadurch sie Gesetze vorschreibt, nicht wiederum durch anderweitige Einflüsse bestimmt sei, und das, was in Absicht auf sinnliche Antriebe Freiheit heißt, in Ansehen höherer und entfernter wirkenden Ursachen nicht wiederum Natur sein möge, das geht uns im Praktischen, da wir nur die Vernunft um die *Vorschrift* des Verhaltens zunächst befragen, nichts an, sondern ist eine bloße spekulative Frage, die wir, so lange als unsere Absicht aufs Tun oder Lassen gerichtet ist, bei Seite setzen können." (I. Kant, Kritik der reinen Vernunft, A 802-3/B 830-1.)
22 Vgl. O. Weinberger, Rationales und irrationales Handeln, in: Recht und Gesellschaft, Festschrift für H. Schelsky, zum 65. Geburtstag, Berlin 1978, S. 721—744.
23 Vgl. O. Weinberger, Kontrafaktualität und Faktentranszendenz, in: Ratio, Bd. 16/Heft 1 (1974), S. 13—18; ders., Faktentranszendente Argumentation, in: Zeitschr. f. allgem. Wissenschaftstheorie VI/2 (1975), S. 235—251.
24 Dies ist eine unmittelbare Folge der Selbstdeterminationsthese.
25 Außerdem ist interessant, wie Nelson, gestützt auf die Unterscheidung von Sittengesetz und Sittenregel, das Problem des Pflichtenkonfliktes behandelt. Konflikte gibt es nur zwischen dem, was auf Grund der Sittenregel als gesollt erscheint, es gibt

aber keine Pflichtenkonflikte von der letztlich entscheidenden Warte des Sittengesetzes aus (vgl. L. Nelson, a. a. O., S. 209). Die These von der Unmöglichkeit von Pflichtenkonflikten könnten wir nur dann akzeptieren, wenn ein kognitives Entscheidungsverfahren für sittliche Entscheidungen angegeben werden könnte. Sonst muß jedoch damit gerechnet werden, daß wir uns in unseren Moralüberlegungen eigentlich immer im Bereich von Sittenregeln bewegen.

26 L. Nelson, a. a. O., S. 126 f.
27 Nelson nennt ‚wohlverstandene Interessen‘ jene, die der Mensch haben würde, wenn er seine Situation recht verstände. Seine faktischen Interessen unterscheiden sich von den wohlverstandenen nur dann, wenn er seine Situation mißversteht. Die Abweichungen der faktischen Interessen von den wohlverstandenen kommen nach Nelson nur aus diesem Grunde zustande. Vgl. L. Nelson, a. a. O., S. 187.
28 L. Nelson, Die Theorie des wahren Interesses und ihre rechtliche und politische Bedeutung, in: L. Nelson, Gesammelte Schriften, Felix-Meiner-Verlag, Hamburg 1971, Bd. III, S. 8.
29 L. Nelson, a. a. O., S. 12.
30 L. Nelson, Kritik der praktischen Vernunft, a. a. O., S. 249.

Osvaldo N. Guariglia, Buenos Aires

Einige Bemerkungen zur „Theorie des wahren Interesses"
und zum naturrechtlichen Problem[1]

I.

Meine erste Begegnung mit L. Nelson war völlig zufällig. Bevor ich nämlich die Übersetzung der vier Schriften, die das kleine Buch „Cuatro ensayos de filosofia critica" ausmachen, begann, hatte ich weder von Nelson noch über Nelson ein Wort gehört. Aus Neigung wählte ich damals, um die Übersetzung anzufangen, den ersten Teil der Nelsonschen „Kritik der praktischen Vernunft", die sogenannte „Ethische Methodenlehre", und war gleich von der Fülle der Gedanken, die der Text anbot, völlig verblüfft. Die eigentümliche Stringenz der Beweisführung einerseits, und die Originalität des Ausgangspunkts andererseits, üben einen eigenartigen Einfluß auf den Leser aus. Er fühlt sich zwar verführt von einem mächtigen Gedanken, der aber die selbständige Kritik nicht nur nicht verhindert, sondern sogar herausfordert. Dieser Eindruck verstärkte sich im Laufe der Übersetzung der anderen Aufsätze: „Die Unmöglichkeit der Erkenntnistheorie", „Die Sokratische Methode" und schließlich des Vortrags über „Die Theorie des wahren Interesses und ihre rechtliche und politische Bedeutung". Gerade dieser Vortrag bietet in aller Kürze eine, wie mir schien, gut begründete Rehabilitierung nicht nur eines rationalen Naturrechts, sondern auch einer damit zusammenhängenden rechtlichen und politischen Lehre dar, wie sie neulich sowohl im Rahmen der deutschen wie auch der englischen Philosophie versucht worden ist. Diesen Vortrag habe ich als Thema meines Beitrags für den Nelson-Kongreß ausgewählt, freilich ohne zu ahnen, daß er wie ein Eisberg unter der Oberfläche eine riesengroße Masse von praktischen Theoremen versteckt. Denn, wie Frau Prof. Henry-Hermann bemerkt hat, beruht das ganze System der philosophischen Ethik, der Rechtslehre und Politik Nelsons auf zwei Grundsätzen: dem Gebot der Gerechtigkeit und dem Ideal der vernünftigen Selbstbestimmung, das den Kern der Theorie des wahren Interesses ausmacht[2].

Im Folgenden werde ich zuerst in großen Zügen diese Theorie darstellen, um später daran einige kritische Bemerkungen anzuknüpfen.

II.

Bekanntlich steht das Sittengesetz am Anfang des gewaltigen Gebäudes der Nelsonschen Ethik, so daß eine Betrachtung des wahren Interesses notwendig auf es hinweist. Das Sittengesetz liegt nämlich nicht nur der Ethik im engeren Sinn, der Tugendlehre also, zugrunde, sondern ist seiner Form nach das feste Fundament der Rechtslehre, oder, anders gesagt, es ist zugleich ein Rechtsgesetz. Das geht auf die Voraussetzungen zurück, die im Sittengesetz enthalten sind, und in seinen verschiedenen Formulierungen Ausdruck finden: Denn, was das Sittengesetz von uns verlangt, ist, 1. daß wir, um eine Handlung in Übereinstimmung mit der Pflicht zu tun, es nicht für hinreichend halten, einen Zweck, den wir gerade haben, zu erreichen, sondern, „falls dadurch die Interessen anderer verletzt würden, wir es für notwendig halten, diese Interessen gerade so mit in Anschlag zu bringen, als wenn sie die unsrigen wären" (Bd. IV, S. 131–132). Das Sittengesetz bietet also zunächst ein Kriterium der Pflicht, das eigentlich eine Regel für die Beschränkung unserer Interessen durch die kollidierenden Interessen anderer ist. Es hat demgemäß vor allem einen negativen Charakter für uns, zieht die Grenze, die wir bei der Verfolgung unserer Zwecke nicht übertreten dürfen.

Indem man einer Person bestimmte Interessen zuschreibt, auf die die anderen Rücksicht nehmen müssen, erkennt man ihre eigene *Würde* an, so daß das Sittengesetz auch so formuliert werden kann: 2. „Jede Person hat als solche mit jeder anderen die gleiche Würde" (Bd. IV, S. 132). In dieser Formel tritt die Regel zutage, die im Sittengesetz implizit enthalten ist: die der persönlichen Gleichheit. Das Sittengesetz bezieht sich nämlich auf unsere Handlungen nur insofern, als wir durch sie in Wechselwirkung mit anderen Personen treten. Indem man die Interessen der anderen Person wie die eigenen achten muß, erkennt man implizit die Gleichberechtigung der Träger dieser Interessen mit Abstraktion von jedem qualitativen Unterschied unter ihnen an. So bekommen wir die vollkommene Formulierung, die allen Bedingungen Genüge tut: 3. „Handle nie so, daß du nicht auch in deine Handlungsweise einwilligen könntest, wenn die Interessen der von ihr Betroffenen auch deine eigenen wären" (Bd. IV, S. 133). In dieser Formel kommt zum Ausdruck: (a) daß nur die Handlungen, die mit den fremden Interessen unvereinbar sind, durch das Sittengesetz verboten werden, oder, anders gesagt, daß das Sittengesetz nur einen negativen, beschränkenden Charakter hat und keinen positiven Zweck fördert; (b) daß nicht alle Verletzungen fremder Interessen ausgeschlossen sind, sondern nur diejenigen, denen wir nicht zustimmen würden, wenn jene in uns selbst durch andere, entgegengesetzte Interessen verletzt würden. Indessen würden wir im Falle eines Interessenkonflikts zustimmen, daß bestimmte Interessen durch die

Befriedigung anderer, sie überwiegender Interessen verletzt werden können. „Das Kriterium der Rechtlichkeit der Handlung liegt also darin, daß eine die beiderseitigen Interessen in sich vereinigende Person sich zu ihr entschließen könnte" (Bd. IV, S. 134). Diesen Satz nennt Nelson das *Abwägungsgesetz*.

Um in den Bereich des Rechts überzugehen, müssen wir aber die Verbindung des Sittengesetzes mit dem Rechtsgesetz betrachten. Diese Verbindung wird durch den *synthetischen* Satz ausgedrückt, der besagt, daß das Sittengesetz zugleich ein Rechtsgesetz ist, d. h., daß unsere Pflichten ihrem Inhalt nach durch Rechte bestimmt werden (Bd. IV, S. 144). Wie dieses Verhältnis gedacht werden soll, geht aus der folgenden Stelle der Rechtslehre hervor: „Denn unsere Pflichten bestimmen sich durch das Recht der von uns behandelten Personen, und alles Recht einer Person besteht nur auf Grund der Pflichten der sie behandelnden Personen. Ob wir also vom Begriff der Pflicht oder vom Begriff des Rechts ausgehen, wir erhalten ein und dieselbe Wissenschaft..." (Bd. VI, S. 41). Damit ein Recht besteht, bedarf man eines Gesetzes, das die Willkür anderer *verbindlich* einschränkt. Die Verbindlichkeit, die die Pflicht der einen ausmacht, erhält ihren Inhalt durch die Rechte, die die anderen ihr gegenüber behaupten. Um *diesen Inhalt* aber zu bestimmen, bedarf es eines Kriteriums, das in jedem Fall zu unterscheiden hilft, was Pflicht bzw. Recht ist, und was nicht. Das Abwägungsgesetz liefert dieses Kriterium, und zwar so, daß es, ohne die Allgemeingültigkeit des Sittengesetzes aufzuheben, sich doch nicht mit einer bloßen Tautologie zufrieden gibt. Der Schlüssel zu dieser Frage wird durch das Wort „Interesse" geliefert, denn ein Interesse ist immer etwas bestimmtes, das einen einzelnen Willen in einer besonderen Lage betrifft. Eine Rechtsfrage entsteht immer nur dadurch, daß ein vernünftiges Wesen in der Verfolgung seiner bewußten Zwecke, um die Befriedigung seiner Interessen zu erlangen, dem auch berechtigten Befriedigungsanspruch eines anderen vernünftigen Wesens entgegentritt. So gerät man in eine Interessenkollision, der gegenüber das Abwägungsgesetz fordert, daß sie mit Ausschließung jedes durch die nummerische Bestimmtheit der einzelnen Personen bedingten Vorzugs gelöst wird (Bd. IV, S. 173–181; 206–217; Bd. VI, S. 90–94). Was hier zum Ausdruck kommt, ist das Postulat der persönlichen Gleichheit, das im Rechtsgesetz mit enthalten ist. Es schließt keineswegs jede Bevorzugung einer Person aus, sondern nur diejenige, für die kein Grund im qualitativen Unterschied der Lage des einen und des anderen vorliegt. „Die Personen sind als solche gleich: D. h. es muß für jede rechtlich mögliche Bevorzugung ein Grund in der qualitativen Verschiedenheit der Lage des einen und anderen vorliegen. An und für sich aber, d. h., wenn man von diesem qualitativen Unterschied abstrahiert, ist keine Person vor der anderen bevorzugt" (Bd. VI, S. 91).

Das Kriterium des Rechts, das hier aufgeführt wurde, genügt zu bestimmen, was von vornherein *nicht* Recht ist. Das Recht schließt nämlich jede Bevorzugung aus, die *von selbst* entfallen würde bloß dadurch, daß wir uns den Unterschied der Personen als solcher aufgehoben denken (Bd. VI, S. 92). Das Rechtsgesetz hat also einen formalen Charakter in bezug auf die Materie des Rechts. Diese kann nämlich nicht aus dem Rechtsgesetz abgeleitet werden, sondern kommt immer aus den faktischen Tatbeständen zu ihm hinzu. Das Rechtsgesetz enthält nur ein allgemeines Kriterium zur Bestimmung der Materie des Rechts. Dieses allgemeine Kriterium ist jedoch wiederum negativer Natur. Das Rechtsgesetz ist nicht nur formal, sondern ist ein limitierendes Prinzip, das uns erlaubt, eine Klasse von möglichen Regelungen der gegenseitigen Beschränkung der Freiheitssphären in der Gesellschaft auszuzeichnen. „Es läßt, mit anderen Worten, einen *Spielraum* für verschiedene mögliche Weisen der Regelung der Wechselwirkung der Personen. Es schließt nämlich nur diejenigen Formen der Wechselwirkung der Personen aus, die die persönliche Gleichheit verletzen. Es zeichnet aber unter denjenigen, die dieser Bedingung genügen, keine bestimmte aus" (Bd. VI, S. 94).

Es versteht sich von selbst, daß es aufgrund des formalen Charakters dieses Grundsatzes unmöglich ist, inhaltlich bestimmte Rechtssätze aus ihm abzuleiten. Oder, wie Nelson es nennt, es läßt sich aus ihm kein Rechtskodex herleiten. Was es in die Hand gibt, sind bestimmte Kriterien für die rechtliche Beurteilung eines solchen Kodex: D. h., aus seinem Inhalt entspringen bestimmte Anforderungen, die jeder Rechtszustand, der diesen Namen verdient, erfüllen muß. Das Rechtsgesetz führt also zu einem auch formalen Postulat, das nicht mehr, aber auch nicht weniger verlangt, als daß in der Gesellschaft das Recht gelte. Dadurch, daß die Gesellschaft die Anforderung des Rechtsgesetzes erfüllt, bekommt sie einen Wert. Die Verwirklichung dieses Wertes, nämlich des Rechtszustandes in der Gesellschaft, ist aber eine Forderung, die nicht aus dem Rechtsgesetz selbst stammt, sondern die sich als eine Aufgabe der formalen Staatspolitik stellt. Der Rechtszustand ist ein *Rechtsideal*, das über die einzelnen hinausweist und einen Zweck erst für die Regierung ausmacht (Bd. VI, S. 146–151).

III.

Damit haben wir in aller Kürze skizziert, was das Gebot der Gerechtigkeit in den Gebieten der Ethik, der Rechtslehre und der vernünftigen Politik als direkte oder indirekte Konsequenzen aus seinem Inhalt herzuleiten zuläßt. Dieser Versuch, den Inhalt der Ethik und der Rechtslehre bzw. der formalen Politik auf einen universellen, der Form nach die Rationalität der Handlungen bestimmenden kategorischen Imperativ zurückzuführen, stößt auf dieselben Schwierigkeiten, die der kritischen Philosophie seit Kant hinsichtlich der Anwendung dieser Maxime schon immer widerfahren sind. Im großen und ganzen lassen sich diese Schwierigkeiten im Mangel an einem *positiven*, inhaltlichen Kriterium der Wertung zusammenfassen. Im Hinblick auf die 3. Formel des Sittengesetzes kommt dieser Mangel im Problem des Kriteriums für die objektive Entscheidung eines überwiegenden Interesses zum Vorschein. Die Formel verlangt nämlich, daß wir im Fall einer Interessenkollision die Interessen als vereinigt in einer Person denken, um zu einer Beurteilung zu gelangen. Die Entscheidung hängt daher ab „von unserem Wissen um den für die bestimmte Situation charakteristischen Tatbestand, insbesondere von unserer Kenntnis des Stärkeverhältnisses der Interessen, auf die wir durch unsere Handlung einwirken" (Bd. IV, S. 235). Ob eine Person sich zu einer Handlung entschließt oder nicht, hängt nur von der Stärke der Interessen ab, die sie für diese Handlung im Verhältnis zu den ihr entgegengesetzten hat. Indem Nelson im betreffenden Abschnitt der „Kritik der praktischen Vernunft" durch Abstraktion verfährt und er einzelne Fälle, bei denen die Stärke der kollidierenden Interessen das Kriterium der Entscheidung *nicht* sein kann, bloß einreiht (Bd. IV, S. 238—242; Bd. VIII, S. 12—14), spricht er nicht aus, was die Folge einer Abwägung nach der alleinigen Stärke der Interessen sein würde, nämlich die Sanktionierung der faktisch übermächtigen Interessen. Dies kommt aber klar ersichtlich z. B. in einer Stelle der Sozialpolitik zum Ausdruck, in der vom Begriff des Wohlstandes die Rede ist: „Denn daß, wenn die Wichtigkeit der Interessen nur von der faktischen Stärke des Bedürfnisses abhängt, die Befriedigung eines Bedürfnisses aller Stärke ungeachtet für den Wohlstand *überflüssig* sein sollte, widerspricht sich selbst. Es könnte dann von gar keinem Unterschied roherer und edlerer Bedürfnisse die Rede sein ... Das minderwertigste Bedürfnis wäre vom Anspruch auf Befriedigung nicht ausgeschlossen, wenn es nur mit der hinreichenden Gier auftritt" (Bd. VI, S. 315—316).

Wir müssen das Problem jetzt näher betrachten. Es steht, wie mir scheint, im Zentrum der praktischen Philosophie Nelsons. Denn, wer seine „Politik" und besonders die Teile über Sozial- und Kulturpolitik gelesen hat, der kann unmöglich bezweifeln, daß der Zweck Nelsons etwas ganz anderes war als die philosophische Begründung einer *gerechten* Gesellschaft im Sinne einer bloßen Übereinstimmung der Handlungen mit einer allgemeingültigen Maxime, die die rechtlich zulässige Ausbeutung der schwächeren seitens der übermächtigen Interessen einfach tarnen würde. Für ihn war es vielmehr unbedingt nötig, die Brücke über die nur formale Allgemeingültigkeit des Sittengesetzes zu einem auch material bestimmbaren objektiven Kriterium der empirischen Interessen nach ihrem jeweiligen Wert zu schlagen. Dies ist aber um so schwieriger, als nach dem Sittengesetz keine Materie der Pflicht von vornherein erkennbar, sondern nur empirisch in jedem Fall feststellbar ist. Der Weg, den Nelson betritt, führt über eine Analyse des Wortes „Interesse" zu der Feststellung einer doppelten Bedeutung desselben, einer „subjektiven" und einer „objektiven". Da jedes bestimmte Interesse, das die Materie der Pflicht je ausmacht, an einem besonderen Zweck orientiert ist, sollte eine Unterscheidung der empirisch feststellbaren Zwecke auf eine Sondierung der ihnen geltenden Interessen zurückführen. Nun in der Tat bestehen zwei Arten von Gegenständen, die ein Interesse nach sich ziehen können: diejenigen, die eine Befriedigung eines unmittelbaren Bedürfnisses versprechen, und diejenigen, bei denen das Interesse auf einer Schätzung basiert. Die ersteren entsprechen einem nur *subjektiven* Interesse, das seinem Gegenstand keinen selbständigen Wert, d. h. keinen außer dem ihm von dem Interesse selbst zukommenden Wert beilegt. Die letzteren entsprechen dagegen einem *objektiven* Interesse, das dem Gegenstand einen Wert beilegt, ohne Rücksicht darauf, ob er unser Interesse befriedigt oder nicht. Im ersten Fall besteht der Wert des Gegenstandes nur insofern, als er Gegenstand unseres Interesses ist, als er also unser Interesse befriedigt. Im zweiten Fall dagegen hat der Gegenstand einen Wert unabhängig vom Interesse selbst. Das objektive Interesse schließt also eine Behauptung ein, die besagt, daß dieser oder jener Gegenstand einen Wert unabhängig von meinem jetzigen Interesse an ihm hat. Diese Behauptung kann wie jedes Urteil richtig oder falsch sein. Das subjektive Interesse hängt schließlich unmittelbar von einer Empfindung ab; das objektive hingegen von einer Einsicht, die beim Einzelnen vorhanden oder nicht vorhanden sein mag. Die objektiven Interessen können folglich *gebildet,* die subjektiven höchstens *modifiziert* werden (Bd. IV, S. 243—47).

Daraus können wir ein Kriterium gewinnen, das die Vergleichung der *Stärke* mit dem *Wert* des Interesses erlaubt. Ein objektives Interesse hängt nämlich nicht nur von der Einsicht in den Wert des Gegenstandes ab, sondern auch davon, daß die Einsicht in den Wert des Gegenstandes maßgebend für die Stärke des ihm zukommenden Interesses ist. Bei wem die Stärke der ihn bewegenden Interessen durch die Einsicht in den Wert des Gegenstandes bestimmt wird, den nennen wir eine *gebildete* Person. Die *Bildung* liefert also ein erstes Kriterium für die Vergleichung zwischen Stärke und Wert. Wir können aber weiter fragen nach dem Prinzip, das wiederum die Bildung als Kriterium für das Vorziehen eines bestimmten Interesses vor anderen voraussetzt, nach dem Kriterium also, das eine Stufenleiter der Werte aufzustellen erlaubt. Ein solches Prinzip können wir aus der tatsächlichen Wertung durch Abstraktion herausziehen. Wir beurteilen nämlich in jedem Fall das vorliegende einzelne Interesse in Zusammenhang mit dem Ganzen des Lebens einer Person, um so zu einer Bewertung zu gelangen. Wir fragen uns, wie sich das betreffende Interesse zur Gesamtheit der Lebensäußerungen einer bestimmten Person verhält, und dementsprechend legen wir dem Interesse einen objektiven Wert bei. So erreichen wir das gesuchte Kriterium für die Vergleichung der Stärke der Interessen mit ihrem Wert. Wir können sie auf eine bloße Vergleichung der Stärke der kollidierenden Interessen zurückführen, wenn wir uns die Stärke der Interessen ihrem Wert entsprechend modifiziert denken. Diese Voraussetzung liefert uns das folgende Kriterium: „Die Vorzugswürdigkeit eines Interesses gegenüber kollidierenden bestimmt sich durch die relative Stärke des Interesses, das eine vollkommen gebildete Person an seiner Befriedigung haben würde, wenn unter einer vollkommen gebildeten Person eine solche verstanden wird, die einerseits über vollkommene Einsicht verfügt und andererseits stets das als wertvoller Erkannte dem als weniger wertvoll Erkannten vorzieht" (Bd. VIII, S. 13, vgl. Bd. IV, S. 251–52). Auf die Frage, wie sich die Rücksicht auf den objektiven Wert der Interessen mit der 3. Formulierung des Sittengesetzes in Einklang bringen läßt, antwortet Nelson, daß eine richtige Beurteilung der Situation, insbesondere des Interessenverhältnisses, ihre wirkliche Stärke mit ihrem Wert übereinstimmen lassen muß. Es müsse daher als eine falsche Beurteilung der Situation angesehen werden, wenn wir die Interessen nach ihrer wirklichen Stärke abwägen wollten, statt nach der ihrem objektiven Wert angemessenen Stärke (Bd. IV, S. 256).

So entsteht die zunächst paradox klingende Möglichkeit, daß man auf ein Interesse achten muß, das in der Tat nicht besteht. Diese Möglichkeit ergibt sich, wenn z. B. eine Seite der kollidierenden Interessen aus Mangel an praktischer Einsicht nicht in der Lage ist, das Gewicht zu bestimmen, das einem bestimmten Interesse seinem Wert gemäß für diese Seite zukommen sollte. Da das Gewicht der Interessen nicht nach ihrer wirklichen, sondern nach der ihrem wahren Wert angemessenen Stärke bestimmt werden muß, laufen die Unkenntnis dieses wahren Wertes wie die Unfähigkeit, ihn zu schätzen, auf dasselbe hinaus, nämlich auf *einen praktischen Irrtum*. In diesem Fall hat die andere Seite die Pflicht, so zu agieren, als ob dieser praktische Irrtum nicht bestünde.

Ein besonderer Fall des praktischen Irrtums ist der von einem Kind, das das Bedürfnis nach Selbständigkeit bei sich nicht mit der Stärke fühlt, die ihr entsprechen müßte, wenn das Kind hinreichende Einsicht in den Wert der Selbständigkeit seines Lebens besäße. Die Pflicht der Eltern ihrem Kind gegenüber besteht also darin, daß sie auf das Interesse ihres Kindes an seiner Selbständigkeit achten müssen, auch wenn es selbst danach kein Bedürfnis hätte. Zusammenfassend: „Wir haben die Interessen so abzuwägen, als ob die behandelte Person außer dem Interesse, das sie wirklich hat, noch ein anderes hätte, das ihr nur selber nicht bewußt ist, das aber darum nicht weniger Achtung fordert" (Bd. IV, S. 258). Das neben dem wirklichen bestehende Interesse ist das *wahre Interesse* einer Person.

Die so erwiesene Existenz einer Regel der Vorzugswürdigkeit von Interessen, die unabhängig von der wirklichen Stärke ist, und die daraus entspringende Folge der Möglichkeit eines praktischen Irrtums erlauben zu einem Naturrechtssatz zu gelangen, der unabhängig vom Rechtsgesetz gilt. Wichtig dabei ist die Tatsache, daß sich aufgrund der bloßen Existenz eines solchen Naturrechtssatzes, d. h. ohne Rücksicht auf seinen Inhalt, eine bedeutsame Konsequenz ergibt, nämlich die Grundlegung eines *formalen* Naturrechts. Es folgt daraus eine besondere Abgrenzung des Prinzips der Rechtlichkeit von Übereinkünften: „Während sonst die Rechtlichkeit einer Verfügung und ihre Verbindlichkeit unmittelbar aus der Einwilligung der Beteiligten hervorgeht, nach dem Satz: volenti non fit iniuria (dem Einwilligenden geschieht kein Unrecht), so erleidet dieser Satz hier eine Einschränkung. Die Einwilligung gilt nämlich nur insofern als Kriterium der Rechtlichkeit der Übereinkunft, als sie den Ausdruck für die Übereinstimmung der Übereinkunft mit dem überwiegenden Interesse der Beteiligten darstellt. Wo aber ein praktischer Irrtum vorliegt, da kann die Einwilligung nicht mehr als Ausdruck des überwiegenden Interesses gelten" (Bd. VI, S. 114—115).

Die hier dargestellte Einschränkung der Rechtlichkeit von Übereinkünften läuft also auf die Existenz von *unveräußerlichen Rechten* hinaus. Allein, die Unveräußerlichkeit eines Rechts bedeutet nur, daß die Einwilligung in die Verletzung des eigenen Interesses den anderen nicht von der Pflicht der Achtung dieses Interesses entbinden kann. Denn die Einwilligung in die Verletzung des wahren Interesses beruht ausschließlich auf einem praktischen Irrtum. Der Satz „volenti non fit iniuria" behielte folglich seine Richtigkeit, wenn wir das wahre Interesse immer für evident halten könnten, d. h. unter der Voraussetzung, daß das wahre Interesse stets durch ein überwiegendes faktisches vertreten wäre. Unter Hinzunahme der Evidenzlosigkeit des wahren Interesses in der Natur und der dadurch entstehenden Möglichkeit eines praktischen Irrtums ergibt sich jedoch der fragliche Satz als fehlerhaft insofern, als er auf die Übereinstimmung der faktisch überwiegenden Interessen mit ihrem objektiven Wert keine Rücksicht nimmt (Bd. VI, S. 115).

Ich möchte schon hier betonen, daß mir dieses Ergebnis als besonders wichtig gilt. Es wurde von Nelson mittels einer Kritik der tatsächlichen Lage entgegengesetzter Interessen erreicht, wie sie sich in ihrem Wechselspiel täglich darbieten. Damit hat er, wie mir scheint, umgekehrt erwiesen, daß das positive Recht notwendig das Mißverhältnis der faktisch bestehenden Stärke der Interessen widerspiegeln muß, wenn man kein anderes Kriterium des Rechts außer dem von faktischen Tatbeständen gelieferten zur Beurteilung der Interessenlage aufnimmt. Eben dadurch, daß dieses Ergebnis aus einer tiefgehenden Kritik des ethischen und rechtlichen Erkenntnisvermögens gewonnen wurde, ist das Resultat, obschon negativ, unabhängig von jedem Inhalt, den wir dem gesuchten, nicht faktischen Kriterium geben möchten.

Es ist aber höchste Zeit, zum Inhalt des wahren Interesses überzugehen. Gewiß, eine skizzenhafte Darstellung des *Ideals der Bildung* oder der *vernünftigen Selbstbestimmung*, wie es Nelson auch nennt, kann unmöglich der Fülle der aus ihm entspringenden Konsequenzen Rechnung tragen, zumal die Ableitung dieses Ideals von der Deduktion desselben aus dem ästhetischen Antrieb her bis zu seiner Anwendung in der Sozial- und Kulturpolitik recht kompliziert ist. Wenn wir jetzt auf diese Ableitung trotzdem eingehen, so tun wir es mit vollem Bewußtsein dessen, daß wir hier nur ihre wichtigsten Grundzüge angeben können.

Ein *Ideal* ist in Nelsonscher Ausdrucksweise ein objektiver positiver Wert, der seinen Ursprung in einem ästhetischen Wertungsprinzip hat. Nichtsdestoweniger enthält jedes Ideal eine unmittelbare Beziehung zur Wirklichkeit: Es erstrebt nämlich etwas, das zur Wirklichkeit gehört. „Das Ideal schließt, seinem bloßen Begriff nach, eine Anforderung an die Wirklichkeit ein. Die ideale Wertung muß daher auch, wenn diese Anforderung mit Recht erhoben wird, die Möglichkeit von idealen Bestimmungsgründen für das Handeln zulassen" (Bd. IV, S. 412–413). Es ist nämlich eine Besonderheit der idealen Wertung, daß sie, als Wertung von Handlungen, eine Anforderung an einen Willen einschließt. Sie schreibt also dem Willen die Richtung auf ein Ziel vor, das er entweder erreichen oder verfehlen kann. Was das Ideal liefert, ist folglich gerade das Gegenteil der Pflicht: diese stellt nämlich eine nur *negative* Anforderung dar, die wir in unserem Handeln beachten müssen; jenes hingegen bietet ein positives bestimmtes Ziel als Zweck für unsere Handlung, das unseren Willen zwar beansprucht, aber nicht in der Form eines kategorischen Imperativs. So erreichen wir den Begriff des Ideals; wie kommen wir aber zu seinem Inhalt? Denn im Begriff des Ideals liegt nur die Anforderung an ein vernünftiges Wesen, die ihm durch das Ideal gestellte Aufgabe zu erfüllen. „Eben darum", bemerkt Nelson, „weil es für diese die bloße *Form* des Ideals ausmachende Anforderung wesentlich ist, den *Inhalt* der durch das Ideal gestellten Aufgabe *unbestimmt* zu lassen, ist es unmöglich, vom Begriff des Ideals auf analytischem Wege zur Bestimmung dieses Inhaltes zu gelangen" (Bd. IV, S. 455).

Dennoch hat Nelson eine Deduktion des Inhalts versucht. Sein Ausgangspunkt dazu ist die Feststellung, daß der ästhetische Gegenstand zugleich ein Naturgegenstand ist. Diese Zusammenstimmung von ästhetischem Gegenstand und Naturgegenstand kann bloß zufällig sein, wie im Fall einer mathematischen Kombination der Gegenstände, z. B. in der Konfiguration der

Sternbilder, oder notwendig bestehen, wie im Fall der Organismen, bei denen die anschauliche Einheit zugleich eine physikalische Einheit ist, d. h. ein in sich geschlossenes System von Wechselwirkungen derart, daß die Form des Ganzen sich erhält (Bd. IV, S. 449–50). Was die anschauliche Betrachtung dem Organismus zuschreibt, ist ein Prinzip der Selbsterhaltung, der Selbsttätigkeit, das wir als *Leben* bestimmen, mag dies wissenschaftlich richtig oder unrichtig sein. Um so mehr stimmen anschaulicher Gegenstand und innere Natur dort zusammen, wo die Selbsttätigkeit nicht eine bloße Analogie, sondern ein echtes Prinzip des Naturgegenstandes ist. Dies ist der Fall bei der Persönlichkeit, deren Prinzip von innerer Selbsttätigkeit der Wille, die freie Führung des eigenen Lebens ist. Der Wille kann aber entweder von äußeren Eindrücken oder von inneren, reinen Antrieben der Vernunft bestimmt werden. Erst wenn die Antriebe aus der eigenen Vernunft des Handelnden entspringen, können wir in vollem Sinn von Selbstbestimmung sprechen. So kommen wir zu dem Schluß, daß die *Herrschaft des vernünftig bestimmten Willens* über das Leben eine Bedingung des ästhetischen Wertes der Persönlichkeit ist (Bd. IV, S. 453). Dies ist, anders formuliert, der gesuchte Inhalt des Ideals der Bildung, das eben aus der völligen Entfaltung der vernünftigen Selbstbestimmung des Menschen besteht. Diese Entfaltung fällt aber zugleich mit dem höchsten Grad von Intensität des Lebens zusammen: „Die Intensität des Lebens hängt daher einerseits ab von dem Lebensreichtum und also von der Empfänglichkeit für äußere Eindrücke und andererseits von dem Grade seiner Beherrschung durch den rein vernünftig bestimmten Willen" (Bd. IV, S. 454). Dieses innere Gleichgewicht, das sich in bestimmten Merkmalen wie Besonnenheit bei wichtigen Entschlüssen, Mäßigung im Genießen, Aufrichtigkeit gegen sich und andere, Geschmack in der Führung seines Lebens usw. zeigt, kommt in einer gebildeten Person zu seiner Vollkommenheit. Wenn dies vorkommt, ist der Grund für einen ästhetischen Genuß gegeben.

Von dem so bestimmten Inhalt des Ideals aus sind wichtige Konsequenzen zu ziehen, die die Rechtslehre und die philosophische Politik betreffen. In der Tat: wenn das Kriterium vom Wert der Interessen nur demjenigen zugänglich ist, der über die notwendige Bildung dazu verfügt — und dies heißt: Herrschaft des Willens über das Leben —, dann ist die Möglichkeit zur Bildung, also zur vernünftigen Selbstbestimmung seines Lebens zu gelangen, eine Forderung des Prinzips der Gleichheit. Diese Forderung schränkt selbst die rechtliche Freiheit auf die Bedingung ein, daß jedem Menschen die Möglichkeit zur Selbstbestimmung zu gelangen, garantiert ist. Auf diese Weise entsteht eine erste Formulierung des Naturrechts, die besagt: „Alle vernünftigen Wesen haben das Recht auf die gleiche äußere Möglichkeit, zur Selbstbestimmung zu gelangen" (Bd. VI, S. 117). Dies ist ein echtes materiales

Naturrecht, das unabhängig von der tatsächlichen Interessenlage gilt. Es könnte nämlich ein Bedürfnis nach Selbstbestimmung faktisch nicht bestehen; aber auch dann wäre eine Einschränkung der Möglichkeit zur Selbstbestimmung gleichbedeutend mit einer Verletzung eines überwiegenden Interesses, wie sie bestünde, wenn das wirkliche Bedürfnis nach solcher Freiheit dem wahren Interesse an ihr entspräche. Eine solche Verletzung des wahren Interesses findet besonders dann statt, wenn man ein vernünftiges Wesen unter der Bevormundung eines anderen hält und ihm dadurch die Möglichkeit raubt, seine eigene vernünftige Anlage auszubilden. Das wahre Interesse kann nämlich nur durch Selbsttätigkeit befriedigt werden, und jeder Versuch, das wahre Interesse eines anderen zu befriedigen, stellt eine Verletzung desselben dar. Was also das Naturrecht prinzipiell aufstellt, ist die Widerrechtlichkeit jeder künstlichen Bevormundung, d. h. jeder Bevormundung, die nicht auf der Unfähigkeit des Subjekts gegründet ist, sich selbst zu bestimmen. In diesem Fall ist im Gegenteil eine Bevormundung nicht nur rechtlich, sondern sogar obligatorisch. Diese Bevormundung ist aber rechtlich eingeschränkt auf die Bedingung, daß sie sich darum bemüht, den Grund ihres Bestehens selbst aufzuheben, indem sie wesentlich dazu beiträgt, dem Bevormundeten zu seiner Selbstbestimmung zu gelangen. Auf eine Formel gebracht, lautet der gemeinte Naturrechtssatz so: ,,Durch das öffentliche Gesetz soll die gleiche äußere Möglichkeit für alle, zur Bildung zu gelangen, gesichert und die geistige Freiheit eines jeden gegen künstliche Bevormundung geschützt werden" (Bd. VI, S. 120).

Daraus entsteht die Aufgabe einer vernünftigen Politik, die vor allem in der Vermögensverteilung sowie in der Kultur- und Kirchenpolitik Anwendung findet. Das Prinzip der vernünftigen Selbstbestimmung liefert auch in diesen Fragen ein materiales Kriterium, indem es verlangt, daß neben der rechtlichen auch die wirtschaftliche Möglichkeit gesichert werden muß, daß jeder zu der Bildung gelangen kann, die nötig ist, um sein Leben vernünftig führen zu können. Auf diese Weise definiert sich der Wohlstand als dasjenige Maß von Besitz, das notwendig und hinreichend ist, um dem einzelnen zu ermöglichen, zu der mit Rücksicht auf seine Anlagen überhaupt erreichbaren Bildung zu gelangen (Bd. VIII, S. 23; vgl. Bd. VI, S. 318—319). Auf dem Prinzip der vernünftigen Selbstbestimmung gründet sich auch die Aufgabe einer Schulpolitik: Denn, da das wahre Interesse ursprünglich dunkel ist, ist nur derjenige, der über die hinreichende Ausbildung seines Verstandes verfügt, in der Lage, sein wahres Interesse selbst wahrzunehmen. Daraus entsteht ein Recht auf Bevormundung, d. h. auf die Ausbildung seiner natürlichen Anlagen durch andere, was in der Tat das Recht auf *Erziehung* ausmacht. Da diese Erziehung grundsätzlich auf die Erweckung des Bedürfnisses nach vernünftiger Selbstbestimmung zielen muß, wird sie notwendig zum

Monopol des Staates, der den Unterricht beaufsichtigen muß, um die Möglichkeit jedes dogmatischen Unterrichts von Grund auf auszuschließen. Denn jeder dogmatische und konfessionelle Unterricht beabsichtigt, ein bestimmtes Bekenntnis zu vermitteln, das als solches kritiklos angenommen werden muß. Dies zu erlauben, hieße jedoch so viel als eine künstliche Bevormundung zu gestatten, die nicht auf Überzeugung, sondern nur auf Überredung beruht. Und dies würde noch gelten, selbst wenn das ganze Volk einer und derselben Konfession wäre: „Denn ein Dogma hört auch dann nicht auf, ein Dogma zu sein, wenn das Bekenntnis zu ihm von allen unterschiedslos geteilt wird. Die Nötigung zu seiner Erlernung bliebe also doch nur Sache der Überredung und damit eine widerrechtliche Bevormundung" (Bd. VI, S. 370).

IV.

Wenn ich die Theorie des wahren Interesses etwas länger referieren mußte, so hat dies seinen Grund in der inneren Kohärenz dieser Theorie, der durch eine kürzere Darstellung gerecht zu werden unmöglich wäre. Eine Rehabilitierung des originellen Naturrechts von Nelson ist, wie mir scheint, im Rahmen einer Gedenkveranstaltung wie dieser ganz besonders am Platz. Wenn ich in der Folge an das bisher Referierte einige kritische Bemerkungen anknüpfe, so möchte ich, daß dies keineswegs auf die bedeutende Leistung Nelsons Schatten wirft. Besondere Zustimmung findet bei mir im allgemeinen der Versuch, a priori rationale Kriterien zur Beurteilung der empirischen Wirklichkeit aufzustellen, obschon mir manches in der Nelsonschen Auffassung zweifelhaft erscheint. Da dabei das Prinzip der vernünftigen Selbstbestimmung im Zentrum der Diskussion steht, beziehen sich meine Bemerkungen auf die Deduktion seiner Inhaltsbestimmung und einige Konsequenzen derselben.

Es ist eine feste Überzeugung Nelsons, daß das Ideal einen objektiven, a priori bestimmbaren eindeutigen Inhalt hat, und daß dies aus dem bloßen Begriff des Ideals folgt (vgl. Bd. VI, S. 116, § 46). Was im Begriff des Ideals vorliegt, ist aber nur die Anforderung an einen vernünftigen Willen, die durch das Ideal bestimmte Aufgabe zu verwirklichen. Um diese Anforderung aber zu stellen, muß jedes Ideal eine Art Anziehungskraft ausüben, für deren Empfindung eine bestimmte Fähigkeit im Willen vorausgesetzt werden muß. Diese Fähigkeit muß weiter derart sein, daß sie nur erweckt zu werden braucht, um unmittelbar den Willen auf eine gegebene Richtung festzulegen. Dies kann jedoch nur geschehen, wenn das Ideal direkt die Natur des Willens anspricht, wenn es also seiner Natur wesentlich entspricht. Was das Ideal vom Willen verlangt, ist aber, eine bestimmte Tätigkeit auszuüben. Was für eine Tätigkeit, die der Natur des Willens wesentlich entspricht, kann dies sein, wenn nicht die eigene Aktivität des Willens, die wir uns zuerst einfach getrennt vom Willen selbst gedacht haben? Ich kann dies mit einem klassischen Beispiel noch anschaulicher machen: Wenn Aristoteles die Kontemplation als Ideal vorschlägt, hat dies seinen Grund darin, daß die Kontemplation die Aktivität des Nous schlechthin darstellt. Die vom Ideal geforderte Tätigkeit des Willens ist also ausschließlich die eigene Aktivität des Willens selbst. Daß eine bestimmte Aktivität *die* Aktivität eines Organs ist, kann nicht durch Deduktion bewiesen, sondern nur festgestellt werden. Sie kann aber festgestellt werden nur unter der Bedingung, daß die fragliche Tätigkeit faktisch existiert. Das hat zur Folge, daß das Ideal als Ideal nur entstehen kann, wenn es faktisch schon existiert, was dem Begriff des Ideals widerspricht.

Die Schwierigkeit liegt, wie mir scheint, sowohl im Begriff des Ideals wie auch im Versuch der Deduktion seines Inhalts. Der Begriff des Ideals läßt sich, m. E., nicht leer, der Form nach allein denken. Im Begriff einer Anforderung an den Willen nehmen wir notwendig schon vorweg, was wir nur als Schluß der Deduktion aus seiner Form her behaupten wollen, nämlich die vernünftige Selbstbestimmung des Willens. Die Form des Ideals kann nur scheinbar getrennt von seinem Inhalt gedacht werden. In der Tat ist sie nur die Erscheinung eines an sich schon immer verwirklichten Willens. Vergeblich wollte man folglich durch Deduktion dem Willen seine eigene Aktivität zuschreiben. Diese, der Inhalt des Ideals also, kann nur, wie die Vernunft selbst, als ein Faktum hingenommen werden. So weit der Wille, die Vernunft, als solche bestehen, bestimmen sie sich selbst. Wir können allein geschichtlich verstehen, wie der Wille zu seiner reinen Form und innerer Selbstbestimmung gelangt ist, da wir dabei die Existenz des Willens als freien Willens schon voraussetzen. Daß der Wille selbstbestimmend ist, können wir nur als ein Faktum, als das vielleicht einzige Faktum der praktischen Vernunft erleben.

Nelson hat dennoch diesen faktischen Charakter des Willens bzw. der Vernunft klar erkannt: „Es besteht nicht etwa ein Naturgesetz, daß der vernünftige Wille zur Herrschaft gelangt, sondern vielmehr nur ein solches, das die *Möglichkeit* dazu bestimmt. Die *Entwicklung* der vernünftigen Anlage im Menschen, durch die seine *Freiheit* in Erscheinung tritt, ist so wenig nach einem Naturgesetz wie nach einem Sittengesetz notwendig. Sie bleibt vielmehr rücksichtlich der Naturnotwendigkeit sowohl als auch der sittlichen Notwendigkeit *zufällig*. Wo wir sie daher dennoch antreffen, ist sie der Grund eines ästhetischen Gefallens. Und diese positive Bedingung des Wertes der Persönlichkeit bestimmt den Inhalt des Ideals" (Bd. IV, S. 456). Was er dabei sichern wollte, war m. E. die *Möglichkeit* einer solchen Entwicklung der vernünftigen Anlage im Menschen dadurch, daß er sie aus der Persönlichkeit, als *Naturgegenstand* verstanden, deduziert hat (vgl. Bd. IV, S. 452, § 218). Eine solche Deduktion wäre indes unmöglich gewesen, wenn wir das Auftauchen der Vernunft in der Welt nicht als ein *natürliches* Ereignis beurteilen, das als Element einer bestimmten Begriffsklasse, als Naturgegenstand also, bestimmt werden kann, sondern einfach als ein geschichtliches Faktum hinnehmen, das als solches entweder eigenartig und völlig zufällig ist, oder aber seine eigene Rationalität in sich verbirgt. Es bereitet der Nelsonschen Betrachtungsweise keine geringe Schwierigkeit, daß er nur zwei sich gegeneinander absondernde Gebiete anerkennt, das a priori aufstellbare, sich auf der praktischen Vernunft allgemein gründende Gebiet der Rechtslehre und das empirisch feststellbare, der theoretischen Vernunft zugehörende Gebiet der Natur. Eine eigene Welt der Geschichte und der Gesellschaft gibt es für sie nicht.

Und dennoch kommt die Geschichte in das gedankliche System Nelsons durch verschiedene Punkte hinein. Nehmen wir den Begriff der Bildung. Sie war, wie wir sahen, von der Einsicht in den Wert eines Gegenstandes bestimmt. Worauf gründet sich aber die positive Wertung des Gegenstandes? Nelson definiert diese Wertung als ästhetisch, räumt zugleich ein, daß für die ästhetische Wertung kein Prinzip angegeben werden kann, das die Schönheit des Gegenstandes durch Subsumtion beweisen könnte. Er nennt dies „den inexponiblen Charakter des Prinzips der ästhetischen Wertung". Was dieser Ausdruck verhüllt, ist schlicht und einfach der faktische Charakter jeder Wertung, die Tatsache also, daß sie nur im Rahmen einer bestimmten Gesellschaft zu einer bestimmten Zeit gilt. Von Rickert und Weber an wurde viel über objektive Werte bestritten. Man kann jetzt am sozialen Charakter der Werte kaum zweifeln, sei es, daß man darin einen Grund sieht, die Werte als willkürlich zu verwerfen, sei es, daß man sie als ein von der Sprache vermitteltes Datum berücksichtigt. Damit wird in jedem Fall die zentrale Stellung des Begriffs der Bildung, des ästhetischen Wertes der Persönlichkeit also, völlig in Frage gestellt. Im System Nelsons vertritt er einen Überrest des klassischen Humanismus Deutschlands, den er von der Ästhetik Schillers übernimmt. Wenn wir nicht in bloße Schwärmerei verfallen wollen, müssen wir offen zugeben, daß nichts so entschieden von der Bühne abgetreten ist, wie der Begriff des Kunstschönen. Die berühmte Formel Schillers für das Kunstschöne, Freiheit in der Erscheinung, trifft den modernen Kunstgegenstand schon lange nicht mehr. Die Beherrschung der Welt durch die Technik läßt fast keinen Raum mehr für das Naturschöne. Der Bildung als Formung der Persönlichkeit ging es nicht besser. Die Spezialisierung hat ihr ein Ende bereitet. Schon der bloße Hinweis auf „das Ganze eines Lebens" klingt für manches Ohr ideologisch verdächtig.

Trotz der vorsichtigen Formulierung Nelsons, die dem Ausdruck „der völlig gebildeten Person" einen fast funktionellen Sinn gibt, enthält sein Begriff der Bildung eine reichere Inhaltsbestimmung, als er ahnen konnte. Selbst das Bild „einer vollkommen gebildeten Person" ist fragwürdig geworden, läßt im günstigsten Fall nur noch an den bloßen „Amateur" denken. Auf der anschaulichen Einheit der Persönlichkeit, die einen Zweck an sich hat, kann man auf jeden Fall keine objektive Wertung mehr begründen.

Was diese negative Feststellung enthüllt, ist die relative Geltung des von Nelson absolut behaupteten Grundes der Wertung. Nicht die ästhetische Anschauung war der Grund der positiven Wertung, sondern der von der Gesellschaft in ihr deponierte objektive Wert. Das Prinzip der positiven Wertung muß folglich vielmehr in den als erstrebenswert geltenden Zwecken gesucht werden, an denen die Handlungen einer bestimmten Gesellschaft orientiert sind. Mit der Kantischen Dreiteilung der Seelenvermögen in Vorstellung, Wille und Gefühl, auf der die Dreiteilung in sinnliche Objekte, ethische und ästhetische Werte begründet ist, verweigert man den gesellschaftlichen Werten ihr Recht. Dies tut man stillschweigend, wenn man, wie Nelson, die in der Gesellschaft geltenden Gesetze für bloße Naturgesetze hält, und dadurch den gesellschaftlichen Gegenstand unter den Naturgegenstand subsumiert. Ich weiß, diese Betrachtungsweise hat nach dem Wiener Kreis eine breite Anerkennung gefunden. Deswegen hat jede Behauptung dafür oder dagegen unvermeidlich einen polemischen Sinn. Der Werturteilsstreit, der sich ursprünglich im deutschen Sprachgebiet entwickelt und sich jetzt überall verbreitet hat, ist ein unleugbarer Zeuge dafür. Ich möchte hier keineswegs auf diese Polemik eingehen, sondern nur auf die Schwierigkeiten aufmerksam machen, die die eigenartige Stellung Nelsons auf dem mittleren Weg zwischen Empiristen und Historisten seinem System bereitet. Der Mangel an einem positiven Begriff des Willens, der der Handlung nicht nur verbietende Gesetze der Ethik und der Rechtslehre, sondern auch positiv orientierende Zwecke setzt, und sie dadurch rational-inhaltlich bestimmt, taucht auch in den Konsequenzen seines philosophischen Systems auf. Am besten läßt sich dies an der unlösbaren Schwierigkeit beobachten, die im Übereinstimmungsversuch zwischen den a priori rationalen Kriterien der philosophischen Politik einerseits und deren empirischer Verwirklichung andererseits zu spüren ist. Die Übereinstimmung bleibt ja letzten Endes auf bloße Zufälligkeit angewiesen (vgl. Bd. VI, S. 310–312; 352–53, § 166; 360–61 usw.). Dies scheint jedoch unvermeidlich zu sein, wenn man der nackten Natur entweder ein formales Rechtsideal oder ein in sich geschlossenes ästhetisches Ideal der Bildung unvermittelt gegenübertreten läßt.

Dennoch ist die Möglichkeit einer im vernünftigen Willen begründeten positiven Wertung im Prinzip der vernünftigen Selbstbestimmung enthalten.

Es ist nicht in jeder Hinsicht richtig, wenn wir vom Ideal der Bildung und der vernünftigen Selbstbestimmung als Synonyma sprechen, wie Nelson es tut. Die Bedeutungen beider Ideale decken sich doch nicht völlig. Der Begriff der Bildung enthält nämlich notwendig einen Bezug auf eine bestimmte Form der Persönlichkeit, die als fixes Kriterium zur Beurteilung des Bildungsgrades anderer Menschen dient. Daraus ergibt sich ein unvermeidlicher Zirkel: Das Wertvolle wird durch die Anerkennung als wertvoll seitens einer gebildeten Person, und die gebildete Person wiederum wird durch das Vorziehen des als wertvoll Erkannten bestimmt. Dieser Zirkel ist insofern unvermeidlich, als es sich im Grunde nur um eine Beschreibung eines Verhaltens handelt, das als „gut" gelten soll, ohne daß der Grund der Geltung dargelegt würde. Die Beschreibung stellt also lediglich fest, daß eine in einer bestimmten Weise sich verhaltende Person als gebildet angesehen wird.

Worauf es aber im Begriff der vernünftigen Selbstbestimmung letzten Endes ankommt, ist eben die Bestimmung des Grundes, durch den ein gewisses Verhalten vorzuziehen ist. Da die praktische Vernunft keine über sich hinausweisende Instanz anerkennt, muß sie auch auf dem Gebiet der positiven Werte selbst rational entscheiden können. Durch den Begriff der vernünftigen Selbstbestimmung wird verlangt, daß der Wille die Fähigkeit haben soll, in einer gegebenen Situation durch kritisches Argumentieren die objektive Vorzugswürdigkeit bestimmter Zwecke vor anderen festzulegen, deren Objektivität jedoch nicht an sich, sondern nur aufgrund dieser vernünftigen Entscheidung besteht. Nach meiner Überzeugung ist es nicht zulässig, daß die vernünftige Selbstbestimmung in dem zuvor erwähnten Sinne durch ein gewissermaßen fixes System der Werte eingeschränkt wird. Sie kann keine Grenze für ihre Tätigkeit anerkennen, sie überschreitet jeden faktischen Horizont.

An einer Stelle der „Politik", wo von dem dogmatischen Unterricht die Rede ist, leitet Nelson selbst aus dem Begriff der Selbstbestimmung in der Wissenschaft eine ähnliche Schlußfolgerung ab: „Die Ausschließung der künstlichen Bevormundung ... fordert unter allen Umständen die Ausschließung jedes dogmatischen Unterrichts, d. h. eines solchen, der keine Einsicht in die Gründe der vorgetragenen Wahrheiten verstattet und der also nur auf Überredung und nicht auf Überzeugung beruhen kann. ... Daraus folgt von selbst, daß alle Lehren, die nicht die Probe der Kritik durch die freie wissenschaftliche Forschung bestanden haben, aus dem Schulunterricht zu verbannen sind" (Bd. VI, S. 369). Wir verbleiben m. E. völlig im Geiste der Nelsonschen Philosophie, wenn wir die Ausweitung dieser Vorstellung einer vernünftigen Kritik von der Wissenschaft aus auf den Bereich des sozialen Handelns verlangen und die Aufgabe einer philosophischen Ethik bzw. Naturrechtslehre im Erreichen eines gemeinsamen Raumes sehen, wo vernünftiges Argumentieren über inhaltlich bestimmte Werte und jeweilige Vorzugswürdigkeitskriterien und nicht dogmatische Anerkennung faktisch geltender Werte richtungsweisend für das gesellschaftliche Handeln werden.

Centro de Investigaciones Filosóficas, Consejo Nacional de Investigaciones Cientificas y Técnicas

Anmerkungen

1 Dem Direktor vom Goethe-Institut Buenos Aires, Herrn Dr. Wilhelm Siegler, spreche ich hier meinen aufrichtigen Dank für seine Hilfe bei der deutschen Abfassung dieses Aufsatzes aus.
Alle Literaturhinweise beziehen sich auf die folgende Ausgabe: L. Nelson, Gesammelte Schriften, hrsg. v. P. Bernays/W. Eichler/A. Gysin/G. Heckmann/G. Henry-Hermann/F. v. Hippel/S. Körner/W. Kroebel/G. Weisser, Hamburg: Felix-Meiner Verlag 1971–72:
Bd. IV: Kritik der praktischen Vernunft
Bd. VI: System der philosophischen Rechtslehre und Politik
Bd. VII: Sittlichkeit und Bildung.
2 Vgl. G. Henry-Hermann, Die Überwindung des Zufalls. Kritische Betrachtung zu Leonard Nelsons Begründung der Ethik als Wissenschaft, in: Leonard Nelson zum Gedächtnis, hrsg. v. M. Specht/W. Eichler, Frankfurt a. M. – Göttingen, 1953, S. 66–67.

Lothar F. Neumann, Bochum

Die Bedeutung der kritischen Ethik für die Sozialwissenschaften

Die kritische Ethik ist für die Sozialwissenschaften sowohl destruktiv als auch konstruktiv bedeutsam. Während die destruktiv orientierte Kritik von einer Reihe von Autoren vorgetragen und entwickelt wurde und damit Eingang in die sozialwissenschaftliche Diskussion gefunden hat, sind die konstruktiven Ansätze der kritischen Ethik weit weniger bekannt und vor allem kaum fortentwickelt worden. Ich möchte davon absehen, die destruktiv orientierte Kritik wie die Kritik des ethischen Empirismus, Mystizismus, Logizismus, Ästhetizismus, der Ethik als Nützlichkeitslehre, der Güter- und Erfolgsethik zu diskutieren, sondern versuchen, einen Beitrag zur Fortentwicklung der konstruktiven Partien der kritischen Ethik zu leisten.

Bei der Diskussion der konstruktiven Teile der kritischen Ethik möchte ich mich darauf beschränken, die kritische Ethik seit Kant zugrundezulegen. Entgegen der Tradition der kritischen Ethik wird aber im Vordergrund meiner Erörterung nicht die Begründung, Aufweisung, Deduktion des Sittengesetzes stehen, wie sie für Kant, Fries, Nelson kennzeichnend sind, auch nicht die Interpretation von Grundanliegen, wie sie Weisser für die Entwicklung einer normativen Sozialwissenschaft vorschlägt[1]. Ich möchte mich gleich den „praktischen Befunden" analytisch zuwenden, über die wir aus den verschiedenen „Begründungsverfahren" der kritischen Ethik verfügen. Inwieweit sind diese „praktischen Befunde" für die Sozialwissenschaften bedeutsam und brauchbar und inwieweit können wir ihre Brauchbarkeit noch vermehren? Auch bei der Bearbeitung dieser Frage bleiben wir der Tradition der kritischen Philosophie verpflichtet, analytisch zwischen Kritik und System zu trennen. Auf die kritische Ethik übertragen bedeutet dies, daß sie uns logisch-heuristische Hinweise dafür gibt, wie wir eine Ethik handlungs- und verhaltensrelevant konstruieren können, aber auch darüberhinaus Hinweise dafür liefert, welchen sozialwissenschaftlich relevanten Inhalt eine Ethik haben könnte und vielleicht sogar haben sollte. Wir stellen also sowohl Überlegungen über die Theorie der Ethik als auch über die Ethik selbst an.

Gegen den kategorischen Imperativ in den Formulierungen Kants[2] ist seit Hegel und Schopenhauer immer wieder der Einwand des leeren Formalismus vorgetragen worden[3]. Auch Nelsons Kritik des Kantischen Sittengesetzes läuft auf eine Leerformelkritik hinaus. Die Anwendung des Sittengesetzes erscheine „äußerst unbestimmt und willkürlich"[4], es bleibe insbesondere im

Dunkeln, „ob und inwieweit es möglich ist, bei der verlangten Abstraktion von der Besonderheit des Falles die Rücksicht auf die für ihn charakteristischen Umstände beizubehalten"[5].

Fries hat sich, obgleich er als strenger Logiker die Problematik von Leerformeln erkannt hatte[6] und obgleich auch er ein „oberstes kategorisches Sittengesetz" (das Gesetz der Gerechtigkeit) entwickelt[7], mit diesem Einwand nicht näher auseinandergesetzt. Dies überrascht auch vor allem deshalb, weil für ihn das „erste Interesse der Ethik" darin besteht, „nicht zu erklären, was geschehen sey, sondern zu lehren, was die Menschen thun sollen"[8]. Die Frage „Woher wissen die Menschen, was gut und recht und besonders, was Pflicht sey?" prüft Fries sehr differenziert[9]. Seine eigene Antwort führt zwar auf den Kantischen Apriorismus[10], löst aber die Verknüpfung des Kriteriums der Würde der Person von der Verallgemeinerung der Maxime zum allgemeinen Naturgesetz[11]. Fries' Formulierung des Sittengesetzes erscheint mir daher weniger leerformelhaft als die des kategorischen Imperativs bei Kant. Seine drei Grundgesetze des Sittengesetzes, die, sprachanalytisch betrachtet, in ihrem Kerngehalt die Idee der persönlichen Gleichheit ausdrücken, lauten[12]:

1. Jedes vernünftige Wesen hat den absoluten Wert der persönlichen Würde.
2. Jedes vernünftige Wesen als Person existiert als Zweck an sich, jede Sache dagegen als bloßes Mittel.
3. Jede Person hat mit jeder anderen die gleiche Würde, so daß zwar jede Sache, niemals aber eine Person als Mittel zu beliebigen Zwecken gebraucht werden darf.

Nun verfügt auch die Fries'sche Formulierung des Sittengesetzes nicht über einen so hohen Informationsgehalt, daß konkrete Handlungsweisen ableitbar sind. Fries scheint diese Schwierigkeiten schon gesehen zu haben[13]. „Das Sittengesetz kann seine Rechtspflichten nur als Zwecke für die Ausbildung des öffentlichen Lebens und nicht als unmittelbare Gebote für wirkliche Thaten aufgeben"[14]. „Die philosophische Ethik kann und darf nicht darauf ausgehen, dem Einzelnen bestimmte Regeln seines Verhaltens oder den Staaten bestimmte Regeln ihrer Verwaltung vorzuschreiben; denn ein solcher Spruch müßte nach Zeit und Ort sehr verschieden lauten"[15]. Das Sittengesetz erhält daher einen bloß beschränkenden, also keinen affirmativen Charakter[16], für die Gewinnung konkreter Handlungsanweisungen entwickelt Fries dagegen Tugendpflichten in der Tugendlehre und aus den Tugendpflichten Rechtspflichten in der Rechtslehre[17]. Die angewandte Tugendlehre und die angewandte Rechtslehre werden zusammen mit der Staatslehre[18] zu einem Teil der politischen Wissenschaft[19]. Hierzu finden wir bei Fries zahlreiche affirmative Aussagen[20].

Für unseren Zusammenhang ist bedeutsam, daß Fries aus der Idee der persönlichen Gleichheit, also dem Kerngehalt seines Sittengesetzes, konkret folgert und dem Prinzip der Freiheit eindeutig einen anderen Geltungsbereich zuordnet. Fries spricht vom Prinzip der Freiheit und Ungeselligkeit und vom Prinzip der Gleichheit und Geselligkeit[21]. „Die Idee der persönlichen Freiheit als Rechtsidee ist nur ein Princip der Ungeselligkeit, jenes Princip der Nichtintervention, welches nur voraussetzt, ein Jeder könne fordern, daß ihn der Andere gehen lasse, keiner dürfe dem Andern wider seinen Willen befehlen. Aber eben da, wo sich zwei einander nicht gehen lassen können oder wollen, wo sie vielmehr in gesellige Gemeinschaft kommen..., entscheidet das Princip der persönlichen Gleichheit für die Gerechtigkeit"[22]. Er vermutet, Geselligkeit müsse schon ein tierischer Grundtrieb des Menschen sein, sonst gebe es keine Geschichte der Menschen. „Ob aber ihre Geselligkeit in Freundschaft oder Streit ausschlagen wird, hängt vom Zufall ab. Anfangs werden sie sich suchen, aber bald werden sie sich durch streitendes Interesse entzweien — immer aber lieber sich schlagen, als sich gehen lassen. Wie Kant sagt: ein natürlicher Trieb treibt den Menschen zur Geselligkeit, aber ein anderer treibt ihn zur Freiheit, dazu alles nach seinem Willen lenken zu wollen, und macht ihn ungesellig. Aber die Geselligkeit wird immer überwiegen, erst weil sie sich mögen, dann weil sie sich brauchen, schließen sich die Menschen an einander an"[23]. Zur Ordnung der Geselligkeit eignet sich nur das Prinzip der Gleichheit, und hierbei geht Fries über die Regelung der nichtökonomischen Interaktionen hinaus: „Die Idee der Freyheit bestimmt nur abweisend: alle Abhängigkeit des Einen vom Andern sey Abhängigkeit in Geschäften und nicht Abhängigkeit der Personen selbst von einer andern. Die volle Idee der Gerechtigkeit aber ordnet weiter: alle Abhängigkeit in Geschäften sey eine wechselseitige, gemäß der Idee der persönlichen Gleichheit"[24]. Für jeden einzelnen Bürger fordert er „Sicherheit seiner äußern Lage, Sicherheit des Besitzes und des Erwerbs, und zwar so, daß er durch taugliche Arbeit nach seiner Lust zu leben vermöge"[25]. „Das Gesetz der wechselseitigen Abhängigkeit der Menschen von einander im geselligen Leben und der persönlichen Gleichheit in dieser wird daher, daß einem Jeden aus dem Ganzen des geselligen Verkehrs die Bezahlung seiner Arbeit werde, daß er die Früchte seiner Arbeit selbst genieße und nicht der unbezahlte Knecht eines Andern werde oder bleibe"[26].

Wir müssen uns mit dem naheliegenden Einwand auseinandersetzen, daß das, was bei Fries als konkrete normative Folgerungen aus dem Sittengesetz ausgewiesen ist, gar nicht in einem streng logischen nachvollziehbaren Ableitungszusammenhang steht. Die auf der Ebene rechtlicher und politischer Anwendung formulierten Normeninhalte führten auch in umgekehrter Richtung nicht zwingend auf die vermeintlich übergeordneten Normen, sondern seien dezisionistisch gesetzte Normen.

Nun läuft die Vorstellung eines streng logischen Ableitungszusammenhangs auf das Konzept einer Ethik „more geometrico" und daran anschließend auf das Konzept einer „politischen Arithmetik" hinaus[27]. Nichts hat Fries ferner gelegen. Bereits in seiner Kritik an Reinhold, Fichte und Schelling bemerkt Fries, der Kritizismus stelle sich dem Rationalismus und Empirismus zugleich entgegen, „indem er von keinem constitutiven Gesetz ausgehen, sondern nur regulative Maximen zu Grunde legen will"[28]. Diesem frühen erkenntniskritischen Programm ist Fries treu geblieben. Er sieht in der Rechtsidee der persönlichen Gleichheit eine regulative praktische Idee. „In praktischer Rücksicht ist es durchaus nur die Idee, welche der Handlung das Gesetz giebt und nicht die Erfahrung. Können wir gleich nicht hoffen der Idee je in der Natur ganz gleich zu kommen, so ist es doch das einzige, was für unsere Handlungen wahren Werth hat, uns ihr zu nähern"[29].

Fries begegnet aber noch in anderer Hinsicht der Leerformelproblematik. Es ist heute ein schlichter propädeutischer Tatbestand aus der Deontik, daß eine allgemeine Norm nur unter Heranziehung eines explikativen Satzes (deskriptiv oder kognitiv) auf einen singulären Sachverhalt bezogen werden kann[30]. Dies ist bekanntlich die Voraussetzung für das Zustandekommen eines deduktiven Arguments, was Fries in der Exposition seines Schlußverfahrens erstmals schulgemäß darstellt („Die höchste Idee aber, allein aufgefaßt, giebt eine leere Regel ohne den Fall der Anwendung..."[31], [32]:
— philosophischer Obersatz, der die allgemeine Norm enthält (Rechtsidee)
— erfahrungswissenschaftlicher („die Gesetze des geselligen Menschenlebens, so wie die Erfahrung uns diese kennen lehrt"[33]) Untersatz (Unterordnung der Natur unter die Idee)
— Schlußsatz (die Bestimmung des einzelnen in der Natur durch die Idee)

Nelson entwickelt die Fries'sche praktische Philosophie in zweifacher Hinsicht fort: er präzisiert im Blick auf die Leerformelproblematik und berücksichtigt stärker als Fries die Kollisions- und Konfliktproblematik. — Nelson verwirft zunächst formalistische Ethiken, also Ethiken, die sich auf das Gebot des Handelns als Pflicht beschränken und jeden weiteren Inhalt des Sittengesetzes für unmöglich erklären[34]. Dennoch bleibt auch bei ihm das Sittengesetz in einem anderen Sinne formal[35]. Mit der Formulierung des Sittengesetzes nach dem Abwägungsprinzip (Handle nie so, daß du nicht auch in deine Handlungsweise einwilligen könntest, wenn die Interessen der von ihr Betroffenen auch deine eigenen wären.) und nach dem Vergeltungsprinzip (Du sollst in eine gleiche Nichtachtung deiner Interessen einwilligen, wie du sie anderen gegenüber bewiesen hast.) will er nur ein Kriterium liefern, „dem wir erst a posteriori die besonderen Umstände subsumieren müssen, um zu erkennen, was unter diesen Umständen unsere Pflicht ist. Sollte das Sittengesetz in diesem Sinne formal sein, so würde das mit der

Tatsache des Schwankens der einzelnen ethischen Urteile ganz im Einklang stehen, denn wenn das allgemeine Prinzip für sich noch nicht eindeutig bestimmt, was in einem gegebenen Falle Pflicht ist, wenn es noch einen Spielraum für verschiedene mögliche Entscheidungen dieser Frage offen läßt, so ist es ohne weiteres begreiflich, daß man auf Grund dieses Prinzips zu verschiedenen Urteilen darüber kommt, was im einzelnen Falle Pflicht ist"[36]. Nelson untersucht die Frage, ob im Begriff der Pflicht der Begriff der Allgemeingültigkeit im Sinne einer allgemeingültigen Regel enthalten sei. Wenn das Sittengesetz eine allgemeingültige Regel ist, „so folgt, daß, wenn für irgendjemand etwas Bestimmtes Pflicht ist, dasselbe für jeden anderen (in gleicher Lage) Pflicht ist, sowie auch, daß, wenn für irgendjemand etwas Bestimmtes recht ist, dasselbe für jeden anderen (in gleicher Lage) recht ist. Dieser Satz, daß was für A Pflicht und recht ist, auch für B Pflicht und recht sein muß, liegt in der Tat analytisch im Begriff der Pflicht eingeschlossen: er umschreibt nur die Allgemeingültigkeit, die im Begriff der Pflicht enthalten ist"[37].

Ist Nelsons Exposition des Kriteriums der Pflicht als einer allgemeingültigen Regel identisch mit dem, was Hare als „universellen Präskriptivismus" bezeichnet[38]? Die Universalisierbarkeitsthese ist bei Hare eine logische These[39]. Verstöße gegen diese These sind logischer nicht moralischer Art. "Wenn jemand sagt: ‚Ich sollte so und so handeln, aber kein anderer sollte in einer relevant ähnlichen Lage ebenso handeln', dann macht er sich nach meiner These eines Mißbrauchs des Wortes ‚sollte' schuldig, implizit widerspricht er sich damit selbst"[40]. Wir können sagen, daß Hare's Universalisierbarkeitsthese im Sinne einer logischen Regel mit Nelsons Pflichtbegriff im Sinne einer allgemeingültigen Regel identisch ist. Nelsons Exposition erscheint aber schärfer als Hare's Universalierbarkeitsregel. „Denn nur für den Fall, daß sich die gleichen Bedingungen wiederholen, verlangt die Allgemeinheit des Gesetzes eine Gleichförmigkeit der Folgen; ob sich aber die gleichen Bedingungen wiederholen, ist für das Gesetz zufällig. Dasselbe Gesetz kann je nach den Umständen ganz verschiedene Folgen an diese Umstände knüpfen, der Art, daß es nicht zwei verschiedene Umstände gibt, für die dieselbe Folge nach dem Gesetz notwendig wäre"[41]. „Es mag zwar paradox erscheinen, ist aber dennoch richtig, daß ein Gesetz allgemein gilt, auch wenn es nur einen einzigen Fall geben sollte, auf den es anwendbar ist . . ."[42]. Hare spricht nur von einer „relevant ähnlichen Lage"[43], er gelangt aber grundsätzlich zu der gleichen methodologischen Einschätzung wie Nelson. „Alles, worauf sich der Universalist durch sein moralisches Urteil festlegt, ist seine Behauptung, daß mann dann, *wenn* sich jemand anders in einer ähnlichen Lage befindet, darüber das gleiche Urteil fällen muß. Da wir aber über die konkrete Lage eines anderen nicht alles wissen können (einschließlich, wie diese ihn berührt — was gerade das entscheidende Moment sein kann), ist es fast immer vermessen anzunehmen, daß die Lage des anderen genau der gleicht, in der wir selbst schon gewesen sind, oder auch nur in den relevanten Einzelheiten ähnlich ist"[44]. Nelson hat die Bedeutung der jeweiligen Situation, bei ihm schulmäßig beschrieben in der Wenn-Komponente einer wenn-dann-Aussage (wenn sich eine Person mit bestimmten „persönlichen Beschaffenheiten" und „Eigenarten" in einer bestimmten „Situation" befindet, dann obliegen ihr bestimmte kategorische Pflichten), bei Fries enthalten in dem erfahrungswissenschaftlichen Untersatz eines Vernunftschlußes, besonders hervorgehoben. Man kann seine Ethik in einem bestimmten Sinne als eine „situative Ethik" kennzeichnen. Die Verschiedenheit von Pflichten geht zurück auf die Verschiedenheit der Situation, wobei er zur Situation wie Hare auch die persönlichen Beschaffenheiten des einzelnen rechnet[45]. Die Verschiedenheit der Pflichten wird aber nur durch die qualitative Verschiedenheit der Situation der Verpflichteten begründet, nicht durch den bloß numerischen Unterschied der Personen[46]. Die Verschiedenheit der Situation ist aber fast die Regel, so daß Nelson immer wieder darauf hinweist, daß Gleichförmigkeit und Uniformität des Handelns nicht aus dem Begriff der Allgemeingültigkeit der Pflicht folgen[47].

Der Anwendung der Ethik liegt eine ähnliche methodologische Grundstruktur zugrunde wie der Anwendung der Naturwissenschaften. Wir dürfen dabei natürlich nicht übersehen, daß in den kausalgesetzlich orientierten Erfahrungswissenschaften faktische Ursache-Wirkung-Relationen bestehen, während in den praktischen Wissenschaften jeweils eine dem Bereich der deontischen Logik zuzuweisende Grund-Folge-Beziehung vorliegt. Wir können die Analogie aber noch weiter treiben, wenn wir sagen, daß nach dem Sittengesetz völlig gleichförmige Handlungsanweisungen nur unter der Geltung der Formel „ceteris paribus" gegeben werden, einer Formel, unter der auch die meisten Gesetze des erfahrungswissenschaftlichen Teils der Sozialwissenschaften stehen. In der nationalökonomischen Modelltheorie bereitet diese Formel große Schwierigkeiten; sie steht sogar unter Ideologieverdacht. Aber die Schwierigkeiten mit der ceteris-paribus-Klausel umgehen Nelson und auch Hare weitgehend, weil sie Gleichförmigkeit und Uniformität des Handels nicht fordern und auch nicht in den Mittelpunkt ihrer Erörterungen rücken. Die Handlungsanweisungen nach dem Sittengesetz in einer „situativen Ethik" vom Nelsonschen Typ kann man unter die Formel „mutatis mutandis" stellen, d. h. eine Handlungsanweisung nach dem Pflichtgebot ergeht unter einer generellen Änderungsprämisse je nach der jeweiligen Situation. Auch hierbei können wir Ideologieverdacht nicht ausschließen. Denn die mutatis-mutandis-Formel ist hervorragend dazu geeignet, die Vereinbarkeit divergierender sittlich relevanter Handlungen mit dem Sittengesetz ex post herzustellen. Sowohl die ceteris-paribus- als auch die mutatis-mutandis-Formel treten in der wenn-Komponente eines hypothetischen Urteils auf. Entsprechend erfüllt die mutatis-mutandis-Formel die gleiche oder eine ähnliche Funktion wie die ceteris-paribus-Formel in dem erfahrungswissenschaftlichen Teil der Sozialwissenschaften, nämlich eine weitgehende Einengung der Möglichkeiten der praktischen Anwendung. Man kann sie, ähnlich wie die ceteris paribus-Klausel dazu mißbrauchen, eine Immunisierungsstrategie zur Stützung eines ethischen Systems zu entwickeln. Während in den Erfahrungswissenschaften Erklärungen und Prognosen nur unter den ceteris-paribus-Bedingungen des Modells gelten, ergehen die Handlungsanweisungen des nicht weniger modellhaft konstruierten Sittengesetzes unter der Einschränkung mutatis mutandis. Die situative Deskription liefert die urteilsrelevanten Kriterien, was Nelson insofern zugesteht, als er den Widerstreit ethischer Urteile nicht in den diesen Urteilen zugrundeliegenden allgemeinen Prinzipien, sondern in den empirischen Anwendungsbedingungen sucht[48]. Sieht man unter diesen Aspekten die Kritik von v. Wiese an Nelsons These, es könne keinen Konflikt der Pflichten, sondern nur einen solchen der Situationen geben[49], und die Kritik Arnold Brechts an der mangelnden Operationalität des Gleichheitsgrundsatzes[50], so lassen sich beide Einwendungen als Kritik eines Modells interpretieren, in dem die mutatis-mutandis-Formel die ex-ante-Anwendung erschwert, wenn nicht sogar verhindert.

Ich möchte mit diesen Bemerkungen Nelsons Theorie der Ethik nicht endgültig destruieren. Die starke Berücksichtigung der jeweiligen Situation in seiner Interessentheorie, die Berücksichtigung der Interessen anderer, eliminiert zwar nicht das kategorische Element[51], mildert in der Anwendung aber dennoch den Rigorismus der Sittenlehre.

Sozialwissenschaftlich bedeutsam ist, daß mit Nelsons Interessentheorie, so kritikbedürftig sie im einzelnen auch sein mag, gesellschaftstheoretisch das Konfliktmodell zugrundegelegt wird. Es gibt unterschiedliche Interessen und damit Konflikte, und diese Konflikte müssen geregelt werden. Sie werden in der kritischen Ethik nicht nach dem Prinzip des Wettbewerbs auf der Grundlage einer dem Eigennutzaxiom verhafteten ökonomischen Ethik gelöst. Die kritische Ethik teilt auch nicht den altliberalen Glauben, daß die eigennützige Verfolgung der Einzelinteressen ein wie immer definiertes Gesamtinteresse fördere[52]. Dies ist dann auch eine Absage an die calvinistische Wirtschaftsethik und an mit ihr verwandte Leistungsideologien, wie wir sie nicht nur aus dem europäischen Kulturkreis, sondern teilweise auch aus Asien kennen. Nelsons Ethik ist aber auch nicht geprägt von Interessenlosigkeit im Sinne der Kantischen Vorstellung von der Kunst als dem interesselosen Wohlgefallen oder von Wunschlosigkeit, wie sie Buddhismus und Taoismus enthalten. Nelsons Formulierung des Sittengesetzes nach dem Abwägungsprinzip unterscheidet sich inhaltlich aber auch von der christlichen Liebesethik[53] und z. B. von Kropotkins Ethik der gegenseitigen Hilfe[54]. Paretos Bemerkung über die Formulierung des kategorischen Imperativs bei Kant, sie versuche die Prinzipien des Egoismus und Altruismus miteinander zu vereinbaren[55], gilt in gewisser Weise auch für Nelsons Formulierung des Abwägungsgesetzes. Gegen einen solchen Versuch wird man keine grundsätzlichen Einwendungen erheben, wenn für die Berücksichtigung eigener und fremder Interessen ein Spielraum skizziert werden kann[56]. Nelson versucht dies in einer sehr genauen Kommentierung und mit Hilfe der Fiktion, daß sich die kollidierenden Interessen in einer vollkommen gebildeten Person[57] einer Art „homo ethicus", vereinigen[58]. Diese abstrakte Modellfigur haben Autoren wie Alf Ross[59], Hans Albert[60], Grete Henry-Hermann[61] mit unterschiedlichen Argumenten kritisiert. Wir können uns mit dieser Kritik nicht näher auseinandersetzen und beschränken uns daher auf zwei grundsätzliche Bemerkungen:

Die Konstruktion eines abstrakten „homo ethicus" beruht nicht auf einer Methodologie, die a priori abwegig ist. So sind in den Sozialwissenschaften homo oeconomicus und homo sociologicus und psychologicus auch abstrakte Konstrukte, die keine empirischen Äquivalente haben, und dennoch werden diese Konstrukte als heuristische Instrumente der Gewinnung von Erkenntnis geschätzt[62]. Soweit wie bei Grete Henry-Hermann, vor allem aber bei Leopold von Wiese[63], die Kritik auf den Inhalt des Sittengesetzes zielt, wird damit natürlich zugleich der Einwand des fehlenden Informationsgehaltes des Abwägungsgesetzes entkräftet.

Der Inhalt des Vergeltungsgesetzes (Du sollst in eine gleiche Nichtachtung deiner Interessen einwilligen, wie du sie anderen gegenüber bewiesen hast.) dürfte heute in den Sozialwissenschaften weitgehend auf Ablehnung stoßen. Von der Todesstrafe für den Mörder sind viele Kulturstaaten abgerückt, den Verletzern von Menschenrechten werden selbst die Menschenrechte nicht entzogen, und in der Sozialpolitik setzt sich der Grundsatz durch, daß auch der schuldhaft in Not Geratene einen Rechtsanspruch auf Unterstützung durch die Gesellschaft hat. Dies dürften zwei Beispiele sein, die schwerlich mit Nelsons Vergeltungsgesetz vereinbar sind. Wir können hiermit auch Arnold Brechts Befürchtung relativieren, daß möglicherweise die qualitativen Verschiedenheiten von Personen für so groß gehalten werden, „daß sie jede Art verschiedener Behandlung rechtfertigen, mit Einschluß solcher, wie sie in Zeiten der Sklaverei oder rassischer oder religiöser Verfolgungen herrschten"[64].

Wir können Nelsons Sittengesetz nicht schlechthin einen Informationsgehalt bestreiten. Freilich bleibt der Gleichheitsgrundsatz eine formale Maxime, nach der man nicht in einem saltus in concludendo jede Interessenkollision entscheiden kann. Immerhin werden mit dem Gleichheitsgrundsatz eine Reihe von möglichen Handlungen ausgeschlossen, so daß unabhängig von der genauen Erfassung der empirischen Situation, Aussagen über einen begrenzten Handlungsspielraum gemacht werden können. In diesem Sinne bemerkt Hans Peter, die Menge der Handlungen, die in einer gegebenen Lage durch die Schranken des Sittengesetzes nicht ausgeschlossen werden, brauche ja keineswegs nur eine einzige Handlung zu enthalten, die dann allein Pflicht wäre. Die Schwierigkeit scheint im Gegenteil vielmehr dann zu entstehen, wenn man versuche, daß Pflichtgebot in jedem einzelnen Falle, also bei jeder einzelnen Handlung eindeutig zu machen. „Es ist in der Hinsicht bestimmt, daß es ein jedes Überschreiten der Schranken verbietet, aber es ist nicht eindeutig, indem es nur eine einzige Handlung jeweils zuließe und damit geböte"[65].

Wie können wir die kritische Ethik für die Sozialwissenschaft weiterhin fruchtbar machen? Wenn wir einmal davon absehen, inhaltlich konkurrierende Ethiken zu entwickeln und dazu Grundsätze zu formulieren, scheint die nächste Aufgabe die zu sein, die Beschreibung der empirischen Situationen der Immunisierung durch die mutatis-mutandis-Formel zu entreißen. Ich schlage daher vor, die empirischen Anwendungssituationen zunächst zu typisieren. Nelson hat hierzu mit seiner Theorie des wahren Interesses einen Beitrag geleistet[66], der aber, um sozialwissenschaftlich fruchtbar zu sein, noch zu kasuistisch ist und zu sehr einem „homo ethicus" verhaftet bleibt. Wenn Fries vom Prinzip der Gleichheit und Geselligkeit spricht, so verbirgt sich hinter diesem anthropologischen Grundaxiom zwar die tiefe soziologische Einsicht, daß die Gesellschaftsmitglieder nur in sozialen Zusammenhängen agieren, Fries und Nelson haben aber keine Theorie der Gruppe oder Gesellschaft entwickelt, sondern blieben letztlich den psychologischen Theoremen von den autonomen Individuen verhaftet. Nelsons „homo ethicus" wird der Verklammerung des individuellen sozialen Handelns in der Gesellschaft nicht gerecht. Sehen wir uns um, was die Sozialwissenschaften Besseres zu bieten haben, so können wir an der soziologischen Rollentheorie und ihren Vorläufern nicht vorübergehen.

Während das Sittengesetz moralische Wirklichkeit zu gestalten oder wenigstens zu beeinflussen versucht, kann uns die Rollentheorie helfen zu erkennen, wie die moralische Wirklichkeit entstanden und tatsächlich beschaffen ist. Die kategorischen Elemente des Sittengesetzes dürfen nicht den Blick dafür trüben, daß wir die Existenz der faktischen Alltagsmoral nicht aus dem normativen Anspruch des Sittengesetzes, sondern aus erfahrungswissenschaftlichen Theorien zu erklären haben. Hinter der Alltagsmoral, die das umfaßt, was wir umgangssprachlich als politische Moral, als Bürgermoral,

Familienmoral, Sexualmoral, Berufsmoral, Arbeitsmoral, Geschäftsmoral, Steuermoral etc. bezeichnen, verbergen sich ausgesprochen oder unausgesprochen Verhaltensregeln für bestimmte Lebenssituationen. Diese werden von den meisten Gesellschaftsmitgliedern beachtet. Wer gegen sie verstößt, erfährt Sanktionen unterschiedlicher Ausprägung von Mißachtung und Mißbilligung bis zur Diskriminierung und formellen Bestrafung. Schon Emile Durkheim macht darauf aufmerksam, daß die Funktion dieser von mir so bezeichneten Alltagsmoral[67] in erster Linie darin besteht, „das Verhalten zu bestimmen, es festzulegen und der individuellen Willkürlichkeit zu entziehen[68]. Abgesehen von Außenseitern, besteht bei den meisten Mitgliedern der Gesellschaft nicht das Befürfnis, gegen situative (moralische) Verhaltensregeln zu verstoßen, sie werden im Gegenteil oft zur Gewohnheit und befriedigen ein „gewisses Bedürfnis nach Regelmäßigkeit"[69], Stabilität und Kontinuität. Dennoch können wir nicht sagen, daß Moral einfach ein System von Gewohnheiten sei, sondern sie ist letztlich, wie Durkheim bemerkt, ein System von Befehlen[70], das die Gesellschaft mit Autorität ausstattet. Diese empirische Grobskizze können wir mit der soziologischen Rollentheorie ausfüllen. Sprechen wir in der Ethik von Rechten und Pflichten, so in der Soziologie von Rollen. In der Rollentheorie interessieren die Gesellschaftsmitglieder nicht als individuelle Akteure, sondern als Träger von Rollen. Stets sind wir Träger mehrerer Rollen, und an den Rollenträger knüpft die situative Umwelt jeweils bestimmte Verhaltenserwartungen. Die Gesellschaft als ein soziales System weist eine beschreibbare Rollenstruktur auf. Wenngleich Rollenabweichung und die darauf folgenden negativen Sanktionen im Mittelpunkt sozialkritischer Untersuchungen stehen, darf dies nicht darüber hinwegtäuschen, daß die meisten Rollen innerhalb der Rollenstruktur einer Gesellschaft erfüllt werden, die Regelgebundenheit der Rolle sogar unbewußt bleibt und negative Sanktionen keine Virulenz gewinnen.

Der „homo sociologicus" der Rollentheorie bleibt zwar wie der „homo ethicus" der kritischen Ethik ein abstraktes Konstrukt, aber mit ihm können wir die empirischen Anwendungssituationen sozialwissenschaftlich relevant beschreiben. Ich möchte darauf hinaus, daß wir jeweils einen Soll-Ist-Vergleich zwischen dem „homo ethicus" und dem „homo sociologicus" anstellen. Wir können zuvor das Sittengesetz in der Formulierung Nelsons „soziologisieren", und zwar auf mikrosoziologischer Ebene. Ich schlage die folgende Formulierung vor:

— Mute niemandem Rollen zu, die du nicht auch akzeptieren könntest, wenn diese Rollen auch deine eigenen wären

Wir können diese Formulierung jeweils auf abgrenzbare Lebensbereiche konkretisieren, z. B. mikroökonomisch auf die Arbeitswelt bezogen:

— Mute niemandem innerbetriebliche Rollen zu, die du nicht auch akzeptieren könntest, wenn diese innerbetrieblichen Rollen auch deine eigenen wären

Ich möchte versuchen, vor dem Hintergrund dieses soziologisierten Sittengesetzes zu dem Soll-Ist-Vergleich zwischen „homo ethicus" und „homo sociologicus" einige Arbeitshypothesen zu formulieren:

— Der Vergleich kann ergeben, daß die Formulierung des Sittengesetzes nicht hinreichend bestimmt ist, um Handeln nach bestimmten Rollen positiv oder negativ zu bewerten. Für diesen Fall ist die Frage zu beantworten, ob wir dieses Rollenverhalten als ethisch neutral ansehen, akzeptieren können oder verändern sollen. Akzeptieren wir die Alltagsmoral oder halten wir eine Änderung der Alltagsmoral für wünschbar oder erforderlich, so gibt es offensichtlich zwischen der Formulierung des Sittengesetzes und den formulierbaren Regeln der Alltagsmoral eine komparative Lücke. Wir haben uns also um eine gehaltvollere Formulierung des Sittengesetzes zu bemühen.

— Wenn der Vergleich ergibt, daß die Formulierung des Sittengesetzes hinreichend bestimmt ist, um Handeln nach bestimmten Rollen zu bewerten, so ergeben sich die folgenden Unterfälle

— die Rollenmoral entspricht den Anforderungen des Sittengesetzes

— die Rollenmoral widerspricht den Anforderungen des Sittengesetzes. In diesem Falle ist zu prüfen, ob die Rollenmoral de facto verändert werden kann oder ob die Anforderungen des Sittengesetzes zu revidieren sind. Ich denke z. B. an die Formulierung des Vergeltungsgesetzes, der vermutlich die Alltagsmoral einer Reihe von Rollen widerspricht.

— die Rollenmoral widerspricht zwar nicht den Anforderungen des Sittengesetzes, geht aber über die Anforderungen des Sittengesetzes hinaus. In diesem Fall ist zu prüfen, ob und inwieweit die kritische Ethik über die Anforderungen des Sittengesetzes hinaus erweitert werden sollte. Nelson hat in seiner Lehre von den Idealen hierzu Hinweise gegeben.

Der Soll-Ist-Vergleich wird sich nicht nur auf Rollen, sondern auch auf die gesamte Rollenstruktur einer Gesellschaft beziehen. Das bedeutet, daß wir das Sittengesetz von der Ebene der Mikrosoziologie auf die Ebene der Makrosoziologie zu transformieren und das soziologisierte Sittengesetz unter eine Makroperspektive zu stellen haben. Wir haben also die Verteilung von Rollen in der Gesellschaft nach dem Sittengesetz zu überprüfen. Ich schlage hierfür die folgende Formulierung des Sittengesetzes vor:

— Akzeptiere keine gesamtgesellschaftliche Verteilung von Rollen, die du nicht auch akzeptieren könntest, wenn hierbei Verteilungen zustande kommen, die auch dich beträfen, und wenn hierbei Rollen verteilt würden, die auch deine eigenen wären.

Auch für den Soll-Ist-Vergleich auf der Makroebene möchte ich versuchen, einige Arbeitshypothesen zu formulieren:
— Der Vergleich kann ergeben, daß die Formulierung des Sittengesetzes nicht hinreichend bestimmt ist, um eine bestimmte Verteilung von Rollen positiv oder negativ zu bewerten. Für diesen Fall ist die Frage zu beantworten, ob wir diese Verteilung als ethisch neutral ansehen, akzeptieren oder verändern sollen. Akzeptieren wir die Verteilung oder halten wir eine Änderung der Verteilung für wünschbar oder erforderlich, so gibt es offensichtlich zwischen der Formulierung des Sittengesetzes und der formulierbaren Verteilungsmoral, die der gegebenen Verteilung zugrunde liegt, eine komparative Lücke. Wir hätten uns also auch in diesem Falle um eine gehaltvollere Formulierung des Sittengesetzes zu bemühen.
— Wenn der Vergleich ergibt, daß die Formulierung des Sittengesetzes hinreichend bestimmt ist, um die Verteilung von Rollen in der Gesellschaft zu bewerten, so ergeben sich wiederum die folgenden Unterfälle:
— die moralischen Vorstellungen über die vorgefundene Verteilung entsprechen den Anforderungen des Sittengesetzes[71]
— die moralischen Vorstellungen über die vorgefundene Verteilung widersprechen den Anforderungen des Sittengesetzes. In diesem Falle ist zu prüfen, ob die herrschende Verteilungsmoral de facto verändert werden kann oder ob die Anforderungen des Sittengesetzes zu revidieren sind. Ich vermute z. B., daß materielle und immaterielle Anreize für die Übernahme bestimmter Rollen zwar der herrschenden Verteilungsmoral genügen, dem Sittengesetz aber widersprechen können.

In einer Soziologie der Ethik fragen wir u. a. nach dem Wandel von Einstellungen und dem daraus resultierenden Wandel von Verhaltensweisen. Wissenschaft ist wie zu keiner anderen Zeit in der Menschheitsgeschichte Teil der Gesellschaft und damit kausalrelevant für Einstellungs- und Verhaltensveränderungen. Warum sollte dies nicht auch für die Wissenschaft von der Ethik gelten? Aus der jüngeren Geschichte marktwirtschaftlich organisierter Gesellschaften möchte ich hierzu ein Beispiel „konstruieren":

Das normative Muster, das den am marktwirtschaftlichen Paradigma orientierten Wirtschaftswissenschaften zugrunde liegt, läßt sich herleiten aus dem Eigennutzaxiom der Ethik des homo oeconomicus. Dieses Axiom rechtfertigt ein Verhalten des Individuums oder der jeweiligen wirtschaftlichen Einheit, das gegen übergeordnete Gemeinschaftsziele gerichtet ist, wenn dieses Verhalten für das Individuum oder die jeweilige wirtschaftliche Einheit einen Beitrag zur Maximierung des Eigennutzens leistet. Auch wer das Eigennutzaxiom nur als Bestandteil einer rudimentären Verhaltenstheorie verwendet sehen möchte, kann sich nicht dem Argument verschließen, daß es faktisch-psychologisch eine normierende Kraft gewonnen hat, damit nicht nur verhaltensbestimmend, sondern auch sanktionierend (mit oder ohne Unterstützung durch positives Recht) geworden ist. Ein ökonomischer Sacro Egoismo wird zu einer Tugend hochstilisiert. In einem säkularen Tradierungsprozeß der ökonomischen Konditionierung der Bürger ist die Konstruktion des homo oeconomicus mit der ihm eigenen Ethik zur dominierenden Form der Verhaltensweise geworden. Die Wirtschaftswissenschaften hatten und haben in diesem Zusammenhang eine bedeutende Transmissionsfunktion.

Wir sollten darüber nachdenken, wie wir die kritische Ethik als eine konkurrierende Ethik in eine solche Transmissionsfunktion bringen können. Krisenhafte Zustände und Entwicklungen bieten zuweilen die Chance, die massenhafte Aufmerksamkeit auf moralische Grundsätze zu lenken. Vielleicht gelingt es, die Bürger davon zu überzeugen, daß solche Grundsätze notwendig sind, wenn sozialer Wandel gelingen und eine freiheitliche Demokratie erhalten bleiben soll. Wenn bis Ende der 60er Jahre ungezügeltes Erwerbsstreben wenig problematisiert wurde, so deutet die gegenwärtige Diskussion über die Grenzen ökonomischen Wachstums, über eine bessere Lebensqualität, über die Mitbestimmung der Bürger insbesondere im Arbeitsleben, über die potentiellen Gefahren der Kernenergie etc. auf reale Mentalitätsveränderungen hin. Die Grundintention und wesentliche Inhalte der kritischen Ethik brauchen daher nicht wie zu Lebzeiten Nelsons auf ein massives Unverständnis in der Gesellschaft zu stoßen. Den Erfolg einer Ethik können wir nicht nur nach der Überzeugungskraft wissenschaftlicher Argumente, nicht nur nach ihrer inneren Geschlossenheit beurteilen, sondern auch danach, wie sie im Fluß der Geschichte reale Ansatzpunkte für sich ausnutzt und korrigierend eingreift. Vermutlich befinden wir uns in einer Periode, in der wir zum Erfolg der kritischen Ethik in diesem Sinne beitragen können.

Diskussion

Robert Alexy: Sie schlagen vor, Schwächen der kritischen Ethik durch Einbeziehung der soziologischen Rollentheorie zu beseitigen oder zu mindern. Ich glaube, daß Ihr Vorschlag Probleme erzeugt, die noch zu bewältigen wären.

Die Verwendung der Rollentheorie im Rahmen der Anwendung des Sittengesetzes ist nicht nur der Gebrauch eines technischen Instruments, sie schließt normativen Gehalt ein. Dies gilt auf jeden Fall dann, wenn unter Bezugnahme auf die Rollentheorie Ergebnisse erzielt werden können, die ohne sie nicht erreichbar sind. Letzteres ist der Fall, wenn aufgrund Ihres

Vorschlages Schwierigkeiten der ceteris paribus- oder mutatis mutandis Klausel vermieden werden können. Der dem Sittengesetz hinzugefügte normative Gehalt aber wäre kritisch zu rechtfertigen.

Das Problem der Rechtfertigung zusätzlicher normativer Prämissen verschärft sich noch dadurch, daß Sie die Möglichkeit zulassen, bei einem Widerspruch zwischen Rollenmoral und Sittengesetz letzteres zu revidieren. Soll dies im Rahmen einer kritischen Ethik geschehen, müßte die Vorzugswürdigkeit der Rollenmoral in dem in Frage stehenden Punkt begründet werden. Dies setzt normative Prämissen, die in ihrem Rang dem Sittengesetz überlegen sind, voraus. Im Ergebnis bedeutet dies, daß nicht ein Soll-Ist-Vergleich, sondern ein Soll-Soll-Vergleich angestellt wird. Wie aber wollen Sie die normativen Prämissen, die den Vorrang der Rollenmoral gegenüber dem Sittengesetz legitimieren, rechtfertigen? Aus dem Sittengesetz können sich hierfür kaum Argumente ergeben. Argumente aus der Lehre von den Idealen aber dürften nicht gegen das Sittengesetz einsetzbar sein.

Lothar F. Neumann: Ich bin mir darüber im klaren, daß mit der Einbeziehung der soziologischen Rollentheorie eine Reihe von z. T. unerwarteten Problemen auftauchen. Ich möchte hierbei auf zwei Ebenen argumentieren:

1. Die soziologische Rollentheorie ist grundsätzlich Instrument der Erkenntnis von Einstellungen und Verhalten von Gesellschaftsmitgliedern. Wir erkennen u. U. auch, welche Normen Gesellschaftsmitglieder in bestimmten Rollen befolgen. Und wenn man Nelsons Ethik in einem bestimmten Sinne als „situative Ethik" deuten kann, dann dürfte es zur Beschreibung der jeweiligen Situation wichtig sein zu erfahren, welche Normen in jeweiligen Situationen befolgt werden. In diesem Zusammenhang kann man wohl ohne weiteres von einem Soll-Ist-Vergleich sprechen.

2. Natürlich kann die deskriptiv erschlossene Rollenmoral auch eine normative Funktion im Sinne eines dem Sittengesetz vergleichbaren Sollens gewinnen. Ich stimme insofern Alexy zu. Es gibt vermutlich Fallgruppen, in denen ich die Rollenmoral argumentativ stützen kann aus der Lehre von den Idealen. Nichts hindert mich daran, einen empirischen Zustand gutzuheißen, in dem moralische Anforderungen über das Sittengesetz hinausgehen. Auch bei Nelson untersagt uns das Sittengesetz nicht, daß wir entsprechend unseren Idealen leben. — Schwierig wird in der Tat die Fallgruppe, die ich argumentativ nicht aus der Lehre von den Idealen erfassen kann. Wer will ausschließen, daß die Anthropologie, die explizit oder implizit dem Nelsonschen Sittengesetz zugrunde liegt, falsch ist? Wenn ich hierfür Indizien entdecken sollte, werde ich mich mit dem Sittengesetz etwa im Sinne von Körner durchaus in der Tradition der kritischen Philosophie auseinandersetzen. Ich bin mir bewußt, daß in diesem Zusammenhang schnell der Hinweis auf einen unendlichen Regreß erfolgt. Es dürfte aber gar nicht so einfach

sein, solche Grenzfälle zu konstruieren. In den meisten Fällen werde ich aus der jeweiligen empirischen Anwendungssituation argumentieren können. Auf die Problematik der hierbei auftauchenden mutatis-mutandis-Formel habe ich in meinem Referat hingewiesen.

Gerhard Lüpkes: In einem Aufsatz „Zur Propädeutik der Volkswirtschaftslehre" von 1942 in den Jahrbüchern für Nationalökonomie und Statistik, Bd. 156, habe ich mich auch mit der sogenannten Werturteilsfrage und von da aus mit Nelson beschäftigt. — Nelson zeigt zunächst, daß es unmöglich ist, Sätze des Seinsollens auf solche des Seins zu gründen. Wenn er sich selbst über Kant und Fries die Erbringung eines Beweises zumutet, so knüpft er dabei an die Einheitlichkeit ethischer Urteile an. Nelson folgert hieraus (als einzig möglichen Weg zur Fundierung der Ehtik), daß wir eine praktische, auf das Seinsollen gerichtete Vernunft haben, die uns eine unmittelbare, evidente, eines weiteren Beweises weder fähige noch bedürftige Erkenntnis dessen vermittelt, was wir tun sollen, deren Weisungen wir als unmittelbar verbindlich anzusehen hätten. — Diese Auffassung tut sich auch sonst kund. Im Gedicht von Arndt wird das Gewissen als „Strahl des Himmelslichts" bezeichnet. Auch wenn Goethe im Faust davon spricht, daß sich der Mensch des rechten Weges wohl bewußt sei, so muß er annehmen, daß es einen solchen allein richtigen Weg gibt und der Mensch ihn erkennt.

Indessen, wir bezweifeln die verbindliche Kraft, den absoluten Charakter dessen, was uns das Gewissen, das Pflicht- oder Rechtsgefühl vorschreibt. Untersucht man die von hier kommenden Weisungen und Wertmaßstäbe auf ihr Ziel, ihren Ausrichtungspunkt, so wird man finden, daß sie auf Erhaltung der Gemeinschaft und deren Wohlbefinden gerichtet sind. — Wir sehen in diesen sozialen Trieben nur den Ausdruck des uns durch natürliche Zuchtwahl angeborenen sozialen Empfindens, dessen Verbindlichkeit davon abhängt, ob die Erhaltung der menschlichen Gesellschaft ein ethisch würdiges Ziel ist — womit wir am Anfang der Beweiskette stehen. Ich möchte aber auch Weddigen zustimmen, daß in der Sache selbst sich fast alle Stimmen jetzt gegen die Wertfreiheit der Theorie aussprechen (Jahrb. f. Nationalökonomie und Statistik, 1941).

Lothar F. Neumann: Ich habe mich in meinem Referat mit den Problemen der Werturteilsdebatte nicht auseinandergesetzt. Zweifellos hat aber Nelsons Philosophie Wirkungen auf die nach dem zweiten Weltkrieg weitergeführte Werturteilsdebatte gehabt. Ich erinnere besonders an Gerhard Weissers Bemühungen um den Aufbau einer normativen Sozialwissenschaft und damit zusammenhängend an die Probleme der systematischen Verknüpfung von Normen und explikativen Aussagen. Nelsons Philosophie erscheint mir auch dann für die Werturteilsdebatte fruchtbar zu sein, wenn man es ablehnt, wie Nelson von „Werterkenntnis" zu sprechen.

Anmerkungen

1. Eine sehr klare Darstellung der Weisserschen Konzeption außerhalb des Kreises der sog. Neonormativisten gibt T. Stelzig, Gerhard Weissers Konzept einer normativen Sozialwissenschaft, in: Kölner Zeitschrift für Soziologie und Sozialpsychologie, Sonderheft 19, 1977, S. 260 ff.
2. Aus Kants Grundlegung zur Metaphysik der Sitten seien die folgenden Formulierungen angeführt:
   1. „Handle so, daß die Maxime deines Willens jederzeit zugleich als Prinzip einer allgemeinen Gesetzgebung gelten könne!"
   2. „Ich soll niemals anders verfahren als so, daß ich auch wollen könne, meine Maxime solle ein allgemeines Gesetz werden."
   3. „Der kategorische Imperativ ist also nur ein einziger und zwar dieser: handle nur nach derjenigen Maxime, durch die du zugleich wollen kannst, daß sie ein allgemeines Gesetz werde."
   4. „Handle so, als ob die Maxime deiner Handlung durch deinen Willen zum allgemeinen Naturgesetz werden sollte!"
   5. „Handle so, daß du die Menschheit sowohl in deiner Person als in der Person eines jeden anderen jederzeit zugleich als Zweck, niemals bloß als Mittel brauchst!"
   6. „Handle pflichtgemäß aus Pflicht!"
   Vgl. ferner H. J. Paton, Der kategorische Imperativ, Berlin 1962, S. 152 ff.
3. Vgl. F. W. Hegel, Vorlesungen über die Rechtsphilosophie (§ 135). Vgl. gegen Hegels Kritik K. Löwith, Das Individuum in der Rolle des Mitmenschen, [1]1928, 2. Nachdruck, Darmstadt 1969, S. 154 ff.
   A. Schopenhauer, Preisschrift über die Grundlage der Moral, §§ 6—8, 1840.
   F. Brentano, Vom Ursprung sittlicher Erkenntnis, Leipzig [2]1921, Anmerkung 17: „Der kategorische Imperativ hat ... den ... Fehler, daß man, selbst wenn man ihn zugesteht, schlechterdings zu keinen ethischen Folgerungen gelangt."
   V. Pareto, Traite de Sociologie Générale, Tome XII, Genève 1968, §§ 1514—1521.
   A. Ross, Kritik der sogenannten praktischen Erkenntnis, Leipzig/Kopenhagen 1933, S. 315; On Law and Justice, London 1958, S. 276 ff.
   A. Topitsch, Die Voraussetzungen der Transzendentalphilosophie, Hamburg 1975, S. 99 ff. (101). „„Wenn Kant selbst seinen Imperativ anzuwenden versucht, erfüllt er diese Formel (in ihren verschiedenen Varianten) mit den moralischen Überzeugungen seiner Zeit, wobei eudaimonistische Erwägungen eine größere Rolle spielen, als man nach der rigoristischen Absage erwarten würde, die er dem Glückseligkeitsprinzip in der Ethik erteilt hat."
4. L. Nelson, Sittlichkeit und Bildung (Die kritische Ethik bei Kant, Schiller und Fries), in: Gesammelte Schriften, hrsg. v. P. Bernays/W. Eichler/A. Gysin/G. Heckmann/G. Henry-Hermann/F. v. Hippel/S. Körner/W. Kroebel/G. Weisser. Bd. VIII,
5. L. Nelson, a. a. O., S. 60. [S. 59.
6. Vgl. z. B. J. F. Fries, Philosophische Rechtslehre, Jena 1803, S. 16; Politik oder philosophische Staatslehre, Jena 1848, S. 68: „Dabei bleibt aber für sich das öffentliche Wohl eine leere Formel, denn erst, indem man sagt, worin es denn bestehe und was es erfordere, werden uns die Staatszwecke selbst genannt."
7. J. F. Fries, Handbuch der praktischen Philosophie, (1818), in: Sämtliche Schriften, Bd. 10, S. 158 (156 ff.). (Sofern Fries nach ‚Sämtlichen Schriften' zitiert wird, handelt es sich um die von Gert König und Lutz Geldsetzer neu herausgegebenen Sämtlichen Schriften).

8. J. F. Fries, Politik oder philosophische Staatslehre, (1848), in: Sämtliche Schriften, Bd. 11, S. 12. „Constructionen der Weltgeschichte und Erklärungen des Weltlaufs sind für die geistige Geschichte der Menschen theils unmögliche, theils müßige, wenigstens nur untergeordnete Aufgaben, zu sagen aber, wie von Menschen im Kleinen oder Großen gehandelt werden solle, ist die Hauptsache."
9. J. F. Fries, Handbuch der praktischen Philosophie, (1818), in: Sämtliche Schriften, Bd. 10, S. 112 ff.
10. Vgl. J. F. Fries, ebenda, S. 116: „Was Vergnügen gewähre, lehren die Sinne, was nütze und zur geistigen Ausbildung erforderlich sey, lehrt die Erfahrung, was aber die Pflicht fordere, kann nur ein rein vernünftiger Ausspruch unserer Überzeugungen rein a priori entscheiden."
11. Diese Verknüpfung kritisiert Nelson bei Kant. Vgl. L. Nelson, Sittlichkeit und Bildung (Die kritische Ethik bei Kant, Schiller und Fries), in: Gesammelte Schriften, Bd. VIII, S. 57 ff.
12. Vgl. J. F. Fries, Handbuch der praktischen Philosophie, (1818), in: Sämtliche Schriften, Bd. 10, S. 156. Wörtlich und ausführlich heißt es an dieser Stelle:
„1. Praktischer Grundsatz der Substantialität oder Grundsatz der persönlichen Selbständigkeit: Jedes vernünftige Wesen hat den absoluten Werth der persönlichen Würde, seine Zustände in der Natur hingegen haben einen endlichen Werth, der größer oder kleiner seyn kann.
2. Praktischer Grundsatz der Kausalität oder Grundsatz der persönlichen Unabhängigkeit und äußeren Freyheit: Jedes vernünftige Wesen als Person existiert als Zweck an sich; jede Sache dagegen als bloßes Mittel.
3. Grundsatz der menschlichen vernünftigen Wechselwirkung, oder Grundsatz der Gerechtigkeit und persönlichen Gleichheit: Jede Person hat mit jeder andern die gleiche Würde; so daß zwar jede Sache, niemals aber eine Person als Mittel zu beliebigen Zwecken verbraucht werden darf."
Ferner in: Politik oder philosophische Staatslehre (1848), in: Sämtliche Schriften, Bd. 11, S. 225.
13. Vgl. J. F. Fries, Handbuch der praktischen Philosophie, (1818), in: Sämtliche Schriften, Bd. 10, S. 161: „Unter den Sittengesetzen ist hingegen nur das als Pflicht gebotene mit Nothwendigkeit bestimmt, und daneben bleibt in den Handlungen der Menschen alles das, was die Würde der Person nicht betrifft, etwas sittlich zufälliges, dem Belieben, der Wahl des Menschen überlassen, wird als das erlaubte nur als sittlich möglich bestimmt."
14. J. F. Fries, a. a. O., S. 167.
15. J. F. Fries, a. a. O., S. 179.
16. Vgl. J. F. Fries, a. a. O., S. 164, 171; Politik oder philosophische Staatslehre, (1848), in: Sämtliche Schriften, Bd. 11, S. 233.
17. Vgl. J. F. Fries, Handbuch der praktischen Philosophie, (1818), in: Sämtliche Schriften, Bd. 10, S. 169, 173.
18. Vgl. J. F. Fries, Politik oder philosophische Staatslehre, (1848), in: Sämtliche Schriften, Bd. 11, S. 69 f.: „Gerechtigkeit ist allerdings die philosophische Idee des Staatszwecks und hier der höchste gebietende Gedanke, auch steht die ganze gesellige Ordnung am Ende unter den Formen des positiven Rechtes. Darum dürfen wir aber doch die Staatslehre durchaus nicht nur als Rechtslehre ausführen, denn welches die Formen der geselligen Ordnung seyn werden und welches sie seyn sollen, hängt erst von der Verbundenheit aller dieser Zwecke ab. Wir müssen den Gesetzen und Interessen der Lebensverhältnisse selbst nachgehen, und dann erst zusehen, wie den Lebensverhältnissen die Rechtsverhältnisse entsprechen und für diese die Rechtsinstitute ausgebildet werden müssen."

19. Vgl. J. F. Fries, Handbuch der praktischen Philosophie, (1818), in: Sämtliche Schriften, Bd. 10, S. 180.
20. Vgl. J. F. Fries, a. a. O., S. 180, 257 ff. z. B. Wahrhaftigkeit in der Sprache als Mittel der Gedankenmitteilung, Regeln über die Abwicklung der üblichen Rechtsgeschäfte, persönliche und bürgerliche Freiheit der Staatsbürger, Öffentlichkeit der Regierungspolitik, Gesetzmäßigkeit der öffentlichen Verwaltung, Abschaffung von Standesprivilegien, Leibeigenschaft und Sklaverei.
21. Vgl. z. B. J. F. Fries, Handbuch der Religionsphilosophie, (1832), in: Sämtliche Schriften, Bd. 12, S. 289; Politik oder philosophische Staatslehre (1848), in: Sämtliche Schriften, Bd. 11, S. 94, 237 f.
22. J. F. Fries, Politik oder philosophische Staatslehre, (1848), in: Sämtliche Schriften, Bd. 11, S. 238.
23. J. F. Fries, a. a. O., S. 44.
24. J. F. Fries, Handbuch der praktischen Philosophie, (1818), in: Sämtliche Schriften, Bd. 10, S. 262.
25. J. F. Fries, a. a. O., S. 263 f.
26. J. F. Fries, a. a. O., S. 264.
27. Vgl. Zur Auseinandersetzung mit Hans Albert meinen Beitrag: Kritischer Rationalismus und antiplatonischer „Neo-Normativismus" im Lichte der „kritischen Philosophie", in: Archiv für Rechts- und Sozialphilosophie, 1969 LV/1, S. 77 ff.
28. J. F. Fries, Reinhold, Fichte und Schelling, 1803, S. 196.
29. J. F. Fries, Politik oder philosophische Staatslehre, (1848), in: Sämtliche Schriften, Bd. 11, S. 239 f.
30. Vgl. hierzu L. F. Neumann, Das Stabilitätsziel innerhalb gesellschaftlicher Zielsysteme, in: Verhandlungen auf der Tagung des Vereins für Socialpolitik, Gesellschaft für Wirtschafts- und Sozialwissenschaften, Zürich 1974. Stabilitätspolitik in der Marktwirtschaft, 1. Halbband, Berlin 1975, S. 98 f.
31. J. F. Fries, Politik oder philosophische Staatslehre, (1848), in: Sämtliche Schriften, Bd. 11, S. 219.
32. J. F. Fries, a. a. O., S. 220: „Wir können also die reine Rechtslehre unter der Form eines Vernunftschlusses darstellen, indem wir erstlich einen Theil als die Wissenschaft des Obersatzes oder der Idee, dann einen zweiten für die Unterordnung der Natur unter die Idee erhalten, wodurch sich drittens an der Stelle des Schlußsatzes die Bestimmung des einzelnen in der Natur durch die Idee ergeben muß."
33. J. F. Fries, a. a. O., S. 218.
34. Vgl. L. Nelson, Kritik der praktischen Vernunft, in: Gesammelte Schriften, Bd. IV, S. 117 f.
35. Vgl. L. Nelson, a. a. O., S. 117: „Das Wort „formal" hat eine relative Bedeutung, nach der ein Prinzip mehr oder weniger formal sein kann. Ein Prinzip ist nämlich formal, insofern es seinen Gegenstand nicht vollständig bestimmt, sondern in gewisser Hinsicht unbestimmt läßt, wie dies der Fall ist, wenn es nur ein allgemeines Kriterium enthält, auf Grund dessen sich der Gegenstand bestimmen läßt, das aber für sich allein den Gegenstand noch nicht eindeutig bestimmt."
36. L. Nelson, a. a. O., S. 117 f.
37. L. Nelson, a. a. O., S. 118.
38. R. M. Hare, Freiheit und Vernunft, Düsseldorf 1973, S. 31.
39. Vgl. R. M. Hare, a. a. O., S. 45.
40. R. M. Hare, a. a. O., S. 47.
41. L. Nelson, Kritik der praktischen Vernunft, in: Gesammelte Schriften, Bd. IV, S. 121 f.

42. L. Nelson a. a. O., S. 121.
43. R. M. Hare, Freiheit und Vernunft, Düsseldorf 1973, S. 47.
44. R. M. Hare, a. a. O., S. 64.
45. Vgl. Nelson, Kritik der praktischen Vernunft, in: Gesammelte Schriften, Bd. IV., S. 119.
46. Vgl. L. Nelson, a. a. O., S. 120.
47. Vgl. L. Nelson, a. a. O., S. 119, 123.
48. Vgl. L. Nelson, a. a. O., S. 110 ff. In diesem Sinne bereits J. F. Fries, Handbuch der praktischen Philosophie (1818), in: Sämtliche Schriften, Bd. 10, S. 225: „Bey richtiger Behandlung der Pflichtenlehre fallen die sogenannten Collisionen der Pflichten weg...".
49. Vgl. L. von Wiese, Ethik in der Schauweise der Wissenschaften vom Menschen und von der Gesellschaft, Bern und München ²1960, S. 265.
50. Vgl. A. Brecht, Politische Theorie. Die Grundlagen politischen Denkens im 20. Jahrhundert, Tübingen 1961, S. 370 f.
51. Wenn für B. Blanshard (Rezension Leonard Nelsons System of Ethics, in: Ratio 1957/58, II, S. 85) klar ist, daß schon durch Nelsons Berücksichtigung der Interessen anderer „das Moralgesetz zumindest zum Teil ein hypothetischer Imperativ sein muß", wird man entgegenhalten, daß Nelson von der logischen Struktur her durch die Unterscheidung der Form eines hypothetischen Urteils von einem hypothetischen Imperativ, von Gesetzlichkeit und Gleichförmigkeit und de facto durch die Einführung der mutatis-mutandis-Formel dies auszuschließen versteht.
52. Ähnlich argumentiert auch G. Henry-Hermann, Die Überwindung des Zufalls, in: Leonard Nelson zum Gedächtnis, Frankfurt/M.-Göttingen 1953, S. 28 f.: „Der immer wiederkehrende methodische Leitgedanke beim Aufbau dieses Systems ist die Überlegung, daß es an keiner Stelle menschlicher Auseinandersetzung mit dem Guten eine prästabilisierte Harmonie gibt zwischen dem, was faktisch geschieht, und dem, was ethisch-rechtlichen Anforderungen gemäß geschehen sollte."
53. Nelsons Abwägungsgesetz wird oft trivial mit dem Sprichwort „Was du nicht willst, das man dir tu, das füg auch keinem andern zu!" umschrieben. Aber dieses alte Sprichwort gibt nur sehr unzulänglich, ja mißverständlich wieder, was Nelson in seinem Abwägungsgesetz ausdrücken wollte. Er fragte nämlich in dem Abwägungsgesetz nicht nur − im Gegensatz zu der Formulierung des Sprichworts − nach dem Interesse des anderen, die eigenen Interessen werden sehr wohl mit berücksichtigt. Das Sprichwort, das von uns verlangt, einen anderen niemals seinem Interesse entgegen zu behandeln, läuft − seiner Herkunft von christlichen Lehren nach nicht überraschend − auf eine Form des Altruismus hinaus, das Sittengesetz ist die Forderung der Gerechtigkeit.
54. Vgl. P. A. Kropotkin, Gegenseitige Hilfe in der Entwicklung, Leipzig 1904, Neudruck 1923.
55 Vgl. V. Pareto, Traité de Sociologie Gènèrale, Tome XII, Genève 1968, § 1514: „La formule de Kant concilie, comme d'habitude, le principe égoiste avec le principe altruiste, qui est représenté par la 'loi universelle' ".
56. Vgl. L. Nelson, Kritik der praktischen Vernunft, in: Gesammelte Schriften, Bd. IV, S. 252.
57. Vgl. L. Nelson, a. a. O. S. 132 ff.
58. Die „Realdialektik" zwischen Egoismus und Altruismus, die prinzipielle Zweideutigkeit eines jeden eigenen Verhaltens im Verhältnis zu einem anderen, problematisiert natürlich diesen Versuch. Vgl. hierzu K. Löwith, Das Individuum in der Rolle des Mitmenschen, 1928, 2. Nachdruck, Darmstadt 1969, S. 71 ff.

59. Vgl. A. Ross, Kritik der sogenannten praktischen Erkenntnis, Kopenhagen und Leipzig 1933, S. 356 ff.; On Law and Justice, London 1958, S. 277 ff.
60. Vgl. H. Albert, Rationalität und Existenz, politische Arithmetik und politische Anthropologie, Köln 1952, S. 73 ff.
61. Vgl. G. Henry-Hermann, Die Überwindung des Zufalls, in: Leonard Nelson zum Gedächtnis, Frankfurt/M.-Göttingen 1953, S. 71 ff.
62. Noch mit anderen Modellfiguren wie homo politicus, homo faber, homo ludens, homo creator, homo peccator, homo noumenon, homo phaenomenon, homo religiosus werden zuweilen Erkenntnisinteressen verknüpft.
63. Vgl. L. von Wiese, Ethik in der Schauweise der Wissenschaften vom Menschen und von der Gesellschaft, Bern und München²1960, S. 64 ff., 249 ff., 257 ff.
64. A. Brecht, Politische Theorie. Die Grundlagen politischen Denkens im 20. Jahrhundert. Tübingen 1961, S. 370 f.
65. H. Peter, Über die Möglichkeit und Grenzen positiver Wertprinzipien in der Ethik, in: Archiv für Philosophie, 1956, S. 76.
66. Vgl. L. Nelson, Die Theorie des wahren Interesses und ihre rechtliche und politische Bedeutung. Sittlichkeit und Bildung, in: Gesammelte Schriften, Bd. VIII., S. 5 ff.
67. M. Ginsberg (Durkheim's Ethical Theory, British Journal of Sociology 1951, S. 210) scheint diese Alltagsmoral bei Durkheim treffend zu beschreiben: „Actual morality, as we find it in any given society, consists of collections of special rules which prescribe the conduct regarded as fitting in each of the spheres of human life, e. g. the domestic, the professional, the political. These do not form a unified System deducible from a single principle."
68. E. Durkheim, Erziehung, Moral und Gesellschaft, (1902/1903), Neuwied und Darmstadt 1973, S. 81.
69. Vgl. E. Durkheim, a. a. O. S. 81 f.
70. Vgl. E. Durkheim, a. a. O. S. 85.
71. Als ein Beispiel könnte man die Beseitigung von Diskriminierungen von Ausländern und Staatenlosen (Nationalitätenproblem) anführen, die Nelson in seinem Programm innerer Reformen fordert. Vgl. L. Nelson, Denkschrift betreffend die Einführung eines Staatenbundes und der damit zu verbindenden inneren Reformen (1914), Recht und Staat, in: Gesammelte Schriften, Bd. IX, S. 109.

SEKTIONSVORTRÄGE

Niels Egmont Christensen, Aarhus

Why Modern Logic is Illogical

It is, I hope, within the scope of a critical philosophy to examine logic and to examine it critically. And at a time when the prevailing logic, symbolic or mathematical logic, is about to invade other fields where reasoning matters, such as, among others, law, it is more important than ever to make sure that logic in its present form is a helpful instrument.

When claiming that it is not, that modern logic is illogical, I do not want to be unneccessarily provocative. But if the arguments I am going to present are correct, this is the inevitable conclusion. So if we care about logic and want to freely use it we must face this conclusion and try to revise it accordingly.

By saying that modern logic is illogical I mean that it is either fallacious when applied to arguments or not applicable at all to such arguments. The part of logic that has such properties is the very basic part, propositional logic presented as a system of truth functions, such as it is generally taught to beginning students.

Truth-functional logic has often been attacked because it counts among its valid schemata 1. '$p \supset (q \supset p)$' and 2. '$p \supset (\neg p \supset q)$', where the first one will allow us to argue from the fact that Göttingen has a university to the conditional: if Carter is a president then Göttingen has a university. However, it is pointed out quite correctly by defenders of modern logic that such an inference and assertion of its conclusion is a harmless extension of ordinary language. Like the convention that $X^0 = 1$ it may have a paradoxical ring, but also like this convention it is amply justified for systematic purposes, a smooth-running and even decidable logic. Further, our conventional extension of language is admittedly safe in the sense that it will never lead from truth to falsehood.

These ways of defence are of no avail, however, when we consider the schema: '$\neg (p \supset q) \supset (p \wedge \neg q)$', also valid by truth-functional logic. It licenses an inference from a denial of a conditional to an assertion of its antecedent and a denial of its consequent. And here we are no longer logically safe; if we make such an inference we may easily deduce a falsehood from a truth. Consider, for instance, a person who has got it all wrong about the barometer and says: "if the barometer is now rising it will be rainy and cloudy". We may truly deny this conditional statement, but to infer from such a denial by truth-functional logic that the barometer is now rising, and that it will not be rainy and cloudy, is surely a fallacious inference.

With respect to disjunctions the troubles are exactly similar. The schema '$\neg(p \lor q) \supset (\neg p \land \neg q)$', half of DeMorgan, validates an inference from a negation of a disjunction to a negation of both its disjuncts. But generally this will take us from truth to falsehood and so be equally fallacious. If we deny, say, that Peter or Paul will come tomorrow, because we know that it is Peter and John that have agreed to come, either or both of them, it certainly does not follow that neither Peter nor Paul will come, though this is the inference to which we are committed by truth-functional logic. So it seems that we are able to deduce falsehoods from truths by denying truly conditionals or alternations and apply logic to these denials.

The immediate retort will be, of course, that we have simply misapplied logic and that there is thus nothing fallacious about it. We have applied the truth-functional connectives "$\supset$" and "$\lor$" to compounds that express a stronger connection or dependence between their components than the truth-functional one and for which, therefore, a denial does not result in specific truth values of the components.

This may well be so, but in that case, we ought to be told where exactly truth-functional logic is applicable, then. I conjecture that most, if not all, conditionals and disjunctions that are asserted and do not occur within a particular context will express such a stronger dependence between the components involved. So if we want to avoid fallacies truth-functional logic cannot be applied to the denial of such conditionals and alternations, but evidently not only not here.

It would be theoretically inexcusable, although apparently in accordance with common textbook practice just to apply logic to conditionals and alternations where we go right and refrain from the application to the very same conditionals and alternations where we go wrong. We ought certainly not use logic in justifying the conclusion from "if the barometer is now rising, it will be rainy and cloudy, and if it is rainy and cloudy, the mail will be late" to "if the barometer is now rising, the mail will be late", and then refuse to draw the fatal conclusion mentioned above when we deny the first conditional of our hypothetical syllogism.

But if we adhere strictly to a principle of universal applicability of our logical apparatus, the price for avoiding fallaciousness will be high: all conditionals and alternations that express a stronger non-truth-functional dependence between the components will be outside the scope of propositional logic as it now is.

There is no help in this predicament to be got from mathematics. If a conditional is used to express some real dependence, it seems that it is used to very same purpose in mathematics; only the dependence is not here grounded upon physical matters, but upon conceptual relations and connections. No denial of a conditional expressing such a mathematical relationship or dependence will therefore result in specific truth values of the components as truth-functional logic will have it.

This ends the first part of my argument that has aimed at establishing that truth-functional logic is either fallacious with respect to or inapplicable to conditionals and alternations that express a dependence between the components stronger than the truth-functional one. For these a revised propositional logic is called for.

The question remains whether truth-functional logic is totally inapplicable to arguments or perhaps adequate for handling truth-functional conditionals and alternations if such there are? Since the answer is yes, it seems a reasonable assumption that truth-functional logic will cover them. The examination of this assumption will form the second part of my argument about which I am less confident than about the first part.

Let us first ascertain that the example "if he is a soldier or a student, he will get free" leaves us in no doubt about the existence of a truth-functional disjunction in language. Witness in particular how this disjunction confirms to truth-functional logic when negated; if we indirectly deny it by denying the consequent, it definitely follows that he is neither a soldier nor a student.

If now truth-functional logic were simply thus applicable to connectives when used with such a truth-functional meaning and nowhere else, it would mean a severe limitation in the application of logic; it would be far less useful than usually supposed, but able to avoid the charge of fallaciousness. One may, however, have doubts even about such a limited role for truth-functional logic.

Consider, to begin with, the two valid conditionals 3. '$(p \wedge (p \supset q)) \supset q$' and 4. '$(\neg q \wedge (p \supset q)) \supset \neg p$'. Like all valid or logically true conditionals they license corresponding inferences, and here the two famous principles *modus ponendo ponens* and *modus tollendo tollens*. They show how "$\supset$" preserves the inference properties of "if-then" within truth-functional logic. But such preservation is not without its consequences. Like other logical laws the two conditionals above partly specify the meaning of the connectives involved by their validity.

This specification is such that '$p \supset q$' as it occurs in the antecedent among its minimum content must have that 'p' is sufficient for 'q' and 'q' necessary for 'p', otherwise the inference principles would not be forthcoming. Since 4. is valid it says, in effect, that when we have asserted '$p \supset q$' and further

'¬q', we could safely assert '¬p' as well. But we could not be sure of this unless 'q' was necessary for 'p'; without this information it would help us nothing to know that the condition 'q' is not fulfilled; if, on the other hand, this condition is necessary for 'p', its non-fulfillment means that 'p' cannot be fulfilled as well. So the conditional 4. by its validity establishes that 'p ⊃ q' must mean that 'q' is necessary for 'p' and since 'q' cannot be necessary for 'p' were 'p' not sufficient for 'q', also that 'p' is sufficient for 'q'. The same partial specification of the meaning of 'p ⊃ q' could be extracted, of course, from the schema 3.

There is nothing very surprising in this. It is a respect in which the truth-functional connective '⊃' does not differ from an ordinary 'if-then', say, "if it is raining then the street will be wet", since rain is obviously sufficient for a wet street and, conversely, a wet street necessary for the rain to have poured. It is therefore no wonder that we could find explicit recognition among logicians that 'p ⊃ q' means that 'p' is sufficient for 'q' and 'q' necessary for 'p'[1].

However, provided we make a very weak and undoubtedly true assumption about the world to which we apply our logic, we are now in for difficulties. This assumption amounts to no more than that there is some true proposition 'p' and another proposition 'q' such that 'q' is not necessary for '¬p', and this seems to be the case whether we speak of the weather, medicine, mathematics or any other subject matter.

For instance, it is true according to our program that today is Friday, but "tomorrow is Saturday" is not necessary for "today is not Friday". But the assumption which this example illustrates is a counterexample to schema 2. 'p ⊃ (¬p ⊃ q)' that is valid by truth-functional logic and has as a consequence, since it is, in fact, Friday, "that tomorrow is Saturday" is necessary for "today is not Friday", a consequence no one would accept knowing what we do.

This result is due to an incoherence in the meaning of "⊃" and is a symptom of a disease in truth-functional logic rather than the disease itself. It follows from an apparent break with the principle of harmony within this logic[2]. The principle of harmony requires that there should be accordance between the conditions we consider sufficient for asserting some proposition, and the consequences we are prepared to infer from this proposition; if Q which we assert on the premises P will allow us to draw some conclusion R that we would not have drawn from P, we may have objections or reservations against the meaning of Q.

Exactly in this sense the meaning of the truth-functional conditional is objectionable. For we may assert 'p ⊃ q' on very weak conditions: if only 'p' is false or 'q' is true. But we would exceed these conditions if we concluded that 'p' was sufficient for 'q' or 'q' necessary for 'p', or, in other words, that 'p' was related to 'q' in such a way that we could infer from this relationship by affirming the antecedent or denying the consequent.

Since, however, the inference principles 3. and 4. by their validity will give such a strong meaning to 'p ⊃ q', these principles are, in a sense, incompatible or incoherent with the assertibility principles 1. and 2.. Consequently they should not be in the same logic; if we accept the weak conditions for asserting 'p ⊃ q' that, as will probably be evident from the first part of my argument, do not hold except for truth-functional conditionals, we should give up the inference principles for these conditionals. If, on the other hand, we keep the inference principles and the meaning they give to 'p ⊃ q', the assertibility principles are no longer valid as shown above.

In case this latter part of my argument has some force the idea that truth-functional logic is adequate at least for truth-functional connectives is not beyond doubt. But if this logic is not even applicable to conditionals and alternations composed by 'if-then' and 'or' of the weaker sort, it seems to fail us with respect to all arguments expressed in language, though it may be interesting and useful for other purposes, say, as applied to switching circuits.

To prevent misunderstanding I should like to emphasize that by expressing doubts about logic in its present shape I do not want to argue against mathematical methods in logic. Nor do I want to exclude the possibility of a universal propositional logic though apparently we have not yet been able to systematise it.

All I want is to suggest that logical investigations should not be left entirely to mathematicians and logicians; up till now they have not succeeded in creating an adequate instrument for appraising propositional arguments. So in order to develop such an instrument it seems that we also need reflection and a critical philosophical method.

Diskussion

Theodor G. Bucher: Das Beispiel vom steigenden Barometer hat mich nicht ganz überzeugt. Es ist unnötigerweise kompliziert und vermag das Anliegen besser zu zeigen, wenn es folgendermaßen vereinfacht wird: „Wenn das Barometer steigt, dann regnet es." Diese offensichtlich falsche Aussagenverknüpfung soll verneint werden, was zu folgendem Resultat führt: '¬(B ⊃ R) ≡ (B ∧¬ R)'. Dabei möchten Sie nur die intuitiv einsichtige Implikation '(B ∧¬ R) ⊃ ¬ (B ⊃ R)' gelten lassen, nicht aber die Umkehrung. Tatsächlich berührt es uns seltsam, wenn auch '¬ (B ⊃ R) ⊃ (B ∧¬ R)' gelten soll. Doch ließe sich vermutlich zu zahlreichen weiteren Formalisierungen ein empirisch unerwünschter Sachverhalt als Gegenbeispiel anführen. Ich sehe darin nicht Paradoxe der Logik, sondern unerlaubte Formalisierungen. Freilich muß ich zugeben, daß dadurch nur die Frage verschoben wird, wann eine Aussagenverknüpfung als Implikation dargestellt werden darf. Dieser Schwierigkeit möchte ich jedoch eher durch vertiefte Analysen der einzelnen konkreten Erkenntnisakte begegnen, als durch eine Revision der Logik.

Niels E. Christensen: To the objection by Theodor G. Bucher against my doubts about '¬(B ⊃ R) ≡ (B ∧¬ R)' as a universal logical law, I agree that '(B ∧¬ R) ⊃ ¬ (B ⊃ R)' is correct and should be in any propositional logic worth the name. Its converse, however, seems to be invalidated by the counterexample "it is not true that if the barometer is now rising, it will be rainy" that may well be true though it is false that "the barometer is now rising and it will not be rainy". Mr. Bucher points that this may be due to an unallowed formalisation and no paradox of logic is a little more difficult to follow. If it means that '¬ (B ⊃ R) ⊃ (B ∧¬ R)' uninterpreted or interpreted on, say, switching circuits is unobjectionable, I agree, but is not this irrelevant to the catastrophies that appear if we interpret the propositional calculus to propositions? And where will we find a textbook that clearly and understandably explains why my interpretation is not legitimate?

Robert Alexy: Sie sind der Meinung, daß sich auch an dem Schema '¬ (p V q) ⊃ (¬ p ∧¬ q)' zeigen lasse, daß die wahrheitsfunktionale Aussagenlogik unlogisch sei. Als Beispiel führen Sie an, daß daraus, daß jemand verneine, daß Peter und Paul morgen kommen '(¬ (p V q))', nicht folge, daß keiner von ihnen komme '(¬ p ∧¬ q)'. Jemand könne ja verneinen, daß Peter oder Paul morgen kommen '(¬(p V q))', eben weil er wisse, daß Peter und John morgen eintreffen werden '(p ∧r)', was mit '(¬ p ∧¬ q)' unvereinbar sei.

Ich finde Ihr Argument nicht überzeugend. '(p ∧r)' ist genauso mit ,¬(pV q) unvereinbar wie mit '(¬ p ∧¬ q)'. Dies gilt auch für die umgangssprachlichen Gegenstücke dieser satzlogischen Schemata, auf die Sie Wert legen. Man kann ebensowenig sagen „Wie schade, es wird nicht wahr werden, daß Peter oder Paul kommen, dafür kommen aber wenigstens Peter und John" wie „Leider kommt Peter nicht und auch Paul nicht, aber ich werde zum Trost Peter und John bei mir haben". Ich sehe deshalb nicht, wie aufgrund von '¬ (p V q) ⊃ (¬ p ∧¬ q)' Falsches aus Wahrem folgen soll. Ist '(p ∧ r)' wahr, wird nicht nur das Hinter-, sondern auch das Vorderglied falsch.

Sie scheinen in Ihrem Beispiel davon auszugehen, daß für den, der weiß, daß p ∧ r, Anlaß besteht, 'p V q' zu verneinen. Es trifft zwar zu, daß es in der Regel unter pragmatischen Gesichtspunkten keine guten Gründe dafür gibt, 'p V q' in einer solchen Situation zu behaupten, es gibt jedoch weder logische noch pragmatische Gründe dafür, 'p ∨ q' nun gerade zu verneinen.

Niels E. Christensen: To the interesting objection by R. Alexy to my point that '¬ (p ∨q) ⊃ (¬ p ∧¬ q)' is illogical my answer is the following. By denying "Peter or Paul will come tomorrow" we do not commit us to saying that Peter and John (p ∧r) will come. We commit us to a negation of the disjunction based on our knowledge that, say, Peter *or* John will come, either or both, by mutual agreement. But this is, it seems to me, incompatible with that neither Peter nor John will come to which we are committed by truth-functional logic. So we have actually constructed a counterexample to '¬ (p ∨ q) ⊃ (¬p ∧¬q)'.

Charles Boasson: Professor Christensen, I would go even further than you do yourself: you say that one should not leave logic to "modern" logicians; I would add that you can not leave logic to logicians at all. Aristotle, being an exception, was wise enough to refrain from using truth-functional analysis ("any statement is either true or not") regarding the future. He did not say, as others did, there will be a seabattle tomorrow . . . either yes or no, *tertium non datur*. We should heed this wisdom and compare it with your example of the rising barometer: one is never allowed to reverse the sentence: "if the Greek fleet attacks the Persian fleet tomorrow there will be war" to its opposite: "if the Greek fleet does not attack the Persian fleet tomorrow there will not be war". I would not hesitate to change your paper's title as follows: "Why logic, left to logicians' practice, is illogical".

As an subsidiary point I must say that the so-called "logic" of lawyers is not at all a truth-functional logic. Only some kind of "many-valued logic" might be usable here. If a situation S exists and a legal rule R applies, we have not yet an answer to the question: what rule applies when the situation S does not exist. On the one hand rule R may apply notwithstanding the changed situation but perhaps indeed on the basis of the *argumentum ad contrarium* rule R does not apply. Truth-functional analysis does not help us.

Niels E. Christensen: Concerning Dr. Boasson's comments to my paper I should like to point out the necessity of distinguishing clearly between the principle of bivalence (any sentence is either true or false) that I consider to be a sound principle, and the altogether different principle that the truth-value of compounds, including conditionals and alternations, are functions of the truth values of their components that I find false or misleading.

How either of these principles are relevant to the Greek fleet example I am unable to see, and it seems to me that neither classical nor modern logic have ever licensed an inference here to what you call the "opposite" of the sentence.

Lastly I disagree with your point that many-valued logic should be usable within legal logic. Generally it seems to me that the apparent advantages of a so-called many-valued logic could always be achieved as well by introducing a sufficient number of linguistic distinctions and keeping two-valued logic for these. But I admit that this might seem to a rather cavalier way of treating a difficult question.

Anmerkungen

1. See E. J. Lemmon, Beginning Logic, Edinburgh: Nelson, 1965, 28–29.
2. This principle I owe to Michael Dummett, Frege, Philosophy of Language, Duckworth, London: 1973, 396–397 and 453–454.

Klaus Mainzer, Münster

Geometrie und Raumanschauung

Überlegungen zur Geometriebegründung im Anschluß an Leonard Nelson

> „Da aber die Axiome, als Urteile, selbst der Begründung bedürfen, so können die ursprünglichen Kriterien der mathematischen Wahrheit nicht in den Axiomen, sondern erst in der den Axiomen zugrunde liegenden unmittelbaren Erkenntnis enthalten sein."
>
> L. Nelson*

Vorwort

Seit der Entwicklung nicht-euklidischer Theorien von Gauß bis Riemann und ihrer berühmten Anwendung in der allgemeinen Relativitätstheorie Einsteins schien Kants Begründung der Geometrie durch Raumanschauung a priori überholt. Entweder schloß man wieder wie im Logizismus Russells an die vorkantischen Ansätze Descartes' oder Leibnizens an und versuchte, die geometrischen Axiome aus einer allgemeinen Relationenlogik abzuleiten — oder aber man interpretierte wie Riemann und Helmholtz die verschiedenen Theorien als Hypothesensysteme, die sich in der physikalischen Erfahrung zu bewähren haben. Neben Logizismus und Empirismus schien dann nur noch die skeptische Position möglich, die weder Logik noch Erfahrung als Begründung akzeptieren wollte und deshalb die geometrischen Axiome als zweckmäßige formale Setzungen und Vereinbarungen auffaßte — so der Konventionalismus Poincaré's. Selbst der mathematische Intuitionismus L. E. J. Brouwers, der Arithmetik und Analysis im Sinne Kants auf die „Urintuition" des Zählens zurückführte, lehnte Kants Begründung der Geometrie durch Raumanschauung ab und reduzierte sie auf die arithmetisch-analytischen Rechenverfahren der analytischen Geometrie[1].

In dieser wissenschaftsgeschichtlichen Situation tritt Leonard Nelson in der Zeit von 1905 bis 1927 mit mehreren Arbeiten auf und verteidigt Kants Begründung der Geometrie durch Raumanschauung *a priori*. Die Pointe seiner Argumentation besteht darin, daß er sich gerade das „Faktum der nichteuklidischen Geometrien"[2] zu Nutze macht, um Logizismus und Empirismus in der Geometriebegründung zu widerlegen (Abschnitt 1). Der Nachweis der logischen Unabhängigkeit der euklidischen Axiome führt nämlich nur zu widerspruchsfreien Formalismen, welche Kants Begründung der euklidischen Formen aus reiner Anschauung nicht berühren. Für die euklidischen Formen gilt vielmehr mit den Worten von P. Bernays, „daß die in der Geometrie vollzogenen Idealisierungen des Konkreten nicht nur im Rahmen des Begrifflichen stattfinden, sondern, auf Grund einer Art von spontanem Prozeß, schon vor der wissenschaftlichen Fixierung sich in unserer Anschauung bilden, und daß ferner durch die Entsprechung zu dieser Art der Anschaulichkeit die euklidische Geometrie gegenüber anderen möglichen Geometrien ausgezeichnet ist."[3]

Im Folgenden werden Vorschläge gemacht, wie die euklidische Formenlehre als „Idealisierung des Konkreten" zu verstehen ist. Damit ist allerdings nichts gegen die Nützlichkeit nicht-euklidischer Formalismen für die theoretische Physik gesagt. Vielmehr trägt eine methodische Unterscheidung von Raumanschauung, mathematischem Formalismus und physikalischem Hypothesensystem nur dazu bei, verwirrende Spekulationen über „n-dimensionale Räume" und „Raumkrümmung" zu vermeiden. Mit der Diskussion von Raumanschauung und „Raumkrümmung" wird schließlich die Verbindung mit einem anderen großen Göttinger Gelehrten hergestellt, dessen wir in diesem Jahr besonders gedenken – Carl Friedrich Gauß (Abschnitt 2).

1. Raumanschauung und euklidische Geometrie

1.1 Raumanschauung und empirische Urteile

Nelson wendet sich zunächst gegen den logischen Ursprung der euklidischen Axiome. Nicht-euklidische Theorien, in denen einzelne euklidische Axiome falsch und die übrigen wahr sind, sind nämlich – wie D. Hilbert um 1900 systematisch zeigte – widerspruchsfrei möglich[4]. Die euklidischen Axiome sind also logisch nicht ausgezeichnet.

Es werden auch keine zusätzlichen Definitionen und Vereinbarungen getroffen etwa „auf einem Naturforscherkongreß", wie Nelson ironisch hinzufügt[5], um einmal das euklidische oder zum anderen ein nicht-euklidisches Krümmungsmaß für die Anwendung in der Physik zu beschließen. Aus dem nicht-logischen Ursprung der Axiome folgt nun der Empirismus ihren empirischen Ursprung. Die Argumente, die Riemann und Helmholtz dazu anführen, hängen eng zusammen mit dem traditionellen Aufbau des euklidischen Systems, wie es von Euklid bis ins 19. Jahrhundert auf Hilbert überliefert wurde. Danach ist die Geometrie zunächst eine Theorie des Messens oder – wie Helmholtz formuliert – eine „Theorie der freien Bewegung starrer Körper" (z. B. eines Lineals)[6]. Die Bewegungen werden geometrisch durch die Kongruenzaxiome festgelegt. Fügt man noch Axiome für Inzidenz- und Anordnungsrelationen für Punkte, Geraden und Ebenen hinzu, so erhält man die absolute Geometrie des Messens, die sich empirisch auch bestätigt, wenn das Parallelitätsaxiom nicht vorausgesetzt ist.

Nun weiß man nach Saccheri und Legendre, daß das Parallelitätsaxiom äquivalent ist mit der Annahme, wonach die Winkelsumme im Dreieck zwei Rechte beträgt. Wenn das Parallelitätsaxiom schon logisch nicht aus den übrigen gefolgert werden kann, dann soll es doch empirisch durch Vermessen realer Dreiecke bestätigt oder widerlegt werden. Die Gelegenheit zu solchen Vermessungen ergab sich für C. F. Gauß bei der großen geodätischen Landesvermessung von Hannover von 1821 bis 1841. Die Vermessung des Dreiecks Inselsberg, Brocken, Hoher Hagen (bei Göttingen) blieb jedoch im Rahmen der vorgesehenen Fehlergrenze. G. Hessenberg, der Göttinger Geometer, Freund und Mitarbeiter Nelsons, hat zu diesen empiristischen Begründungsversuchen später bemerkt: „Hier finden wir die ebenso auffallende wie unbestreitbare Tatsache, daß Helmholtz aus dem nichtlogischen auf den empirischen Ursprung schließt. Er macht also die vorkantische Disjunktion zwischen Logik und Empirie zu einzigen Erkenntnisquellen. Aber gerade die Zulässigkeit dieser Disjunktion hat Kant bestritten. Helmholtz ist also bei der Widerlegung Kants eine mit voller Schärfe nachweisbare petitio principii unterlaufen."[7]

Mathematisch konnte das Parallelitätsaxiom offenbar nur deshalb zum empirischen Bewährungskriterium der euklidischen Geometrie hochstilisiert werden, weil es aus der absoluten Geometrie der Kongruenz nicht folgerbar und auch anschaulich nicht evident war.

1.2 Raumanschauung und euklidische Formenlehre

Bringt man nun zwei kongruente Figuren der euklidischen Geometrie (z. B. Strecken) in der Ebene zur Deckung, so bleibt nicht nur die Figurengröße (also der Abstand der Streckenpunkte) unverändert, sondern auch die Form (gerade Linie mit Anfangs- und Endpunkt). Im Unterschied zu Geraden, Ebenen und Punkten sind Strecken jedoch nicht immer größengleich, wenn sie auch immer dieselbe Form besitzen, d. h. „ähnlich" sind. Im Sinne des XI. Buches der euklidischen ‚Elemente' heißen zwei Figuren deshalb kongruent, wenn sie größen- und formgleich („ähnlich") sind[8].

Nun bemerkte bereits der englische Mathematiker J. Wallis um 1663 (11.7. in Oxford), daß sich zu jeder beliebigen euklidischen Figur (z. B. Quadrat, Dreieck, Kreis) stets eine andere ihr ähnliche bzw. formgleiche von beliebiger Größe angeben läßt:

Entscheidend ist dabei sein Hinweis, daß sich aus der Existenzannahme ähnlicher, aber größenunabhängiger Figuren das umstrittene Parallelitätsaxiom beweisen läßt[9].

Darüberhinaus läßt sich mit dem Wallisschen Formkriterium die euklidische Geometrie vor den nicht-euklidischen Theorien auszeichnen. Betrachtet man nämlich z. B. sphärische Dreiecke, welche als Modelle für Dreiecke nicht-euklidischer Theorien verwendet werden, so fällt auf, daß bei stetigen Vergrößerungen und Verkleinerungen der Form die Winkelgrößen — im Unterschied zur euklidischen Geometrie — verändert werden. Auf dieses Argument weist bereits Gauß in einem Brief an Schumacher (vom 12.7.1831) mit aller Deutlichkeit hin:

„In der nicht-euklidischen Geometrie gibt es gar keine ähnlichen Figuren ohne Gleichheit, zum Beispiel die Winkel eines gleichseitigen Dreiecks sind nicht bloß von 2/3 R, sondern auch nach Maßgabe der Größe der Seiten unter sich verschieden und können, wenn die Seite über alle Grenzen wächst, so klein werden, wie man will. Es ist daher schon an sich widersprechend, ein solches Dreieck durch ein kleineres zeichnen zu wollen, man kann es im Grunde nur bezeichnen:

Die Bezeichnung des unendlichen Dreiecks in diesem Sinne wäre am Ende:

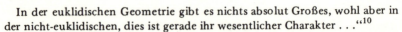

In der euklidischen Geometrie gibt es nichts absolut Großes, wohl aber in der nicht-euklidischen, dies ist gerade ihr wesentlicher Charakter ..."[10]

Fassen wir zusammen: (1) Die euklidischen Formen sind größenunabhängig, daher vor jeder Messung von Größen, also vor jeder physikalischen Erfahrung eindeutig bestimmt und in diesem Sinn a priori. (2) Die euklidischen Formen bilden in dem Sinn die Voraussetzung von physikalischer Messung, da Messen den geometrischen Kongruenzbegriff voraussetzt und dieser mit Form- und Größengleichheit definiert ist. (3) Die euklidischen Formen sind anschaulich in dem Sinn, daß sie sich an konkreten Gegenständen wahrnehmen und reproduzieren lassen (— und zwar unabhängig von Größenmaßen!)[11]. Faßt man nun die Raumanschauung mit Kant und Nelson als ein angeborenes menschliches Vermögen zur Form- und Gestalterkenntnis auf, so sind geometrisch *nur die euklidischen* Formen *eindeutig* bestimmt, da die nicht-euklidischen Figuren zusätzlich noch Größen- und Zahlbestimmungen bedürfen.

2. Raumanschauung und nicht-euklidische Theorien

Die Geometrie des 19. Jahrhunderts brachte bedeutende Theorieentwicklungen, die immer wieder Kants Lehre von den Raumanschauungsformen in Frage stellten.

2.1 Parallelitätsaxiom und Kleins Modellkonstruktionen

Als Felix Klein 1871 euklidische Modelle für die nicht-euklidischen Axiomensysteme angeben konnte, wurde der Einwand laut, daß nun auch die „Anschaulichkeit der nicht-euklidischen Geometrien" gezeigt sei. Nelson setzte sich mit diesem Einwand in seinem Pariser Vortrag ‚Des Fondements de la géométrie' von 1914 auseinander[12]. Er diskutiert dazu das Poincaré-Modell der Hyperbolischen Geometrie, deren nicht-euklidische Ebene durch die euklidische Halbebene y > 0 in einem rechtwinkligen Koordinatensystem und deren nicht-euklidische Punkte durch die euklidischen Punkte der Halbebene interpretiert werden. Die Punkte der x-Achse gehören nicht zum Modell. Die nicht-euklidischen Geraden werden durch die euklidischen Halbkreise und Strahlen, die auf der x-Achse senkrecht stehen, interpretiert. Das Parallelenaxiom ist jedenfalls nicht erfüllt:

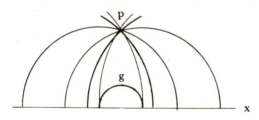

Alle durch den Modellpunkt P gehenden Modellgeraden sind nämlich parallel zur Modellgeraden g, da sie keinen Punkt mit g gemeinsam haben. Anschaulich sind in dieser Geometrie jedoch nur die Modellgeraden, -ebenen und -punkte, da sie euklidische Formen sind, und nicht die nicht-euklidischen „Geraden", „Ebenen" und „Punkte", die nur Variablen des zwar widerspruchsfreien aber abstrakten nicht-euklidischen Formalismus sind. Nach Einführung eines geeigneten Kongruenzmaßes überzeugt man sich auch in diesem Modell von Wallis' Formkriterium, da es keine formgleichen nicht-euklidischen Strecken beliebiger Größe gibt.

Da der nicht-euklidische Formalismus widerspruchsfrei und unabhängig von der Bedeutung seiner Grundbegriffe ist, läßt er sich auch zur Interpretation physikalischer Messungen und Beobachtungen anwenden. Nelson verweist dazu als Beispiel auf bestimmte Forschungen der Optik, in denen die Bahnen der Lichtstrahlen in der Atmosphäre als Kreisbogen und Halbkreise auf einer festen Ebene behandelt werden. Folglich kann man sie dem Formalismus der nicht-euklidischen Geometrie unterwerfen, obgleich sie in Wirklichkeit nicht etwa nicht-euklidische Geraden, sondern vielmehr euklidische Kreisbogen sind, wie im Poincaré-Modell.

2.2 Dimensionszahl und Graßmanns Ausdehnungslehre

Bereits Kant hatte in seiner Jugendschrift von 1747 die Möglichkeit einer Geometrie erwogen, deren Dimensionszahl größer ist als diejenige der Raumanschauung. Lagrange legte der Mechanik einen 4-dimensionalen Raum zu Grunde, bei dem den drei Raumkoordinaten die Zeit als vierte Dimension hinzugefügt ist. Für die mathematische Analyse eines n-dimensionalen Raumes wird das Jahr 1844 bedeutsam, in dem neben Cayley's „Chapters on the analytical geometry of n-dimensions" Graßmanns 1. Auflage der „Ausdehnungslehre" erscheint. Grundbegriffe der dort betrachteten (affinen) Geometrie sind die Translationen und Parallelverschiebungen des Raumes, die im Anschluß an Hamilton Vektoren genannt werden.

Eine Translation v führt einen Punkt A in einen Punkt v (A) = B über, der als Endpunkt des von A aus abgetragenen Vektors v bezeichnet wird. Der Zahlbegriff kommt nun in die Geometrie durch die Möglichkeit der beliebigen Iteration der Translation v zu $n \cdot v = v + \ldots + v$. Die Gerade wird dann durch die Endpunkte einer iterierten Ausführung $x \cdot e$ derselben unendlich kleinen Translation c (Einheitsvektor) für reelles x erzeugt. Es ist philosophisch interessant, daß damit ein Verfahren der Geradenerzeugung beschrieben wird, das bereits Kant in der Kr. d. r. V. (B 203) als grundlegend für die Raumanschauung anspricht: „Ich kann mir keine Linie, so klein sie auch sei, vorstellen, ohne sie in Gedanken zu ziehen, d. i. von einem Punkte alle Teile nach und nach erzeugen..."[13]

Trägt man dann von einem festen Ausgangspunkt zunächst $x_1 \cdot e_1$ und $x_2 \cdot e_2$ ab, so liefern die Endpunkte von $v = x_1 \cdot e_1 + x_2 \cdot e_2$ nach dem Schema der Vektoraddition die Punkte der von den Einheitsvektoren e_1 und e_2 aufgespannten Ebene (falls e_1 und e_2 linear unabhängig sind, d. h. v ist nur die Identität, falls x_1 und x_2 beide Null sind). Ebenso anschaulich läßt sich der euklidische Raum erzeugen durch $v = x_1 \cdot e_1 + x_2 \cdot e_2 + x_3 \cdot e_3$.

Nichts hindert uns daran, formal-algebraisch eine Verallgemeinerung $v = \sum_{i=1}^{n} x_i \cdot e_i$ vorzunehmen (für linear unabhängige Einheitsvektoren $e_1, \ldots, e_n$). Nun lassen sich für solche n-dimensionalen Vektorenscharen ‚anschauliche' Modelle angeben, ohne daß damit jedoch die 3-Dimensionalität der Raumanschauung widerlegt wäre. Man betrachte etwa einen Abakus mit 4 parallelen Stangen, auf der jeweils eine Kugel bewegt werden kann. Die Stellung der 4 Kugeln läßt sich als 4-dimensionaler Punkt und ihre simultane Verschiebung als 4-dimensionaler Vektor im 4-dimensionalen Vektorraum interpretieren[14]. Anschaulich sind hier allerdings nur die Formen des Abakus (4 parallele Strecken mit Punkten). Erinnert sei weiterhin an die kinetische Gastheorie, in der Räume von $6 \cdot n$ — Dimensionen behandelt werden, wobei $n = 6 \cdot 10^{23}$ die Anzahl der Moleküle in einem Massengramm des jeweiligen Gases ist und die Zahl 6 durch die 6 Koordinaten für Ort und Geschwindigkeit entsteht. Die Redeweise vom „Raum mit 36 mal 10^{23} Dimensionen" ist also nur eine Bezeichnung für einen Rechenkalkül, mit dem sich bestimmte Meßdaten einer physikalischen Theorie organisieren lassen. Mathematisch entstand dieser Kalkül durch Abstraktion aus der 3-dimensionalen euklidischen Geometrie, die wiederum in der 3-dimensionalen Raumanschauung gründet (s. 1.2).

2.3 Krümmungstensor in Gaußens Differentialgeometrie und Einsteins Gravitationstheorie

Die Entwicklung der Differentialgeometrie durch Gauß und Riemann und besonders ihre Anwendung in Einsteins Gravitationstheorie führten zu der weitverbreiteten Auffassung, daß die Physik eine Revision der Geometrie und Raumanschauungslehre herbeigeführt habe. In den 20iger Jahren und auch noch heute rauscht es (hin und wieder) durch den Blätterwald der Feuilletons, daß der „Raum" nun „vierdimensional" und „gekrümmt" sei und allerlei wundersame Dinge tue (z. B. das Licht „ablenken") und daß man sich das alles nicht mehr recht vorstllen könne, darin läge gerade der Unterschied zur überholten 3-dimensionalen Raumanschauung und euklidischen Geometrie. Tatsächlich wurde der Begriff der ‚Krümmung' zunächst in einer mathematischen Theorie — Gaußens Differentialgeometrie — entwickelt, wo er allerdings für krumme Flächen (z. B. Erdoberfläche) im 3-dimensionalen euklidischen Raum eine anschauliche Rechtfertigung besitzt.

Die schon erwähnte geodätische Arbeit machte Gauß mit der Technik geographischer Kartzeichner bekannt, denen es um die Vermessung krummer Flächenstücke (der Erdoberfläche) ging. Gauß gab dieser Technik durch seine „Disquisitiones circa superficies curvas" von 1827 eine wichtige mathematische Wendung[15].

Gegeben sei also der 3-dimensionale euklidische Raum mit rechtwinkligen (cartesischen) Koordinaten x, y, z (als stetigen und differenzierbaren Funktionen) und eine krumme Fläche in diesem Raum, die mit krummlinigen (Gaußschen) Koordinaten u_1 und u_2 bedeckt sei: Entlang jeder u_1-Kurve ist u_2 konstant und umgekehrt; jede u_1-Kurve schneidet jede u_2-Kurve nur in einem Punkt; die krumme Fläche ist durch ein sich anschmiegendes Netz aus u_1- und u_2-Kurven bedeckt. Die Punkte (u_1, u_2) der Fläche lassen sich dann im euklidischen Raum bestimmen durch x = x(u_1, u_2), y = y(u_1, u_2), z = z(u_1, u_2).

Zwar lassen sich beliebige Punkte (u_1, u_2) und (u'_1, u'_2) auf der Fläche nur durch krumme Linien verbinden (z. B. durch bergauf und bergab laufende Wege auf Gaußens besonders krummem Vermessungsgebiet — dem Harz). Gauß geht jedoch von der entscheidenden mathematischen Annahme aus, daß unendlich nahe Punkte (u_1, u_2) und ($u_1 + du_1$, $u_2 + du_2$) durch unendlich kleine gerade Strecken ds verbunden sind, die sich daher nach dem euklidisch-pythagoreischen Maß $ds^2 = dx^2 + dy^2 + dz^2$ berechnen lassen, wobei sich durch partielles Differenzieren $dx = \frac{\delta x}{\delta u_1} du_1 + \frac{\delta x}{\delta u_2} du_2$ (ebenso für dy und dz) ergibt. Damit ist es möglich, die Flächenmetrik der krummen Fläche durch die quadratische Differentialform $ds^2 = \sum_{\mu\nu=1}^{2} g_{\mu\nu} du_\mu du_\nu$ ($g_{\mu\nu} = g_{\nu\mu}$) zu bestimmen. Die metrischen Koeffizienten haben die Form $g_{\mu\nu} = \frac{\delta x}{\delta u_\mu}\frac{\delta x}{\delta u_\nu} + \frac{\delta y}{\delta u_\mu}\frac{\delta y}{\delta u_\nu} + \frac{\delta z}{\delta u_\mu}\frac{\delta z}{\delta u_\nu}$. Ein Weg auf der krummen Fläche setzt sich also aus unendlich vielen unendlich kleinen euklidischen Punktabständen zusammen, d. h. mathematisch für eine Flächenkurve t, deren Punkte durch $u_1 = u_1(t)$ und $u_2 = u_2(t)$ bestimmt sind: $\int ds = \int \sqrt{\sum_{\mu\nu} g_{\mu\nu} \frac{du_\mu}{dt} \frac{du_\nu}{dt}} \cdot dt$.

Die Krümmung einer Linie t in einem Punkt (u_1, u_2) ist nun — anschaulich gesprochen — die Krümmung desjenigen Kreises, der sich in diesem Punkt am engsten an t anschmiegt. Der Kreis hat bekanntlich konstante Krümmung $K = \frac{1}{r}$, die vom Radius r abhängt.

Entsprechend ergibt sich die Krümmung einer Fläche $K = \frac{1}{r_1 \cdot r_2}$ in einem Punkt aus den Krümmungsmaßen $\frac{1}{r_1}$ und $\frac{1}{r_2}$ zweier senkrecht aufeinander stehender Kurvenstücke (den Hauptradien), die sich im betreffenden Punkt schneiden.

(So hat z. B. die Kugel die Krümmung $\frac{1}{r^2}$, da die Hauptradien gleich und durch den Kugelradius r bestimmt sind.)

Gauß konnte nun zeigen, daß die Krümmungsfunktion K der Fläche bereits durch die inneren Eigenschaften der Fläche, d. h. den metrischen Koeffizienten $g_{\mu\nu}$ eindeutig bestimmt ist — ohne einen umgebenden euklidischen Raum mit x, y, z in Anspruch nehmen zu müssen.

Die Rede von der „Raumkrümmung" kam dann durch folgende physikalische Theorieentwicklung in Einsteins Gravitationstheorie. Ab 1907 beschäftigte sich Einstein mit der theoretischen Beschreibung inhomogener Gravitationsfelder, die abhängig von Orts- und Zeitparametern „Schwankungen" und „Veränderungen" unterworfen sind. Solche Wirkungen sind z. B. für das Gravitationsfeld der Sonne oder des Mondes auf der Erde beobachtbar an den Phänomenen von Ebbe und Flut[16].

Erst ab 1913 gelingen Einstein Fortschritte bei der mathematischen Ausarbeitung seiner physikalischen Theorie. In Zusammenarbeit mit dem Mathematiker Grossmann wendet Einstein die Tensoranalysis an, die seit der Jahrhundertwende in den Arbeiten von Ricci, Levi-Civita u. a. vorlag. Einstein beschreibt das Gravitationspotential durch Tensoren $g_{\mu\nu}$, die denselben mathematischen Aufbau haben wie die metrischen Koeffizienten $g_{\mu\nu}$ der Differentialgeometrie (in der Riemannschen Verallgemeinerung). Durch $g_{\mu\nu}$ wird eindeutig der Riemannsche Tensor $R^\kappa_{\mu\lambda\nu}$ bestimmt, dessen kovariante Form $R_{\kappa\mu\lambda\nu} \equiv g_{\kappa\sigma} R^\sigma_{\mu\lambda\nu}$ für $R_{\kappa\mu\lambda\nu} \neq 0$ die Existenz eines Gravitationsfeldes anzeigt[17].

Für den 2-dimensionalen Spezialfall erhält man durch Verjüngung (contraction) zunächst den Ricci-Tensor $R_{\mu\nu}$ $(= g_{\mu\nu} \frac{R_{1212}}{g_{11}g_{22} - g_{12}^2})$ und schließlich R $(= \frac{2 \cdot R_{1212}}{g_{11}g_{22} - g_{12}^2})$.

Die anschaulich-geometrische Rede von der ‚Raumkrümmung', die durch Einsteins Gravitationstheorie geistert, kommt jetzt dadurch zustande, daß die Gaußsche Krümmungsfunktion K für 2-dimensionale Flächen durch die Gleichung $K = -\frac{1}{2} R$ ausgedrückt werden kann. Wegen dieses Spezialfalls wird $R^\kappa_{\mu\lambda\nu}$ auch „Krümmungstensor" genannt. Im 4-dimensionalen Fall der Einsteinschen Gravitationstheorie liegt aber keine anschaulich-geometrische Rechtfertigung dieser Redeweise vor. Es handelt sich vielmehr um den mathematischen Ausdruck eines Rechenkalküls (= Tensoranalysis) zur mathematischen Bestimmung physikalischer Größen über Gravitationsfelder.

Fassen wir zusammen: Den Ausgangspunkt mathematisch-geometrischer Theorieentwicklung bildet die 3-dimensionale Raumanschauung als ein angeborenes menschliches Vermögen zur Form- und Gestalterkenntnis. Geometrisch sind zunächst nur die euklidischen Formen eindeutig bestimmt. Die nicht-euklidischen Figuren bedürfen zusätzlicher Größen- und Zahlbestimmungen. Durch Verallgemeinerung von analytischen Maß- und Größenbestimmungen (z. B. Metriken, Dimensionszahl) entstehen mathematische Formalismen (z. B. Riemanns Differentialgeometrie, Graßmanns Vektoranalysis), die bei der Beschreibung physikalischer Größenverhältnisse Anwendung finden. In diesem Sinn hat die antike euklidische Formenlehre die Voraussetzung für die Moderne gebildet. Vor allem aber gibt es keine „Umstürze" in der Raumanschauung als einem anthropologischem Faktum im Sinne Nelsons, sondern höchstens Weiterentwicklungen mathematischer Formalismen oder Revisionen physikalischer Theorien auf Grund neuer Meßergebnisse. Gegen die leichtfertige Rede von „Umstürzen" hatte sich bereits L. Nelson 1921 gewandt — und zwar in seiner Kritik an Spenglers Bestseller von 1921 ‚Der Untergang des Abendlandes'. Lassen Sie mich daher mit den Worten Nelsons aus diesem Aufsatz schließen:

„Wer nun von der nicht-euklidischen Geometrie nichts weiter kennt als ihren Namen, der mag sich denken, daß, was sie bezweckt und leistet, auf die Überwindung „euklidisch-populärer Vorurteile" hinausläuft. Wer aber auch nur das wenige über diesen Gegenstand eben Gesagte aufgefaßt hat, der weiß, daß das Gegenteil der Fall ist ... Der „Widerspruch" zwischen antiker und moderner Mathematik entsteht also auch hier erst auf Grund eines *Namenzaubers*."[18]

Anmerkungen

* L. Nelson, Bemerkungen über die nicht-euklidische Geometrie und den Ursprung der mathematischen Gewißheit (1905/1906), in: Gesammelte Schriften, (Hrsg. v. P. Bernays/W. Eichler/A. Gysin/G. Heckmann/G. Henry-Hermann/F. v. Hippel/S. Körner/W. Kroebel/G. Weisser), Bd. III, Hamburg 1974
1. Vgl. L. E. J. Brouwer, The Nature of Geometry (1909), in: Mathematics, Truth, Reality, Groningen 1919.
2. L. Nelson, Kant und die nicht-euklidische Geometrie (1906), in: Gesammelte Schriften, Bd. III, S. 75.
3. P. Bernays, in: L. Nelson, Gesammelte Schriften, Bd. III, S. 5.
4. D. Hilbert, Grundlagen der Geometrie, Stuttgart ^{9}1962, Kap. 2.
5. L. Nelson, Bemerkungen über die nicht-euklidische Geometrie und den Ursprung der mathematischen Gewißheit (1905/1906), in Gesammelte Schriften, Bd. III, S. 22.
6. H. v. Helmholtz, Über die tatsächlichen Grundlagen der Geometrie, in: Wissenschaftl. Abhandlungen II, 1866, S. 613.
7. Zitiert nach H. Dingler, Über den Zirkel in der empirischen Begründung der Geometrie, in: Kant-Studien 30 (1925). S. 311.

8. Vgl. dazu auch K. v. Fritz, Gleichheit, Kongruenz und Ähnlichkeit, in: Grundprobleme der Geschichte der antiken Wissenschaft, Berlin 1971.
9. Seien zwei Geraden f und g gegeben, die mit einer dritten Geraden h innere Winkel zusammen kleiner als zwei Rechte bilden. Fällt man von einem beliebigen Punkt P_2 von f das Lot auf die Strecke P_1P von h, so ist damit ein Rechteck über der Seite a eindeutig bestimmt:

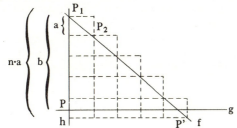

Fügt man nun diese Rechtecke — wie in der Zeichnung angedeutet — dreiecksförmig aufeinander, so ist wegen des Archimedischen Axioms die Gerade g nach endlich vielen Schritten überschritten und g schneidet f in P'; d. h. unter der Voraussetzung von $a < b$ folgt die Existenz einer natürlichen Zahl n mit $n \cdot a > b$. Es ist anzunehmen, daß bereits Descartes in seinen ‚Regulae' von 1628 einen solchen Beweis vorsah, da er die Gitterkonstruktion aus Quadraten und das Archimedische Axiom voraussetzte. Faßt man die Punkte einer Geraden als Grenzwerte von rationalen Cauchy-Folgen (d. h. geometrisch Folgen rationaler Strecken) auf, so wird auch das Archimedische Axiom ein beweisbarer Satz: Vgl. dazu auch K. Mainzer, Das Begründungsproblem des mathematischen Kontinuums in der neuzeitlichen Entwicklung der Grundlagenforschung, in: Philosophia Naturalis Bd. 16, Heft 1, 1976.
10. Vgl. C. F. Gauß, Werke Bd. VIII, Göttingen 1906.
11. Für die technische Rechtfertigung euklidischer Formen und den Aufbau einer Formentheorie vgl. die Arbeit von P. Lorenzen in diesem Band. Eine Ausarbeitung der Formentheorie findet sich in meiner Monographie ‚Anschauung und Form im Raum', Münster 1976, die auf P. Lorenzens Paper ‚Eine konstruktive Theorie der Formen räumlicher Figuren' aufbaut.
12. L. Nelson, Des fondements de la geometrie (1914), in: Gesammelte Schriften, Bd. III, S. 182 (Deutsche Übersetzung von F. Knigge, a. a. O. S. 157–185).
13. Vgl. dazu besonders F. Kaulbach, Die Metaphysik des Raumes bei Leibniz und Kant, Köln 1960. Zu Kants Philosophie der Mathematik ebenso S. Körner: Philosophie der Mathematik, München 1968, S. 29 f.
14. Vgl. H. Weyl, Raum – Zeit – Materie, Darmstadt 1961, S. 21.
15. C. F. Gauß, Disquisitiones circa superficies curvas (1827), Werke Bd. IV, s. Anm. 10.
16. Vgl. dazu A. Einstein (1907), Jahrbuch f. Radioakt. 4, S. 411. Ebenso A. Einstein (1911–1912), Ann. Phys. Leipzig 38, 355, 443.
17. Wissenschaftsgeschichtlich wichtig ist A. Einstein (1913) zusammen mit Grossmann, Z. Math. Phys. 62, 225. A. Einstein, Ann. Phys. Leipzig 49, 769 (1916). Für ein gegenwärtiges Lehrbuch vgl. S. Weinberg, Gravitation and Cosmology. New York, London etc. 1972, S. 133.

18. L. Nelson, Spuk — Einweihung in das Geheimnis der Wahrsagerkunst Oswald Spenglers und sonnenklarer Beweis der Unwiderleglichkeit seiner Weissagungen, nebst Beiträgen zur Physiognomik des Zeitgeistes, in: Gesammelte Schriften, Bd. III, S. 491.

Christoph Westermann, München

Über die kritische Methode und das sogenannte Problem der unmittelbaren Erkenntnis
Anmerkungen zu den immer wiederkehrenden Mißverständnissen und Mutmaßungen über die psychopathologischen Ursachen*

Wesentliche Behauptungen der *Kritischen Methode* (A) lauten (A, 1) zur Erkenntnis: 1.1 Es gibt *unmittelbare Erkenntnis*[1]. 1.2 Einige werden nur durch Urteil bewußt[2]. 1.3 Wahre Urteile lassen sich (ggfs.[3]) begründen durch Aufweis einer unmittelbaren Erkenntnis[4]. 1.4 Welche Erkenntnis wer hat, ist eine nur empirisch (-psychologisch) entscheidbare Frage[5].

Einige Einwände gegen die Kritische Methode (B) lauten (B, 1) zur Frage der Erkenntnis: 1.1 Der Begriff ‚unmittelbare Erkenntnis'[6] ist widersprüchlich; z. B. Alf Ross[7]. 1.2 Die Kritische Methode behauptet, Urteile zu begründen durch Erlebnisse; z. B. Popper[8]. 1.3 Die Unterscheidung von Urteil und Erkenntnis bleibt vage; z. B. Alfred Schreiber[9]. 1.4 Alle Sicherheiten in der Erkenntnis sind selbstfabriziert; z. B. Hans Albert[10].

Wesentliche Behauptungen der Kritischen Methode (A) lauten (A, 2) zur Deduktion: 2.1 Deduktion[11] ist der Aufweis der einem (Grund-)[12] Urteil zugrunde liegenden unmittelbaren Erkenntnis[13]; der Aufweis ist die Begründung[14], der Grund die Erkenntnis[15]. 2.2 Inhalt und Gegenstand der Kritik sind nicht notwendig modalisch gleichartig[16]. 2.21 Der Inhalt ist jedenfalls anthropologisch-psychologischer Natur[17]. 2.22 Der Gegenstand kann metaphysischer Natur[18] sein; z. B. ein synthetisches Urteil a priori[19]. 2.3 Der Aufweis geschieht durch die regressive Methode der Abstraktion[20].

Einige Einwände gegen die Kritische Methode (B) lauten (B, 2) zur Möglichkeit der Deduktion: 2.11 Deduktion ist, anstelle eines Beweises, den sie enthalten müßte, mittelbar eine petitio principii; z. B. Dubislav[21]; 2.12 Deduktion ist in der vollständigen Disjunktion des behaupteten Fries'schen Trilemmas: Dogmatismus — unendlicher Regreß — Psychologismus enthalten als Psychologismus; z. B. Popper[22]. 2.13 Deduktion ist im sog. Münchhausen-Trilemma von Albert: infinitiver Regreß — logischer Zirkel — Abbruch des Verfahrens als behaupteter vollständiger Disjunktion gleichbedeutend mit ‚Abbruch des Verfahrens' als willkürliche Suspendierung des Prinzips der zureichenden Begründung[23]. 2.2 Die Unterscheidung von Inhalt und Gegenstand der Kritik weist keine erkenntniskritischen Vorzüge auf; z. B. Popper[24]. 2.21 Der Inhalt der Kritik, der zugegebenermaßen Psychisches ist, ist auch der Grund; z. B. Popper[25]. 2.22 Die Suche nach dem archimedischen Punkt der Erkenntnis endet im Dogmatismus[26]; z. B. Alberts Selbstbegründungsthese[27]. 2.23 Hierzwischen steht noch die von Albert behauptete, von Dubislav so bezeichnete psychologistische Form des Dogmatismus[28]. 2.31 Die regressive Methode der Abstraktion ist in Wahrheit nichts anderes als die Methode der Induktion; z. B. Dubislav[29]. 2.32 Die behauptete Methode ist gleichbedeutend mit dem Prinzip der Verallgemeinerung; z. B. Dubislav[30].

Wesentliche Behauptungen der Kritischen Methode (A) lauten (A, 3) in der Erkenntniskritik: 3.1 Vergleichung von Urteil und Gegenstand ist nicht möglich[31]. 3.2 Erkenntnis ist nie irrtümlich[32]. 3.3 „Transcendentale Wahrheit hat unsre Erkenntniß, oder sie hat sie nicht, ohne daß wir etwas dafür oder dawider thun können..."[33]. 3.4 Vergleichung von Urteil und Erkenntnis ist möglich[34]. 3.5 Ein Erkenntniskriterium gibt es nicht[35].

Einige Einwände gegen die Kritische Methode (B) lauten (B, 3) zur sogenannten Erkenntnistheorie: 3.1 Ein A 3.1 entgegenstehender Satz wird als Einwand nicht behauptet; daß Vergleichung von Urteil und Gegenstand nicht möglich sei, wird vielmehr als wahr zugestanden[36]. 3.2 Erkenntnis ist fehlbar; z. B. Albert unter Hinweis auf die Wissenschaftsgeschichte[37]. 3.3 „Daß es einen sicheren Weg der Erkenntnisgewinnung geben müsse, hat sich als unhaltbar erwiesen"; Zitat aus dem Traktat von Albert[38]. 3.4 Vergleichung von Urteil und Erkenntnis ist nicht möglich; z. B. Alfred Schreiber[39]. 3.51 Durch „gestufte Erkenntnistheorie" büßt der Zirkel bei der Annahme eines Erkenntniskriteriums seine Unausweichlichkeit ein; z. B. H. A. Schmidt[40]. 3.52 Erkenntnis ist zu ersetzen durch Entscheidung; z. B. Albert[41].

Wesentliche Behauptungen der Kritischen Methode (A) lauten (A, 4) zur Philosophhie: 4.1 Durch die Kritische Methode lernen wir die philosophische Wahrheit kennen, wie sie eben in uns ist[42]. 4.2 Philosophische Erkenntnis ist diejenige, deren wir uns nur durch Denken bewußt werden[43].

Ein Einwand gegen die Kritischen Methode (B) lautet (B, 4) zur „Methodologie der Philosophie": Wichtiger Bestandteil der Methodologie der kritischen Prüfung ist der theoretische Pluralismus; z. B. Albert[44].

Meine Anmerkungen (C) stehen unter den folgenden Behauptungen: 1 Jede Behauptung ist die *Behauptung* einer Erkenntnis, − oder die Behauptung ist wissenschaftlich irrelevant. (Der Satz lautet *nicht:* 1.01 Jede Behauptung ist eine Erkenntnis.)[45] 1.1 Die Tatsache des Behauptens[46] ist nicht Grund der Wahrheit des Behaupteten[47]; Argument: SVW[48]. 1.2 Behauptungen[49] können wahr, aber auch falsch sein; Folge: wenn sie wahr sind, dann *können*[50] sie begründet werden;[51] 1.3 Ergebnis: Jedes Urteil bedarf der Begründung;[52] Begründen heißt, den Nachweis für die Wahrheit eines Urteils führen[53].

An Begründungsarten unterscheide ich: 2 Beweis und Nicht-Beweis. 2.1 Sofern die Begründung durch Beweis erfolgt, sei diese Art der Begründung als durch eine „mittelbare Erkenntnis"[54] bezeichnet. 2.2 Jede andere Art der Begründung als durch Beweis sei mit Nicht-Beweis, entsprechend die Art mit durch (nicht-mittelbare =) „unmittelbare Erkenntnis" bezeichnet. Damit ist nichts weiter gewonnen als ein „problematischer Begriff"[55], d. h. es bleiben die Fragen offen: Gibt es eine vom Beweis zu unterscheidende Begründungsart? Fällt etwas unter den Begriff „unmittelbare Erkenntnis"?

Als Ergebnis (des bisherigen) behaupte ich: 3 Die Disjunktion ‚Beweis/ Nicht-Beweis' für die Begründung von Urteilen ist vollständig. 3.1 Die Annahme, Begründen von Urteilen bestehe ausschließlich im Beweisen der Urteile, führt zu einem unendlichen Regreß[56] und damit zu überhaupt keiner Begründung, gleichbedeutend mit: die Begründung von Urteilen ist unmöglich[57]. 3.2 Die Annahme, daß Begründen von Urteilen *nicht* ausschließlich im Beweisen der Urteile bestehe[58], führt zur Aufstellung der vollständigen Disjunktion, deren eines Glied eine Existenzbehauptung ist: 3.21 Es gibt unmittelbare Erkenntnisse zur Begründung von Grundurteilen[59] *oder* es gibt solche Erkenntnisse nicht[60]. 3.211 Die Annahme der Wahrheit von ‚es gibt solche Erkenntnisse nicht' ist gleichbedeutend mit: Alle Urteile sind grundlos[61]. 3.212 Alle sogenannten Urteile sind bloße Beurteilungen[62].

Zu den 3.22 Möglichkeiten der Widerlegung von ‚es gibt unmittelbare Erkenntnisse zur Begründung von Grundurteilen' trage ich vor: 3.221 Die Behauptung laute „der Begriff der unmittelbaren Erkenntnis ist widersprüchlich"[63]; diese Behauptung ist widerlegt, da meine Ableitung widerspruchsfrei ist, sie wurde durch Negation gewonnen. 3.222 Die Behauptung laute „bislang zeigte keiner eine unmittelbare Erkenntnis"; damit ist zugestanden, daß ein prinzipieller Einwand nicht besteht, sondern nur ein historisch-zeitlicher, hiermit ist vereinbar, daß ich nunmehr eine vorweise. 3.223 Die Behauptung laute: A (oder ggfs. ich) habe keine unmittelbare Erkenntnis; die Wahrheit dieser Behauptung unterstellt, ist kein Einwand: es ist nur bedauerlich, ggfs. für mich.

An dieser Stelle fasse ich zusammen: Aus dem Umstand, daß der Begriff ‚unmittelbare Erkenntnis' widerspruchsfrei (konstruiert) wurde, folgt nicht die Existenz einer einzigen unmittelbaren Erkenntnis. Der Existenznachweis ist noch zu führen[64].

Zu den 3.23 Möglichkeiten der Begründung von „es gibt solche ‚unmittelbaren Erkenntnisse' nicht" trage ich vor: 3.231 Als negative Existenzbehauptung wäre der Satz nur zu begründen durch (3.221) „der Begriff ‚unmittelbare Erkenntnis' ist widersprüchlich"[65]. 3.232 Als Urteil, das begründet sein soll, setzt es mindestens eine unmittelbare Erkenntnis voraus, — auch dann, wenn das Urteil Ergebnis eines Beweises ist[66].

Zu der 3.24 Möglichkeit der Widerlegung von „es gibt solche unmittelbaren Erkenntnisse nicht" führe ich aus: Ausschließlich der Nachweis der Existenz einer unmittelbaren Erkenntnis widerlegt die negative Existenzbehauptung von „es gibt solche unmittelbaren Erkenntnisse nicht", wenn ich an dem Ergebnis meiner Ausführung festhalte: der Begriff der unmittelbaren Erkenntnis ist nicht widersprüchlich. Daher: sämtliche Einwände, die gegen die Existenz der unmittelbaren Erkenntnis vorgebracht werden, sind entweder bloße Beurteilungen (Vermutungen) und widerlegen somit nichts, oder berufen sich zuletzt eben auf die angegriffene Möglichkeit einer unmittelbaren Erkenntnis, deren Existenz sie gerade widerlegen und damit ausschließen wollten. Ich wiederhole: im (hier gebrachten) Nachweis eines Widerspruchs liegt nicht der Beweis der Existenz auch nur einer unmittelbaren Erkenntnis[67]. Meine Anmerkungen (C) stehen daher unter der weiteren Behauptung: es gibt unmittelbare Erkenntnisse; eine führe ich vor.

Ich behaupte: 4 den Fall[68], daß (K°) die Prämissen eines Schlusses[69] wahr, die Konklusio jedoch falsch ist[70], gibt es nicht[71]. Über (4) behaupte ich weiter: dies ist eine Erkenntnis (4.1), sie ist nicht-anschaulich (4.2), sie ist unmittelbar (4.3); mag man sie daher als reine Vernunfterkenntnis[72] bezeichnen, so ist dies doch nur ein anderes Wort dafür.

4.1 Dafür, daß es sich bei dem Gegebenen um Erkenntnis (= Erkanntes), nicht etwa bloß um eine Vermutung handelt, findet allein die Berufung auf meine Erkenntnis statt, die sich ausspricht in: ich habe es erkannt[73] (die Behauptung: ich habe es erkannt, unterfällt durchaus C, 1, d. h. sie kann, als Behauptung, durchaus falsch sein).

4.2 Was die behauptete „Nicht-Anschaulichkeit" der Erkenntnis betrifft, so weise ich das (ggfs.) angetragene Argument, ob die Erkenntnis nicht doch „anschaulich" sei, zurück in den Teilschritten: 4.21 Das Urteil ist apodiktisch; durch empirische Anschauung kann ein apodiktisches Urteil nicht begründet werden. 4.22 Ebensowenig kann das vorgenannte apodiktische Urteil[74] durch eine sogenannte ‚reine Anschauung' begründet werden da die hier vorliegende Erkenntnis nicht lediglich das Ergebnis der Konstruktion durch Begriffe ist[75].

4.3 „Beweisen läßt sich nur die Unmittelbarkeit dieser Erkenntnis[76], und zwar indirekt; wer nämlich die Mittelbarkeit[77] der Erkenntnis (4), d. h. hier ihr Folgen als Schlußsatz aus anderen Prämissen, behauptet, setzt die gegebene Erkenntnis voraus[78]. Ein solcher meint nämlich, daß es möglich sei, erst durch Schluß abzuleiten, daß aus ein oder zwei (ggfs. mehreren) wahren Prämissen niemals ein falscher Schlußsatz folgen kann, ohne die Richtigkeit[79] des zu Beweisenden vorauszusetzen; für seinen Beweis setzt er u. a. auch einen Schluß voraus und damit eben dies: sind die Prämissen wahr, das angewandte Folgerungsprinzip ‚richtig' und die Prämissen ein Anwendungsfall des Prinzips, dann ist der Schlußsatz wahr, er folgt als wahrer (was der so Behauptende doch erst in seiner Richtigkeit beweisen wollte)."[80]

5 Das in (4) Erörterte fasse ich zusammen 5.1 in drei Behauptungen (zugleich als verallgemeinernde Analyse[81]): Die Behauptung der Möglichkeit der Begründung von (4) hat außer der Behauptung (4) noch zwei weitere Behauptungen zur Voraussetzung
    erste Behauptung: „den Fall K^O gibt es nicht" (I)[82]
    zweite Behauptung: „(I) ist *erkannt*, – z.B. durch W." (II)[83]
    dritte Behauptung: „(II) ist erkannt durch W." (III)[84]

5.2 Wer diesen Dreierschritt nicht zugeben mag, da er nicht ohne weiteres einleuchtend ist als beim Begründen vorliegend, insbesondere (III) wem er überflüssig erscheinen mag, dem sei entgegengehalten: Folgende Fälle sind nämlich zu unterscheiden (unterschiedene Sachverhalte) 5.21 „Ich irrte, als ich behauptete, erkannt zu haben, daß es K^O nicht gibt; ich *vermutete* es bloß." – Hier ist (II) falsch. – 5.22 „Ich irrte, als ich behauptete, erkannt zu haben, daß es K^O gibt[85]; K^O gibt es nämlich nicht." – Hier ist (II) falsch; zugleich aber wird, außer über mich, noch etwas behauptet: K^O gibt es nicht.

5.3 Diese Behauptungen, die erste, zweite, dritte Behauptung, unterfallen, als Behauptungen, sämtlich C, 1.2: Behauptungen können wahr, aber auch falsch sein[86].

5.4 Dem Einwand des unendlichen Regresses begegne ich mit drei Teilschritten. 5.41 Unter Bezugnahme auf C, 1.1: Die Tatsache des Behauptens ist nicht Grund der Wahrheit des Behaupteten; dies gilt, selbstverständlich, für die erste, zweite und dritte Behauptung. 5.42 Ich begründe (I) durch die Erkenntnis[87] von (I); Grund der Wahrheit von (I) ist der Sachverhalt ‚K^O gibt es nicht'[88]. 5.43 Ist diese Erkenntnis unmittelbar[89], dann ist sie nicht mehr logisch zurückführbar: sie ist, insoweit, ein Letztes! – Aber der psychische Akt des Erkennens, der jene unmittelbare Erkenntnis zum Gegenstand hat, kann selbst wieder erkannt (wahrgenommen) werden (durch innere Wahrnehmung) und ist damit wiederum Gegenstand einer Erkenntnis (III)[90]. (III) ist nun nicht wiederum selber Gegenstand einer (weiteren inneren) Wahrnehmung von W.: „Hier allerdings bricht die Reihe der Gegenstände, die jeweils Gegenstand einer Erkenntnis sein können, ab; zwar ist es (widerspruchsfrei) möglich, meine inneren Zustände, die psychischer Natur, selbst zum Gegenstand innerer Wahrnehmung zu machen: ich nehme wahr, (nicht, was, sondern) daß ich sehe – im Unterschied zum ‚ich taste', z. B., oder (was gewisse Problematiken aufwirft) im Unterschied zum ‚ich träume'. Nicht widerspruchsfrei durchführbar scheint uns dagegen, die innere Wahrnehmung, die mein Sehen zum Gegenstand hat, selbst zum Gegenstand einer inneren Wahrnehmung, etwa einer weiteren Wahrnehmung, 2. Stufe zu machen; denn was sollte das heißen, was anderes bedeuten als eine überflüssige Verdopplung?"

Meine Anmerkungen (C) abschließend stehen nunmehr unter der Behauptung: sämtliche Angriffe auf 5.1 oben setzen in ihren Begründungen das unter 5 oben Erörterte voraus. Die erste Behauptung: „den Fall K^O gibt es nicht" wird widerlegt durch die Negationsbehauptung (und nur durch diese): „den Fall K^O gibt es". Die zweite Behauptung: „(I) ist erkannt, — z. B. durch W." wird widerlegt durch: „(I) ist nicht erkannt durch W.", genauer: wird widerlegt durch: 1. „(I) ist nicht erkannt *durch W.*" 2. „(I) ist nicht erkannt, und zwar durch niemanden", 3. „(I) ist falsch"[92]. Die dritte Behauptung: „(II) ist erkannt durch W." wird widerlegt durch: „(II) ist *nicht* erkannt durch W.", genauer: widerlegt durch: 1. „W. weiß nicht, daß er etwas erkannt hat"[93], 2. „W. irrt darüber, daß er erkennt"[94].

Zur Begründung nun der Behauptungen, die jene unter 5.1. aufgestellten Behauptungen widerlegen sollen, muß ich die Wahrheit dieser Behauptungen wenigstens behaupten und ferner behaupten, diese Wahrheit erkannt zu haben (ich spreche hier von Behauptungen, um dem Umstand gebührend Rechnung zu tragen, daß wir alle irren können); wo nicht, vermute ich bloß etwas, was die als wahr erkannt behaupteten Sätze argumentativ nicht widerlegt (was doch immer wieder in der rationalen Diskussion übersehen wird).

Ich wiederhole: sämtliche Behauptungen können wahr sein, ohne daß die Wahrheit erkannt wäre; nur weiß ich (oder ein anderer) eben dann nicht um die Wahrheit. Um zu wissen, muß ich (oder ein anderer) erkennen. — Daß ich mich in vielen, ja den meisten Fällen auf die Erkenntnisse anderer verlasse, da ich selber dies zu erkennen nicht in der Lage bin, ist kein Einwand. — Daß ich etwas, das ein anderer erkannt zu haben behauptet, selber nicht erkannt habe, ist kein Einwand, nicht einmal ein Einwand gegen die Behauptung[95].

Ferner: Sämtliche Behauptungen, wie oben angeführt, können falsch sein, ohne daß ich die Falschheit erkennen müßte (ebenso wie die Wahrheit, ist auch die Falschheit von Aussagen unabhängig von ihrem Erkanntsein); nur weiß ich eben dann nicht um die Falschheit. Um zu wissen, daß diese Behauptungen falsch sind, muß ich die Falschheit erkennen, oder, was dasselbe ist, die Wahrheit des kontradiktorischen Gegenteils erkennen.

Erkenntniskritisch interessant ist überhaupt nur die (I) widersprechende Behauptung: „den Fall K^O gibt es". Und hierfür, d. h. um dies zu begründen (was vorliegend freilich nicht möglich ist), berufen wir uns auf Erkenntnis — oder wir vermögen dies überhaupt nicht zu begründen. Eine so unbegründet aufgestellte Behauptung widerlegt aber nichts.

Zuletzt: „in der Diskussion und im Unterricht wird an dieser Stelle meist die Frage gestellt „wer *entscheidet*, daß etwas (nennen wir es ‚e') wirklich eine Erkenntnis sei?". Diese Frage behauptet etwas, zumindest der Frager behauptet, daß eine „sinnvolle" Antwort auf die Frage *möglich* sei[96]. Etwa: Person X entscheide. Nun kann die Tatsache des Entscheidens nicht Kriterium dafür sein, daß „e" eine „wirkliche Erkenntnis" sei[97]; wir würden sonst das, was alltagssprachlich durchaus unterschieden wird, nämlich Entscheiden und Erkennen, preisgeben[98]. Die Tatsache des Entscheidens *durch X* wäre für „e" nur dann relevant, *wenn X* sich in Bezug auf „e" *nicht irrt*. Das kann ich einmal annehmen in der Behauptung: *X irrt nie* (ein solcher X ist mir nicht bekannt; und: wie könnte ich dies *wissen?* Jedenfalls *nicht ohne* meine Erkenntnis, u. a. auch der von „e"). Eine Verlagerung auf eine Person Y, die ihrerseits für X entscheidet, daß X nie irrt, hilft nicht weiter, da sich für Y die Frage wiederholt. Verbleibt es daher zum anderen beim Einzelfall: die Tatsache des Entscheidens durch X wäre nur relevant für „e", wenn X in Bezug auf „e" nicht irrt. Daß X in Bezug auf „e" nicht irrt, kann ich aber nur *wissen*, wenn ich „e" selbst erkenne; dann kommt es auf X und seine tatsächliche Entscheidung nicht mehr an. — Die Frage ist also falsch gestellt, sofern die Antwort auf das „wer" auf einen anderen als mich selbst abzielt; sonst lautet die Antwort: ich, kraft meiner Vernunft, niemand sonst (was Irrtum nicht ausschließt). Hierin ist lediglich ausgesagt: um zu *wissen*, daß einer, der behauptet, etwas erkannt zu haben, in dieser seiner Behauptung nicht irrt, muß ich selber das erkennen, was jener erkannt zu haben behauptet"[99].

Dieser Feststellung wird zumeist mit einer Art Maximalforderung begegnet, die zu erfüllen freilich unmöglich ist; hieraus der Schluß abgeleitet, daß der Fehler in der behaupteten Deduktion[100] liegen müsse, daß eben diese nicht das liefere, was sie verspreche: Begründung. Z. B. Dubislav: durch die Deduktion sei „das betreffende Urteil für jeden Erkennenden als eine Erkenntnis zu qualifizieren"[101]. Hier wird apodiktisch etwas verlangt, was doch, wenn überhaupt, nur empirisch möglich ist: festzustellen, daß das, was A erkannt hat, von B auch erkannt wurde; wo nicht, widerlegt es die Erkenntnis von A noch nicht, sondern erst die Erkenntnis des B, die der (behaupteten) von A widerspricht, macht die „Erkenntnis" des A zu lediglich der Behauptung einer Erkenntnis, — eine Behauptung, die dann falsch ist.

Ich bin nicht Optimist genug, nach diesen meinen Ausführungen tatsächlich das sog. Problem der unmittelbaren Erkenntnis im Wissenschaftsbetrieb als erledigt zu betrachten, wenngleich ich nicht zurückstehe zu behaupten, erkannt zu haben, daß die unmittelbare Erkenntnis kein Problem prinzipieller Natur ist (wenngleich durchaus — gelegentlich — für den Einzelnen), ferner behaupte, in Kürze die Schritte aufgezeigt zu haben, die zu der Erkenntnis führen könnten, daß es ein Problem um die unmittelbare Erkenntnis nicht gibt[102]. Was ich aber hoffe, ist dies: daß nämlich, in Anlehnung an eine berühmte Schule, Diskussionsverläufe von der nachfolgenden Art als stringent in Zukunft nicht mehr angeboten werden von Opponenten (die selber zu behaupten sich nichts getrauen):

Proponent		*Opponent*	
P_1:	K^0 gibt es nicht (I)	O_1:	P behauptet (I)
P_2:	O_1 ist kein Einwand gegen (1)	O_2:	P hat (I) nicht erkannt
P_3:	O_2 ist kein Einwand gegen (I)	O_3:	O bestreitet (I), ohne die Negation von (I) zu behaupten = O zweifelt
P_4:	Kein Einwand gegen (I) und P, der (I) zu wissen behauptet	O_4:	O erkennt (I) nicht, ohne die Negation von (I) als erkannt zu behaupten
P_5:	Kein Einwand gegen (I) und P, der (I) erkannt zu haben behauptet	O_5:	(I) ist falsch
P_6:	O_5 ist ein Einwand, mit der Folge, daß die Behauptung von P, (I) sei wahr, falsch ist.	O_6:	O_5 ist von O erkannt
P_7:	O_6 ist ein Einwand, mit der Folge, daß die Behauptung von P, (I) erkannt zu haben, falsch ist.		

Hierzu gebe ich die folgende Erläuterung: O_5 widerspricht P_1; die Sätze „K^0 gibt es" (= (I) ist falsch) und „K^0 gibt es nicht" sind kontradiktorisch, schließen einander aus, sie können nicht beide wahr sein (sie können desgleichen auch nicht beide falsch sein). Allein für die Argumentation ist solange nichts gewonnen, als der Opponent nicht wenigstens O_5 als erkannt behauptet[103]: denn die Feststellung, daß O_5: (I) ist falsch, P_1: K^0 gibt es nicht, widerspricht, macht die (behauptete) Erkenntnis des Proponenten „K^0 gibt es nicht" nicht (lediglich) zu der *Behauptung* einer Erkenntnis, — einer Behauptung, die falsch ist; zwar: ist O_5 wahr, ist P_1 falsch, — aber O, der Opponent, *weiß* erst um die Wahrheit von O_5, wenn er diese erkannt hat: und erst diese Mitbehauptung[104], es auch erkannt zu haben (hier die Wahrheit dieser Mitbehauptung unterstellt), macht die „Erkenntnis" des P^{105} lediglich zu der falschen Behauptung einer Erkenntnis, weist damit für die Argumentation bei P einen Irrtum nach.

Gehen wir (D) von der Richtigkeit der unter C gegebenen Behauptungen aus, nämlich: es ist eine unmittelbare Erkenntnis „den Fall K^0 gibt es nicht", — dann müssen sich alle unter B gegebenen Einwände an dieser unmittelbaren Erkenntnis widerlegen lassen (was hier nur in aller gebotenen Kürze geschehen kann, aber dennoch Satz für Satz versucht werden soll).

Gegen die Behauptung (B) 1.1 der Begriff „unmittelbare Erkenntnis" sei widersprüchlich, führte ich eine widerspruchsfreie Entwicklung dieses Begriffes vor[106]. 1.2 die kritische Methode behaupte, Urteile zu begründen durch Erlebnisse, ist widerlegt durch den Nachweis, daß Erkennen als Psychisches durchaus verschieden sein kann von dem Erkannten: (I) ist nicht wahr, weil ich es als wahr erlebe (Arg. C, 1.1 dort ausgesagt über das Behaupten), sondern unabhängig davon: allein wissen um die Wahrheit von (I) kann ich nur durch Erkennen. Der Behauptung 1.3 die Unterscheidung von Urteil und Erkenntnis bleibe vage, halte ich hier nur so viel entgegen[107]: Urteile können wahr, aber auch falsch sein; bei Erkenntnissen ist dies nicht der Fall: Erkenntnis und Irrtum stehen, einander ausschließend, gegenüber[108]. Die Behauptung 1.4 alle Sicherheiten in der Erkenntnis seien selbst fabriziert, ist widerlegt durch die dargestellte unmittelbare Erkenntnis, an der nichts selbst fabriziert ist, — außer: ich habe meine Aufmerksamkeit darauf gerichtet, ob ich sie habe.

Gegen die Einwände zur Möglichkeit der Deduktion (B, 2) führe ich aus: Die Behauptung 2.11 Deduktion sei Beweis, ist ebenso ungenaues Referat wie falsch, da die vorgeführte Deduktion keinen einzigen Beweisschritt enthält. Die Ausführung 2.12 Deduktion sei eine Form von Psychologismus, ist falsch: kein Denker der Kritischen Methode hat auch nur Anlaß gegeben, dies mit Fug und Recht behaupten zu können; vielmehr haben alle den Verdacht abzuwehren versucht. Das Trilemma ist, als vollständige Disjunktion behauptet, nicht vollständig: Deduktion liefert die begehrte Begründung von Urteilen; die sonst im Trilemma angebotenen Verfahren sind samt und sonders untauglich. Die Behauptung 2.13 Deduktion sei gleichbedeutend mit Abbruch des Verfahrens, ist ebenso willkürlich wie die Behauptung, die Kritische Methode würde willkürlich das Prinzip der zureichenden Begründung suspendieren. Die vorgeführte unmittelbare Erkenntnis weist lediglich für den Fall, daß Sätze durch Sätze begründet werden, eine Iteration nach, nicht für den Fall der Begründung durch Erkenntnis; im übrigen führt der vorgeführte „Dreierschritt" den Nachweis für die Begrenzung von Gegenständen der Erkenntnis in der inneren Wahrnehmung[109]. Die Behauptung 2.2, die Unterscheidung von Inhalt und Gegenstand der Kritik weise keine erkenntniskritischen Vorzüge auf, ist nicht haltbar, da etwa die Behauptung „ich sehe, daß ..." die Begründung liefert, wenngleich nicht den Grund[110]. Die Vorgabe 2.21 der Inhalt der Kritik, der zugegebenermaßen Psychisches sei, sei auch der Grund, ist lediglich das Vorurteil über die Kritische Methode, daß diese „Erkenntnis beweise", anstelle der richtigen Angabe von der Methode, daß sie (gegebene) Erkenntnisse aufweise, undzwar nur die Erkenntnisse (und sofern diese philosophische Erkenntnisse sind) als die meiner Vernunft, nicht auch die Gegenstände, die der Grund der Wahrheit der Urteile sind; der Aufweis ist nur die Begründung[111]. Die Behauptung 2.22 die Suche nach dem archimedischen Punkt der Erkenntnis ende im Dogmatismus, ist falsch, da sie einen falschen Satz zur Voraussetzung hat[112]: sie geht von der falschen Annahme aus, Erkenntnisse (nicht nur Urteile) seien wahr, aber auch falsch, — daher die Suche nach dem archimedischen Punkt; da dieser nicht zu finden, das behauptete Ergebnis: „Dogmatismus". Gibt man die falsche Voraussetzung auf und behauptet das, was über Erkenntnisse behauptet wird, richtigerweise über Urteile (nämlich, daß sie wahr, aber auch falsch sein können), dann ist die Erkenntnis „archimedischer Punkt" für wahre Urteile, für (letztlich Grund-)[113] Urteile der „archimedische Punkt" eben eine unmittelbare Erkenntnis[114]. Die Annahme 2.31, die regressive Methode der Abstraktion sei in Wahrheit nichts anderes als die Methode der Induktion, ist ein Vorurteil: alle Denker der Kritischen Methode grenzen Induktion als Begründungsart genau ab von der regressiven Methode der Abstraktion; nicht von Einzelfällen wird die Regel erschlossen (Fries: „erraten"), sondern zu dem Einzelnen die ihm zugrundeliegende Regel aufgewiesen, die, bezogen auf den Einzelfall, sich konkret im Anwendungsfall ausspricht. Mit der Gleichsetzung 2.32, die behauptete Methode sei gleichbedeutend mit dem Prinzip der Verallgemeinerung, wird der logische Status verwechselt: zwar ist das Einzelurteil ein Anwendungsfall einer allgemeineren Regel (etwa das konkrete ethische Urteil ein Anwendungsfall eines allgemeinen Sittengesetzes); auch lerne ich diese Regel zumeist erst aus der Anwendung *kennen*, — aber eben nur das „Kennen-lernen" wird behauptet (ich werde mir bewußt, daß und welche Regel ich anwandte): es wird aber nicht die Regel durch Verallgemeinerung begründet, sondern durch Einsicht in die Regel und Subsumtion der konkreten Umstände der Einzelfall begründet.

Ich sagte schon (A, 3.1) Vergleichung von Urteil und Gegenstand ist nicht möglich; aber mir ist auch nicht bekannt, wie, erkenntniskritisch, in der Gegenwart dem begegnet wird[115]. Der Meinung 3.2 Erkenntnis sei fehlbar, ist zu begegnen mit der Feststellung, daß, sei Erkenntnis immer fehlbar, dies nicht erkannt werden könnte, sei Erkenntnis gelegentlich fehlbar, wir dies nur unter Voraussetzung einer nicht-fehlbaren Erkenntnis erkennen könnten; oder ist nur der lapidare Sachverhalt gemeint: Leute geben etwas als ihre Erkenntnis aus, was in Wahrheit ihre Irrtümer sind (nur wissen sie es noch nicht)? Die Behauptung 3.3, daß es einen sicheren Weg der Erkenntnisgewinnung geben müsse, habe sich als unhaltbar erwiesen, ist widerlegt durch die gegebene Deduktion[116]. In ihr wurde entgegen 3.4 die Vergleichung von Urteil und Erkenntnis sei nicht möglich, gerade durchaus gezeigt, daß eine solche Vergleichung möglich ist. Gegen 3.51 durch „gestufte Erkenntnistheorie" büße der Zirkel bei der Annahme eines Erkenntniskriteriums seine Unausweichlichkeit ein, behaupte ich, daß sich auf jeder Stufe die Frage nach dem Erkenntniskriterium[117] wiederholt; der behauptete „triviale Abschluß" löst auch nichts, da einerseits aus Trivialem (logisch: d. h. fehlerfrei und damit ohne logische Erschleichung) wohl nur Triviales ableitbar ist, — andererseits die Ergebnisse der Philosophie (hoffentlich!) alles andere als trivial sind. Die „Ersetzungskonsequenz" 3.52, Erkenntnis sei zu ersetzen durch Entscheidung, ist keineswegs zwingend und führt zu nichts, was noch den Namen Wissenschaft verdiente: ein jeder entscheide selber; erkenntniskritisch angreifbar ist die Entscheidung nicht! (Wohl gleichbedeutend mit: ein jeder bleibe beruhigt bei seinem Vorurteil, ein jeder lasse, unter Berufung auf wissenschaftliche Toleranz[119], dem anderen seine Meinung.)

Endlich: 4 wichtiger Bestandteil der Methodologie der kritischen Prüfung ist der theoretische Pluralismus, ist widerlegt durch den Aufweis einer jeden einzelnen unmittelbaren Erkenntnis: zu ihr gibt es, auch unter der Methodologie der kritischen Prüfung, keinen theoretischen Pluralismus[120].

Bleibt abschließend zu fragen E: Warum ist es bislang nicht gelungen, unter der Annahme der Existenz von unmittelbaren Erkenntnissen die denkenden Gemüter zu einen in ihrem Bemühen, nach diesen zu fahnden?

Mein Beispiel, zugegebenermaßen einfach, zeigte, daß die Schwierigkeiten kaum bei der Sache selber liegen können: also liegt es an den Philosophen?

Mir scheint es so (eine Höflichkeitsform, in Wahrheit behaupte ich es) und zwar unter den folgenden Anmerkungen:

Man stelle an Behauptungen, aber nur die der anderen, Maximalforderungen, wie: „Das haben Sie (spöttisch: also) erkannt?? Das müssen Sie erst einmal zeigen, zumindest mir, am besten allen. Denn eine Erkenntnis muß sich für alle als Erkenntnis qualifizieren lassen." — Und: „Wenn ich nun behaupte, es nicht einzusehen, wollen Sie vielleicht damit sagen, daß ich (drohend oder gekränkt) ein Dummkopf bin?" (Da man die, die man um der philosophischen Wahrheit willen nach seinen Erkenntnissen zu kritisieren sich verpflichtet fühlt, zumeist noch kennt, verehrt, ja schätzt und liebt: um der Verlegenheit zu entgehen, bin ich geneigt, nicht länger mehr zu denken!) Oder: „Wollen Sie behaupten, Sie irrten nie? — Also! — Und warum gerade in diesem Fall nicht?" — Der geheime Wunsch des anderen geht dahin, den seine Erkenntnis Behauptenden schließlich in Verlegenheit zu bringen: dabei muß ein jeder selber einsehen und für sich allein, kein anderer für ihn kann dies. Und: alle überzeugen ist schon rein räumlich/zeitlich gar nicht möglich (von allen anderen empirischen Fakten einmal abgesehen).

Man behaupte, am besten, selber nichts: Wer nichts behauptet, kann nicht widerlegt werden; da widerlegt-werden unangenehm ist, behaupte lieber nichts, zweifle aber möglichst viele der Behauptungen anderer an: denn geschrieben werden muß ja (etwas)! Ausspruch bloßer Unverbindlichkeit in der Grundhaltung des Rationalisten: ich kann mich irren und du magst recht haben (Popper).

Man bekenne, etwas Bestimmtes nicht zu wissen, das ist beschämend (wo ich doch kompetent sein möchte): darum dürfen andere es auch nicht wissen. Ein Mangel an Selbstvertrauen, hochstilisiert zur Grundhaltung des Skeptikers.

Man sehe eine Behauptung nicht ein, verschweige dies und wende ein, das müsse präzisiert werden: das erweckt den Eindruck tieferen Verständnisses (als bislang der Behauptende schon aufwies), ohne selbst etwas behaupten zu müssen.

Man verzichte ganz auf die Behauptung, etwas zu wissen; der Ruf von außerordentlicher wissenschaftlicher Bescheidenheit ist dann gewiß; und die, die noch zu wissen behaupten, müssen (wissenschaftlich) reaktionär, rückständig, am besten ins vorige Jahrhundert gehörend, wenn gleich mit dem Ausdruck des Bedauerns, abgestempelt werden. — Und keiner stellt die demaskierende Frage, was das denn sei: ,,Eine Wissenschaft ohne Wissen!" Ich meine: das ist Betrieb, der ,,Wissenschafts"-betrieb.

Diskussion

Alfred Schreiber: Ihre soeben dargelegte Auffassung des von Ihnen im Titel so genannten ,,sogenannten Problems der unmittelbaren Erkenntnis" scheint mir einige einschlägige Mängel aufzuweisen. Zunächst fassen Sie das Problem so auf, als ginge es dabei um den Aufweis eines Beispiels für eine unmittelbare Erkenntnis. Nun, Ihr Beispiel (4) wird wohl auch jedermann als Exempel für ein wahres Urteil ansehen. Das wirkliche Problem der unmittelbaren Erkenntnis beginnt aber doch erst bei der Anwendung der Deduktion auf Systeme wissenschaftlicher Urteile. Dabei wären dann nämlich zu sämtlichen Grundurteilen die durch sie wiedergegebenen unmittelbaren Erkenntnisse aufzuweisen, und zwar mit empirisch-psychologischen Verfahren. Wie diese Verfahren nun konkret aussehen sollen, kann ich auch Ihren Ausführungen nicht entnehmen, hier liegt wohl nach wie vor ein ernst zu nehmendes Problem der Kritischen Methode vor. Weiter scheint mir die für dieses Problem grundlegende Frage der Unterscheidung von Urteil und Erkenntnis durch Ihr Vorgehen zu Beispiel (4) einigermaßen verwirrt zu werden. Sie erblicken die Unmittelbarkeit der in (4) geäußerten Erkenntnis in dem Umstand, daß (4) nicht „als Schlußsatz aus anderen Prämissen" folgt. Diese Kennzeichnung des Begriffs „unmittelbar" wäre wohl ein Novum in der Kritischen Methode; in dieser sind mittelbare Erkenntnisse nichts anderes als Urteile. Daß (4) nicht aus Prämissen beweisbar ist (oder besser: sein soll), charakterisiert es allenfalls als Grundurteil; als auf Begriffe gebrachte Erkenntnis ist (4) nämlich ein Urteil. Indes, auch Grundurteile „sind, als Urteile, doch nur mittelbare Erkenntnisse und bedürfen als solche der Begründung" (Nelson, Bd. VII, S. 574). Ich will damit nicht sagen, daß Ihre (mir im Detail unbekannte) Definition von „unmittelbar" ungerechtfertigt sei. Sie ist aber sicherlich nicht die, welche z. B. Nelson verwendet hat. Das bestätigt — leider — um ein weiteres Mal die Unbestimmtheit der hier in der Kritischen Methode benutzten Begriffe. Überhaupt habe ich den Eindruck, Sie machen es sich mit dem *Begriff* der unmittelbaren Erkenntnis etwas zu einfach. Kaum jemand wird wohl bestreiten, daß Urteile in irgend etwas ihren „Grund" haben. Was ich jedoch bezweifle, ist dies: daß man sich im Besitze eines zur Durchführung einer anthropologischen Vernunftkritik (als Metatheorie) tauglichen Begriffes wähnen darf, wenn man ihn, was Grund eines Urteils sein mag, einfach „unmittelbare Erkenntnis" *nennt*. Rein nominell läßt sich das zwar machen. Ich frage mich aber, was damit gewonnen wäre, insbesondere für das Friessche Deduktionsverfahren durch empirisches Aufweisen von Urteilen als Wiedergaben unmittelbarer Erkenntnis. An dieser Stelle wird gewöhnlich das Selbstvertrauen der Vernunft ins Spiel gebracht. Doch worauf sollen wir vertrauen? Etwa auf den Erkenntnischarakter unserer „Urteilsgründe", die wir bisher bloß Erkenntnisse *nannten*? Andererseits wäre es doch zu schön, wenn allein schon dadurch, daß Zweifeln am Selbstvertrauen selbst ein Erkenntnisanspruch (!) anhaftet, das Selbstvertrauen der Vernunft sich als allgemeines Faktum erwiese. So glaube ich Sie selbst verstanden zu haben. Doch ganz gleich, wie man zu diesen Problemen stehen mag: ob nun Erkenntnis möglich ist oder nicht, ein bestimmter *Nachweis* der Existenz unanschaulicher unmittelbarer Erkenntnis kann durchaus falsch sein. Dabei geht es — auch in meinen von Ihnen kritisierten Überlegungen in „Theorie und Rechtfertigung" (Braunschweig 1975) — überhaupt nicht um eine Verteidigung des Skeptizismus, sondern darum, falsche oder unfundierte Argumente als solche herauszustellen und zu kritisieren. Diese Metakritik enthält keineswegs direkte Einwände gegen die Existenz unmittelbarer Erkenntnisse. Vielmehr betrifft sie *vermeintliche* Existenzbeweise, und zwar insbesondere solche, die mit der Möglichkeit operieren, daß derjenige, der ihnen nicht zu folgen vermag oder sie kritisiert, selbst leibhaftiger Beweis für das zu Beweisende sei oder gar als „Zweifler an seiner eigenen Erkenntnis" einen psychopathologischen Fall darstelle. Ich halte letzteres nicht allein für eine klassische Immunisierungsstrategie, sondern auch für unterhalb der Gürtellinie der anstehenden Problematik.

Christoph Westermann: Es ist richtig, daß ich das Problem so auffasse[121], daß es um den Aufweis einer unmittelbaren Erkenntnis[122] (hier am Beispiel: non-K^0 [123]) geht[124]; gelingt dieser, ist der Nachweis erbracht, daß der Begriff (der) „unmittelbare(n) Erkenntnis" nicht ein (bloß) problematischer[125] ist, sondern daß unter diesen Begriff etwas fällt. Der Aufweis selber kann nur gelingen, wenn der Begriff „unmittelbare Erkenntnis"[126] nicht (selbst-)widersprüchlich ist; diesen Nachweis führte ich unter (C, 2)[127].

Daß es sich hierbei um ein „Novum in der Kritischen Methode" (Schreiber[128]) handle, ist historisch nicht richtig. Bereits Fries nimmt den Ausgang seiner Überlegungen von dem „transcendentalen Vorurteil"[129]: „Wir müssen (also) das Vorurteil ganz zurücknehmen, daß sich alles müsse beweisen lassen."[130] Für Nelson ist der Nachweis ebenso rasch erbracht: er allerdings spricht von „mittelbaren Urteilen"[131], die zu beweisen seien, gegenüber unmittelbaren, bei denen ein Beweis unmöglich ist[132].

Beide, Fries und Nelson, verwenden „mittelbare Erkenntnis", auch gleichbedeutend mit „Urteil", und zwar speziell dann, wenn eine uE nur durch Begriffe (vermittelt) zum Bewußtsein kommen kann[133] (z. B. dies behaupten Fries und Nelson in Bezug auf die Grundsätze der Logik, allgemein die metaphyischen Grundsätze; ich behaupte dies für das praktische Gesetz, das bekanntlich nur in den Formen des Rechtsgesetzes einerseits, und des Sittengesetzes andererseits formulierbar ist[134]). Endlich kommt „unmittelbar", zumindest bei Nelson, wenigstens in 4 (vier) verschiedenen Bedeutungen vor; der widerspruchsfreien „rationalen Nachkonstruktion"[135] diente meine Arbeit[136].

Im übrigen kann es doch dem, der sich um die Fortentwicklung einer bestimmten Methode bemüht, ernstlich nicht verwehrt sein, durch eingrenzende Interpretation zumeist sprachliche Ungereimtheiten[137] auszuräumen[138]. Es kann zwar dann immer noch der Fall sein, daß die in der Kritischen Methode[139] „benutzten Begriffe" unbestimmt[140] sind; der der „uE" jedenfalls im Vortrag ist es nicht[141]. Danach ist es mir nicht verständlich, wie die Behauptung aufgestellt werden kann, meine Definition von „unmittelbar" sei zwar im Detail unbekannt, aber am Ende nicht „ungerechtfertigt"[142]. Wer so den Ausgang von vollständigen Disjunktionen nimmt, – inwiefern macht einer es sich dann leicht[143]; wer erkennt, daß dergestalt ein problematischer Begriff[144] gewonnen werde und sich anschickt, den Existenznachweis zu führen, — inwiefern kann dann von ihm behauptet werden, daß er „was Grund eines Urteils sein mag, einfach ‚uE' (rein nominell) nennt"[145]?

„Wie das Verfahren konkret aussieht?"[146] — Ich meinte, dies unter C.4 gezeigt, unter C.5 wiederholt, vor allem aber den Nachweis geführt zu haben, daß alle möglichen, d. h. nach disjunktiv vollständigen Regeln erdachten Angriffe auf C.5 eben das unter C.5.1 Behauptete vorauszusetzen[147].
Freilich nur für K^0![148]

Da auch „Systeme wissenschaftlicher Urteile"[149] eben aus einzelnen Grundurteilen bestehen, — warum sollte es unmöglich sein, zu ihnen die zugrunde liegenden uE aufzuweisen? Oder ist mit der Forderung, „zu sämtlichen Grundurteilen die durch sie wiedergegebenen uE aufzuweisen"[150], eine empirische Unmöglichkeit behauptet, z. B. die des W., er könne es nicht etc.[151]; dies räume ich, da selbstverständlich, ein: aber meine Unfähigkeit ist doch kein Einwand gegen die Möglichkeit der Deduktion[152]. Für den Nachweis der Fehlerhaftigkeit des prinzipiellen Einwandes entwarf ich doch gerade den Diskussionsverlauf Proponent/Opponent, der, will der Opponent den Disput gewinnen, die Deduktion voraussetzt.

Einfach bedauerlich ist das Mißverständnis, das in der Antwort auf die Frage entstand: „Doch worauf sollen wir vertrauen?" „Auf den Erkenntnischarakter unserer ‚Urteilsgründe'", den „Erkenntnisanspruch(!)"[153]. — Hinter C.1 „Jede Behauptung ist die Behauptung einer Erkenntnis..." habe ich ausdrücklich den falschen Satz C.1.01 „Jede Behauptung ist eine Erkenntnis" in Klammern aufgenommen und mich in Fn. 43 dafür entschuldigt[154], weil ich glaubte, daß mir, der ich (1) behaupte, (1.01) nicht unterstellt werden könnte: und wird es doch wieder!

Ich verstehe nun nicht, wie in meinem Sprachgebrauch (auf den einzugehen ich den Dialogpartner bitte, der einen Diskussionsbeitrag anmeldet) „ein bestimmter Nachweis der Existenz einer unanschaulichen uE durchaus falsch sein" kann[155].

A.3.2. lautet: Erkenntnis ist nie irrtümlich; danach kann also die unanschauliche uE nicht falsch sein[156]. Aber vielleicht der Nachweis der Existenz? Ein Nachweis der Existenz, der nicht die Existenz nachweist? — Ich kann dies nur so verstehen, daß einer behauptet, den Nachweis geführt zu haben, in Wahrheit aber sich irrte, also den Nachweis nicht führte, den er behauptete: in Wahrheit zeigte er also nichts! (Das soll vorkommen!) — Hier fehlt mir ein Beispiel (von A. Schreiber).

Habe ich erst eine uE auch bewußt, d. h. ich weiß, daß ich sie habe, dann schreckt mich ein Fehler im Nachweis ihrer Existenz nicht: habe ich erst die uE bewußt, ist ein möglicher Irrtum im Nachweis historisch einfach überholt und ohne Bedeutung[157], — es sei denn, der Nachweis liefere eine Art der

Begründung, die die Wahrheit des Ergebnisses von der Richtigkeit des Nachweises abhängig macht: das ist aber nur beim Beweis der Fall, Deduktion[158] ist jedoch nicht Beweis[159].

Ich habe versucht, die allgemeinen Einwände[160] auf meine Ausführung eng zurückzuführen, ohne die unterschwellig anklingenden Vermutungen hier zu berücksichtigen: Ich weiß auch nicht, worauf wir vertrauen sollen[161]. Wenn ich aber gefragt werde, worauf ich vertraue, dem antworte ich: auf das von mir Erkannte! Wenn einer mir darin nicht (ver-)traut, ist dies seine Sache, jedoch kein Argument. Wenn er jedoch behauptet, das von mir „Erkannte"[162] sei lediglich die Behauptung einer Erkenntnis (= die Behauptung, etwas erkannt zu haben), die (als eben diese Behauptung) falsch sei (nochmals: die Behauptung ist falsch, nicht die Erkenntnis), in Wahrheit irrte ich also (wo ich behauptete, erkannt zu haben: der typische Fall von Irrtum[163]), dann vertraut er auf seine Erkenntnis (für diesen speziellen Fall) und ist damit schon aufgrund der Entschiedenheit seiner Behauptung für mich jederzeit ein willkommener Diskussionspartner.

Ich bin's (für diesen kleinen Beitrag) zufrieden, wenn derjenige, der Mängel hier vorliegend behauptet[164], feststellt: „Nun, Ihr Beispiel (4) wird wohl jedermann als ein Exempel für ein wahres Urteil ansehen"[165] Und: „Diese Metakritik enthält keineswegs direkte Einwände gegen die Existenz uE."[166]. – Mein „Existenzbeweis" für diesen Fall ist dann aber länger kein „vermeintlicher" mehr[167].

Endlich, was meine Mutmaßungen anlangt: ich meine sie wirklich so, wie sie dastehen! und hierzu berufe ich mich ungeniert auf meine Vormänner: „Wer noch Grundsätze anfechten will, der mag den erfahrungsgemäßen Beweis führen, daß sie im deduzierten System der Vernunft keine Stelle haben. Sich aber gegen diese *Methode* zu sträuben, das ist nur Sport derer, die fürchten müssen, daß doch einmal Philosophie als evidente Wissenschaft dem Spiel ihrer eigenen spekulativen Weisheit ein Ende machen könnte, ohne zu bedenken, daß, wer die Herrschaft der Vernunft ablehnt, sich dadurch nur mit dem Blödsinnigen auf eine Stufe stellt."[168] „Wer vielmehr seiner Vernunft nicht traut und ihre Zuverlässigkeit erst beglaubigt haben möchte, der wende sich an die Psychiater und lasse die Philosophen in Ruhe."[169] „Dagegen sticht im gemeinen Leben häufig die Altklugheit derjenigen sehr widerlich ab, die sich durch den Vorwand des Skepticismus aus der Affäre ziehen. Gegen diese haben wir oben (§ 126 d. Logik) gezeigt, daß Zweifel in philosophischen Dingen gar nie das Ende der Untersuchung sein könne, auch besteht dieser elegante Skepticismus in nichts als in der Weigerung, auf philosophische Untersuchungen im Ernst eingehen zu wollen, wodurch er sich mit dem rohen Wilden und mit dem natürlichen Unvermögen des Blödsinnes ganz in Parallele stellt."[170] „Der Gewalt dieser Voraus-

setzung (des Grundsatzes des Selbstvertrauens der Vernunft[171]) vermag sich nur die völlige Gedankenlosigkeit des Blödsinnigen zu entziehen."[172]
Und auf 25 Jahre traurigste Erfahrung: Es gilt, soviele Probleme in Ethik und Politik vor allem, aber auch in Rechtsprechung und Pädagogik zu lösen, daß ich, als hierzu verpflichtet (z. B. als Richter) mir zeitlich es nicht mehr länger leisten kann, mich auf Verstehens-Schwierigkeiten Nicht-Kompetenter einzulassen: nicht-kompetent ist mir der, der nicht bereit ist, etwas zu behaupten (ich wiederhole C. 1: als erkannt zu behaupten), sondern lediglich (dies stammt nun aus vielen angeblich wissenschaftlichen Diskussionen) zweifelt, fragt, etwa in dem Sinne ‚an dieser Stelle wäre zu fragen: ohne daß er wirklich fragt', Bedenken (nur) anmeldet, ohne wirklich einen Einwand zu behaupten, am Ende ‚Zweifler an seiner eigenen Erkenntnis' ist (vielleicht überspitzt, ohne jedoch einen Schlag „unterhalb der Gürtellinie" zu führen, aber dem Ernst der „anstehenden Problematik" angemessen, jedoch im Problemlösungsverhalten mit dem Willen, das Gerede von Argumentieren-zumindest-Wollen zu trennen): „Ich weiß nicht, ob ich es richtig sehe[173]; aber an dieser Stelle könnte man (?) mit einiger (!) Berechtigung fragen (?), wie sich das Ganze (?) darstellen könnte (!), wenn man (?) — nicht, daß ich dies ernstlich erwöge: ich stelle es nur einmal in den Raum — es radikal in Frage stellte." Oder (Einleitung eines Vortrages, stark verkürzt): „Ich bin nicht hierher gekommen, um Ihnen etwas vorzutragen; mir geht es auch nicht darum ...[174] vielmehr möchte ich aus der sich sicherlich anschließenden Diskussion lernen, wie sehr alles, was ich noch sagen werde, mit einem Fragezeichen zu versehen sein wird, ja muß!"[175]
Ich meine, so nicht: daher mein entschiedener Ton. Ich kam hierher, um Aussagen zu machen, die ich numerierte, um Einwände (zeitökonomisch und präzis) zu ermöglichen. Und wiederhole: jeder Einwand ist mir willkommen, je schärfer, desto lieber[176]. Um nicht (wieder) mißverstanden zu werden: als Unterrichtender, Lehrender (Pädagoge) beantworte ich jede Frage (wenn ich kann) oder erkläre, daß ich, vorausgesetzt ich habe die Frage verstanden, die Frage nicht beantworten kann, ggfs. warum nicht.
Eine gar „klassische Immunisierungsstrategie"[177] kann ich darin nun garnicht erblicken[178]. Ich blocke doch nicht ab, wenn ich behaupte: Es ist kein Einwand gegen die Erkenntnis des A eines Sachverhaltes S, wenn W S nicht einsieht! — Gewiß, dies ist auch kein psychopathologischer Fall. W weiß eben S nicht! Aber ein Zweifler an seiner eigenen Erkenntnis[179]?
Zum Schluß: Dialoge habe ich nie abgebrochen[180]. Ich war gegebenenfalls immer nur Opfer des „Abbruch des Verfahrens"!

Statt einer weiteren Diskussion:
Christoph Westermann: Am Podium wurden zwei Argumente dargestellt

und am Rande der Tagung in einzelnen Gesprächen dann lebhaft erörtert:

Erstens — Ist die vorgeführte unmittelbare Erkenntnis (bloß) analytischer Natur? — Ich erwidere: angenommen, sie sei analytisch, so ist sie nichtsdestoweniger immer noch eine Erkenntnis und, darauf kam es mir an, dies zu zeigen, eine unmittelbare. Ferner: ich räume ein, der Zusammenhang „Prämissen/Schluß" ist sicher analytisch; ist aber auch das (ggfs.) benutze bestimmte Folgerungsprinzip analytisch (allgemein: sind die logischen Gesetze analytisch)?[181] Endlich: es ist sicherlich ein unaufhebbarer Unterschied in den folgenden Behauptungen: Jede rote Rose ist rot (oder auch: diese rote Rose ist rot) und: Diese Rose ist rot, — ganz gleich, wie philosophisch dem Rechnung getragen werden kann, herkömmlich mit der Unterscheidung: analytisch/synthetisch. Das eben mag ein Problem der Philosophie sein; den Unterschied selbst betrifft es nicht: er muß in jeder philosophischen Meinung wiederkehren, diese muß dem Unterschied gerecht werden, — oder die Theorie hat sich als falsch erwiesen.

Zweitens — Wie aber steht es mit dem folgenden Sachverhalt: ich erkenne, daß ein Urteil, z. B. das „diese rote Rose ist rot" (oder „jede rote Rose ist rot"), analytisch ist; ist das diese Erkenntnis wiederholende Urteil, daß jenes Urteil analytisch ist, selbst analytisch oder nicht-analytisch (= synthetisch)? Einiges spricht dafür, anderes dagegen: am Ende meiner Untersuchungen zur Kritischen Methode habe ich diese Überlegungen zusammengestellt und diskutiert, — die Frage selber aber offengelassen, da ich eine bündige Antwort nicht fand (was an mir liegen kann, genauer: bis dato liegt!). Eines kann aber gesagt werden: Sollte das die Analytizität eines anderen Urteils behauptende Urteil synthetisch sein (in welcher Synthetizitätsbestimmung auch immer), dann ist dies sicherlich ein *synthetisches Urteil a priori* (und müßte sodann der Streit über die Existenz eines solchen beendet sein)[182]. Angesichts der Geschichte der Philosophie habe ich persönlich psychische Hemmungen, dies zu behaupten, — wenngleich wissenschaftlich philosophisch ich bereit bin, dies — als Behauptung — vorzutragen und *Einwände erwarte*.

Anmerkungen

Meine Ausführungen bilden thesenartig die Zusammenfassung einer umfänglichen Forschungsarbeit zur Kritischen Methode, die ich im Auftrage und mit Unterstützung der Deutschen Forschungsgemeinschaft durchführte. Das Ergebnis ist dargestellt und veröffentlicht unter: Kritische Methode und Kritik der praktischen Vernunft, Bd. I, 1: Untersuchungen zur Kritischen Methode; Bd. I, 2: Historische Darstellung der Denker der Kritischen Methode; Bd. I, 2/2. Teil: Gegenwartsdiskussion, Ebertin-Verlag, Aalen. Fortgesetzt wurde die Arbeit in einem weiteren Band unter: Argumentationen und Begründungen in der Ethik und Rechtslehre, Verlagsbuchhandlung Duncker & Hum-

blot, Berlin 1977. Diese Arbeit wurde im Rahmen einer Preisaufgabe ausgezeichnet durch die Philosophisch-Politische Akademie Kassel e. V. Im folgenden werden die Arbeiten verkürzt zitiert unter: Westermann, KM, bzw. Westermann, A.
Nelson wird zitiert nach den Gesammelten Schriften, hrsg. v. P. Bernays/W. Eichler/ A. Gysin/G. Heckmann/G. Henry-Hermann/F. v. Hippel/S. Körner/W. Kroebel/G. Weisser. Hamburg: F. Meiner Verlag, 1970 ff.; Fries zitiert nach der Neuherausgabe durch den Scientia-Verlag, Aalen, Bd. in arabischen Ziffern, Seitenzahl und, wo dies erforderlich ist, der Buchtitel in Abkürzung, z. B. Grundriß, oder System der Logik = GdL od. SdL.

1. Nelson, Bd., I, S. 23; der daselbst vorgeführte „Existenzbeweis" ist freilich fehlerhaft (vgl. Westermann, KM, 1.43, S. 42 f.). Das, was Nelson entwickelt, ist lediglich eine, wenngleich vollständige Disjunktion: „Es gibt eine unmittelbare Erkenntnis, die nicht (empirische oder ‚reine') Anschauung ist; sie dient zur Begründung metaphysischer Urteile, — oder es gibt solche Erkenntnis nicht; dann sind die metaphysischen Beurteilungen grundlos." (Westermann, KM, 1.144, S. 44 ff.) Zur Rechtfertigung dieser Interpretation vgl. Nelson, u. a. Bd. I, S. 32: „Die Unmittelbarkeit der Erkenntnis' (genauer: Der Begriff der Unmittelbarkeit einer Erkenntnis), „ihr Ursprung aus der reinen Vernunft ... bildet den Mittelbegriff des ganzen kritischen Gedankenganges seiner logischen Form nach. Zum Realitätsbeweis dieses Mittelbegriffs dient uns eben die psychologische Theorie der Vernunft." — Vgl. auch Fries, Bd. 4, S. 301 = NK, Bd. I, S. 237, zitiert in kritischer Würdigung bei Westermann, KM, 1.131, S. 19/20.
2. Fries, Bd. 4, S. 406 = NK, Bd. I, S. 342; ferner ders., Bd. 8, S. 23: GdM. Nelson, Bd. I, S. 26; ders., Bd. I, S. 174.
3. Ich setze hier eine Klammer, um anzudeuten, daß die Klasse der wahren Urteile größer ist als die der (tatsächlich) begründeten.
4. Nelson, Bd. I, S. 26; ders., Bd. I, S. 171 ff.; Fries, Bd. 4, S. 455 = NK, Bd. I, S. 391; ders., Bd. 7, S. 114 = GdL, S. 86; Bd. 7, S. 475 ff. = SdL, S. 307 ff.
5. Nelson, Bd. I, S. 31 f.; Formulierungen wie „Welche unmittelbare Erkenntnis besitzt unsere Vernunft?" sind freilich zu weit.
6. Ich setze hier Hervorhebungszeichen, um anzudeuten, daß hier vom Begriff gesprochen wird.
7. Kritik der sogenannten praktischen Erkenntnis. Zugleich Prolegomena zu einer Kritik der Rechtswissenschaft, Leipzig 1933, zit. im folgenden: Ross — Seitenzahl. Vgl. auch unsere ausführliche Auseinandersetzung mit Ross in KM, 1.16, S. 38 bis 57.
8. Logik der Forschung, Tübingen[2] 1966, Nr. 25: Erlebnisse als Basis, S. 60 f., zit. im folgenden: Popper, L, Seitenzahl. Popper bezieht sich ausdrücklich in Fn. 1 auf „Fries, Neue oder anthropologische Kritik der Vernunft (1828–1831)" insgesamt und damit auf 1137 Druckseiten ohne nähere Angabe von Fundstellen, so daß ich nicht weiß, wo Popper bei Fries dergleichen gefunden haben will. Wahrscheinlich rezipiert Popper Fries über Julius Kraft, den er mit Seitenangabe und Auflage nennt; nur findet sich bei Kraft, als charakterisierender Referent Fries'schen Gedankengutes das nicht, was Popper meint, behaupten zu können (zum Nachweis hierfür vgl. Westermann, KM, 1.131, S. 17 f., Fn. 160). Wenn Popper schon meint, Fries des Psychologismus verdächtigen zu müssen, dann wäre sich angelegentlich mit Fries' Frühschrift „Ueber das Verhältnis der empirischen Psychologie zur Metaphysik" (1798) auseinanderzusetzen (vgl. Westermann, KM, 1.3, S. 15–35). Auch würde ein Blick in die Einleitung zum „System der Logik", noch dazu unter der hinweisenden Überschrift „Vom Unterschied der philosophischen oder demon-

strativen und der anthropologischen Logik", genügen: „Allerdings wäre es höchst ungereimt die Grundsätze der philosophischen Logik ... durch empirische Psychologie ... beweisen zu wollen" (Fries, Bd. 7, S. 173 = SdL, S. 5). Von Nelsons Abweis des Psychologismus (vgl. Bd. I, S. 91 ff. mit rd. 20 Nachweisungen bei Fries) finden wir ohnehin kein Wort bei Popper. — Ich möchte nicht mißverstanden werden: Es kann trotz der Versuche von Fries und Nelson, den Psychologismusverdacht abzuweisen, durchaus der Fall sein, daß beide Psychologisten (was immer *genau* dies sein mag) sind; aber ehe man sie des Psychologismus verdächtigt, wäre es eine Sache der wissenschaftlichen Redlichkeit, ihre Argumente zu widerlegen.

9. „So bleibt die fundamentale Unterscheidung von Urteil und Erkenntnis, gemessen an den Erfordernissen einer Theorie der unmittelbaren Erkenntnis, noch ganz im Vagen. Auch der Begriff der Deduktion leidet unter den Mehrdeutigkeiten des Erkenntnisbegriffs." (Schreiber, Alfred: Theorie und Rechtfertigung, Braunschweig 1975, S. 89).

10. *„Alle Sicherheiten in der Erkenntnis sind selbstfabriziert und damit für die Erfassung der Wirklichkeit wertlos."* (H. Albert, Traktat über kritische Vernunft, Tübingen 1968, S. 30; alles kursiv bei Albert! — Zit. i. folgend.: Albert, T, Seitenzahl).

11. Vgl. Fries, Bd. 4, S. 406 = NK, Bd. I, S. 342: „Dieser Sprachgebrauch ist von mir (Fries) gewählt." Es ist daher endgültig müßig, über den Begriff der Deduktion zu streiten, da hier Fries nominaldefinitorisch ‚Deduktion' einführt. Daß er hier den Grund für Verwechslung setzte, mag mißlich sein; denn zumeist nehmen seine Kritiker Deduktion im logischen Sinne. Aber es sollte doch unter ernsthaft um Wissenschaft Bemühten möglich sein, einen nominaldefinitorischen Gebrauch eines Wortes von einem Begriff, hier: der Logik, zu trennen!

12. = nicht beweisbar; zum Vorurteil des Beweises vgl. Fries, Bd. 4, S. 401 = NK, Bd. I, S. 387 f.

13. Vgl. Fries u. a. Bd. 4, S. 405 f. = NK, Bd. I, S. 341 f.: „Wenn ich z. B. sage ... jede Veränderung hat eine Ursache ..., wenn ich über Recht und Unrecht ... urtheile, wo oberst sage: jedes vernünftige Wesen soll seiner persönlichen Würde gemäß als Zweck an sich behandelt werden ... worauf gründe ich dann mein Urtheil? Ich erkenne .../... eben diese Gesetze ... in meiner Vernunft ..., nur daß ich eben das Urtheil brauche, um mir ihrer bewußt zu werden. ... Diese Art, einen Grundsatz zu begründen, heiße die Deduktion desselben."

14. Vgl. Fries u. a. Bd. 4, S. 407 = NK, Bd. I, S. 343: „... Philosophie beruft sich zuletzt in Rücksicht der Wahrheit ihrer Sätze auf innere Erfahrung, ... um sie als unerweisliche Grundsätze in der Vernunft aufzuweisen."

15. Vgl. u. a. Fries, Bd. 4, S. 404 = NK, Bd. I, S. 340: „Das Urtheil wiederhohlt nur vor unserm Bewußtsein eine andere unmittelbare Erkenntniß ... Die ... ist also eigentlich der Grund er Wahrheit desselben." Vgl. auch Nelson, Bd. I, S. 173 ff.

16. Nelson, Bd. I, S. 195.

17. Fries, Bd. 8, S. 23 ff.; GdM, Bd. 8, S. 88 ff.; SdM, jeweils insbes. § 22.

18. Fries, Bd. 8, S. 11; GdM, Ziffer 2), S. 8, 34 unter „Zweytens" SdM.

19. Nelson, Bd. II, S. 370—374, Westermann, KM, 1.118.8 „Zur Analytizität des Analytischen, ein synthetisches Urteil a priori? ", S. 46—49. Vgl. auch Essler, Wilhelm K., Der erkenntnistheoretische Status synthetisch-apriorischer Urteile, in: neue hefte für philosophie 1 „Phänomenologie und Sprachanalyse", Göttingen 1971 S. 68—83, weiterer Abdruck in: Neue Aspekte der Wissenschaftstheorie (H. Lenk, Hrsg.), Braunschweig 1971, S. 195—204. Einmal abgesehen von allen Bedenken, die zusammengetragen werden (vgl. z. B. W. Stegmüllers Wissenschaftstheorie,

Bd. I, S. 56, Bd. II, S. 206 ff., 414 ff., ders., in Metaphysik, Skepsis, Wissenschaft, Berlin usw. ²1969, S. 90 ff., sowie W. Kamlah, P. Lorenzen, Logische Propädeutik, B. J. Hochschultaschenbuch 227/227a, Mannheim ¹1967, ²1973, S. 212 ff., – aber auch meine Diskussion in A, S. 60, Anm. 31), bleibt ein unaufhebbarer Unterschied (vgl. Westermann, KM, Bd. I, 1, S. 46–49), so daß als Aufgabe für Wissenschaft offensichtlich bis jetzt geblieben ist, den Unterschied begrifflich exakt zu fassen: der Unterschied selbst und die daraus gezogenen Folgerungen bleiben relevant: „Wollte man trotzdem behaupten, daß es eine solche aus synthetisch-apriorischen Erkenntnissen bestehende Wissenschaft nicht geben könne, weil es nämlich keine synthetischen Aussagen a priori gäbe, so wäre darauf zu erwidern, daß diese negative Existenzbehauptung ... ihrer logischen Struktur nach gerade das wäre, was sie in Abrede stellt: eine synthetische Behauptung a priori." (W. Stegmüller, Hauptströmungen der Gegenwartsphilosophie, Stuttgart ³1965, S. 428).

20. Fries, Bd. 8, S. 23 ff.; GdM, Bd. 8, S. 88 ff.; SdM, jeweils § 21.
21. Dubislav, Walter, Die Friessche Lehre von der Begründung. Darstellung und Kritik, Dömitz 1926, S. 84.
22. Popper, L, S. 60 f.
23. Albert, T, S. 13 f.
24. Popper, L, S. 65: „(Es ist ein verbreitetes Vorurteil, daß der Satz: ‚Ich sehe, daß der Tisch hier weiß ist' gegenüber dem Satz: ‚Der Tisch hier ist weiß' irgendwelche erkenntnistheoretische Vorzüge aufweist; aber deshalb, weil er etwas über ‚mich' behauptet, kann der erste Satz vom Standpunkt einer objektiven Prüfung nicht als sicherer angesehen werden als der zweite Satz, der etwas über ‚den Tisch' behauptet.)" Das ist ein bloßer Gewaltspruch! Popper: „ein Faustschlag auf den Tisch" (L, S. 71) und was an dieser Auffassung noch ‚kritizistisch' sein soll, nachgerade auch in der Friesschen Form (L, S. 71, Anm. 3), muß Poppers Sache bleiben zu erklären. – Betrachten wir dagegen zunächst ausschließlich die Argumentation als solche in Sätzen, so gilt: Ist der Satz „ich sehe, daß ..." wahr, so ist auch der Satz „der Tisch ist weiß" wahr (freilich ist hier vorausgesetzt, daß ich sehe, was für diesen Fall Wahrnehmungstäuschung ausschließt – vgl. A. Konrad, Untersuchungen zur Kritik des phänomenalistischen Agnostizismus und des subjektiven Idealismus, München 1962, sowie Westermann, KM, 1.115.5, S. 24 –: eine Aussage über die Möglichkeit von Wahrnehmungstäuschungen ist damit nicht gemacht, geschweige etwa die Existenz von Wahrnehmungstäuschungen geleugnet). Weiter aber behauptet die Kritische Methode nicht, daß das Urteil „der Tisch ist weiß" begründet wird durch den Satz „ich sehe es", – eine Behauptung, die ja falsch sein kann, – sondern allein durch das Sehen, – und dies in einer m. E. zugespitzten, weil verbesserten Form auch nur in einer vollständigen Disjunktion: durch „ich sehe es" oder überhaupt nicht! Vgl. hierzu unten meine Darstellung der Behauptungsschritte.
25. Popper, L, S. 71 und Fn. 3 daselbst.
26. Der zwar nach Popper ‚harmlos' sein soll, vgl. L, S. 70, nicht aber nach Albert harmlos ist, vgl. n. Anm.
27. Albert, T, S. 14/15.
28. Albert, T, S. 14, Anm. 9: wie so häufig, bezieht sich Albert auf Dubislav im ganzen, ohne anzugeben, wo er bei Dubislav das, was er, Albert, doch über Dubislav behauptet, gefunden haben will. Wir geben hier daher nur die Fundstelle bei Albert an.
29. W. Dubislav, Zur Methodenlehre des Kritizismus, Langensalza 1929, S. 19–22,

27—38, insbes. 35. Ders., Die Friessche Lehre von der Begründung, u. a. S. 81. Vgl. auch meine Darstellung und Kritik in A, S. 124 mit Nachweisungen.
30. Dubislav, Kritizismus, S. 35/36.
31. Vgl. u. a. Nelson, Bd. I, S. 26, Fries, Bd. 4, S. 411 = NK, Bd. I, S. 347.
32. Fries, Bd. 4, S. 467/468 = NK, Bd. I, S. 403/404; Westermann, KM, 1.114.4, S. 17.
33. Fries, Bd. 4, S. 415 = NK, Bd. I, S. 351. Vgl. auch Nelson, u. a. Bd. I, S. 24.
34. Fries, Bd. 4, S. 404 = NK, Bd. I, S. 340, auch „empirische Wahrheit" genannt vgl. Fries, Bd. 7, S. 479 = SdL, S. 311.
35. Nelson, Bd. II S. 92 ff., lfd. Nr. 3 bis 5
36. Vgl. z. B. W. Kamlah/P. Lorenzen, Logische Propädeutik. ^{1}1967, S. 142, ^{2}1973, S. 143; ferner O. Schwemmer, Theorie der rationalen Erklärung. Zu den methodischen Grundlagen der Kulturwissenschaften, München 1976, S. 143. Darstellung und Kritik bei Fries, naturgemäß nicht der vorgenannten Autoren, sondern des behaupteten Arguments u. a. Bd. 4, S. 410 = NK, Bd. I, S. 346.
37. Albert, T, S. 46.
38. Albert, T, S. 38.
39. A. Schreiber, Theorie und Rechtfertigung, Braunschweig 1975, S. 63—73, insbes. S. 69.
40. H. A. Schmidt, Der Beweisansatz von L. Nelson für die „Unmöglichkeit der Erkenntnistheorie" als Beispiel eines retroflexiven Schlusses, in: Festschrift für Josef König: „Argumentationen", Göttingen 1964, S. 216 bis 248, insbes. S. 247/248: „Eine regressive Stufung dieser Art, bei der die Bereiche *und* die Kriterien sich auf jeder Stufe wandeln dürfen, wird man geradezu so *anlegen*, daß man zu ständig übersichtlicheren und methodisch engeren Teilbereichen vorstößt und nach einigen Schritten bei einem ‚trivialen Abschluß' anlangt." (a. a. O., S. 247, 1. Absatz letzter Satz) Vgl. auch Westermann, KM, Bd. I, 2/2. Teil, 1.17, S. 58—79. Wir wiederholen hier nur in aller gebotenen Kürze: Ist der Abschluß erst einmal trivial, so will mir scheinen, daß die gezogenen Konsequenzen ebenfalls nur trivial sein können. — Meine (echte) Polemik gegen Schmidt's Argumentation hat mir nicht geringen Ärger eingebracht; überflüssig zu betonen, daß ich diese unternahm im Interesse an Wahrheit. Ich wäre dankbar, wenn der Disput hierüber öffentlich geführt werden könnte in gemeinsamer Wahrheitssuche.
41. Albert, T, S. 32.
42. Fries, Bd. 8, S. 101; SdM.
43. Fries, Bd. 8, S. 88; SdM.
44. Albert, T, S. 49.
45. Dieser Satz ist falsch! Ich habe Veranlassung, dies ausdrücklich hervorzuheben, da der Satz 1.01 mir als von mir aufgestellt unterstellt wurde, was aber nicht der Fall ist.
46. = der psychische Akt ‚Behaupten'.
47. = Inhalt der Behauptung.
48. = Satz vom Widerspruch: angenommen, die Negation von 1.1 sei wahr, dann ist jeder behauptete Satz wahr, und das bedeutet, entgegen SVW, auch die (behauptete) Negation.
49. = der Inhalt von Behauptungen.
50. Ich behaupte nicht, daß alle (wahren) Urteile tatsächlich begründet sind; ebensowenig behaupte ich, daß alle Urteile begründbar seien. Meine Behauptung ist wesentlich bescheidener: es kann der Fall sein, daß . . .; es ist möglich, daß . . .
51. Entsprechend: sind sie falsch, dann können sie nicht begründet werden; nicht zu

verwechseln mit: das (wahre) Urteil, daß jene Behauptung falsch ist, kann (könnte ggfs.) sehr wohl begründet werden.

52. Vgl. Westermann KM, I, 1: diese Abhandlung enthält die genauere Erläuterung des Satzes und die Diskussion der m. E. vollständigen Begründungsmöglichkeiten. Westermann A berücksichtigt im Teil 1 drei Gegenargumente, die geltend gemacht wurden: imprädikative Begriffsbildung, Kontradiktion (innerer Widerspruch von der Art: Alle Behauptungen sind falsch) und, da auch *falsche* Urteile Urteile seien, bedürften auch falsche Urteile der Begründung, — was eben nicht möglich sei (vgl. A, S. 15—21, insbes. A, Anm. 24, S. 20 f.). Ich begehe m. W. diese Fehler nicht: auch 1.3 ist zu begründen und wird begründet (vgl. KM, Bd. I, 1, „1.111.9 Begründung von 1.111: Jedes Urteil bedarf der Begründung — S. 5 f.—). Allein der Nachweis der Fehlerhaftigkeit der gegebenen Begründung würde 1.3 zu einem noch nicht ausreichend begründeten Satz machen, aber noch nicht dessen Falschheit bedeuten. Davon unabhängig gilt: „Die Annahme, daß etwas, das ein Urteil ist, schon deshalb, weil es ein Urteil ist, auch wahr ist, widerspricht dem Satz vom Widerspruch; es wären — unter dieser Annahme — sowohl ein Urteil (als Urteil) als auch sein kontradiktorisches Urteil (als Urteil) beide zugleich wahr (dasselbe gilt für die gegenteilige Annahme: etwas, das ein Urteil ist, ist schon deshalb, weil es ein Urteil ist, auch falsch; Argument nunmehr: Satz vom ausgeschlossenen Dritten)." (vgl. KM, Bd. I, 1, S. 5) Vgl. auch hier Anm. 48, sowie die Autoren der Kritischen Methode: „Jedes Urtheil läßt sich erst als ein nur Aufgegebenes ansehen, für welches sich hinreichende Gründe finden müssen, (durch Beweis, Demonstration oder Deduktion) wenn es als wahr gelten soll." (Fries, Bd. 4, S. 455 = NK, I, S. 391) „jedes Urtheil muß also in einer andern Erkenntniß den Grund haben, warum es wahr oder falsch ist." (Fries, Bd. 4, S. 403 = NK, I, S. 339; ferner vgl., Bd. 4, S. 277 ff., insbes. Bd. 4, S. 283 = NK, Bd. I, S. 213 ff., 219; Bd. 7, S. 114 = GdL, 86 und Bd. 7, S. 475 f. = SdL, S. 307 f.; Bd. 3, S. 179 = SdP, S. 155; Bd. 8, S. 112, SdM) „Wir wissen, daß wir irren können... Darum mißtrauen wir jedem Urteil, ehe nicht dieser Nachweis bis zu seinen letzten Gründen erbracht ist. Jedes Urteil gilt uns als *Vorurteil,* ehe nicht sein Ursprung aus der alle Willkür des Denkens entzogenen Selbsttätigkeit der Vernunft erwiesen ist. Die Vernunft aber gilt uns als oberste Instanz aller Wahrheit, als unantastbar allem Zweifel — wenn wir auch noch nicht wissen, welches der unverfälschte Ausspruch ihrer Wahrheit ist, ... " (Nelson, Bd. I, S. 34)

53. Vgl. Westermann, KM, Bd. I, 1, S. 9—17, Kennziffern: 1.113 und 1.114. „Nicht genug, daß wir *wissen,* wir müssen auch erst noch wissen, daß und was wir wissen, um davon sprechen zu können, wir müssen uns unsrer Erkenntnisse erst wieder bewußt werden." (Fries, Bd. 4, S. 169 = NK, Bd. I, S. 105) „Die in der Logik betrachteten dunklen Vorstellungen hätten aber jeden schon darauf aufmerksam machen können, daß dieses Verhältniß nicht so einfach ist, wie es gewöhnlich angenommen wird." (Fries, Bd. 4, S. 171 = NK, Bd. I, S. 107) „Durch die Deduktion gelangt das Vorhaben zur Ausführung, den Nicht-Wissenden dadurch zu belehren, daß man ihn zur Einsicht zwingt, das wirklich zu wissen, wovon er nicht wußte, daß er es weiß." (Nelson, Bd. I, S. 290).

54. Hier zu unterscheiden von dem Gebrauch bei Fries/Nelson für Urteil: „Das Urtheil ist... nur eine mittelbare Erkenntniß, das heißt, die bloße Formel des Wiederbewußtseyns einer ursprünglichen und unmittelbaren Erkenntniß." (Fries, Bd. 4, S. 301 = NK, Bd. I, S. 237) „Alle mittelbare Erkenntnis ist aber Erkenntnis durch Begriffe, d. h. Urteilen." (Nelson, Bd. I, S. 26) Diese Doppelbedeutung derselben Wortfolge ist mißlich; es sollte aber doch möglich sein, mittelbare Er-

kenntnis im Sinne von Urteil und mittelbare Erkenntnis im Sinne von Beweis auseinanderzuhalten.
55. Genau im Sinne von Nelson, vgl. Westermann, KM, Bd. I, 2/1. Teil, S. 43.
56. Vgl. Westermann KM, Bd. I, 1, S. 10.
57. Das wird zumeist übersehen, und: wie dies denn zu begründen sei, garnicht erst erfragt.
58. Vgl. Nelsons Beweis der unmittelbaren Erkenntnis der Vernunft in kritischer Darstellung bei Westermann KM, Bd. I, 2/1. Teil, S. 42 f., Kennziffer: 1.143.
59. = nicht beweisbare Urteile.
60. Meines Wissens ist bislang noch nie versucht worden, diesen Satz in seiner Allgemeinheit zu begründen (was ja auch nur zu einem Selbstwiderspruch führen kann). Monoton behauptet wird dies allerdings fortlaufend. Daß bislang noch keine gefunden sei, ist eine wesentlich schwächere Behauptung: und schließt nicht aus, daß ich gleich eben eine vorführen werde.
61. Genauer: jedes Urteil ist grundlos, auch das Bewiesene, da es letztlich auf ein nicht-bewiesenes Urteil (in diesem Sinne mittelbare Erkenntnis) „gegründet" ist. Die Frage, woher ich dieses wisse, ist sinnlos, wenn eine „begründete" Antwort erwartet wird: ich könnte nur sagen, daß ich es nicht wisse, was freilich nichts über die Sache, sondern nur über mich etwas behauptet. Schon Fries: „Wenn jemand etwas behauptet, so darf ich ihn nach den Gründen seiner Behauptung fragen, und falls er diese nicht anzugeben weiß, darf ich ihn mit seiner Behauptung abweisen. Hierin haben wir es mit der logischen Wirklichkeit eines Urtheils nur subjectiv für den Verstand zu thun, indem ihn zureichende Gründe zum Urtheil führen; Mangel an Gründen aber nicht die Wahrheit des Urtheils antastet, sondern nur den Verstand in den Zustand des Zweifels setzt, in welchem das Urtheil nicht auszusprechen vermag. Das Resultat ist dann nur: *Ich weiß dieses nicht,* aber nicht: *Es ist nicht so."* (Bd. 7, S. 307/308 = SdL, S. 139/140) Ich behalte hier wie überall bei Fries die ältere Schreibweise bei, um den Leser zu bitten, sollte er den ein oder anderen Sprachgebrauch bei Fries nicht sofort verstehen, sich doch der Mühe zu unterziehen, schnell nachzulesen, und nicht zu assoziieren; dies gilt z. B. vorliegend für „subjectiv" und „logische Wirklichkeit". (Vgl. auch nötigenfalls KM, Bd. I, 2, 1. Teil) Ferner: Ist jedes Urteil grundlos, wie steht es mit diesem Urteil? Konsequent wäre es wohl grundlos. Nicht zu verwechseln mit folgendem: Es kann zwar sein, daß alle unsere Urteile grundlos sind; erkennen könnten wir dies dann nicht.
62. = psychische Akte meines Bewußtseins; auch unter der Annahme von 3.211 würden wir weiterhin urteilen.
63. Vgl. B, 1.1.
64. Vgl. A, 1.4.
65. Vgl. oben C, 3.221.
66. Jeder Beweis setzt mindestens ein Urteil voraus, aus dem der bewiesene Satz abgeleitet wird; vgl. C, 3.1.
67. Vgl. Westermann KM, Bd. I, S. 2/1. Teil S. 42 f.
68. Man nehme zur Verdeutlichung jeden beliebigen modus, z. B. *barbara.*
69. Einem Schluß liegt, nach unserem Sprachgebrauch, immer ein (richtiges) Folgerungsprinzip zugrunde; falsche Folgerungsprinzipien lassen wir nicht zu: diese sind Fehlschlüsse. — Über die Möglichkeit von Fehlschlüssen ist damit nichts ausgesagt (vgl. Westermann, KM, 1.111.3, S. 2 im Bd. I, 1).
70. Wobei ich hier nochmals ausdrücklich betone: die Prämissen sind ein Anwendungsfall des Folgerungsprinzips (vgl. Westermann, KM, 1.111.2, S. 1/2, Bd. I, 1).

71. „Diese Feststellung ist die Bedingung der Möglichkeit von Wissenschaft als System wahrer Urteile.' (Westermann, KM, Bd. I, 1, S. 2).
72. Im Sinne von Kant, Fries, Nelson.
73. Eine Qualität innerer Erfahrung: was ein anderer füglich nicht anzweifeln kann, ohne wenigstens seine Erkenntnismöglichkeit vorauszusetzen (für die er sich wiederum auf innere Erfahrung berufen muß), eine Voraussetzung, die durchaus falsch sein kann, ja falsch sein muß, wenn seine nunmehr behauptete Erkenntnis meiner (tatsächlich vorliegenden) Erkenntnis widerspricht (selbstverständlich auch umgekehrt: meine behauptete Erkenntnis widerspricht seiner tatsächlich vorliegenden. Nur: einander widersprechende „Erkenntnisse", – die kann es nicht geben! Daß, wenigstens der Möglichkeit nach, Erkennende in ihren Behauptungen, etwas erkannt zu haben, einander widersprechen, ist nicht nur ein empirisches Faktum, sondern selbstverständlich und gleichbedeutend mit: es gibt Irrtum!); das Erkanntsein ihrer Falschheit würde aber wiederum die Erkenntnis eines Erkennenden voraussetzen.
74. Das apodiktische Urteil 4.
75. Dies steht hier als Behauptung und wird in Westermann, KM, ausführlich behandelt u. a. in Bd. I, 1 unter 1.116.2/4/6, 1.117.7/8/9, 1.118.5.
76. Nicht die Erkenntnis, sondern nur ihre Unmittelbarkeit!
77. Vgl. C, 2.1.
78. vorausgesetzt ist die Wahrheit von 4.
79. die Wahrheit von „den Fall K^0 gibt es nicht".
80. Vgl. Westermann, KM, Bd. I, 2/1. Teil, 1.147 „Theorie der Deduktion nach Nelson" S. 56–68, hier S. 64.
81. D. h. das hier Gesagte gilt für jede unmittelbare Erkenntnis, nicht nur für die, daß es den Fall K^0 nicht gibt.
82. Die römischen Ziffern bezeichnen den Inhalt der Behauptung, – das, was hinter dem Doppelpunkt steht.
83. W. dient als Beispiel; es kommt hier auf das Erkanntsein von (I) an, nicht darauf, wer im Einzelfall (I) erkennt oder erkannt hat. – Damit wird selbstverständlich nicht bestritten, daß der „Begriff des Erkennens extensional als Teilklasse der Menge aller geordneten Paare: Vernunftwesen/Sachverhalt" verstanden werden kann, meiner Ansicht nach verstanden werden muß, d. h.: zu jeder (konkreten) Erkenntnis (ihrem Inhalte nach) gehört ein Erkennender, – derjenige, der etwas erkennt; das Erkennen selber ist Psychisches (eben der psychische Akt des Erkennens, wie andere psychische Akte auch, z. B. Wahrnehmen, u. a. Sehen) im Unterschied zum Erkannten (hier: Apodiktisches). Daran ist nichts spekulatives, wie doch immer wieder behauptet wird, ebensowenig wie es spekulativ ist, daß ich lebe und jetzt hier (maschinen-)schreibe. Was anders sollen denn die zeitlichen Tätigkeiten des „Vernunftwesens" sein als psychische Akte, z. B. die des Erkennens, u. a. eines „Sachverhaltes"? – Fries: „§ 11. b) Das Verhältniß der Erkenntniß zum Gegenstand . . . Es ist schon irrig, daß man überhaupt nur den Begriff des Vorstellens und Erkennens einer weiteren Erklärung unterwerfen will, da er ein unmittelbares und erstes in der inneren Erfahrung ist; . . Wenn wir auf uns Acht geben, so können wir leicht bemerken, daß einen Gegenstand, z. B. ein Haus sich vorstellen, weder bedeutet, daß wir es machen, noch daß wir es hervorbringen, noch daß wir es verändern; noch auch, daß wir durch dasselbe gemacht, verändert werden, oder daß es irgend auf uns einwirke; wir sagen nur: ich stelle es mir vor, und das will etwas ganz anderes sagen als jedes Kausalverhältniß, was das aber sagt, *etwas sich vorstellen* oder *etwas erkennen*, das kann jeder nur aus

seinem Bewußtseyn erfahren, man kann es so wenig erklären, als man einem Blinden erklären kann, was roth oder grün sey. Also nur auf diese innere Selbstbeobachtung berufen wir uns ... wer sich aber mit unsrer Behauptung nicht abweisen lassen will, und doch eine Erklärung dieser Begriffe fordert, dem antworten wir, daß er überhaupt noch nicht verstehe, was erklären heißt. Erklären lassen sich nur abgeleitete quantitative Verschiedenheiten, nicht unmittelbare Qualitäten, der Begriff des Erkennens im allgemeinen ist aber Qualität aus innerer Erfahrung." (Fries, Bd. 4, S. 134−139, insbes. S. 136, 138 f. = NK, Bd. I, S. 70−75, insbes. S. 72, 74 f.).

84 Hier kann „durch W." nicht ohneweiteres weggelassen werden; denn ein anderer als W. kann dies nicht erkennen, genauer: durch Selbstbeobachtung wahrnehmen. Wohl aber ist durch einen anderen als W. erkennbar, daß W. (II) nicht erkannt hat, ja nicht erkannt haben kann, nämlich dann, wenn (I) falsch ist!

85. In diesem zu unterscheidenden Fall ist nicht von (I) die Rede, sondern von dessen Gegenteil; ich habe dies so gewählt, um den offenbaren Widerspruch zu vermeiden, den das Analogon zu 5.21 hier enthalten würde: „Ich irrte, als ich behauptete, erkannt zu haben, daß es K^0 nicht gibt; K^0 gibt es nämlich." Da es K^0 aber gerade nicht gibt, kann ich K^0 nicht erkennen.

86. Hiermit geben wir dem Einwand von Kastil durchaus die Berechtigung, die er hat: „Denn 1. so wunderbar oft das Zusammentreffen solcher abgekürzter Verfahrensweisen unseres Urteils mit den Resultaten ist, die eine exakte und umständliche Deduktion oder Induktion zeitigen würden, und wie fest auch die scheinbar unvermittelten Überzeugungen sein mögen, so zeigen sie doch niemals jenen Charakter, der für ein von der Erkenntniskritik akzeptierbares ‚Grundurteil' schlechthin unentbehrlich ist: sie schließen die Möglichkeit eines Irrtums nicht aus." (Kastil, Alfred, Jakob Friedrich Fries' Lehre von der unmittelbaren Erkenntnis. Eine Nachprüfung seiner Reform der theoretischen Philosophie Kants, in: Abh. d. Fries'schen Schule, neue Folge, 4. Bd., Heft 1, S. 324, Göttingen 1912−1918), aber auch nicht mehr; denn was von Überzeugungen gilt, daß sie wahr, aber auch falsch sein können, gilt nicht ebenso von Erkenntnissen! − Freilich ist mit dieser Feststellung allein noch nichts darüber ausgemacht, welche Erkenntnisse wer hat: das ist aber auch immer wieder von Fries und Nelson ausdrücklich betont worden (vgl. u. a. Nelson, Bd. I 24, ebenso Fries 4, 468 = NK, Bd. I, S. 404).

87. Den Sachverhalt des Erkennens, nicht durch den Satz „(I) ist erkannt"; wenngleich, in Bezug auf die Sätze, gilt: Ist (II), als Satz, der Satz (II) wahr, dann ist Satz (I) wahr; ist (III) wahr, dann ist (II) und (I) wahr. − Nicht aber umgekehrt: Ist (I) wahr, dann muß (II) und (III) nicht wahr sein; was nur soviel bedeutet: (I) kann wahr sein auch dann, wenn die Wahrheit von (I) nicht erkannt ist.

88. Ich setze hier ein Hervorhebungszeichen, um anzudeuten, daß nicht ein Satz gemeint ist; zur Kennzeichnung eines Satzes bediene ich mich (herkömmlich) des Anführungszeichens.

89. Vgl. oben C, 4.3.

90. Genauer: Gegenstand einer möglichen Erkenntnis; denn auch ich kann mich irren, auch innere Wahrnehmungen können täuschend sein: sie wären freilich eben deshalb keine Wahrnehmungen, sondern Wahrnehmungstäuschungen (man sehe mir hier im Sprachgebrauch den scheinbaren Widerspruch nach).

91. Vgl. Westermann A, S. 33. Die Iteration von inneren Wahrnehmungen, die jeweils innere Wahrnehmungen zum (Erkenntnis-)Gegenstand haben, führt inhaltlich zu keinem Mehr an Wissen. Vergleichbares haben wir auf der Satzebene: Eine Behauptung B erfährt eine Bekräftigung durch „es ist wahr, daß B"; sinnvoll ist

ebenfalls die Aussage: „es ist falsch, daß B". Die Falschheit selber wird hier als wahr behauptet: „es ist wahr, daß es falsch ist, daß B". Das Analogon nun hierzu ist eine Iteration ohne aufschlußreicheren Sinn von der Form: „es ist wahr, daß es wahr ist, daß es wahr ist, daß . . ., daß B".

92. Nur die unter 3. aufgestellte Behauptung, als wahr unterstellt, widerlegt die Behauptung (I); (I) kann immer noch wahr sein, selbst dann, wenn die unter 1. und 2. aufgestellten Behauptungen wahr sind.
93. Hier ist das Verhältnis von Erkenntnis und Bewußtsein angesprochen (vgl. Westermann, KM, Bd. I, 1, 1.117, S. 34—40). Ich behaupte, daß nicht alle Erkenntnisse, die wir haben, auch zugleich bewußt sind: so kann ich logisch schließen, ohne das Folgerungsprinzip formulieren zu können (hier nur in aller Kürze behauptet).
94. Gleichbedeutend mit: W. meint nur, etwas zu erkennen.
95. D. h. weder ein Einwand gegen den Inhalt der Behauptung (gleichbedeutend mit der Behauptung, jene Behauptung sei falsch), noch ein Einwand gegen das Erkanntsein (gleichbedeutend mit: es sei gar nicht erkannt, nur vermutet).
96. Falls der Frager die Behauptung, eine Antwort auf seine Frage sei überhaupt möglich, nicht zugesteht (weil er schon weiß, daß sie nicht möglich ist), bin ich nicht bereit, mich um eine Antwort zu bemühen: sofern sich der Frager nicht irrt, wäre ein solches Bemühen von Anfang an sinnlos.
97. Auch wenn z. B. Albert dies behaupten mag; zu einer ausführlichen Kritik vgl. Westermann, KM, Bd. I, 2/2. Teil, 1.15, S. 1—37 sowie Westermann, A, 2.2, S. 68—86.
98. Was Albert anstrebt; vgl. T, S. 59.
99. Westermann, A, S. 67/68.
100. Deduktion im Sinne der Kritischen Methode.
101. Dubislav, Kritizismus, S. 32; daß es sich dabei nicht um ein Redaktionsversehen handelt, vgl. hierzu Methodenlehre S. 81: „. . . wir wollen nun untersuchen: (a) ob spezielle von Friesianern gegebene Deduktionen in dem Sinne stringente Begründungen sind, daß das, was durch sie begründet wird, damit für jeden Erkennenden als eine Erkenntnis qualifiziert ist;" Salopp: Ja und nein müßte die Antwort lauten! Werden die „Erkennenden" so definiert, und daß nur die Erkennende sind, die die Erkenntnisse der Deduktion tatsächlich einsehen, dann lautet die Antwort: ja, — sonst nein. Aber ich behaupte derart Unsinniges nicht: meine Sekretärin kann auch dann Maschineschreiben, wenn sie sich gelegentlich vertippt! Einen Grenzwert gibt es allerdings, da wie dort.
102. Es wäre einer umfänglicheren Untersuchung wert, nachzuweisen, ob und inwieweit die einzelnen Autoren der Gegenwart des öfteren in ungenauem Sprachgebrauch am Ende nicht das Gleiche meinen (ohne vielleicht den Mut zu finden, das so deutlich auszusprechen, daß — siehe unten — ein Theorienpluralismus, „der Fortschritt des kritischen Rationalismus" unmöglich wird: das wäre aber kein philosophisches Problem mehr, sondern ein solches der Philosophierenden — dazu unten mein Abschluß); aber doch andeutungsweise: Was anders soll heißen „Betroffene, die kompetent sind" in einer Beratungssituation, z. B. O. Schwemmer, Grundlagen einer normativen Ethik, in: Kambartel (Hrsg.), Praktische Philosophie und konstruktive Wissenschaftstheorie, Frankfurt 1974, S. 10; „vernünftiger Konsensus" bei Habermas, u. a. in: Legitimationsprobleme im Spätkapitalismus, Frankfurt, 1973, S. 153; „faktischer Konsensus" im Unterschied zum „vernünftigen", wenngleich immer schon in „idealer Sprechsituation", als „kritischer Maßstab . . . für einen begründeten Konsensus", über den wir dann freilich bei Habermas nichts weiter erfahren (Wahrheitstheorien, in: Festschrift für Schulz, Pfullin-

gen 1973, S. 258, wiederabgedruckt in: Rehabilitation II, S. 400); „Normalsinnige" bei Kamlah/Lorenzen, Log. Propädeutik, Mannheim 1967, S. 118, ²1973, S. 119; „eine M-Erkenntnis, der man ihr G-Sein unmittelbar ansieht" (H. A. Schmidt, o. a. O., S. 246/247). Zur Verdeutlichung für den, der die Arbeit nicht greifbar hat: „Diese erste Ausprägung des Terminus ‚eine Erkenntnis', die noch nicht mit der Frage der Gültigkeit konfrontiert wurde, sei als ‚eine M-Erkenntnis' (wo ‚M' auf ‚Meinen' zielen soll) der zweiten Ausprägung der Terminus gegenübergestellt, nämlich eben der ‚gültigen Erkenntnis', die kurz auch als ‚eine G-Erkenntnis' bezeichnet werden soll." (S. 222, hier zur terminologischen Einführung. Die Textstelle insgesamt lautet, als Zusammenfassung, mit der man „aus dem Nelsonschen Zirkel ausgetreten" sei, dem der „Erkenntnistheorie" im genau Nelsonschen Sinne, vgl. Nelson, Bd. II, S. 58 ff., insbes. S. 92: „Im allgemeinen ist bei einem *regressiv* gestuften erkenntnistheoretischen Ansatz der geschilderten Art zu vermuten, daß die Stufung *abbricht*. Hierbei ist allerdings offensichtlich, daß der letzte auftretende Bereich Nm (wobei m Stufen vorliegen sollen) anders zu charakterisieren ist als die vorangegangenen Bereiche; für ihn ist zu verlangen, daß die ‚Äquivalenz der kritischen Eigenschaft Km mit dem G-Sein innerhalb Nm' durch eine M-Erkenntnis gewonnen wird, der man ihr G-Sein unmittelbar ansieht; dies würde, wie weiter oben angedeutet wurde, z. B. dann der Fall sein, wenn die betreffende spezielle Erkenntnis in einem analytischen Urteil bzw. in einer Tautologie bestände oder wenn der ‚Reduktionsbereich' für Km aus irgendeinem anderen Grunde als unproblematisch gelten dürfte." (S. 246/247)
103. Ich erachte das Behaupten für die Argumentation bereits ausreichend, da mit der Möglichkeit zu rechnen ist, daß er irrt; widerlegt ist P allerdings nur, wenn die Behauptung auch wahr ist, d. h. durch die Erkenntnis ‚(I) ist falsch'.
104. Vgl. oben C, 1.
105. Bei „Erkenntnis" stehen hier jetzt Anführungszeichen, um anzudeuten, daß es nach dem Sinn des Satzes sich nicht um eine Erkenntnis handeln kann, es liegt vielmehr Irrtum vor.
106. Vgl. oben C, 2 und C, 3.22.
107. Eine ausführliche Darstellung und Entgegnung wird demnächst veröffentlicht; ich gebe hier nur einen, kurz zu fassenden Gedanken an.
108. Ich übersehe nicht den meist gebrachten Einwand, daß es schließlich legitim sein müsse, auch von falschen Erkenntnissen zu reden und ihnen die wahren Erkenntnisse gegenüberzustellen (z. B. Albert geht so vor, auch Schmidt). Nur sehe ich so recht den Sinn nicht ein: denn durch ‚was' soll ich auf ‚welcher' Stufe dann wieder die wahren von den falschen Erkenntnissen unterscheiden, was ich, nach meinem Sprachgebrauch, jetzt in Bezug auf Urteile durch Erkenntnis tue!
109. Vgl. oben C, 5.4.
110. Vgl. oben Anm. 24: Ich beziehe mich auf das Beispiel dort; tatsächlich liefert mein Sehen, die Erkenntnis, diese Begründung, sonst nichts: nur durch Sehen kann ich wissen, daß der Tisch weiß ist, — oder überhaupt nicht wissen.
111. Die Übereinstimmung der Erkenntnis mit dem Gegenstand ist, so die Behauptung der Kritischen Methode, entweder gegeben oder nicht, „ohne daß wir etwas dafür oder dawider thun können" (Fries): der Inhalt des Satzes vom Selbstvertrauen der Vernunft.
112. Unterscheide: Voraussetzung und Prämisse (Westermann, KM, Bd. I, 1, Nr. 1.113.7, S. 14.
113. Nicht beweisbare Urteile.
114. 2.23 überspringe ich, da die These schon nicht eindeutig ist: soweit die Betonung

auf „psychologistischer Form" liegt, nehme ich Bezug auf 2.12, soweit die Betonung auf „Dogmatismus' liegt, verweise ich auf 2.13 oder 2.22.
115. Außer in der Kritischen Methode, z. B. Fries mit dem Satz von der „transcendentalen Wahrheit" vgl. A, 3.3.
116. Vgl. C, 4.
117. Das es nicht geben kann.
118. Vgl. Anm. 102.
119. Vgl. Nelson, Bd. VI, S. 370: Toleranz „ein Ausfluß der Überzeugungslosigkeit. Wer von einer Wahrheit überzeugt ist, muß alle ihr widerstreitenden Lehren für irrig halten..."
120. Was nicht ausschließt, daß wir in Bereichen, in denen wir erst tastend vorgehen, nach Erkenntnissen erst suchen, Vorstellungen von dem Bereich entwickeln, um unseren Fragestellungen nach diesen zu orientieren: eine blanke Selbstverständlichkeit!
121. Vgl. den Diskussionsbeitrag zuvor, erster Satz.
122. Im Folgenden mit dem Kürzel ‚uE' (ohne Deklinationsformen nach der Stellung im Satz) wiedergegeben.
123. non-K^0 = den Fall K^0 gibt es nicht! Vgl. oben C, 4.
124. Vgl. A. Schreiber zuvor, zweiter Satz s. Ausf.
125. Genau im Sinne der Kritischen Methode, z. B. bei Nelson, Bd. IV, S. 12 und Westermann, A, S. 55, 101, 105: Die (widerspruchsfreie) Begriffsbildung (durch Definition) bietet noch keine Gewähr für die Existenz eines unter die Definition fallenden Gegenstandes.
126. Hier stehen Hervorhebungszeichen um deutlich zu machen, daß der Begriff gemeint ist.
127. Ich kann mir nicht vorstellen, wie anders dieser Nachweis als anhand je eines Beispieles für eine uE geführt werden können soll: Jede (einzelne) uE ist Beispiel für uE (dieser Satz ist keine „Weltweisheit")
128. Vgl. den Diskussionsbeitrag von A. Schreiber, achter und neunter Satz, im Folgenden: Schreiber, 8. und 9. S.
129. Fries, Bd. 4, S. 400 ff., Popper, L, S. 60.
130. Fries, Bd. 4, S. 402 = NK, Bd. I, S. 338.
131. Nelson, Bd. I, S. 26: „Alle mittelbare Erkenntnis ist (aber) Erkenntnis durch Begriffe, d. h. Urteile. Strenggenommen dürfen wir also nicht fordern: jede Erkenntnis, sondern: jedes Urteil müsse einen Grund haben, und zwar seien alle mittelbaren Urteile zu beweisen, alle unmittelbaren Urteile aber entweder zu demonstrieren oder zu deduzieren."
132. Genau zu unterscheiden hierbei, daß sie, unabhängig vom Beweis, dennoch zu begründen sind.
133. „Jedes Urtheil ist eine mittelbare Erkenntniß, es ist bloß die Formel, in der ich mir für die Reflexion meiner unmittelbaren Erkenntniß wieder bewußt werde; ... Das Urtheil wiederhohlt nur vor unserm Bewußtseyn eine andere unmittelbare Erkenntniß, ..." (Fries, Bd. 4, S. 403 f. = NK, Bd. I, S. 3309 f.) „denn jedes Urtheil ist nur das mittelbare Bewußtseyn einer anderen Erkenntniß, die in ihm wiederhohlt wird, der Grund seiner Wahrheit liegt also immer in dieser unmittelbaren Erkenntniß." (Fries, Bd. 4, S. 88 = NK, Bd. I, S. 24) „Die nur deduzierbaren Urteile aber haben ihren Grund nicht, wie die demonstrierbaren, in der Anschauung; d. h. die ihnen zugrunde liegende unmittelbare Erkenntnis kommt uns nicht unmittelbar, sondern *nur* durch Vermittlung der Reflexion, *nur* durch Urteil zum Bewußtsein." (Nelson, Bd. I, S. 26).

134. Vgl. Westermann, A (Argumentationen und Begründungen in der Rechtslehre und Ethik, Berlin 1977); sowie ders., Recht und Pflicht bei L. Nelson, Bonn 1969, S. 20 ff., insbes. S. 26 f.
135. Diesen Terminus entlehne ich Stegmüller.
136. Vgl. Westermann, KM, Bd. I, 2—1. Teil.
137. Die im Kontext bei genauerem Nachlesen ohnehin kaum bestehen bleiben.
138. Selbst wenn ein solcher dann als Fortentwickler dieser Methode angesehen werden müßte.
139. Im Folgenden abgekürzt: KM.
140. Vgl. A. Schreiber zuvor, 13. Satz.
141. Vgl. C. 2., insbes. C.2.2.: hierzu und zu einer präzisen Diskussionsmöglichkeit numerierte ich die Sätze.
142. Vgl. A. Schreiber zuvor, 12. Satz.
143. „Etwas zu einfach", A. Schreiber, 14. Satz.
144. Genau im Sinne der KM, vgl. auch Anm. 125 (s. Diskussionsbeitrag).
145. Vgl. A. Schreiber zuvor, 16. und 17. Satz. — Den 15. Satz zuvor verstehe ich überhaupt nicht; daher meine Frage: was bedeutet dort „Grund"? — z. B. Grund für meine Behauptung? — So habe ich Grund für die Behauptung, Mayer sei schlechter (in der Arbeitsleistung im Amt etwa) als ich, um befördert zu werden, — um meinen Ärger darüber, nicht befördert worden zu sein wie aber doch Mayer, zu kaschieren etc. In solchen Fällen frage ich danach, warum z. B. W. (der übrigens befördert ist) über M. etwas bestimmtes behauptet. Ob das Behauptete wahr ist, — das wird nicht gefragt. — Oder Grund der Wahrheit eines Urteils? — Dann lautet die Antwort: in anderen wahren Urteilen unter Anwendung eines (richtigen) Folgerungsprinzips. — Endlich: Gilt der Satz auch für wahre *Grund*urteile? — Falls ja, würde ich ihn (genauer: die Wahrheit) bestreiten. Denn (wahre) Grundurteile haben nicht ihren Grund in der (z. B. meiner) Erkenntnis ihrer Wahrheit: sie sind auch dann wahr, wenn sie nicht erkannt sind. (Die „Salamis"-Problematik, u. a. behandelt von Lukasiewicz und Patzig, letzterer in: Das Vergangene und die Geschichte, Festschrift für R. Wittram, S. 443—460, ist mir bekannt und wird von mir in Logik und Erkenntniskritik stets behandelt.) Allein aber mein Wissen um die Wahrheit (des Urteils) hat seinen Grund in meiner Erkenntnis: das Grundurteil ist wahr, (nicht, weil ich es erkannt habe, sondern nur:) und ich weiß es (daß es wahr ist), weil ich es erkannt habe.
146. Vgl. A. Schreiber zuvor, 6. Satz.
147. Vgl. meinen Vortragstext von (C) „es gibt unmittelbare Erkenntnisse; eine von diesen führe ich vor..." bis (C, am Ende) „Ich bin nicht Optimist genug..." und offensichtlich zu Recht!
148. In 30 Minuten ging wohl mehr nicht: und war dies schon ein provozierendes Unterfangen.
149. Vgl. A. Schreiber zuvor, 4. Satz.
150. Vgl. A. Schreiber 5. Satz.
151. Vgl. meine Ausführungen im Vortrag unter dem Stichwort ‚Maximalforderung' am Ende unter (E).
152. Genau im Sinne der KM und damit im Unterschied zur Logik (Schluß, Ableitung): „Philosophische Urtheile behaupten wir, wenn sie Grundsätze sind, schlechthin und noch dazu apodiktisch, ohne uns irgend auf eine zu Grunde liegende Anschauung berufen zu können; ... Worauf soll nun hier unser Urtheil gegründet sein? Wenn ich z. B. sage: ... jede Veränderung hat eine Ursache ... jedes vernünftige Wesen soll seiner persönlichen Würde gemäß als Zweck an sich

behandelt werden ... der Wille sey frey, worauf gründe ich dann mein Urtheil? Ich erkenne ... ohne alle Berufung auf Anschauung. Aber eben diese Gesetze, deren ich mir im Urtheil nur wieder bewußt werde, müssen doch als unmittelbare Erkenntniß in meiner Vernunft liegen, nur daß ich eben das Urtheil brauche, um mir ihrer bewußt zu werden. Wir können also unser Urtheil hier nur dadurch begründen, daß wir aufweisen, welche ursprüngliche Erkenntniß der Vernunft ihm zu Grunde liegt, ohne doch im Stande zu seyn, diese Erkenntniß unmittelbar neben das Urtheil zu stellen, und es so durch sie zu schützen. Diese Art, einen Grundsatz zu begründen, heiße die *Deduktion* desselben." Und in der Fußnote ist ausgeführt: „Dieser Sprachgebrauch ist von mir gewählt. Was Kant Deduktion nennt, hat einen ähnlichen Zweck, enthält aber ganz andere Mittel der Ausführung." Mit einem weiteren Nachweis: Vgl. Fries, Bd. 4, S. 405 f. = NK, Bd. I, S. 341 f. Danach muß es schlicht unverständlich erscheinen, daß auch heute noch dieser Sprachgebrauch von Fries immer wieder mißverstanden wird: in KM und A liefern wir zahlreiche Beispiele. Ich meine, mit vorbildlicher Klarheit hat Fries hier unter Verwendung der in der Mathematik üblichen Sprechweise („heiße") eine Nominaldefinition gegeben, über die überhaupt sinnvoll nicht gestritten werden kann (vgl. Westermann, KM Bd. I, 2/2. Teil, S. 60/61); wer dies dennoch tut, wie z. B. Dubislav (vgl. Westermann, A, S. 123/124), kennt einfach Fries nicht.

153. Vgl. A. Schreiber zuvor, 20. und 21. Satz. Ich beziehe mich zusätzlich auf ein persönliches Anschreiben von Schreiber vom 10.4.78, „wonach eben jeder Behauptende Wahres zu behaupten beanspruche", was ich tatsächlich behaupte, wenngleich in der erkenntniskritischen bedeutsamen Form für Wissenschaft „Jede Behauptung ist die Behauptung einer Erkenntnis". „Für mich (Schreiber) folgt aber aus diesem Anspruch (!) nichts ..."; für mich auch nicht: ich habe den Satz nie behauptet!

154. Ich glaube, mich entschuldigen zu müssen dafür, daß nicht ausdrücklich erwähnt werden müßte, daß so offensichtlich Falsches selbstverständlich von mir nicht vorgetragen werden sollte. Nun muß ich zugeben, ich hatte unrecht, aber eben nicht mit einer philosophischen Behauptung, sondern mit der Einschätzung eines Publikums (dem sei jedoch zum Trost gesagt: es war dies nicht das erste Mal, daß Sätze mir abqualifiziert wurden, die, noch dazu als angeblich von mir, aus meinem Buch „zitiert", dort aber nicht stehen).

155. Vgl. A. Schreiber zuvor, 24. Satz.

156. Ich darf mich nochmals auf das Anschreiben Schreibers vom 10.4.78 beziehen, das seinerseits auf A. Schreibers, Theorie und Rechtfertigung (Braunschweig 1975) S. 78/79 verweist, „wo ich (Schreiber) von ‚möglicherweise immer noch irrigen unmittelbaren Erkenntnissen' spreche. Gewiß, eine solche Redeweise ist dann irreführend, wenn unmittelbare Erkenntnisse etwas sind, von dem es gar keinen Sinn hat zu sagen, es sei wahr oder falsch. Das sehe ich (Schreiber) durchaus (Nachweis Th&R 75, ob. Hälfte)!" Warum aber verwenden Sie diese Redeweise? Mich, bitte schön, verwirrt sie.

157. Sind in den Naturwissenschaften, speziell in der Physik, aber auch Astronomie, nicht einige Nachweise fehlerhaft gewesen, die Ergebnisse jedoch nicht? – Ich bin gegenüber Schreiber hier sicher nicht kompetent.

158. Genau im Sinne der KM, vgl. oben Anm. 32.

159. Fries/Nelson sprechen daher auch immer nur vom Aufweis: „Ich erkenne mich empirisch hinsichtlich meiner Erkenntnisse a priori" (Westermann, KM, Bd. I, 2/1. Teil, S. 16). „Allerdings ist es ein schwieriges Verhältnis, welches daraus entsteht, daß ich mich, nach meiner Erkenntniß a priori, empirisch erkenne."

(daselbst zit. Fries, Bd. 2, S. 182/183) Ferner: Nelson, Bd. I, S. 41, und S. 177/178 z. B.
160. Meist auch noch dazu in Frageform erhoben, von mir als der Frage in Beantwortung entsprechende Behauptung des Fragers unterstellt.
161. Vgl. A. Schreiber zuvor, 20. Satz.
162. Ich setze hier Anführungszeichen, um deutlich zu machen, daß, wie im Text wiederholt wird, nicht die „Erkenntnis falsch" ist, sondern lediglich die Behauptung, etwas erkannt zu haben, falsch sein kann.
163. Oder − salopp − denkste!
164. Vgl. A. Schreiber zuvor, 1. Satz.
165. Ders., 3. Satz.
166. Ders., 26. Satz.
167. Entgegen dems., 27. Satz.
168. Nelson, Bd. I, S. 36/37, zit. Westermann, A, S. 19/20.
169. Nelson, Bd. I, S. 35, zit. Westermann, A, S. 20.
170. Fries, Bd. 7, S. 621 = SdL, S. 452.
171. Fries, Bd. 8, S. 437 = SdM (geschlossen): „Der höchste subjective Grundsatz aller menschlichen Beurtheilungen, den wir deswegen an der Spitze der Ideenlehre aufführen müssen, ist dieser Grundsatz des Selbstvertrauens der Vernunft: jeder Mensch hat das Vertrauen zu seinem Geiste, daß er der Wahrheit empfänglich und theilhaft sey. Er zeigt sich am durchgreifendsten darin, daß jeder Mensch bey allen seinen Behauptungen, bey allen seinen Überzeugungen unvermeidlich voraussetzt: seine Urtheilskraft habe das Vermögen Wahrheit und Irrthum zu unterscheiden und Wahrheit zu erkennen. Der Gewalt dieser Voraussetzung vermag sich nur die völlige Gedankenlosigkeit des Blödsinnigen zu entziehen. Denn wenn jemand sagt: er zweifle, oder auch er zweifle, ob er zweifle − so behauptet er immer die Wahrheit, daß er zweifle. Wenn jemand sagt: er wisse nicht, ob er zweifle oder wisse − so behauptet er immer die Wahrheit, daß er nicht wisse. So liegt auch in den äußersten Fällen die Voraussetzung unsres Satzes in der Natur des Urtheils selbst." (Fries, Bd. 8, S. 436/437 = SdM).
172. Vgl. A. Schreiber zuvor, letzter 28. Satz.
173. Wo nicht, sollte er eine Kontrollfrage stellen und diese solange wiederholen, bis der andere erklärt: du hast es verstanden; das Verfahren scheitert zumeist daran, daß der Frager das Vorgetragene zu wiederholen nicht in der Lage ist: das Verfahren stammt nicht von mir, ich wurde durch meinen Lehrer Konrad so erzogen.
174. Alle diese ‚nicht-Sätze' sind eben keine Behauptungen und damit: siehe C.1.
175. Frei nach dem Witz: Fragt ein Zuhörer in einem Vortrag einen anderen „Worüber spricht er (der Vortragende)"; antwortet der andere: das hat er noch nicht gesagt! ·
176. Vgl. Westermann, A, S. 185, letzter Satz, letzte Anm. 73: „Wer eine wissenschaftliche Polemik führen will, der muß den Inhalt dessen, wogegen er streitet, nicht nur gelesen, sondern er muß es Satz für Satz durchdacht und verstanden haben." (Nelson, Bd. I, S. 197). Vgl. auch Anm. 173.
177. Vgl. A. Schreiber zuvor, letzter, 28. Satz.
178. Wenn ich das Wort richtig verstehe; den Schwierigkeiten mit Albert widmete ich einen ganzen Teil (vgl. KM, Bd. I, 2. Teil).
179. Vgl. A. Schreiber zuvor, vorletzter, 27. Satz.
180. Schreiber äußert diese Vermutung in seinem Anschreiben vom 10.4.78 an mich: wenn „man" „beim Kritiker" auch „seine seelische Gesundheit in Frage" stelle, dann müsse man „auch die schlichte Tatsache hinnehmen, daß dann die Diskussion ein Ende hat": das, so meine ich, gerade nicht! Das, so behauptete ich, und

zwar in Wiederholung meiner Mutmaßungen, gilt doch nur für den Fall, daß einer sich nichts mehr zu behaupten getraut: der bringt aber dann auch keinen Einwand und scheidet daher durch sich selbst aus jeder Diskussion aus, nicht aber doch durch mich, durch meine Willkür. — Abschließend bitte ich um Nachsicht für meine Ausführlichkeit der „Gegenargumentation": nicht, daß ich sie überflüssig hielte (sie ist nichteinmal erschöpfend). Die Bitte um Nachsicht ist im Grunde die um Studium in Muße und Gelassenheit, um wechselseitig zu verstehen um der Sache willen.

181. Was m. W. zumeist angenommen wird; bei Fries habe ich allerdings gegenteiliges gefunden in seiner Logik. — Die Richtigkeit der Denkgesetze selber wird von dem Streit überhaupt nicht berührt, so daß mir persönlich die Frage immer unergiebig erschien.

182. Vgl. Westermann KM, Bd. I, 1, Nr. 1.118.8, S. 46—49. Mich hat es gefreut, daß einige Teilnehmer mich mit meinen Einwänden gegen mich verteidigten: das nenne ich einen wahren Disput. Im übrigen gilt natürlich auch hier und insbesondere für die mich im Ganzen allein interessierende Frage nach einer ethischen unmittelbaren Erkenntnis: Sollte sich, wodurch auch immer, herausstellen, daß es synthetische Urteile a priori nicht gibt (diese Behauptung bringt schon einige Schwierigkeiten mit sich), und es deshalb ein Sittengesetz nicht geben, so erwidere ich: dies könnte immer noch analytisch sein. Sinn unseres Referates war es, jetzt hier die Unmittelbarkeit einer Erkenntnis zu zeigen, um die unmittelbare Erkenntnis dem Streit zu entziehen und das sog. Problem als ein falsch gestelltes zu erweisen.

Werner Sauer, Graz

Nelsons Rekonstruktion der Kantischen Vernunftkritik

Einleitung

Leonard Nelsons aufs engste an Jakob Friedrich Fries anknüpfende Rekonstruktion der Kantischen Vernunftkritik enthält einen destruktiven und einen konstruktiven Aspekt. Jener besteht in einer Analyse des Begriffs eines transzendentalen Beweises metaphysischer Prinzipien, die in der Behauptung resultiert, alle derartigen Beweisversuche seien logisch unmöglich. Der konstruktive Aspekt liegt im Begründungsversuch metaphysicher Prinzipien durch ihre Zurückführung auf die Faktizität gewisser fundamentaler Überzeugungen in unserem Denken über die Welt. Es wird zu zeigen versucht, daß Nelsons Analyse des transzendentalen Argumentierens – zumindest was Kant betrifft – inadäquat und sein Alternativprogramm undurchführbar ist, daß es aber durch seine Betonung der Notwendigkeit eines faktischen Fundaments synthetischer Erkenntnis a priori einen wichtigen Hinweis für ein adäquateres Verständnis der Kantischen Begründungsmethode enthält.
Im ersten Teil wird Nelsons Rekonstruktionsversuch skizziert. Der zweite bringt eine genauere Darstellung von Neisons Analyse und Kritik der transzendentalen Beweismethode sowie einen Vergleich mit dem ähnlich gearteten Ansatz von Stephan Körner. Im dritten Teil wird versucht, die Relevanz der Nelson'schen Analyse für zeitgenössische Formen quasi-transzendentalen Philosophierens exemplarisch zu zeigen. Der vierte Teil kritisiert Nelsons Begründungsprogramm, und im fünften wird versucht, Gründe für eine adäquatere Interpretation von Kants transzendentaler Methode anzuführen.

I.

Nelson teilt mit Kant die Überzeugung, daß unserer Alltags- und wissenschaftlichen Erfahrung nichtmathematische synthetische Urteile a priori – in Nelsons Sprachgebrauch metaphysische Prinzipien – zugrundeliegen, d. h. Urteile bzw. Prinzipien, die logisch konsistent negierbar sind und weder auf empirischer noch reiner Anschauung basieren, und auch in der Frage, welche diese Prinzipien seien, weicht er nur geringfügig von Kant ab[1]; wesentlich verschieden hingegen sind die beiden Begründungsprogramme.

Der Nachweis der Gültigkeit eines metaphysischen Prinzips ist für Kant Gegenstand eines transzendentalen Beweises, der eine *Erkenntnis a priori* sein soll, „dadurch wir erkennen, daß und wie gewisse Vorstellungen (Anschauungen oder Begriffe) lediglich a priori angewandt werden, oder möglich sind"[2]; eine solche Erkenntnis liegt z. B. in dem Urteil vor, daß es zwischen der Selbstzuschreibung der Erfahrung und der Anwendbarkeit der Kategorien auf das in der Erfahrung Gegebene eine *notwendige* Beziehung gibt. Nun muß diese notwendige Beziehung, im allgemeinen die Beziehung zwischen den Prämissen und der Conclusio eines transzendentalen Beweises selbst entweder analytisch oder synthetisch a priori sein. Faßt man sie als analytisch auf, so involviert zwar der Begriff eines transzendentalen Beweises den der deduktiven Gültigkeit, aber um den Preis, daß das *probandum* bereits vorausgesetzt werden muß; soll sie hingegen synthetisch a priori sein, so verlagert sich das Problem nur vom synthetischen A priori der Conclusio des Beweises auf das synthetische A priori des Beweises selbst, das ebenfalls begründet werden müßte, wodurch der infinite Regreß einer Vernunftkritik der Vernunftkritik usw. in Gang gesetzt würde[3]. Damit ist der Einwand grob skizziert, den Nelson gegen die transzendentale Begründungsmethode erhebt, die dadurch seinem allgemeinen Beweis der Unmöglichkeit aller Erkenntnistheorie ausgeliefert scheint, wonach diese entweder zu einer *petitio principii* oder zu einem infiniten Regreß führen muß.

Die Wurzel des skizzierten Dilemmas, das πρῶτον ψεῦδος der Erkenntnistheorie wie auch des Dogmatismus überhaupt, liegt nach Nelson in der irrigen Annahme, „Erkenntnis" und „Urteil" seien Synonyma. Demgegenüber müsse es richtig heißen: jedes (wahre) Urteil ist eine Erkenntnis, aber nicht jede Erkenntnis ist ein Urteil. Als mittelbare, der Reflexion des Verstandes entspringende Erkenntnis bedarf jedes Urteil einer Begründung, die schließlich über die Ableitung des Urteils aus anderen Urteilen hinaus zu einem Vergleich des Urteils mit einem nicht urteilsmäßigen Grund führen muß. Dieser Grund ist kein bewußtseinsunabhängiger Sachverhalt, da mit einem solchen ein Urteil zu vergleichen unmöglich ist, sondern eine unmittelbare Erkenntnis, die als Nicht-Urteil keiner Begründung mehr bedarf; m. a. W., der Satz vom zureichenden Grunde gilt nur für die Urteile als mittelbare, nicht aber für die unmittelbaren Erkenntnisse. Durch diese mittelbar/unmittelbar-Unterscheidung glaubt Nelson sowohl dem den Satz vom Grund verletzenden Dogmatismus als auch der auf einen Zirkel oder einen infiniten Regreß hinauslaufenden Erkenntnistheorie zu entgehen, denn beide beruhen auf der[4]

„... stillschweigend gemachten Annahme der Identität von *Erkenntnis* und *Urteil* ... Diese Annahme führt zu einer Verkennung der eigentlichen Bedeutung des Satzes vom Grunde, indem sie den Geltungsbereich dieses Satzes über die Urteile hinaus auf die Erkenntnis überhaupt ausdehnt. Das Urteil ist eine mittelbare Erkenntnis, setzt also eine andere Erkenntnis als seinen Grund voraus ... Identifiziert man jedoch Erkenntnis und Urteil, so bleibt nur übrig, den letzten Grund aller Urteile im *Gegenstande* zu suchen, und man erhält an Stelle der Aufgabe der Zurückführung der Urteile auf die unmittelbare Erkenntnis das Problem des Verhältnisses der Erkenntnis zum Gegenstande.

Berichtigen wir diese Mißdeutung des Satzes vom Grunde, so gewinnen wir die Möglichkeit eines Verfahrens, das uns gestattet, kein Urteil ohne Begründung anzunehmen, ohne uns doch in den unmöglichen unendlichen Regreß der Begründung zu verwickeln ...; unser Verfahren wird also von dem dogmatischen Bedenken ebensowenig getroffen wie von dem erkenntnistheoretischen".

Nelson unterscheidet zwei Klassen unmittelbarer Erkenntnisse, die intuitiven der Sinneserfahrung und die nicht-intuitiven der Vernunft, und diese unmittelbaren Vernunfterkenntnisse oder Vernunftwahrheiten, wie er sie auch nennt, sind der Grund der metaphysischen Prinzipien. Daher ist im Gegenstandsbereich der Vernunftkritik die Beziehung zwischen Grund und Urteil nicht die von Prämisse und Conclusio, sondern die der Übereinstimmung, nicht anders als die Beziehung zwischen intuitiv-unmittelbarer Erkenntnis und dem sie auf der Ebene der Reflexion bloß wiederholenden Wahrnehmungsurteil. Aber während bei der intuitiv-unmittelbaren Erkenntnis die Unmittelbarkeit der *Erkenntnis* mit der Unmittelbarkeit *unseres Bewußtseins* von ihr zusammenfällt, können wir uns unserer unmittelbaren Vernunfterkenntnisse *nur* durch Reflexion, d. h. durch Urteile bewußt werden[5], und das zu leisten ist die Aufgabe der richtig verstandenen Vernunftkritik. Die Vernunftwahrheiten als Grund der metaphysischen Prinzipien sind wie diese Erkenntnisse a priori, aber die Erkenntnis ihres faktischen Vorhandenseins, also der Inhalt der Vernunftkritik, ist wie jede Erkenntnis von Faktizität eine Erkenntnis a posteriori. Die Vernunftkritik als Erkenntnis a posteriori begründet also synthetische Urteile a priori, indem sie die unmittelbare Vernunfterkenntnis als deren Grund aufweist[6]:
„Metaphysische Urteile sind Urteile a priori. Wie kann aber Erfahrung zur Begründung von Urteilen a priori dienen? Hierin liegt nichts Paradoxes, wenn nur gehörig zwischen der *Begründung* der metaphysischen Urteile und ihrem *Grunde* unterschieden wird. Der Grund einer Erkenntnis a priori kann in der Tat nur wieder in einer Erkenntnis a priori liegen. Und so liegt auch der Grund der metaphysischen Urteile nicht in der Erfahrung, sondern in einer Erkenntnis a priori, nämlich in der unmittelbaren Erkenntnis der reinen Vernunft. Die Begründung der metaphysischen Grundurteile enthält diesen Grund nicht in sich, sondern sie weist nur sein Vorhandensein auf ...

Die metaphysische Erkenntnis ist eine Erkenntnis allgemeiner Gesetze, und allgemeine Gesetze werden a priori erkannt. Die *Erkenntnis* der allgemeinen Gesetze ist aber nicht selbst wieder ein allgemeines Gesetz, sondern ein individuelles Faktum. Individuelle Fakta aber werden a posteriori erkannt. Also wird auch das Faktum der unmittelbaren metaphysischen Erkenntnis nicht a priori, sondern a posteriori — und zwar als ein *inneres* Faktum nur durch *innere* Erkenntnis a posteriori, d. h. durch innere Erfahrung — erkannt".

Aber wird dadurch nicht die Vernunftkritik auf introspektive Psychologie reduziert? Nelsons Antwort ist ein entschiedenes Nein, sofern bei dieser Frage an eine genetische Erklärung unserer synthetischen Urteile a priori oder an die Aufweisung ihrer Gründe *in* der inneren Erfahrung gedacht wird. Andererseits aber ist jede Erkenntnis aus innerer Erfahrung und damit auch die Vernunftkritik eine psychologische Erkenntnis, was aber nach Nelson keinen Psychologismus involviert, da die Vernunftkritik die Gründe der metaphysischen Prinzipien nicht *in* der inneren Erfahrung, sondern *durch* sie aufweisen soll, weshalb er „die kritische Untersuchung als eine ‚transzendental-psychologische' von aller nur genetisch-psychologischen unterscheiden" kann[7].

II.

Die mittelbar/unmittelbar-Unterscheidung, mit der Nelson den gordischen Knoten des Erkenntnisproblems durchhaut, ist also die fundamentale Annahme in seiner eigenen Theorie der Erkenntnis. Sie erlaubt es ihm, eine Reihe verschiedener philosophischer Ansätze in seinem begrifflichen Rahmen zu akkommodieren, ohne daß er ihre Konsequenzen akzeptieren müßte. Mit Autoren wie Albert teilt er die Auffassung, daß die Begründungsidee zu dem von ihm selbst in mustergültiger Klarheit formulierten ‚Münchhausen-Trilemma' führe, ohne den Satz vom Grund aufgeben zu müssen; mit Denkern wie Neurath verwirft er den realistischen Wahrheitsbegriff, muß ihn aber nicht durch eine Kohärenzkonzeption ersetzen; mit Meinong teilt er die Ansicht, daß es Erkenntnisse gebe, die in Meinongs Sprache selbstpräsentierend sind, ohne daß er selbstpräsentierende Urteile zuzulassen braucht; und *last not least*, er kann wie Körner die Möglichkeit transzendentaler Beweise negieren, ohne darum auf dessen Konzeption eines relativierten synthetischen A priori festgelegt zu sein[8].

Im Rahmen des Themas verdient besonders der letzte Punkt Beachtung, was eine genauere Betrachtung von Nelsons Analyse des transzendentalen Argumentierens erfordert. Zwar entfaltet Nelson seine systematischste

Analyse nicht an Kant selbst, sondern anhand einer Kritik an Ernst Marcus, einem um die Jahrhundertwende florierenden Kantianer, er glaubt aber, daß ihre Ergebnisse auch in bezug auf Kant selbst gültig sind[9].

Eine transzendentale Argumentation hat nach Nelson zwei Ausgangspunkte zur Verfügung, den Erfahrungs*begriff* und unsere *tatsächliche* Erfahrung. Er definiert Erfahrung als gesetzmäßige Wahrnehmung: ein x ist Gegenstand der Erfahrung genau dann, wenn es (I) Gegenstand der Wahrnehmung ist und (II) sich gesetzmäßig verhält. Die Bedingung (II) ist das *metaphysische Minimum* des Erfahrungsbegriffs, das notwendig und hinreichend ist, ihn vom Wahrnehmungsbegriff zu unterscheiden. Der erste Schritt eines transzendentalen Beweisversuchs besteht darin, den Erfahrungsbegriff zu *individualisieren*, d. h. durch die zu begründenden metaphysischen Prinzipien näher zu bestimmten: Wenn M_1 bis M_n metaphysische Prinzipien sind, die die Anwendbarkeit der Begriffe F_1 bis F_n auf die Gegenstände der Erfahrung behaupten, dann ist (II) durch die Konjunktion „x ist ein $F_1 \wedge ... \wedge F_n$" zu ersetzen. Ein transzendentales Argument schlägt also nach Nelson genau den Weg ein, von dem Strawson in seiner wichtigen Analyse der Kr. d. r. V. sagt[10],

"If it is to be a matter of the definition of the word 'experience' that experience necessarily includes knowledge of objects in the weighty sense, then some interest evaporates from the analytical enterprise",

wobei diese gewichtigen Objekte Dinge sind, die Nelsons Bedingung (II) erfüllen. Strawson behauptet, daß diese These bei Kant eine *Konsequenz* einer noch fundamentaleren Prämisse sei, was zur Folge hat, daß nach ihm der Erfahrungsbegriff in Kants transzendentaler Argumentation keine aktive Rolle spielt. Nach Nelson hingegen ist es für eine solche Argumentation wesentlich, daß der *individualisierte* Erfahrungsbegriff in ihr diese aktive Rolle übernimmt. Damit wird es zwar zur definitorischen Wahrheit, daß unsere Erfahrung eine Erfahrung z. B. von beobachtbaren objektiven Einzeldingen ist, die zueinander in kausalen Beziehungen stehen etc., aber um den Preis willkürlicher Annahmen, die nichts darüber aussagen, ob dieser Erfahrungsbegriff auch anwendbar ist.

An diesem Punkt, analysiert Nelson weiter, verschiebt sich die transzendentale Argumentation auf die Betrachtung der allgemeinsten Strukturen der Erfahrung, die wir *haben*, sie wird Aufweisungsanalyse im Körner'schen Sinne, d. h. „explicit articulation of implicit assumptions made by a person and expressed in his speech"[11]. Eine solche Analyse kann jedoch nur zu Ergebnissen führen, die relativ zu einem gegebenen System von Erfahrung bzw. zu einer unsere Erfahrungsstruktur beschreibende Sprache S zur Zeit t notwendig sind, daher Alternativen logisch zulassen. „Zwischen der Aufweisung der metaphysischen Bedingungen der wirklich *gegebenen* Erfahrung und der gesuchten Einsicht in die Bedingungen aller überhaupt *möglichen* Erfahrung", argumentiert Nelson, „liegt . . . eine Kluft, die durch keine logische Schlußfolgerung überbrückt werden kann"[12]; wenn es das Ergebnis einer Aufweisungsanalyse ist, daß M_1 bis M_n die allgemeinsten Strukturen der Erfahrung beschreiben, die wir haben, dann folgt trivial, daß der in bezug auf M_1 bis M_n individualisierte Erfahrungsbegriff anwendbar ist, es folgt aber nicht, daß er von allen Menschen zu allen Zeiten verwendet *wird*, gar verwendet werden *muß*.

Das Ergebnis ist also für Nelson dies. Ein transzendentaler Beweisversuch besteht im wesentlichen aus einer Koppelung aufweisungsanalytischer und definitorischer Prozeduren, wodurch der Schein erweckt wird, das *non sequitur* des Übergangs von den Grundstrukturen der wirklichen zu denen jeder möglichen Erfahrung sei überbrückt[13]:
„Hiermit haben wir ein ganz allgemeines Kriterium zur Beurteilung transzendentaler Beweisversuche gewonnen. Wird uns nämlich ein beliebiger derartiger Beweis vorgelegt, so brauchen wir ihn nur an der Hand der vorstehenden Bemerkung durchzugehen, um mühelos den wunden Punkt zu finden. Denn dieser wunde Punkt muß allemal in dem Übergang von den Bedingungen der gegebenen Erfahrung zu denen der überhaupt möglichen Erfahrung liegen. Der salto mortale dieses Übergangs kann sich aber nur durch eine versteckt zu Grunde gelegte willkürliche Definition des Erfahrungsbegriffs verbergen. Es gilt also im besonderen Falle nur, diese Definition aus den Elementen der Beweisführung herauszuziehen, um den Zirkel des Beweises in die Augen springen zu lassen".

Körners Ansatz weist mit dem Nelsons weitgehende Übereinstimmungen auf. Was Nelson als Individualisierung des Erfahrungsbegriffs bezeichnet, ist im wesentlichen das, was Körner die Darstellung eines kategorialen Systems nennt; genauer, es handelt sich um die Darstellung der konstitutiven Attribute und Prinzipien eines solchen Systems, und Nelsons metapysisches Minimum des Erfahrungsbegriffs hat seine Entsprechung in Körners Begriff eines *summum genus*. Ein Attribut P ist nach Körner konstitutiv für ein *summum genus* G eines kategorialen Systems K genau dann, wenn P nicht leer ist und „x ist ein Element von G" logisch „x ist ein P" impliziert; die Aussage, daß P für G konstitutiv ist, stellt ein konstitutives Prinzip von K dar. Ein solches Prinzip ist eine Konjunktion aus einer Existenzbehauptung und einer logisch *(per definitionem)* wahren Implikation. Es ist aufgrund der Existenzbehauptung synthetisch, und da keine Aussage, die in Übereinstimmung mit der K zugrundeliegenden Kategorisierung der Erfahrung gebildet werden kann, mit ihm konfligieren kann, ist es a priori in bezug auf K[14].

Wie für Nelson durch die Individualisierung des Erfahrungsbegriffs die entsprechenden Prinzipien zu seinen logischen Konsequenzen werden, so sind Körners Prinzipien logische Konsequenzen kategorialer Systeme und folglich intern, d. h. relativ zu einem bestimmten K unkorrigierbar. Und wie Nelson die aus logischen Gründen unüberwindliche Schwierigkeit transzendentaler Argumente im Übergang von den Bedingungen der gegebenen zu denen jeder möglichen Erfahrung diagnostiziert, so gründet nach Körner die Unmöglichkeit transzendentaler Argumente in der logischen Unmöglichkeit, von der internen Unkorrigierbarkeit kategorialer Prinzipien zu ihrer externen Unkorrigierbarkeit, d. h. von „unkorrigierbar für dieses K" zu „unkorrigierbar für jedes mögliche K" überzugehen[15].

Prima facie besteht zwischen der Sichtweise Nelsons und der Körners der Unterschied, daß nach Nelson die metaphysischen Prinzipien durch die Individualisierung des Erfahrungsbegriffs in analytische Urteile verwandelt werden, während Körners Prinzipien synthetisch a priori sind. Dieser Unterschied ist jedoch nicht gravierend, denn unter Zugrundelegung der *Körner'schen Konzeption* eines synthetischen Prinzips a priori könnte Nelson problemlos einräumen, daß die Individualisierung des Erfahrungsbegriffs in Verbindung mit der assoziierten Aufweisungsanalyse synthetische Urteile a priori erzeugt. Ist z. B. das Kausalprinzip durch die Individualisierung des Erfahrungsbegriffs in ein analytisches Urteil transformiert und zeigt die assoziierte Aufweisungsanalyse, daß das Kausalprinzip unserem tatsächlichen System von Erfahrung zugrundeliegt, so daß wir auf die Existenzbehauptung festgelegt sind, der Kausalbegriff sei nicht leer, dann ergibt die Konjunktion dieser Existenzbehauptung mit dem analytischen Kausalprinzip ein synthetisches Urteil a priori im Körner'schen Sinn.

III.

Die Relevanz der Nelson-Körner-Sichtweise für die Betrachtung gewisser Strategien philosophischen Argumentierens, die in zwar etwas lockerem Sinne, aber durchaus in Übereinstimmung mit dieser Sichtweise häufig als transzendental bezeichnet werden, ist unbestreitbar. Das von Strawson in seinem einflußreichen Buch *Individuals*[16] entwickelte Programm einer deskriptiven Metaphysik bietet dafür ein instruktives Beispiel.

Strawson definiert sein Programm durchaus im Rahmen dessen, was Nelson die Aufweisung der unserer faktischen Erfahrung zugrundeliegenden metaphysischen Bedingungen nennt, denn die deskriptive Metaphysik „begnügt sich damit, die tatsächliche Struktur unseres Denkens über die Welt zu beschreiben", anders ausgedrückt, „die allgemeinsten Grundzüge unserer begrifflichen Strukturen freizulegen"[17]. Diese bescheiden klingende Bestimmung dient dazu, die deskriptive von der revisionären Metaphysik abzugrenzen, die darauf abzielt, alternative kategoriale Rahmen zu entwerfen. Demnach würden Strawsons Ergebnisse, z. B. daß die materiellen Körper und die Personen „*in unserem faktischen Begriffssystem* ... die grundlegenden Einzeldinge sind"[18], nur interne Unkorrigierbarkeit beanspruchen, was Strawson mit der Nelson-Körner-Sichtweise nicht in Konflikt bringen könnte.

Dieses bescheidene Programm ist aber nur *ein* Aspekt des deskriptiven Unternehmens. Ein anderes, anspruchvolleres Programm kündigt sich an, wenn Strawson die Beziehung zwischen deskriptiver und revisionärer Metaphysik betrachtet und die Priorität der ersteren hervorhebt[19]:

„Die Ergebnisse der revisionären Metaphysik sind von bleibendem Interesse... Ihre besten Ergebnisse sind... von bleibendem philosophischem Nutzen. Aber dieses letztere Verdienst kann ihnen nur zugesprochen werden, weil es eine andere Art der Metaphysik gibt, die keiner weiteren Rechtfertigung bedarf als der der Forschung im allgemeinen. Revisionäre Metaphysik ist der deskriptiven Metaphysik verpflichtet".

Bereits die hier behauptete Abhängigkeit der revisionären von der deskriptiven Metaphysik verleiht deren Ergebnissen eine über ihre interne Unkorrigierbarkeit hinausgehende Dignität, denn diese Abhängigkeit kann im Lichte anderer Äußerungen Strawsons nicht in dem schwachen Sinn gedeutet werden, daß wir, wollen wir begriffliche Innovationen vorschlagen, unser faktisches Begriffssystem kennen, daher auch deskriptive Metaphysik treiben müssen; so z. B. verwirft Strawson die Idee eines ‚Prozeß-Dinges' als Hauptkategorie von Einzeldingen — damit ist anscheinend Whiteheads Ereignisbegriff gemeint — mit dem Hinweis, er untersuche die Beziehungen „zwischen den Kategorien, die wir tatsächlich besitzen; und die Kategorie der Prozeß-Dinge besitzen wir weder *noch benötigen wir sie*".[20] Strawson stellt also nicht bloß fest, daß er selbst deskriptive Metaphysik treibe und der Begriff des Prozeß-Dinges einem revisionären Programm angehöre, sondern behauptet auch, daß dieses revisionäre Programm *überflüssig* sei, zu welcher Behauptung er auf der Basis der bescheidenen Fassung des deskriptiven Programms nicht berechtigt ist, daher eine zusätzliche Annahme benötigt.

Diese Annahme scheint in der Überzeugung zu liegen, daß die deskriptive Metaphysik einen unveränderlichen Gegenstandsbereich besitze[21]:

„Es gibt nämlich im menschlichen Denken einen sehr großen Zentralbereich, der keine Geschichte hat... Es gibt Kategorien und Begriffe, die sich in ihrem Grundcharakter überhaupt nicht ändern... Es sind die Selbstverständlichkeiten des am wenigsten entwickelten Denkens, die dennoch unabweislich den Kern für das begriffliche Rüstzeug auch des anspruchsvollsten Kopfes ausmachen. Mit ihnen, ihren wechselseitigen Verbindungen und der von ihnen gebildeten Struktur wird sich eine deskriptive Metaphysik vor allem befassen".

Diese These von der notwendigen Begriffsinvarianz macht es „unwahrscheinlich, daß in der deskriptiven Metaphysik irgendwelche neuen Wahrheiten zu entdecken wären"[22], vielmehr müssen unter veränderten Kontexten derselbe Gegenstandsbereich bearbeitet und dieselben Wahrheiten wiederentdeckt werden. Um es in Nelsons Sprache auszudrücken: da die metaphysischen Bedingungen unserer faktischen Erfahrung das unentbehrliche begriffliche Rüstzeug aller Menschen zu allen Zeiten bilden, sind sie die metaphysischen Bedingungen jeder möglichen Erfahrung.

Strawson sucht also die externe Unkorrigierbarkeit der Ergebnisse der deskriptiven Metaphysik durch die These von der notwendigen Begriffsinvarianz zu begründen. Es ist leicht zu sehen, wie dieser Begründungsversuch in Nelsons Sichtweise zu behandeln ist. Soll diese These ein Urteil a priori sein, so ist es entweder ein analytisches oder ein synthetisches Urteil a priori. Wenn es analytisch ist, so haben wir genau jene Situation vor uns, die Nelson in seiner Analyse transzendentaler Beweise als für alle derartigen Beweisversuche charakteristisch bezeichnet: unserem faktischen Begriffssystem korrespondiert ein individualisierter Begriff der Erfahrung (oder unseres Denkens über die Welt), und dieser Begriff soll die Unveränderlichkeit unseres faktischen Begriffssystems garantieren. Besteht hingegen die These in einem synthetischen Urteil a priori, so führt sie zu einem infiniten Regreß. Wird sie aber zu einem Urteil a posteriori abgeschwächt, das z. B. einen geistesgeschichtlichen Sachverhalt ausdrückt, so ist sie zu schwach, um den Vorrang der deskriptiven vor der revisionären Metaphysik zu begründen[23].

IV.

Aber auch Nelson selbst will die externe Unkorrigierbarkeit metaphysischer Prinzipien nachweisen. Tatsächlich trennen sich Nelsons und Körners Wege bereits beim Begriff eines synthetischen Urteils a priori, und schon von daher scheint für Nelson der Weg einer K-relativen Rechtfertigung metaphysischer Prinzipien nicht mehr gangbar zu sein.

Wie bereits gesagt, könnte Nelson zwar einräumen, daß im Rahmen seiner Analyse transzendentaler Beweise Platz für die Körner'sche Konzeption eines synthetischen Prinzips a priori bleibe, er würde jedoch diese Konzeption für *keine* legitime Rekonstruktion des Begriffs eines metaphysischen Prinzips halten. Der Grund dafür ist folgender. Von den beiden Urteilen
(A)   „Jeder materielle Körper besitzt Ausdehnung"
und
(B)   „Jede Veränderung hat eine Ursache"
ist A sowohl für Kant als auch für Nelson das Paradigma eines analytischen

Urteils, B dagegen selbstverständlich synthetisch a priori. Da nun „materieller Körper" ein echter Kandidat für den Status eines *summum genus* ist[24], läßt sich in Körners Konzeption A ohne weiteres in ein synthetisches Urteil a priori umwandeln, da nur die Existenzbehauptung hinzugefügt werden muß, daß es ausgedehnte Dinge gibt. Andererseits muß nach dieser Konzeption die Beziehung zwischen „Veränderung" und „Ursache" in B analytisch sein. Dadurch wird die sowohl von Kant als auch von Nelson für äußerst wichtig gehaltene Unterscheidung des Status von A und B verwischt. Zum zweiten Beispiel würde Kant im Anschluß an Hume geltend machen[25].

„daß es der Vernunft gänzlich unmöglich sei, a priori und aus Begriffen eine solche Verbindung zu denken . . .; es ist aber gar nicht abzusehen, wie darum, weil Etwas ist, etwas Anderes nothwendiger Weise auch sein müsse".

Da wir an dieser Stelle den Ausdruck „aus Begriffen" im Sinne von „analytisch" auffassen müssen, sagt hier Kant dies, daß ein Urteil, das wie das Kausalprinzip die logische Form „(x) $(Fx \Rightarrow (Ey)$ $(Ryx))$" besitzt, in dem also Subjekts- und Prädikatsbegriff sich auf verschiedene Entitäten beziehen, synthetisch sein muß. Genau diese Auffassung vertritt auch Nelson.[26]

Daher kann sich für Kant ebensowenig wie für Nelson das Problem der Begründung metaphysischer Prinzipien als Frage stellen, ob ein philosophisch ausgezeichnete Begriffe enthaltendes analytisches Urteil Instanzen habe. Vielmehr stehen beide vor dem Problem, ein Drittes zu finden, in dem die Verknüpfung von Subjekts- und Prädikatsbegriff metaphysischer Prinzipien gründet, und dieses Dritte kann weder die empirische Anschauung der Urteile a posteriori noch die reine Anschauung der mathematischen Urteile sein. Seiner intuitiv/diskursiv-Unterscheidung nach sind also für Kant diskursive synthetische Urteile zu rechtfertigen. Er behauptet, ihre Möglichkeit beruhe auf der Möglichkeit der Erfahrung, die das Dritte sei, das Subjektsund Prädikatsbegriff dieser Urteile verknüpfe[27].

Der Fehler dieses Unternehmens liegt nach Nelson darin, daß es auf der Voraussetzung beruht, die Erkenntnisquelle der metaphysischen Prinzipien sei begrifflicher Natur, woraus wiederum der Versuch transzendentaler Beweise entspringe. Begriffe können aber nur die Erkenntnisquelle für analytische Urteile bilden, und so verwirft auch Nelson den Begriff eines diskursiven synthetischen Urteils, also einer synthetischen „*Vernunfterkenntnis aus Begriffen*"[28] nicht anders als z. B. Moritz Schlick als logisches Unding[29]. Der genannte Fehler aber rühre seinerseits daher, daß es Kant nicht gelungen sei, die eigentliche Erkenntnisquelle der metaphysischen Prinzipien zu entdecken, nämlich die unmittelbare Vernunfterkenntnis.

Es zeigt sich aber, daß auch die Einführung des Begriffs einer solchen Erkenntnis das Problem nicht löst. Betrachten wir dazu nochmals das Verhältnis zwischen metaphysischem Prinzip, seinem Grund und seiner Begrün-

dung, wie es Nelson an folgender Stelle knapp und luzid formuliert hat[30]:
„Nehmen wir als Beispiel den metaphysischen Satz — nennen wir ihn B —:
B)   *Jede Veränderung hat eine Ursache.*
Dieser Satz ist das Prinzip der Kausalität. Er wird in der Kritik der Vernunft zum Gegenstand des Satzes B':
B')   *B ist die Wiedergabe einer unmittelbaren Erkenntnis.*
Dieser Satz B' wird seinerseits bewiesen, und dieser Beweis von B' ist eben die Deduktion von B".

Hier scheint sich ein für die Fries-Nelson-Version der Vernunftkritik unüberwindliches Problem zu stellen. Nennen wir die in B' auftretende unmittelbare Erkenntnis β, so handelt zwar das von B' implizierte (oder vorausgesetzte) Existenzurteil „Wir besitzen β" von einer Erkenntnis a priori, woraus natürlich nicht folgt, daß es selbst auch a priori ist; Nelson faßt es als Urteil a posteriori auf[31]. Wenn dem so ist, dann folgt aus „Wir besitzen β" *nicht*, daß alle Menschen zu allen Zeiten β besitzen und *a fortiori* nicht, daß β zum *unentbehrlichen* kognitiven Rüstzeug aller Menschen gehört; aber genau das müßte Nelson zeigen, um die externe Unkorrigierbarkeit von B zu begründen. M. a. W., die unmittelbare Vernunfterkenntnis selbst mag zwar notwendig wahr sein, daraus folgt aber nicht, daß sie auch die Eigenschaft besitzt, für unser Denken über die Welt unentbehrlich zu sein. Dazu eine Illustration. Das *tertium non datur* ist zwar ein gültiges Prinzip der klassischen Logik, das besagt aber weder, daß es *überhaupt* gültig ist, noch auch, daß es von allen Menschen zu allen Zeiten verwendet wird, folglich auch nicht, daß es für das menschliche Denken unentbehrlich ist.

Soll also Nelsons These über unseren Besitz unmittelbarer Vernunfterkenntnis ihren Zweck erfüllen, so muß sie ganz im Gegenteil zu den Intentionen der Fries-Nelson-Version der Vernunftkritik als a priori aufgefaßt werden. Aber auch dieser Ausweg führt in eine Sackgasse. Ist das Urteil „Wir besitzen unmittelbare Vernunfterkenntnis" als analytisch zu denken, so wäre es bloß eine Sache der Definition von „Mensch", daß die Vernunftwahrheiten notwendig zu unserem kognitiven Rüstzeug gehören, wodurch das Problem nur auf die Anwendbarkeit dieses Begriffs vom Menschen verschoben wäre. Soll dieses Urteil hingegen synthetisch a priori sein, so muß es selbst wieder in einer unmittelbaren Vernunfterkenntnis gründen usw. *ad infinitum.*

So scheint Nelsons eigene Theorie der Erkenntnis ein Anwendungsfall derselben aporetischen Argumente zu sein, denen zu entgehen ihre *ratio essendi* ist.

V.

Der heroische Ausweg aus dem Dilemma der Vernunftkritik, den uns Nelson in der Nachfolge von Fries einzuschlagen heißt, scheint also erst recht in dieses Dilemma hineinzuführen. Dennoch ist diese Rekonstruktion des Kantischen Unternehmens für dessen Verständnis wichtig, denn sie weist energisch auf den Umstand hin, daß philosophische Erkenntnis sich letztlich auf ein faktisches Fundament stützen müsse. Sie mag zwar in der Lokalisierung dieses Fundaments irren, sie weist uns aber an, es bei Kant − vielleicht glücklicher lokalisiert − zu suchen.

An der Nelson-Körner-Sichtweise springt sofort ins Auge, daß ihr zufolge ein transzendentales Argument sich im Rahmen von Aufweisungsanalyse, individualisiertem Erfahrungsbegriff (bzw. kategorialem System) und dessen logischen Konzequenzen bewegt. Für Kants transzendentale Argumente hingegen ist es charakteristisch, daß ihr logischer Ort zwischen der Selbstzuschreibung der Erfahrung und − grob gesprochen − der Anwendbarkeit des individualisierten Erfahrungsbegriffs liegt. Das ist sowohl in der eigentlichen *Transzendentalen Deduktion* als auch in der *Zweiten Analogie der Erfahrung* und in der *Widerlegung des Idealismus* der Fall, also in Kants transzendentalen Argumenten *par excellence*[32]. Um die *Zweite Analogie* auszuwählen, so könnte eine grobe Rekonstruktion des Argumentationsstranges etwa folgendermaßen aussehen: (1) Ich bin mir einer zeitlichen Abfolge von Wahrnehmungen bewußt; (2) Dazu muß ich die Wahrnehmungen unter Begriffe bringen, die die subjektiv/objektiv-Unterscheidung beinhalten; (3) Nach dem zweiten Zeitmodus muß ich daher Ereignisfolgen repräsentierende Wahrnehmungsfolgen von solchen unterscheiden können, die diese Eigenschaft nicht besitzen; (4) Dies kann ich nur dadurch, daß ich den Begriff einer notwendigen Folge in der Zeit, d. h. den Begriff der Kausalität auf Wahrnehmungsfolgen anwenden kann; (5) Daher muß meine Erfahrung von solcher Art sein, daß sie die Anwendbarkeit des Kausalbegriffs beinhaltet.

Es genügt, wenn diese Beweisskizze den Unterschied zwischen der Nelson-Körner-Sichtweise und Kants tatsächlicher Vorgangsweise hervortreten läßt. Kant analysiert die Bedingungen, die unsere Erfahrung erfüllen muß, damit sie von *uns* als *unsere* Erfahrung bezeichnet, beschrieben etc. werden kann. Eine Behauptung wie die, daß wir nur durch die Anwendung des Kausalbegriffs bloß subjektive Wahrnehmungsfolgen von Ereignisfolgen repräsentierenden Wahrnehmungsfolgen unterscheiden können, ist eine Behauptung über gewisse unserer kognitiven Fähigkeiten bzw. deren Grenzen. Allgemein gesprochen, ein transzendentales Argument im Kantischen Sinne analysiert den Zusammenhang zwischen unserer perzeptuellen und kognitiven Konsti-

tution und den nichtlogisch notwendigen Strukturen unserer Erfahrung. Dies hat neuerdings Nicholas Rescher eindringlich hervorgehoben[33]:
„... in Kants system the fundamental principles of the theory of cognition ... rest on an ultimately *factual foundation*, to wit, 'the special constitution' peculiarly characteristic of the human mind. Accordingly, we must recognize that the universality and necessity of synthetic a priori propositions as established by Kants line of critical argumentation ... are specifically relativized to the workings of the *human* intellect, the peculiarly characteristic structure or 'special constitution' of *our* cognitive faculties".

Wenn also Kant von der Möglichkeit der Erfahrung als dem Dritten spricht, worin die Verknüpfung von Subjekts- und Prädikatsbegriff diskursiver synthetischer Urteile gründe, wie an folgender Stelle[34]: „Die *Möglichkeit der Erfahrung* ist also das, was allen unseren Erkenntnissen a priori objektive Realität gibt", so bezieht er sich nicht auf eine Definition des Erfahrungsbegriffs, sondern darauf, daß ein Mannigfaltiges der Anschauung, um ein Stück Erfahrung werden zu können, in einem einheitlichen Bewußtsein verbunden, d. h. konzeptualisiert werden muß. Das wird klar, wenn Kant an dieser Stelle fortfährt:
„Nun beruht Erfahrung auf der synthetischen Einheit der Erscheinungen ..., ohne welche sie nicht einmal Erkenntnis, sondern eine Rhapsodie von Wahrnehmungen sein würde, die sich in keinem Kontext nach Regeln eines durchgängig verknüpften (möglichen) Bewußtseins ... zusammen schicken würden".
Bezugnahme auf die konzeptualisierende Tätigkeit des Verstandes ist eine Bezugnahme auf unsere kognitiven Fähigkeiten. Die metaphysischen Prinzipien der Erfahrung gründen also letztlich in der Struktur unserer kognitiven (und perzeptuellen) Konstitution.

Der Hauptunterschied zwischen den Begründungsprogrammen Nelsons und Kants liegt also darin, daß jener unsere metaphysischen Prinzipien durch Bezugnahme auf die Faktizität gewisser grundlegender *Überzeugungen* in unserem Denken über die Welt („Wir besitzen unmittelbare Vernunfterkenntnisse") rechtfertigen will, während sich Kant auf die Faktizität unserer perzeptuellen und kognitiven *Fähigkeiten* bezieht. Ein metaphysisches Prinzip ist also nach Nelson dann begründet, wenn gezeigt werden kann, daß es eine unserer grundlegenden Überzeugungen über die Struktur der Welt (eine Vernunftwahrheit) reflektiert, nach Kant hingegen dann, wenn sich zeigen läßt, daß es eine notwendige Bedingung artikuliert, die eine Welt erfüllen muß, damit sie eine Erfahrungswelt von Erkenntnissubjekten mit *unserer* kognitiven Konstitution sein kann.

Damit hat sich aber bei Kant wie bei Nelson das Problem nur um einen Schritt verschoben. Wie es sich bei Nelson von den metaphysischen Prinzipien auf den Status der Behauptung, daß wir ihnen zugrundeliegende Vernunftwahrheiten besitzen, verlagert, so scheint es sich bei Kant nun auf den Status der seinen transzendentalen Argumenten zugrundeliegenden Annahmen über unsere kognitive Konstitution zu konzentrieren.

Die naheliegende Antwort ist die, daß es Strukturzüge in unserer kognitiven (und perzeptuellen) Konstitution gibt, zu denen Alternativen vorstellbar sind, und solche, bei denen dies nicht der Fall ist, und daß transzendentale Argumente von diesen letzteren Strukturzügen Gebrauch machen. Der Unterschied ist der zwischen „Wir können Bakterien nicht mit freiem Auge identifizieren" und „Wir können ohne in der Anschauung Gegebenes, auf das wir Begriffe anwenden, keine Erfahrung haben". Während wir im ersten Fall ein alternatives Subjekt betrachten und seine Erfahrung bis hin zu biographischen Details wie „Er empfand gestern beim Anblick eines Mikrobengewimmels in einem Glas Wasser Ekel" beschreiben können, wäre jeder solche Versuch im zweiten Fall zum Scheitern verurteilt, da wir keine Konzeption von Erfahrung beschreiben können, wenn wir ihr nicht die Anschauung/Begriff-Unterscheidung zugrundelegen. Kant ist sich dessen bewußt, daß derart radikale Alternativen *logisch* möglich sind, wenn er die Idee eines Erkenntnissubjekts betrachtet, das eine intellektuelle Anschauung besitzt, aber er fügt hinzu, daß diese Idee „selbst ein Problema" sei[35], d. h. nichts weiter als ein Begriff von einem Noumenon im negativen Sinn.

Wenn es also Strukturzüge in der Art unseres Erkennens gibt, die zwar logisch konsistent negierbar sind, deren logisch möglichen Alternativen aber gleichsam Leerstellen bleiben — „Unsere Erfahrung besitzt zeitliche Struktur" scheint ein anderes Beispiel zu sein —, und wenn transzendentale Argumente über die dadurch determinierten Grundstrukturen unserer Erfahrung reflektieren, dann verliert die Nelson-Körner-Kritik, die im wesentlichen darin gründet, daß es zu jeder bestimmten Konzeption von Erfahrung *logisch* mögliche Alternativen gibt, ihre Bedeutung, da sie sich im Falle der Kantischen Konzeption eines transzendentalen Beweises auf die Tautologie reduziert, daß logisch konsistent Negierbares logisch konsistent negierbar sei.

Nicht erst die Fries'sche Schule hat also den anthropologischen Ansatz in die Vernunftkritik eingeführt, vielmehr liegt ein solcher bereits dem ursprünglichen Kantischen Programm selbst zugrunde, und so entspringt die wahre Rivalität zwischen beiden Programmen aus der Frage, ob das anthropologische Fundament der Vernunftkritik in unserem Besitz gewisser Überzeugungen über die Welt oder in gewissen Strukturen in der Art unseres Erkennens liege. Daß das Kantische Programm das aussichtsreichere ist, dafür soll dies ein Plädoyer gewesen sein.

Anmerkungen

1. So hält Nelson im Gegensatz zu Kant den Satz „Unserer Erfahrungswelt liegen Dinge an sich zugrunde" für ein metaphysisches Prinzip; vgl. z. B. Über das sogenannte Erkenntnisproblem, Göttingen ^{2}1930, in: L. Nelson, Gesammelte Schriften, hrsg. v. P. Bernays/W. Eichler/A. Gysin/G. Heckmann/G. Henry-Hermann/F. v. Hippel/S. Körner/W. Kroebel/G. Weisser, Hamburg: Felix Meiner Verlag, 1970 ff., Bd. II, S. 258–260.
2. Kr. d. r. V., B 80.
3. Vgl. Erkenntnisproblem, bes. S. 118–121, und Fortschritte und Rückschritte der Philosophie in: L. Nelson, Gesammelte Schriften, Bd. VII, S. 280–4, 593–4.
4. Erkenntnisproblem, S. 155.
5. Vgl. ebda., S. 160–2; Fortschritte, S. 585–6.
6. Erkenntnisproblem, S. 162–3.
7. Fortschritte, S. 269; der neuerdings von H. Albert (vermutlich im Anschluß an K. Popper, Logik der Forschung, Tübingen ^{3}1966, S. 60–1) erhobene Vorwurf in: Traktat über kritische Vernunft, Tübingen 1968, S. 14, Anm. 9, die Fries-Nelson-Methode der Erkenntnisbegründung sei psychologistisch, ist also unbegründet.
8. Vgl. Albert, a. a. O., S. 11–15; O. Neurath, Radikaler Physikalismus und „Wirkliche Welt", in: Erkenntnis 4 (1934); A. Meinong, Über emotionale Präsentation, Wien 1917, § 1; S. Körner, Transcendental Tendencies in Recent Philosophy, in: Journal of Philosophy 63 (1966); On the Impossibility of Transcendental Deductions, in: Monist 51 (1967); Categorial Frameworks, Oxford 1970, ch. VI; Grundfragen der Philosophie, dt. München 1970, Kap. 12–13.
9. Die Ergebnisse: Erkenntnisproblem, S. 118–21; in Bezug auf Kant gültig: ebda., S. 227.
10. P. F. Strawson, The Bounds of Sense, London 1966, S. 73.
11. Categorial Frameworks, S. 70; vgl. Grundfragen der Philosophie, S. 42–5.
12. Erkenntnisproblem, S. 120.
13. Ebda., S. 121.
14. Vgl. Categorial Frameworks, S. 6–8, 17–19; Grundfragen der Philosophie, S. 227–31.
15. Vgl. ebda., S. 250–7.
16. Einzelding und logisches Subjekt (Individuals), dt. Stuttgart 1972.
17. Ebda., S. 9.
18. Ebda., S. 12 (Hervorhebung W. S.)
19. Ebda., S. 9.
20. Ebda, S. 72 (Hervorhebung W. S.); für Whitehead vgl. The Concept of Nature, Cambridge 1920.
21. Individuals, S. 10–11.
22. Ebda., S. 11.
23. Die in „Individuals" auftretende Ambiguität zwischen dem bescheidenen und dem anspruchsvolleren Programm einer deskriptiven Metaphysik und die These von der Begriffsinvarianz als Grundlage des letzteren wird — wenngleich nicht unter dem Aspekt der transzendentalen Begründungsproblematik — ausführlich diskutiert von Susan Haack, Deskriptive versus revisionäre Metaphysik: Strawson und Whitehead in: Conceptus 31 (1978). Ob auch Strawsons Konzeption einer Metaphysik der Erfahrung und ihrer Begründung in „The Bounds of Sense", die einen wesentlichen Fortschritt über das Programm von „Individuals" hinaus darstellt, noch der Nelson-Körner-Kritik ausgesetzt ist, kann hier nicht erörtert werden.

24. Vgl. Categorial Frameworks, S. 17.
25. Proleg., Ak. Ausg. IV, S. 257.
26. Vgl. Erkenntnisproblem, S. 94–96; Kant und die nicht-euklidische Geometrie, in: Die kritische Methode in ihrer Bedeutung für die Wissenschaft (Gesammelte Schriften, Bd. III), Hamburg 1974, bes. S. 68.
27. Vgl. Kr. d. r. V., B747–52.
28. Ebda., B741.
29. Vgl. Erkenntnisproblem, S. 232; für Schlick vgl. Gibt es ein materiales Apriori?, in: Gesammelte Aufsätze, Nachdruck Hildesheim 1969, bes. S. 25.
30. Kritische Philosophie und mathematische Axiomatik, in: Die kritische Methode in ihrer Bedeutung für die Wissenschaft, S. 199; vgl. Fortschritte, S. 592.
31. Vgl. Anm. 6.
32. Gegen Körner hat dies E. Schaper, Arguing Transcendentally, in: Kant-Studien 63 (1972), S. 115–6 hervorgehoben. Körners Vernachlässigung der Selbstzuschreibung der Erfahrung in seinen allgemein transzendentale Argumente behandelnden Analysen ist umso erstaunlicher, als er selbst in seinem Kantbuch klar und prägnant herausarbeitet, daß sich Kants transzendentale Argumente zwischen der Selbstzuschreibung der Erfahrung und der Anwendbarkeit der Kategorien auf das in der Erfahrung Gegebene bewegen (vgl. Kant, dt. Göttingen 1967, S. 44–51).
33. Kant and the „Special Constitution" of Man's Mind – The Ultimately Factual Basis of the Necessity and Universality of A Priori Synthetic Truths in Kant's Critical Philosophy, in: Akten des 4. Internationalen Kant-Kongresses II. 1 (ed. G. Funke), Berlin/New York 1974, S. 318; ähnlich wie Rescher argumentiert auch T. E. Wilkerson in seinem wichtigen Aufsatz: Transcendental Arguments Revisited, in: Kant-Studien 66 (1975).
34. Kr. d. r. V., B 195.
35. Ebda., B 311.

Reinhard Kleinknecht, München

Ethische Prinzipien und das Problem der Willensfreiheit
bei Leonard Nelson

Nelson hat des öfteren bekundet, daß ihm „jede ernsthafte Kritik willkommen" sei, und zwar „um so willkommener, je schärfer und strenger sie ausfällt"[1]. Mit demselben Maßstab, den er bei der Beurteilung der Schriften anderer anlegte, wollte er seine eigenen Schriften beurteilt sehen. In seiner 1917 erschienenen, gegen gewisse Tendenzen der damaligen Jurisprudenz gerichteten polemischen Schrift mit dem Titel „Die Rechtswissenschaft ohne Recht" erklärt er, der dem „Standpunkt der reinen Wissenschaft" allein angemessene Maßstab sei bestimmt durch die „Frage nach der inneren Haltbarkeit, d. h. nach der Widerspruchsfreiheit und der Vollständigkeit der Begründung der zu prüfenden Lehrgebäude" (Bd. IX, S. 133).

Legt man allerdings diesen Maßstab der inneren Haltbarkeit an Nelsons eigenes ethisches Lehrgebäude an, so entdeckt man auch da viele Bruchstellen. Nicht nur läßt er es oftmals an einer vollständigen Begründung fehlen — er verstrickt sich obendrein auch in zahlreiche Widersprüche. Das gilt besonders für diejenigen Teile seines Lehrgebäudes, die mit dem Problem der Willensfreiheit zusammenhängen. Ich möchte im folgenden einige diesbezügliche Textstellen hauptsächlich aus den ersten beiden Bänden seiner „Vorlesungen über die Grundlagen der Ethik" auf die Folgerichtigkeit ihrer Argumente hin untersuchen. Zwar sind die von mir untersuchten Textstellen inhaltlich z. T. unklar und mehrdeutig, doch ist es mir nicht darum zu tun, herauszufinden, was Nelson damit vielleicht *gemeint* hat. Statt Nelson also zu *interpretieren*, möchte ich mich darauf beschränken, die *Logik* seiner Überlegungen zu prüfen.

Bevor ich nun auf das Thema Willensfreiheit näher eingehe, möchte ich einige Bemerkungen über seine Auffassung von der Bedeutung ethischer Prinzipien machen.

I. Nelsons Auffassung von der Bedeutung ethischer Prinzipien

Nelson war bekanntlich von der Überzeugung durchdrungen, daß die wissenschaftliche Ethik von größter Bedeutung für unser Handeln sei. Im Vorwort zu seiner „Kritik der praktischen Vernunft" schreibt er: „Sollte indessen, angesichts der Zertrümmerung einer ganzen Gesellschaftsordnung, dieser oder jener sich einfallen lassen, nicht sowohl an der Vernunft irre zu werden, als vielmehr an der Vernünftigkeit dieser Gesellschaftsordnung, so wird er bei der Ausschau nach den Maßstäben für den Wert einer neuen Ordnung nicht umhin können, zu den Quellen hinabzusteigen, aus denen die letzten Urteile über menschliches Treiben entspringen..." Diese „letzten Urteile über menschliches Treiben" sind die Prinzipien der Ethik als Wissenschaft. Ethische Prinzipien sind nach Nelson *Kriterien* dafür, was wir tun sollen, was unsere Pflicht ist. „Wir setzen also voraus", sagt er, „daß es ein Prinzip gibt, das ein allgemeingültiges Kriterium der Pflicht darstellt." (Bd. IV, S. 110). *Nur* mit Hilfe eines solchen Prinzips können wir nach Nelson erkennen, was wir tun sollen. „Um im einzelnen Falle erkennen zu können, was Pflicht ist, bedürfen wir erst eines Kriteriums der Pflicht..." (Bd. IV, S. 108). Wie dieses Kriterium lautet, ist allerdings nicht von vornherein klar. „Es gibt... kein evidentes Prinzip der sittlichen Billigung oder Mißbilligung." (Bd. IV, S. 474). Gerade diesem Umstand verdankt die Ethik ihr „eigentümliches praktisches Interesse" (Bd. V, S. 88).

Wie gelangen wir nun aber zu den ethischen Prinzipien? Nelson antwortet: durch *Abstraktion*. Durch Anwendung der Abstraktionsmethode soll es nämlich möglich sein, die „Prinzipien, die unseren ethischen Urteilen zugrunde liegen", „aufzuweisen" (Bd. IV, S. 42). Die Abstraktion ist kein Beweisverfahren, sondern sie „führt uns zu den Prämissen gegebener Urteile" (Bd. IV, S. 29). Allerdings darf man sich die Anwendung dieser Methode nicht zu leicht vorstellen. Denn „die allgemeinen Kriterien, nach denen jemand urteilt", kommen „ihm für sich meist gar nicht zum Bewußtsein", „geschweige denn, daß ein anderer ohne weiteres wissen könnte, welches die bei dem Urteil angewandten Kriterien sind" (Bd. IV, S. 113). Und „die Resultate der Abstraktion brauchen bei den verschiedenen Personen, die sie anstellen, um so weniger übereinzustimmen, je schwieriger die wissenschaftliche Aufgabe der Abstraktion ist" (Bd. IV, S. 114). „Bei dieser Abstraktion sind mannigfache Fehler möglich" (Bd. IV, S. 114), selbst die Abstraktionen Kants sind nach Nelson „mangelhaft", „fehlerhaft" und „mißverständlich" (Bd. IV, S. 172). Andererseits kann der einzelne *nur* durch Abstraktion „zur Klarheit" bringen, „was er bei seinem Urteil dunkel voraussetzt" (Bd. IV, S. 114), nur so kann er „die allgemeinen Voraussetzungen" „zur Klarheit des Bewußtseins" erheben, die der „Beurteilung eines konkreten Falles dunkel zugrunde lagen" (Bd. IV, S. 28 f.).

Ausgangspunkt der Abstraktion ist also stets unsere Beurteilung des konkreten Falles. Man „geht aus von bestimmten als wahr anerkannten Urteilen und zergliedert deren Voraussetzungen, um so zu den Grundsätzen aufzusteigen" (Bd. VII, S. 571). Ich behaupte nicht, daß der Inhalt dieser Aussage klar wäre. Was Nelson unter „zergliedern" versteht, was unter „Voraussetzungen" und „Grundsätzen", hat er nirgends genau definiert. Doch darum ist es mir jetzt auch nicht zu tun. Wesentlich ist hier nur Nelsons Ansicht, man habe bei der Abstraktion „von dem Sichereren auszugehen, statt von dem weniger Sicheren" (Bd. IV, S. 9). „Fürs erste aber haben wir nichts Sichereres, woran wir uns halten könnten, als den konkreten Verstandesgebrauch, wie er in der gemeinen Erfahrung geübt wird." (Bd. IV, S. 10). Den „gegebenen Einzelfall" beurteilen „wir ‚gefühlsmäßig' sicher, ohne doch von den Gründen unseres Urteils Rechenschaft geben zu können" (Bd. VII, S. 582).

Es ist nun an der Zeit, die Konsequenz aus den angeführten Behauptungen Nelsons zu ziehen. Sie lautet: Um im einzelnen Falle erkennen zu können, was Pflicht ist, bedürfen wir eines allgemeinen Kriteriums, für das gilt: es ist nicht evident, sondern dunkel, strittig, meist nicht bewußt und nur durch eine vielen Irrtümern ausgesetzte Abstraktion zu finden. Um es zu finden, müssen wir jedoch von der sicheren Beurteilung des einzelnen Falles ausgehen, weil wir fürs erste nichts Sichereres haben. Wir müssen also gerade von *den* konkreten Urteilen ausgehen, über deren Geltung erst unter Zugrundelegung des allgemeinen Kriteriums entschieden werden kann. Als *Ausgangspunkt* der Abstraktion wären diese Einzelurteile also sicher; als *Anwendungsfälle* der durch Abstraktion aufgewiesenen allgemeinen Kriterien könnten sie aber nicht sicher sein.

Angesichts dieser paradoxen Konsequenz wird man unter Berufung auf Nelson vielleicht einwenden, daß es ja doch einen „Konflikt der sittlichen Gefühle" (Bd. V, S. 10) gebe, nicht nur unter verschiedenen Personen, sondern auch in unserer eigenen Person, einen Konflikt, der nur durch einen „außerhalb aller Gefühle" liegenden, „allein gültigen und verbindlichen" (Bd. V, S. 10 f.) Maßstab lösbar ist. Dieser Einwand wäre jedoch nicht stichhaltig. Denn der „allein gültige und verbindliche wissenschaftliche Maßstab" müßte dann ja voraussetzungsgemäß gerade aufgrund der sich widersprechenden sittlichen Gefühle gewonnen werden. Der bloße Glaube jedoch, daß dies wohl möglich sei, ersetzt nicht ein Argument dafür. Hinzu kommt, daß durch den Aufweis ethischer Prinzipien, wenn er überhaupt glückt, noch nichts über die Richtigkeit dieser Prinzipien ausgemacht ist. „Ob denn aber die so aufgewiesenen Prinzipien zu Recht angewandt werden oder vielleicht bloße Vorurteile enthalten, diese Frage wäre dadurch noch gar nicht berührt. Es wäre nur die Frage des Tatbestandes der angewandten Prinzipien entschieden; die Rechtsfrage bliebe noch offen." (Bd. IV, S. 42). Die Beantwortung der „Rechtsfrage" wiederum kann nach Nelson nur durch eine *Begründung* der betreffenden Prinzipien, nämlich durch *Deduktion* beantwortet werden. Darunter versteht er den „psychologischen Beweis der Existenz einer diesen Urteilen zugrunde liegenden nichtanschaulichen unmittelbaren Erkenntnis" (Bd. VII, S. 587). „Dieses ist die Methode zur Beantwortung der quaestio iuris in der Kritik der Vernunft." (Bd. VII, S. 587). Die ethischen Prinzipien, die durch Abstraktion aufzuweisen sind und ohne die wir nicht erkennen können, was im einzelnen Falle Pflicht ist, dürfen nach Nelson also erst dann als gerechtfertigt angesehen werden, wenn sie durch ein höchst kompliziertes, von vielen psychologischen Hypothesen durchsetztes Deduktionsverfahren auf eine unmittelbare Erkenntnis zurückgeführt worden sind. Sollte dann allerdings die von Nelson angesichts der „Zertrümmerung einer ganzen Gesellschaftsordnung" angesprochene Neugestaltung der Gesellschaftsordnung vom Gelingen einer solchen Abstraktion und Deduktion abhängig sein, so wäre diese Neugestaltung wohl von vornherein zum Scheitern verurteilt.

II. Der Begriff der Willensfreiheit bei Nelson

Ich komme nun zum eigentlichen Thema des Vortrags, nämlich zu Nelsons Behandlung des Problems der Willensfreiheit. Mit diesem Problem beschäftigt sich Nelson am ausführlichsten in seiner Lehre von den „Postulaten der Anwendbarkeit des Sittengesetzes überhaupt". Unter solchen Postulaten versteht er „spekulative", d. h. „das Sein, nicht das Sollen betreffende" (Bd. IV, S. 274) Sätze, deren „Gültigkeit aber in praktischer Hinsicht — nämlich als eine Bedingung der Anwendbarkeit des Sittengesetzes überhaupt — notwendig vorausgesetzt werden muß" (Bd. IV, S. 275). Die in dieser Festlegung enthaltene Bezugnahme auf *das Sittengesetz* läßt Nelson jedoch sogleich wieder fallen, wenn er sagt, praktische Postulate seien spekulative Voraussetzungen unserer „sittlichen Urteile" (Bd. IV, S. 274). Das Wort „Voraussetzung" bedeutet dabei, daß die „Gültigkeit des spekulativen Satzes" „schon in der Gültigkeit eines praktischen Satzes analytisch eingeschlossen liegt" (Bd. IV, S. 275 f.). Praktische Postulate sind demnach nichts weiter als *logische Folgerungen* spekulativer Art aus praktischen Urteilen. Diese Formulierung steht im Einklang mit Nelsons Feststellung, daß mit der Begründung des praktischen Urteils „zugleich der ... spekulative Satz eine Begründung erhält" (Bd. IV, S. 276). Auf eine kurze Formel gebracht behauptet Nelson demnach also, daß es möglich sei, aus einem Sollen ein Sein abzuleiten. Wenn nun aber die praktischen Postulate nichts weiter sind als logische Folgerungen aus sittlichen Urteilen, warum, so könnte man fragen, behandelt Nelson die praktischen Postulate dann nicht im *analytischen* Teil der Pflichtenlehre, sondern erst im Anschluß an die Exposition des Pflichtkriteriums? Und *wie viele* praktische Postulate gibt es insgesamt? Auf diese Fragen findet man bei Nelson keine Antwort. Er behandelt — jetzt plötzlich wieder bezugnehmend auf *das Sittengesetz* und nicht auf die vorher angesprochenen *sittlichen Urteile* — lediglich *zwei* praktische Postulate: das Postulat der „metaphysischen Freiheit" und das Postulat der „Abgeschlossenheit des Wirkungsbereichs von Handlungen". Ersteres bezieht sich nach Nelson auf die *Form*, letzteres auf den *Inhalt* des Sittengesetzes (Bd. IV, S. 278). Ich will mich im Folgenden auf das erste Postulat beschränken.

Nelson geht dabei davon aus, daß das Sittengesetz sich „seiner Form nach auf wollende, vernünftige Wesen als solche" bezieht (Bd. IV, S. 278). „Die Voraussetzung", sagt er, „die analytisch in dem Sittengesetz hinsichtlich der Beschaffenheit der Wesen, für die es gilt, enthalten ist, ist folgende. Wenn ich etwas tun oder lassen soll, d. h. wenn für mich etwas ein praktisches Gesetz ist, so liegt darin die Voraussetzung, daß ich das, was ich tun oder lassen *soll*, auch tun oder lassen *kann*, d. h. daß es *nicht unmöglich* für mich ist, das zu tun, was ich tun soll, oder auch, es zu unterlassen... Was ein Wesen tun soll, das kann es auch tun", „kann es aber auch unterlassen" (Bd. IV, S. 278 f.).

Nelson stellt damit eine generalisierte Wenn-dann-Behauptung auf, die ich — vielleicht noch etwas deutlicher — folgendermaßen formulieren will:

(P) Wenn jemand etwas tun soll, dann kann er dieses sowohl tun als auch unterlassen.

„Voraussetzung" dafür, daß jemand etwas tun soll, ist gemäß (P) also dies, daß er es sowohl tun als auch unterlassen kann. Diese Voraussetzung *bezeichnet* Nelson als „Bedingung der Anwendbarkeit des Sittengesetzes seiner Form nach". Ich frage nun: Wie *lautet* das „Postulat der Anwendbarkeit des Sittengesetzes seiner Form nach", von dem Nelson sagt, daß es ein „spekulativer Satz sei", „dessen Gültigkeit... als eine Bedingung der Anwendbarkeit des Sittengesetzes... notwendig vorausgesetzt werden muß" (Bd. IV, S. 275)? Und weiter frage ich: Wie *lautet* der praktische Satz, aus dem sich jenes Postulat angeblich als logische Folgerung ergibt? Nelson selbst formuliert in dem ganzen Kapitel, um das es hier geht (Bd. IV, S. 273—291), weder diesen praktischen Satz noch jenes Postulat. Aufgrund seiner Ausführungen könnte man allerdings annehmen, daß es sich dabei einfach um den Wenn- bzw. Dann-Satz von (P) handelt. Doch weit gefehlt! Denn (P) ist in Wahrheit gar kein Wenn-dann-Satz, sondern ein *Allsatz* mit folgendem Inhalt:

Für jede Person p und jede Tätigkeit t gilt: wenn p t tun soll, dann kann p t sowohl tun als auch unterlassen.

Zwar folgt hieraus, wenn p_0 eine bestimmte Person und t_0 eine bestimmte Tätigkeit ist,
der Satz

(1) Wenn p_0 t_0 tun soll, dann kann p_0 t_0 sowohl tun als auch unterlassen,

aber aus (1) folgt weder

(2) p_0 soll t_0 tun

noch

(3) p_0 kann t_0 sowohl tun als auch unterlassen.

Dagegen folgt (3) aus (2) zusammen mit (1). Also folgt (3) auch aus (2) zusammen mit (P). Allerdings ist (P) kein Satz, der sagt, was geschehen soll. Wie jedoch ein spekulativer *Satz* — und ein solcher ist nach Nelson das „Postulat der Anwendbarkeit des Sittengesetzes seiner Form nach" — aus einem praktischen, das „Sollen betreffenden" *Satz* logisch ableitbar ist, das hat er nicht gezeigt; und er kann es, wie wir gesehen haben, auch nicht schlüssig zeigen. Es bleibt ihm daher nur übrig, jenes Postulat *herbeizuzaubern*. Wie er das anstellt, werden wir bald sehen.

Man wird vielleicht „einwenden", Nelsons eigentliche Meinung gehe dahin, daß (3) eine spekulative Voraussetzung zwar nicht von (2) allein, wohl aber von (2) *plus* (P) sei. Dann frage ich allerdings, ob damit mehr behauptet werden soll als der triviale Umstand, daß (3) eine logische Folgerung aus (2) plus (P) ist.

Zudem ist keineswegs eindeutig entscheidbar, ob (3) zu den „spekulativen" Sätzen gehört. Denn daß eine Person etwas tun oder unterlassen kann, *heißt* nach Nelsons ausdrücklicher Erklärung, daß es „nicht unmöglich" und folglich *möglich* für sie ist, das Gesollte zu tun oder zu unterlassen. Also bedeutet (3) nach Nelson, daß es für p_0 möglich ist, t_0 sowohl zu tun als auch zu unterlassen. Ob dies jedoch eine *spekulative* Behauptung ist, muß ich offen lassen, weil Nelsons Charakterisierung von „spekulativ" dafür viel zu vage ist.

Nelson nennt die Möglichkeit, etwas Gebotenes zu tun oder zu unterlassen, „metaphysische Freiheit", im Unterschied zu der von ihm so genannten „psychologischen Freiheit", die in der „Möglichkeit" besteht, „so zu handeln, wie man *will*" (Bd. IV, S. 280). „Wenn wir eine Ursache, die außerhalb unseres eigenen Wollens liegt, als eine äußere bezeichnen, so können wir den Unterschied der psychologischen und der metaphysischen Freiheit auch dadurch erklären, daß jene in der Unabhängigkeit von *äußeren Ursachen*, diese dagegen in der Unabhängigkeit von *Ursachen überhaupt* besteht." (Bd. IV, S. 281) Die metaphysische Freiheit besteht somit in der *Ursachelosigkeit* des Wollens. Eine hinreichende Bedingung für die metaphysische Freiheit des Wollens besteht nach Nelson darin, daß dieses Wollen Pflicht ist, also sein soll. Da er die metaphysische Freiheit mit der Möglichkeit gleichsetzt, etwas zu tun oder zu unterlassen, kann (P) daher auch so formuliert werden:

(P')   Wenn jemand etwas tun soll, dann ist sein Wollen metaphysisch frei, d. h. ohne Ursache.

Ich will nun auf Nelsons Versuch, (P') zu begründen, etwas näher eingehen, weil darin ein Gedanke eine wichtige Rolle spielt, auf den ich später noch mehrfach zurückkommen werde. Nelson geht indirekt vor. Er nimmt an, es gäbe keine metaphysische Freiheit, und versucht zu zeigen, daß es unter dieser Annahme auch kein Sollen geben kann. Nach Nelson besagt diese Annahme, daß das Handeln „unter der Notwendigkeit eines Müssens steht" (Bd. IV, S. 279). Sein Argument lautet nun folgendermaßen:

„Wenn ein Wesen hinsichtlich seines Handelns unter der Notwendigkeit eines Müssens steht, so sind nur zwei Fälle möglich. *Entweder* die Handlung, die es tun muß, ist zugleich dieselbe, die es tun soll ... Wenn aber ein Wesen eine Handlung tun *muß*, so ist es bedeutungslos, ihm vorzuschreiben, daß es sie tun *soll* ... Es hat also keinen Sinn, ein Gebot aufzustellen", „daß etwas geschehen soll, was ohnehin geschieht, weil es geschehen muß. *Oder* die Handlung, die ein Wesen tun muß, ist *nicht* zugleich dieselbe, die es tun soll ... Dann besteht für das Wesen gar nicht die *Möglichkeit*, das zu tun, was es tun soll. Es hat also keinen Sinn, zu sagen, daß es *solle* ... In beiden Fällen ist es bedeutungslos, von einem Sollen zu sprechen. Der Begriff des Sollens ist also unter der Voraussetzung, daß ein Wesen unter der Notwendigkeit eines Müssens handelt, gänzlich unanwendbar." (Bd. IV, S. 279 f.)

Nelson spricht hier auffallenderweise von der Unanwendbarkeit des Sollens*begriffs* und nicht, wie man aufgrund seiner früheren Äußerungen erwarten müßte, von der Unanwendbarkeit des Sittengesetzes oder sittlicher Urteile. Was die zitierte Argumentation selbst betrifft, so ist sie trotz ihrer scheinbaren Stringenz logisch fehlerhaft. Denn aus der Annahme („*Oder* die Handlung ..."), daß eine Handlung, die jemand tun muß, *nicht dieselbe* ist wie diejenige Handlung, die er tun soll, folgt nicht, daß es *dieselbe* Handlung ist, die er sowohl tun muß als auch unterlassen soll. Dies setzt Nelson fälschlicherweise stillschweigend voraus. Die ganze Argumentation führt im Grunde genommen nicht über Nelsons frühere Behauptung hinaus, daß dieselbe Handlung unmöglich sowohl geschehen *muß* als auch geschehen (bzw. unterbleiben) *soll*. Und diese Behauptung ergibt sich nach Nelson „analytisch" aus dem Begriff des Sollens. An einer anderen Stelle formuliert er sie so: „Wenn durch die Natur schon bestimmt ist, wie wir handeln müssen, dann hat es keine Bedeutung, von uns zu fordern, wie wir handeln sollen."(Bd. VII, S. 302) Weil ich auf diese Behauptung noch mehrfach zurückkommen werde, will ich sie die „Sinnlosigkeitsbehauptung" nennen und folgendermaßen fixieren:

(SB)   Wenn jemand etwas tun muß, dann ist es sinnlos, zu sagen, daß er es tun (unterlassen) soll.

Aus (SB) folgt, daß es nur dann sinnvoll ist, von jemandem zu sagen, er solle etwas tun, wenn er dieses nicht tun muß. Daß er es nicht tun muß, darin besteht nach Nelson seine metaphysische Freiheit. „Die Unabhängigkeit des Handelns von der Notwendigkeit eines Müssens ist *Freiheit* im engsten und strengsten Sinne des Worts. Wir nennen sie, um sie von anderen Begriffen der Freiheit zu unterscheiden, bestimmter *metaphysische Freiheit*." (Bd. IV, S. 280) So streng nimmt es Nelson dann aber doch wieder nicht mit diesem Begriff der metaphysischen Freiheit. Denn an anderen Stellen bezieht er die metaphysische Freiheit nicht auf das *Handeln*, sondern auf das *Wollen*: „Frage ich dagegen nach der metaphysischen Freiheit, so frage ich nach der Unabhängigkeit meines Wollens von der Notwendigkeit eines Müssens." (Bd. IV, S. 281) Etwas später heißt es aber dann wieder, daß die metaphysische Freiheit in der „Unabhängigkeit" des Wollens „von Ursachen überhaupt" bestehe (Bd. IV, S. 281). Zieht man aus diesen Erklärungen die Konsequenz, so ergibt sich, daß *Ursache sein* nach Nelson dasselbe ist wie die *Notwendigkeit eines Müssens*. Aber eine Ursache ist doch, sollte man denken, ein Geschehen, ein Vorgang! Im übrigen ist Nelsons Begriffsbestimmung der metaphysischen Freiheit auch *ungenau*. Denn „Ursachelosigkeit *des Wollens*" kann „Ursachelosigkeit *aller* Willensakte (Entschlüsse)" oder „Ursachelosigkeit *gewisser* Willensakte (Entschlüsse)" bedeuten. Aus vielen Textstellen geht jedoch hervor, daß Nelson nicht jeden Willensakt als ursachelos ansieht, wohl aber diejenigen Willensakte, die sein sollen. Das Prädikat „metaphysisch frei" wäre dann im Sinne Nelsons folgendermaßen explizit zu definieren:

Ein Willensakt (Entschluß) ist *metaphysisch frei* genau dann, wenn er keine Ursache hat.

Nelson bezieht „Pflicht" ausdrücklich auf *Willensakte:* „Nicht einen bestimmten Erfolg herbeizuführen, kann Pflicht sein, sondern allein, ihn herbeiführen zu *wollen*." (Bd. IV, S. 88) Der Satz (P') ist demnach auch folgendermaßen formulierbar:

(P")   Wenn ein Willensakt (Entschluß) Pflicht ist, dann ist er metaphysisch frei.

Ob es tatsächlich Willensakte gibt, die Pflicht sind, und ob es tatsächlich metaphysisch freie Willensakte gibt, das läßt sich aufgrund von (P") allein nicht entscheiden. Es ist nach Nelson sogar ohne Zuhilfenahme der *Erfahrung* überhaupt nicht entscheidbar (vgl. Bd. IV, S. 278). Wenn er das „Postulat der Anwendbarkeit des Sittengesetzes seiner Form nach", das ja ein spekulativer Satz sein soll, mit der metaphysischen Freiheit *gleichsetzt* (vgl. Bd. IV, S. 280) — und darin besteht das Geheimnis seines bereits erwähnten Zaubers — so hat er dieses Postulat nur *bezeichnet*, nicht aber *formuliert*. Und er *kann* es auch nicht als spekulativen *Satz* formulieren, weil man dabei, wie ich ebenfalls schon hervorgehoben habe, über den generalisierten Wenn-dann-Satz (P') bzw. (P") nicht hinauskommt.

Bei dem Versuch, die „metaphysische" Freiheit von der „sittlichen" Freiheit abzugrenzen, verwickelt sich Nelson nun in mehrere Widersprüche. Und dies zeigt, daß er, was das Verhältnis zwischen theoretischer und praktischer Notwendigkeit betrifft, noch nicht zu der erforderlichen Klarheit durchgedrungen ist.

Die „theoretische Notwendigkeit" bezieht sich nach Nelson darauf, was sein *muß*, die „praktische Notwendigkeit" dagegen darauf, was sein *soll*. „Das Wort *du sollst* drückt ein bedingungsloses Gebot aus, eine Notwendigkeit, die mich aller Frage nach dem Zusammenstimmen mit der Notwendigkeit eines angeblichen Müssens überhebt und vor der alle Berufung auf die Unmöglichkeit eines angeblichen Nicht-Könnens als die nichtige Ausflucht dessen erscheint, der *nicht will*. . . . Wir begnügen uns nicht, den Unwert einer Pflichtverletzung zu konstatieren, sondern, wir mögen ihre Ursachen noch so genau kennen, so sagen wir doch: sie *sollte* nicht geschehen." (Bd. IV, S. 284) Wenn wir aber die Ursache einer Pflichtverletzung kennen, dann *hatte* sie eine Ursache, sie *mußte* also geschehen, und dann ist es nach Nelsons früherer Behauptung (SB) *sinnlos*, wenn „wir" sagen: „sie *sollte* nicht geschehen"!

Dies führt zu der Frage, wie nach Nelson überhaupt Pflichterfüllung möglich ist für Naturwesen, wie wir es sind. „Denn in der Natur", so sagt er, „gibt notwendig die stärkste Kraft den Ausschlag. . . . Es geschieht nämlich mit der Notwendigkeit des Müssens diejenige Handlung, auf die sich der stärkste Antrieb richtet. . . . Wir setzen voraus, daß der Handelnde das Vermögen hatte, ohne Rücksicht auf die Stärke seiner Neigung dennoch seiner Pflicht zu folgen. . . . Und dieses ist eine Voraussetzung, die nach Naturgesetzen unmöglich ist . . . Wir müßten, um die Pflichterfüllung, die das Sittengesetz uns zumutet, als in der Natur möglich zu denken, eine unendliche Kraft der guten Gesinnung voraussetzen, d. h. eine solche, die größer ist als jede noch so große Gegenkraft" (Bd. IV, S. 285 f.). Pflichterfüllung ist folglich in der Natur unmöglich. In der Tat ergibt sich bereits aus Nelsons früheren Darlegungen, daß es keine Handlung geben kann, die zugleich *geschehen muß* und *unterbleiben soll*. Denn wenn sie unterbleiben *soll*, dann *könnte* sie auch unterbleiben, und es wäre also *möglich*, sie zu unterlassen; sie *müßte* daher *nicht* geschehen. Andererseits *müßte* sie aber geschehen, wenn der stärkste Antrieb auf sie gerichtet ist und dieser Antrieb notwendig den Ausschlag gibt.

III. Sittlicher Entschluß und sittlicher Antrieb

Daß der stärkste Antrieb den Entschluß bestimmt, betrachtet Nelson als ein Naturgesetz (Bd. IV, S. 286). Dieser Auffassung wiederspricht er aber, wenn er sagt, daß „dem Begriff der Natur zufolge der überwiegende Antrieb notwendig den Entschluß bestimmt" (Bd. V, S. 445). Denn ein Naturgesetz ist keine Tautologie, die sich durch bloße Begriffsanalyse ergibt. Damit übereinstimmend spricht Nelson denn auch von der „kausalen Abhängigkeit des Entschlusses von anderen Phänomenen" (Bd. IV, S. 604). Mit diesen „anderen Phänomenen" meint er *Antriebe*, d. h. „Kräfte, inwiefern sie auf den Willen wirken" (Bd. V, S. 87, Bd. IV, S. 593). Den *sittlichen Entschluß* charakterisiert er dementsprechend als Entschluß, „der durch den Antrieb zur Pflichterfüllung bestimmt wird" (Bd. IV, S. 614). „Ein sittlicher Entschluß findet nur statt, wenn ein reines sittliches Interesse... den Willen bestimmt." (Bd. IV, S. 615) Der *Bestimmungsgrund* d. h. der „Antrieb, der den Willen bestimmt" (Bd. V, S. 87, Bd. IV, S. 344), ist beim sittlichen Entschluß also ein „reines sittliches Interesse". Der sittliche Entschluß hat somit eine Ursache, nämlich eben dieses „reine sittliche Interesse". Infolgedessen ist er nicht „metaphysisch frei", weil er, als *verursachter*, geschehen *muß*. Als *sittlicher* Entschluß aber *soll* er geschehen, und er ist daher nach Nelsons früheren Darlegungen metaphysisch frei.

Nelsons Theorie führt also zu der Konsequenz, *daß ein sittlicher Entschluß überhaupt unmöglich ist*. Damit entfällt auch die Grundlage für die *Deduktion* des Sittengesetzes, die Nelson als den eigentlichen Kern seiner Ethik betrachtete.

Zu dem Widerspruch, in den Nelson sich bei der Charakterisierung des sittlichen Entschlusses verwickelt, gesellt sich ein weiterer Widerspruch, der die Charakterisierung des „Pflichtantriebs" betrifft. Als Pflicht*antrieb* ist dieser nämlich einerseits eine Ursache für den Willen und gehört somit zur Natur. Als *Pflicht*antrieb müßte er jedoch stärker sein als jeder noch so große Gegenantrieb (Bd. IV, S. 285 f.), und er kann folglich *nicht* zur Natur gehören. Ein Pflichtantrieb ist folglich unmöglich.

Es ist merkwürdig, daß Nelson diese einfachen Konsequenzen nicht selbst gezogen hat. Er hätte dann allerdings seine Lehre vom Entschluß oder aber seine Lehre von der metaphysischen Freiheit preisgeben müssen. Stattdessen versucht er, die beiden Lehren miteinander zu versöhnen, ohne zu bemerken, daß er dabei in eine neue Absurdität stürzt.

Er geht davon aus, daß „bekanntlich im allgemeinen bei einem sittlichen Entschluß der sittliche Antrieb, der schließlich den Entschluß bestimmt, nicht von vornherein stark genug" ist, „um den Entschluß zu bestimmen" (Bd. IV, S. 609). In diesem Fall ist nach Nelson diejenige Handlung Pflicht,

„durch die das Stärkeverhältnis der Antriebe modifiziert wird" (Bd. IV, S. 287); und zwar soll das Stärkeverhältnis der Antriebe so modifiziert werden, daß der Pflichtantrieb „die ihm entgegenstehende Neigung überwiegt" (Bd. IV, S. 287). Diese „Verstärkung des Pflichtantriebs" ist deswegen Pflicht, weil „nur durch sie die Pflichterfüllung möglich ist" (Bd. IV, S. 287). Ob allerdings der zu dieser Verstärkung erforderliche Entschluß — nennen wir ihn E_1 — zustande kommt, hängt nach Nelson davon ab, ob sich auf ihn der stärkste Antrieb richtet. Jedenfalls kann der stärkste Antrieb nicht von vornherein auf E_1 gerichtet sein, weil E_1 dann von vornherein geschehen *müßte* und es dann nach Nelson keinen Sinn hätte, zu sagen, daß er geschehen *solle*. Infolgedessen wäre auch die Modifikation des Stärkeverhältnisses der Antriebe zugunsten des auf E_1 gerichteten Antriebs Pflicht, weil E_1 nur dadurch zustande kommen kann. Für das Zustandekommen des zur Verstärkung von E_1 erforderlichen Entschlusses E_2 gilt nun aber dasselbe wie für das Zustandekommen von E_1. Man müßte also eine unendliche Folge von Entschlüssen annehmen, um sich unter Nelsons Voraussetzungen die Erfüllung der ursprünglichen Pflicht als möglich zu denken. Diese ursprüngliche Pflicht wäre folglich unerfüllbar.

IV. Nelsons Behandlung der Freiheitsantinomie

Nelsons Lehre vom Postulat der Freiheit ruht auf zwei Prinzipien, die einander widersprechen. Dieser Widerspruch — Nelson nennt ihn eine „Antinomie" — besteht „in der wechselseitigen Ausschließung der Voraussetzung der Freiheit einerseits und der Naturgesetzlichkeit alles Geschehens andererseits" (Bd. IV, S. 295). In der Tat: Wenn ein Entschluß metaphysisch frei, d. h. ohne Ursache ist, dann ist er ein Geschehen, das nicht unter Naturgesetzen steht. Wenn also alles Geschehen unter Naturgesetzen steht, dann kann es auch kein metaphysisch freies Wollen und somit wegen (P) auch kein Sollen geben. Da nach Nelson jedoch für die Ethik die Annahme der metaphysischen Freiheit ebenso unentbehrlich ist wie für die Physik die Annahme der Naturgesetzlichkeit alles Geschehens, so besteht zwischen Ethik und Physik ein logischer Widerspruch.

Nelson hat diesen Widerspruch zwar ausgesprochen, aber völlig verkannt — versucht er doch, ihn im Rahmen seiner Antinomienlehre „aufzulösen". Es ist aber von vornherein klar, daß dieser Versuch, die so verstandene Ethik und Physik „widerspruchslos zu vereinigen" (Bd. IV, S. 299), zum Scheitern verurteilt ist.

Tatsächlich bringt Nelson seine „Auflösung" der Antinomie nur durch eine Erschleichung zuwege. Während er bisher nämlich das „Postulat der

Freiheit" noch gar nicht formuliert, sondern nur erwähnt hat, überrascht er uns nun plötzlich mit einem „spekulativen Satz", den er ohne nähere Begründung als „genaue Formulierung des Inhalts" dieses Postulats bezeichnet. Und zwar lautet dieser Satz so:
(PF)   Die Naturgesetze reichen nicht hin, um das Geschehen zu bestimmen (Bd. IV, S. 295).

Damit hat Nelson allerdings nichts weiter als eine *analytische Wahrheit* formuliert. Denn ein Naturgesetz ist nach Nelson ein „hypothetischer Satz" (Bd. IV, S. 301), er besagt „nur, daß, *wenn* ein Geschehen A stattfindet, dann auch notwendig ein Geschehen B stattfindet" (Bd. IV, S. 302). Ein Naturgesetz bestimmt also lediglich die „Abfolge eines Zustandes aus dem vorhergehenden". „Über das tatsächliche Vorhandensein eines Zustandes gibt uns nur die Beobachtung Aufschluß." (Bd. IV, S. 297). In der Tat: aus einem hypothetischen Satz der Form „Wenn A, dann B" folgt weder A noch B. Es ist also logisch ausgeschlossen, aufgrund eines Naturgesetzes etwas über die tatsächlichen Zustände der Natur zu erfahren, und damit ist klar, daß (PF) analytisch, d. h. allein aus logischen Gründen wahr ist. Infolgedessen widerspricht (PF) auch nicht dem Satz
(NG)   Die Naturgesetze gelten uneingeschränkt für alles Geschehen,
denn ein logisch wahrer Satz widerspricht nur einem logisch falschen Satz. Erstaunlich ist allerdings, daß Nelson den analytischen Charakter von (PF) völlig verkennt und stattdessen auf komplizierte Weise versucht, die angebliche „Antinomie" zwischen (PF) und (NG) „aufzulösen". Seine Überlegung lautet folgendermaßen: Der Satz (NG) erlaubt nur dann einen Schluß auf die Negation von (PF), wenn dabei ein dritter, allerdings unhaltbarer Satz „vorausgesetzt" wird, nämlich die dogmatische Implikation
(DI)   Wenn (NG), dann nicht (PF).

Umgekehrt kann man nach Nelson auch nur unter Verwendung von (DI) aus (PF) auf die Negation von (NG) schließen. Diese Verhältnisse können nach Art Nelsons durch folgendes Schlußschema wiedergegeben werden:

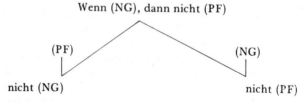

Das von Nelson selbst angegebene Schlußschema (Bd. IV, S. 300) sieht allerdings anders aus. Es enthält nämlich anstelle von (DI) die Negation von (PF), d. h. die Aussage „Das Naturgeschehen ist durch die Naturgesetze vollständig bestimmt". Und anstelle der beiden anderen Prämissen (PF) und (NG) stehen bei ihm die Sätze (1) „Unser Wille ist frei" und (2) „Unser Handeln steht unter Naturgesetzen". Nelsons Schema kann also kurz folgendermaßen wiedergegeben werden:

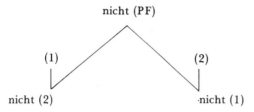

Dies ist nach Nelson eine Veranschaulichung der zuvor (Bd. IV, § 156) von ihm besprochenen Schlüsse. Dann aber kann (1) nur eine andere Formulierung von (PF) und (2) nur eine andere Formulierung von (NG) sein. Da jedoch andererseits Nelsons Verwechslung von (DI) mit der Negation von (PF) nicht hinwegzuinterpretieren ist, hat sein Schema also sinngemäß die folgende Gestalt:

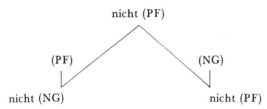

Die hierin vorkommenden Schlüsse sind zwar korrekt, entsprechen aber nicht den im Text angestellten Überlegungen. Denn die logische Vereinbarkeit von (PF) mit (NG) beruht nach Nelson ja darauf, daß (DI) „nicht logisch notwendig" (Bd. IV, S. 296) ist[2].

Um dies nachzuweisen, ist zu zeigen, daß die Negation von (PF) nicht logisch aus (NG) folgt, daß also (NG) wahr sein kann, ohne daß darum auch die Negation von (PF) wahr sein muß. Aus Nelsons Argumentation ergibt sich sogar noch mehr: nicht nur, daß (NG) eine „für die Physik unentbehrliche Voraussetzung" (Bd. IV, S. 299, 304) ist, sondern auch, daß die Negation von (PF) mit der Physik sogar unverträglich ist (Bd. IV, S. 303). Letzteres ergibt sich, worauf ich bereits oben hingewiesen habe, für Nelson einfach aus dem *Begriff* des Naturgesetzes. Da sich (PF) unter Nelsons Voraussetzungen somit als eine logische Wahrheit entpuppt, ist die Negation von (PF) logisch falsch. Wenn folglich (NG) wahr ist, dann ist (DI) falsch und daher auch nicht „logisch notwendig". Obwohl Nelson nur zeigen will, daß

(DI) nicht „logisch notwendig" ist, bleibt er dabei aber nicht stehen, sondern geht überflüssigerweise noch einen Schritt weiter. Er versucht nämlich, diejenigen „Voraussetzungen" aufzuspüren, aufgrund deren man zur Negation von (PF) kommt. Bei der Fahndung nach diesen „Voraussetzungen" „findet" er die folgenden beiden Sätze (Bd. IV, S. 298 f.):
(WVB) Das an sich Wirkliche ist durch Gesetze vollständig bestimmt, und
(NW)   Das Naturgeschehen ist an sich wirklich.

Aus (WVB) folgt zusammen mit (NW) die Negation von (PF), und es ergibt sich damit folgendes Schema, das im wesentlichen mit dem von Nelson angegebenen Schema (Bd. IV, S. 300) übereinstimmt:

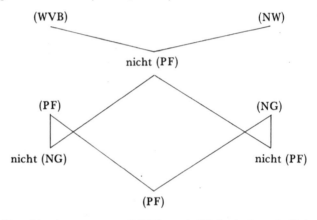

Die beiden Voraussetzungen (WVB) und (NW) sind nach Nelson aber keineswegs „logisch selbstverständlich", „denn wir können sie verneinen, ohne irgend einen logischen Widerspruch zu erhalten" (Bd. IV, S. 299). Damit eröffnet sich für Nelson die Möglichkeit, die Antinomie „aufzulösen". Zu dieser „Auflösung" genügt es nach ihm nämlich, daß wir (WVB) oder (NW) „zurückziehen", weil dadurch die Begründung für die Negation von (PF) und also auch für (DI) entfällt. Auf diese Weise wäre dann gezeigt, daß sich (PF) und (NG) „widerspruchslos vereinigen" lassen.

Diese Überlegungen Nelsons sind jedoch keineswegs schlüssig. Zwar folgt aus (WVB) zusammen mit (NW) die Negation von (PF); aber durch die „Zurückziehung" oder, wie Nelson auch sagt, „Aufhebung" von (WVB) oder (NW) entfällt nur die Begründung der Negation von (PF) eben durch (WVB) und (NW). Keineswegs ist damit jedoch gezeigt, daß die Negation von (PF) überhaupt unbegründet oder gar unbegründbar ist. Tatsächlich bleibt Nelson auch den Nachweis schuldig, daß in der Negation von (PF) die beiden Voraussetzungen (WVB) und (NW) „liegen". Rein logisch gesehen gibt es unendlich viele Aussagen, aus denen die Negation von (PF) folgt. Warum müssen es gerade die Aussagen (WVB) und (NW) sein? Diese sind nur *hinreichende*, nicht aber *notwendige* Bedingungen für die Negation von (PF). Die „Aufhebung" von (WVB) oder (NW) ist also entgegen Nelsons Behauptung (Bd. IV, S. 299 f.) keine stichhaltige Begründung dafür, daß (PF) mit (NG) vereinbar ist.

Wie ist es zu erklären, daß Nelson überhaupt zu den beiden Sätzen (WVB) und (NW) kommt? Eine Erklärung wäre Nelsons Stellung zum *transzendentalen Idealismus*, wonach die Dinge, so wie sie an sich sind, unerkennbar sind (Bd. VII, S. 649). Nach dieser Lehre ist das Naturgeschehen „zufällig" und nicht „an sich wirklich" (Bd. VII, S. 647). Das „an sich Wirkliche" dagegen ist „nicht zufällig" (Bd. IV, S. 298), sondern „notwendig bestimmt" (Bd. VII, S. 647), es ist „notwendig so, wie es ist" (Bd. IV, S. 298). Zwar erwähnt Nelson den transzendentalen Idealismus bei seiner Erörterung der praktischen Postulate an keiner Stelle. Nimmt man aber an, daß diese Lehre, die Nelsons Schriften wie ein roter Faden durchzieht, auch bei seiner „Auflösung" der Antinomie eine im buchstäblichen Sinne „beherrschende" Rolle im Hintergrund gespielt hat, dann erklärt es sich, daß er dabei auf die Gesetze der Logik so wenig Rücksicht genommen hat.

Diskussion

Axel Stupp: Ich möchte Ihre Kritik an dem Nelsonschen Versuch der Zurückweisung des Determinismus, die sich ja auf die Formulierung der „Freiheitsantinomie" und auf die logische Struktur der Argumentation zu ihrer „Auflösung" bezieht, durch einen anderen Hinweis ergänzen: Von dem Argument, wie es im Satz (PF) − „Die Naturgesetze reichen nicht hin, um das Geschehen zu bestimmen" − zum Ausdruck kommt und von Nelson zur Determinismusdiskussion herangezogen wird, ist „natürliches" Geschehen ebenso betroffen wie − überspitzt formuliert − „menschliches Geschehen". Dem Ereignis eines Vulkanausbruchs etwa liegt genau wie einem Handlungsereignis oder einer Entschlußfassung eine bestimmte Ausgangssituation zugrunde, die nach dem Hempel-Oppenheim-Schema ihren Niederschlag in „Aussagen über Ausgangsbedingungen" finden muß, die zu den Gesetzesaussagen hinzutreten müssen, wenn der Satz über das zu erklärende Ereignis abgeleitet werden soll. Ich kann also in einem Beitrag, der sich wesentlich auf (PF) stützt, keinerlei Argument zugunsten des Bestehens einer *spezifisch menschlichen Freiheit des Handelns oder Wollens* sehen. Das Nelsons Meinung nach für das Bestehen der „metaphysischen Freiheit" so bedrohliche Prinzip (NG) − „Die Naturgesetze gelten uneingeschränkt für alles Geschehen" — bezieht sich ja ausdrücklich unterschiedslos auf *alles* Geschehen, und von ebendiesem ist auch sinngemäß in (PF) die Rede.

Ist ein solcher Beitrag zur Determinismusdiskussion in der Moralphilosophie nicht als Rückschritt gegenüber dem genialeren und erfolgversprechenderen Versuch Kants, wie er ihn etwa im dritten Abschnitt der „Grundlegung" unternimmt, anzusehen, dem Determinismusproblem mit einer Bürger-zweier-Welten-Theorie beizukommen?

Reinhard Kleinknecht: Ich weiß nicht, was mit „spezifisch menschlicher Freiheit des Handelns bzw. Wollens" gemeint ist. Darum kann ich auch nicht beurteilen, ob Nelsons „Beitrag" tatsächlich „keinerlei Argument zugunsten des Bestehens einer spezifisch menschlichen Freiheit des Handelns bzw. Wollens" enthält. Da sich die Aussagen (PF) und (NG) auf *alles* Geschehen beziehen, beziehen sie sich auch auf das *menschliche Wollen.* Die Allgemeinheit von (PF) und (NG) spricht nicht gegen Nelsons Argument für das Bestehen der „metaphysischen Freiheit" des menschlichen Wollens.

Ob Kants Versuch, das Determinismusproblem zu lösen, „genialer und erfolgversprechender" ist als der Nelsonsche, lasse ich offen, weil ich nicht weiß, was ein „genialerer" oder „erfolgversprechenderer" philosophischer Versuch ist. Hierfür müßte man erst Kriterien angeben. (Nebenfrage: Kann man „genial" überhaupt steigern?) Nelson jedenfalls beanspruchte nicht, „genial" zu sein. Ob sein „Beitrag" gegenüber dem Kantschen einen Rückschritt darstellt, kann man nur dann überprüfen, wenn man einen Maßstab besitzt, mit dessen Hilfe sich Fortschritt und Rückschritt in der Philosophie beurteilen läßt. Gemessen am Maßstab der Klarheit ist Nelsons „Beitrag" kein Rückschritt Kant gegenüber. Denn wenn Kant die Willensfreiheit auf das „zeitlose", „intelligible" „Sein an sich selbst" des Willens beschränkt, so behauptet er damit das Vorhandensein eines Willens, der nicht irgendwann, d. h. *niemals* wirkt. Entweder ein solcher Wille ist unmöglich, oder aber Kant verwendet hier das Wort „Wille" nicht in der sprachüblichen, sondern in einer ganz neuen Bedeutung. Diese neue Bedeutung genau zu erklären hat Kant allerdings unterlassen.

Anmerkungen

1. L. Nelson, Gesammelte Schriften, hrsg. v. P. Bernays/W. Eichler/A. Gysin/G. Heckmann/G. Henry-Hermann/F. v. Hippel/S. Körner/W. Kroebel/G. Weisser, Felix Meiner Verlag, 1970 ff., Bd. I, S. 197. Alle folgenden Bandangaben beziehen sich auf diese Ausgabe.
Bd. I: Die Schule der kritischen Philosophie und ihre Methode.
Bd. IV: Vorlesungen über die Grundlagen der Ethik, erster Band: Kritik der praktischen Vernunft.

Bd. V: Vorlesungen über die Grundlagen der Ethik, zweiter Band: System der philosophischen Ethik und Pädagogik.

Bd. VII: Fortschritte und Rückschritte der Philosophie von Hume und Kant bis Hegel und Fries.

Bd. IX: Recht und Staat.

2. An späterer Stelle wirft Nelson die Frage auf, ob „nicht aber schon die Naturgesetzlichkeit die Notwendigkeit eines Müssens" (Bd. IV, S. 324) bedeute. Seine Antwort hierauf lautet überraschenderweise: nein. Die Naturgesetzlichkeit besteht für ihn lediglich in der „Voraussagbarkeit", der „Berechenbarkeit eines Ereignisses auf Grund eines anderen" (Bd. IV, S. 328), dem Naturgeschehen selbst dagegen kommt seiner Ansicht nach keine „reale Notwendigkeit eines Müssens" (Bd. IV, S. 330) zu. Dann aber ist alles, was in der Natur geschieht, „metaphysisch frei" im „engsten und strengsten Sinne des Worts" (Bd. IV, S. 280). Also ist auch jeder Entschluß „metaphysisch frei" und folglich ohne Ursache.

Kurt Weinke, Graz

Das Prinzip der „sittlichen Autonomie" bei Leonard Nelson

Man kann Leonard Nelsons umfängliche Beschäftigung mit Fragen der Ethik unter verschiedenen Gesichtspunkten sehen und abhandeln; da ich glaube, daß für ihn das „Prinzip der sittlichen Autonomie" als konstitutives Element seines ethischen Systems galt, möchte ich meine Ausführungen diesem Problem widmen und darzulegen versuchen, was Nelson darunter verstanden wissen wollte und inwieweit man seine diesbezüglichen Überlegungen billigen kann und — falls dies zumindest partiell nicht der Fall ist — wo kritische Ansatzpunkte aufzuzeigen sind. Daß die Annahme eines solchen Prinzips weitreichende Konsequenzen hat im Hinblick auf den Aufbau eines ethischen Systems, dürfte wohl allgemein anerkannt werden. Vorerst aber ist es nötig, in definitorischer Form zu fixieren, was mit „sittlicher Autonomie" bei Nelson gemeint ist; er schreibt dazu: „Inwiefern kann nun aber das Gesetz für eine Person oder für eine Klasse von Personen verbindlich sein? Hierauf antwortet das Prinzip der sittlichen Autonomie. Nach diesem Prinzip kann ein Gesetz nur für denjenigen verbindlich sein, der die Möglichkeit hat, es zu erkennen; denn das Gesetz, von dem hier die Rede ist, ist kein beliebiges Gesetz, sondern das Sittengesetz, und als solches bezieht es sich auf das Handeln oder, bestimmter gesagt, auf den Willen eines vernünftigen Wesens. Der Wille kann aber nur dann für die Erfüllung seiner Verpflichtungen aufkommen, wenn er sie erkennt. Es kann also keine Verbindlichkeit geben, die der Verpflichtete nicht als solche zu erkennen vermag. Dies ist das Prinzip der sittlichen Autonomie"[1]. Nelson war sich dessen bewußt, daß die letzten Sätze dieser als Definition anzusehenden Ausführungen sehr leicht einer — seiner Ansicht nach — Fehlinterpretation unterliegen können, die primär darin besteht, daß man seine Betonung der Notwendigkeit der Erkenntnis der Verbindlichkeit als Subjektivismus mißdeuten könnte. Daher hielt er es für erforderlich, jedwede Vermutung, es könnte ihm dabei um ein subjektivistisches Programm gehen, scharf zurückzuweisen: „Das Prinzip, dem gemäß der Inhalt der Pflicht objektiv und also unabhängig von der Pflichtüberzeugung feststeht, nenne ich das Prinzip der sittlichen Objektivität. Dieses Prinzip ist notwendig, um das der sittlichen Autonomie vor einer Mißdeutung zu schützen, vor der Mißdeutung nämlich, daß die eigene Pflichtüberzeugung des Handelnden zur Bestimmung der Pflicht hinreichend sei, daß es nicht auf die Richtigkeit der Überzeugung ankomme, ja daß im

Grunde eine Unterscheidung zwischen richtiger und falscher Überzeugung unstatthaft sei. Das Prinzip der sittlichen Autonomie befreit den Handelnden von dem Willen einer Autorität. Aber damit verweist es ihn nicht auf sein eigenes zufälliges Urteil, sondern auf seine sittliche Einsicht, und das heißt nach dem Prinzip der sittlichen Objektivität: auf seine von jedem Vorurteil unabhängige Erkenntnis der Pflicht"[2].

Allerdings ist mit dieser Erklärung das Problem der Interdependenz von „sittlicher Autonomie" einerseits und der geforderten Objektivität nicht sehr gut gelöst, sondern eher verkompliziert. Die „sittliche Autonomie" richtet sich per def. gegen die Vorstellung von Normen, die in irgendeiner Form dem Menschen vorgegeben, ihm aufoktroiert sind, sei es in Gestalt von religiös interpretierten, geoffenbarten Normen, sei es in Gestalt eines Normenkodex, den eine Gesellschaft als für jeden Einzelnen verpflichtend aufstellt — dies ist für Nelson Ausdruck der sittlichen Heteronomie. Daraus ergibt sich aber doch wohl, daß es im Belieben (Nelson nennt es: im Erkennen) jedes Einzelnen liegt, für sich zu bestimmen, was als Norm gelten kann, was bedeutet, daß das Prinzip der „sittlichen Autonomie" notwendigerweise mit dem des Subjektivismus gekoppelt erscheint. „Sittliche Autonomie" zu fordern, wie es Nelson macht und gleichzeitig „sittliche Objektivität" zu verlangen, scheint somit dem Verdikt der Inkommensurabilität zu verfallen und ähnliche Probleme aufzuwerfen und lösen zu wollen, mit denen es christliche Kirchen im Zusammenhang mit der Frage nach dem Individualgewissen versus Kollektivgewissen zu tun haben, wobei ebenfalls das Bestreben gegeben ist, zwischen der Scylla (der Anerkennung und sogar Hochschätzung des Individualgewissens) und der Charybdis (der Vorrangstellung des Kollektivgewissens der jeweiligen Glaubensgemeinschaft gegenüber dem subjektiven, leicht fehlbaren Individualgewissen) hindurchzusegeln.

Den Ausweg, den Nelson sich selbst aus dieser etwas unerquicklichen Situation offen hält, kann ich leider nur als semantischen Ausweg bezeichnen: ich meine damit die Verwendung zweier gleichbedeutender aber verschieden klingender und mit Hilfe verschiedener Attribute auch unterschiedlich anzuwendender Begriffe; einerseits den pejorativ gebrauchten (das „zufällige Urteil"), andererseits den positiv ausgezeichneten (die „unabhängige Erkenntnis")[3]. Damit jedoch wird kaum mehr geleistet als eine spitzfindige Distinktion gegeben, die meines Erachtens dem hehren Prinzip des „Entia non sunt multiplicanda, praeter necessitatem" zum Opfer fallen muß — ich glaube nur nicht, daß sich auf diese Weise der Begriff der „sittlichen Objektivität" begründeter Weise einschleusen läßt, um einer übertriebenen Angst, nämlich jener vor dem Abgleiten der „sittlichen Autonomie" in die Subjektivität, vorzubeugen.

Allerdings tragen die übrigen Ausführungen Nelsons zu diesem Problemkreis dazu bei, die, meines Erachtens, bisher begründeten Einwände gegen seine Darstellung dieser Fragen einer Klärung und Lösung zuzuführen, vor allem dadurch, daß Nelson eine leichte Problemverschiebung vornimmt und „Sittenkodex" einerseits und „eigene Einsicht" andererseits gegeneinander ausspielt[4]. Einmal ist seine wohl begründete Ablehnung (sofern man bereit ist, seine diesbezügliche Hauptprämisse zu akzeptieren) einer Aufstellung eines Sittenkodex festzuhalten: „Aus dem Satz vom formalen Charakter des Sittengesetzes folgt unmittelbar die Unmöglichkeit eines Sittenkodex, d. h. einer systematischen Aufzählung von Einzelpflichten, die uns lehren würde, wie wir uns in jedem vorkommenden Fall verhalten sollen"[5], und weiters bringt er Einsicht und — offensichtlich als Befolgung ohne Einsicht gedachte — Befolgung von Normen in einer nach Recht — Gesetz — Dichotomisierung aussehenden Form, wenn er meint: „Wer sich durch einen algemeinen Regelkatalog die Mühe abnehmen läßt, sich über die für die Bestimmung seiner Pflicht wesentlichen Umstände zu orientieren, kann insofern nicht mehr sittlich handeln. Selbst wenn er im einzelnen Fall objektiv das Rechte trifft, so beruht die Übereinstimmung mit dem Sittengesetz nicht auf eigener Einsicht, sondern nur auf seiner Unterwerfung unter die Anweisung eines fremden Willens, also auf einer heteronomen Moral"[6].

Man müßte hier nur ergänzend hinzufügen, daß derjenige, der ohne eigene Einsicht in Übereinstimmung mit dem Sittengesetz handelt, zwar wohl gesetzestreu ist, jedoch deswegen noch nicht als moralisch zu bezeichnen ist. Ich glaube, nicht fehl zu gehen, wenn ich behaupte, daß für Nelson das Handeln gemäß eigener Einsicht und in Übereinstimmung mit dem Sittengesetz als konstitutives Element einer moralisch zu nennenden Handlungsweise anzusehen ist.

Gerade in einer Zeit, in der der Rechtspositivismus gilt, der in unserem Zusammenhang vor allem durch seine (vereinfacht und verkürzt ausgedrückt!) Tendenz einer Reduktion von „Recht" auf „Gesetz" stark an Boden gewann, kommt diesen Ausführungen Nelsons besonderes Gewicht zu, aber auch eine — noch zu besprechende — Problematik. Um darzutun, daß jede Autorität (sei es die des Staates oder jene einer Kirche) nicht geeignet ist, Satzungen zu verkünden, nimmt Nelson zu einer, sophistisch zu nennenden, Argumentationsweise Zuflucht, die allerdings nicht besonders überzeugt: „Ein Befehl ist die Vorschrift des Willens irgend eines anderen oder eines fremden Urteils über das, was angeblich Pflicht sei. Daß jemand will, wir möchten etwas tun, macht dies für uns nicht verbindlich. Um es als verbindlich erkennen zu können, müßten wir einsehen, daß der Befehlende eine Autorität für uns ist, d. h. daß seine Befehle Verbindlichkeit für uns haben. Dies wiederum können wir nur feststellen, wenn wir den fraglichen Befehl mit dem vergleichen, was für uns verbindlich ist. Wie sollten wir den, der befiehlt, sonst als Autorität erkennen? Damit aber drehen wir uns offenbar im Kreise"[7].

Bevor ich meine eigenen Bedenken dazu anmelde, möchte ich Nelson selbst zu Wort kommen lassen und dieses Thema, das vor allem in der Praxis des alltäglichen Geschehens zu Schwierigkeiten führen kann, aus dem zweiten Teil des 5. Bandes, welcher der Pädagogik gewidmet ist, zu klären versuchen; dazu ist es allerdings nötig, Nelson selbst umfänglich zu zitieren. Er war sich der Gefahr bewußt, die der von ihm so gepriesenen Kombination der Autonomie und der Objektivität drohen kann, denn es handelt sich dabei um eine künstlich gestiftete Beziehung, da Autonomie und Subjektivität sozusagen das „natürliche" Begriffspaar darstellen. Unter der Kapitelüberschrift „Unmöglichkeit des pädagogischen Subjektivitätsprinzips" führt Nelson dazu aus: „Die Gefahr einer Überspannung des Autonomieprinzips liegt in der Tat nahe. Nach diesem Prinzip ist Pflichterfüllung nur möglich auf Grund des Urteils des Handelnden über seine Pflicht, und also scheint es für den, den man zur Pflichterfüllung erziehen soll, nur darauf anzukommen, daß er seinen eigenen sittlichen Urteilen folgt, ohne Rücksicht auf deren Übereinstimmung mit einem objektiv feststehenden Gebot. Wer so schließt, stellt sich auf den Boden des pädagogischen Subjektivismus und verkennt das Prinzip der Objektivität. Dieses sagt, daß das praktische Gesetz, aus dem sich das Erziehungsziel herleitet, einen objektiven und also eindeutig feststehenden Inhalt hat ... Hier erhebt sich nun aber die Frage nach der Vereinbarkeit dieser Überlegungen mit dem Prinzip der Autonomie. Diesem Prinzip zufolge darf dem zu Erziehenden nicht ein fremdes Urteil über seine Pflicht zur Richtschnur gemacht werden. Wer hieraus die naheliegende Konsequenz zieht, daß die Erziehung die fragliche Richtschnur in das eigene Urteil des zu erziehenden Menschen setzt, so daß durch das eigene Urteil das für ihn Gute hinreichend bestimmt ist, der hat damit das Prinzip der Objektivität abgelehnt. Denn wo es nur noch auf das eigene sittliche Urteil des zu Erziehenden ankommt, nicht aber auf die Übereinstimmung dieses Urteils mit dem objektiven Inhalt des Gesetzes, da ist in der Tat das Subjektivitätsprinzip an die Stelle der ethischen Objektivität getreten"[8].

Die Lösung dieses offenkundigen Dilemmas sieht Nelson in einem dritten Element, im Sittengesetz: „Die Richtschnur liegt im Sittengesetz und in gar keinem Urteil, weder im fremden noch im eigenen. Sowohl das fremde als auch das eigene Urteil müssen sich erst durch die Übereinstimmung mit dem Sittengesetz rechtfertigen, anderenfalls verlieren sie ihren Anspruch auf Wahrheit und also erst recht den auf Verbindlichkeit."[9]

Nur muß man sich fragen, wie dieses Sittengesetz beschaffen ist: offensichtlich muß es über inhaltliche Bestimmungen verfügen, denn ein bloß formales Sittengesetz leidet unter dem bekannten Nachteil, daß es in konkreten Fällen nichts aussagt. Geht man aber von der Annahme eines mit inhaltlichen Bestimmungen versehenen Sittengesetzes aus, und das ist offensichtlich Nelsons Ansicht, wenn er meint, die Position eines pädagogischen Subjektivismus leugnend: „Die Einsicht in die Unmöglichkeit eines solchen extremen Standpunktes verführt nun dazu, der Doktrin eine weniger radikale Form zu geben, indem man etwa sagt, es gäbe zwar ein Sittengesetz, nur sei sein Inhalt uns nicht erkennbar, und wir seien infolgedessen auf das eigene sittliche Urteil angewiesen. Diese Auffassung wird unterstützt durch eine Schwierigkeit, die in der Inhaltsbestimmung des Sittengesetzes liegt. Wegen des Mangels an Anschaulichkeit sittlicher Erkenntnis kann sich nämlich diese Inhaltsbestimmung nur auf Grund von Urteilen vollziehen"[10], so stellt sich die Frage, wer den Inhalt des so sehr beschworenen Sittengesetzes fixierte. Da Nelson weder einen göttlichen Normengeber anerkannte, noch der Naturrechtstheorie christlicher Provenienz huldigte, muß man seine Ansicht in Ermangelung einer besseren Bezeichnung wohl „ethischen Apriorismus" nennen, der vor allem bei der Bestimmung von Recht und Unrecht sehr stark zum Tragen kommt:

„Das als Recht Anerkannte ist nämlich entweder Recht, oder es ist nicht Recht. Ist es Recht, so ist die Vorstellung, daß es nicht Recht sei, falsch; es wäre also nicht weniger Recht, wenn es, irriger Weise, nicht als Recht anerkannt würde. Ist es aber nicht Recht, so ist die Vorstellung, daß es Recht sei, falsch; es wird also auch nicht dadurch Recht, daß es, irriger Weise, als Recht anerkannt wird. Ob etwas Recht ist oder nicht, kann folglich nicht davon abhängen, ob es als Recht anerkannt wird"[11].

Diese Überlegung ist wohl deshalb so überzeugend, weil die gegenteilige Behauptung, daß nämlich der staatliche Gesetzgeber auch bestimmt, was Recht zu sein hat, dem ethischen Relativismus Tür und Tor öffnet und letztlich Recht sein soll, was dem jeweiligen Gesetzgeber als solches erscheint. Lehnt man, wie Nelson es macht, diese Position ab, so muß man die Frage nach der Instanz, die bestimmen soll, was Recht ist, stellen — und gerade diese Frage bleibt bei Nelson unbeantwortet. Auch die — zwar nicht verbal — aber doch dem Sinne nach, ganz im Geiste Kants vorgebrachte Begründung, die Nelson in der 1. Abteilung seines Werkes „System der philosophischen Ethik und Pädagogik"[1] vorbringt: „Die Bedingungen der Moralität sind vollständig in der formalen Pflichtenlehre entwickelt, es gibt keine anderen als die der Reinheit des Charakters"[12], ist nicht eigentlich als Antwort zum vorliegenden Problem zu werten. Wäre Nelson religiös gewesen — was er bekanntlich durchaus nicht war — könnte man vermuten, daß er diese Frage mit einer „Flucht in die Transzendenz" lösen möchte, so dagegen bleibt nur der Rekurs auf die „Reinheit des Charakters" oder auf die Herrschaft des vernünftig bestimmten Willens über das Leben"[13].

Vielleicht läßt sich überhaupt behaupten, daß sich das Prinzip der sittlichen Autonomie eher negativ denn positiv charakterisieren läßt, was Nelson auf das gesamte Sittengesetz ausdehnen möchte: „Ich behaupte, daß das Sittengesetz an und für sich nur ein negatives Gebot enthält, d. h. unmittelbar nur Unterlassungen gebietet"[14]. Nun, diese Frage soll hier nicht zur Debatte stehen, wohl aber die Frage der sittlichen Autonomie. Und hier ist ein Punkt besonders hervorzuheben, nämlich die Ablehnung aller religiös motivierten Begründungen eines Normenkatalogs, was allein schon im Hinblick darauf anerkennenswert ist, wenn man bedenkt, daß gerade die philosophische Disziplin „Ethik" noch stets von den diversen Theologien als in ihrer Erbpacht stehend angesehen wurde. Diesbezüglich ist jede Herauslösung der Ehtik aus der Theologie als Autonomiebestrebung zu würdigen; Nelson bringt vor allem die Unmöglichkeit der Erkennbarkeit von Gottes Ratschluß als Argument vor, wenn er schreibt: „Wer aus dem Willen Gottes eine bestimmte Pflicht herleitet, müßte mindestens eine Kenntnis des göttlichen Willens haben. Denn sonst wäre das Gebot, den Willen Gottes zu erfüllen, inhaltlos"[15]. Sich etwa auf geoffenbarte, göttliche Normen zu berufen und sein Handeln danach einzurichten, war für Nelson eindeutig Ausdruck einer „sittlichen Heteronomie" und diese Ansicht steht im Zusammenhang mit seiner Einstellung und Wertung der Aufklärung. Nelson schließt sich in definitorischer Hinsicht ganz Kant an, für den bekanntlich die Aufklärung den „Ausgang des Menschen aus seiner selbstverschuldeten Unmündigkeit" bedeutete und Unmündigkeit sei das „Unvermögen, sich seines Verstandes ohne Leitung eines anderen zu bedienen". Nelson kommt es vor allem auf die Mündigkeit an, auf die Fähigkeit des Einzelnen, selbst zu bestimmen, was rechtens ist, ein Punkt, der bereits kurz besprochen wurde — diesbezüglich findet man bei ihm selten klare Aussagen: „Wer die Möglichkeit leugnet, daß Menschen durch eigene Kraft zu einem wertvollen Leben gelangen, der könnte auf den Ausweg verfallen, den Wert des Lebens von einem Gnadenakt zu erwarten. Den Menschen bliebe hiernach nur die Aufgabe, sich um diese Gnade zu bewerben. Bei dieser Ausflucht verkennt man, daß der Wert des Lebens nur von der Selbstbestimmung des Menschen abhängt. Für diese Selbstbestimmung gibt es keinen Ersatz"[16]. Wenn man nun mit Nelson vollständig in der Hochschätzung der Aufklärung übereinstimmt, als jener Strömung, die das scheinbar Gesicherte (nämlich die als von Gott geoffenbart hingestellten Normen) verunsicherte und somit die Notwendigkeit einer Neubegründung aufbrachte, so sei doch daran erinnert, daß für Nelson „Selbstbestimmung" keineswegs gleich Subjektivismus bedeutete, worauf allerdings schon früher hingewiesen wurde.

Daß Nelson gerade in dieser Bewegung, die man mit der mehr-minder glücklichen Bezeichnung „Aufklärung" versieht, und die meines Erachtens solange das aktuelle, geistige Programm der Menschheit sein wird, solange übermächtige Ideologien ein „credo, quia absurdum" fordern, für den Bereich der Ethik vielleicht sogar das wesentlichste Element erblickte, geht schon aus der Tatsache hervor, daß er in den diesbezüglichen Kapiteln sich in stilistischer Hinsicht anders gibt als sonst: hier wird der leidenschaftslose, kühle, dozierende Stil durch einen eher leidenschaftlichen abgelöst; dies sei mit folgendem, längerem Zitat belegt: „Es bedarf einer mühseligen Arbeit des Verstandes, um der Vernunft die Herrschaft im Leben zu erobern, und der Verstand ist der Möglichkeit des Irrtums ausgesetzt. Dadurch, daß der Mensch das Leben dem Richterspruch des Verstandes unterwirft, stürzt er sich in die Gefahr mannigfaltiger Irrtümer, denen die weit weniger ausgesetzt sind, die ihr Leben der Führung der Instinkte anvertrauen. So bringt es die Natur der Aufklärung mit sich, daß diejenigen, die es mit der Verwirklichung dieser Idee versuchen, sich scheinbar von dem Ziel eines in sich selber sicheren und harmonischen Lebens entfernen. Wer daher gewohnt ist, das Streben nach Verwirklichung einer Idee nur nach dem unmittelbaren Erfolg zu beurteilen, der wird an der Möglichkeit einer Kultur der Aufklärung irre werden. Er wird in einem solchen Unternehmen das Hereinbrechen eines uferlosen Subjektivismus und der Anarchie sehen, woraus dann das Bestreben entspringt, der Aufklärung Halt zu gebieten und die Kultur in einer Abwendung von der Selbsttätigkeit zu suchen"[17].

Wenn man bedenkt, daß bereits einige Jahre nach der Niederschrift dieser Zeilen doch große Teile des deutschen Volkes bereit waren, diesen Weg zu gehen, so könnte man diesen Ausführungen direkt prophetische Wirkung zuschreiben.

Wie er karikierend hervorhebt, neigt man gerade in ethischen Belangen gerne dazu, eine rationalistische Attitüde als inadäquat zu suspendieren (wie dies bei Hans Reichenbach, *Der Aufstieg der wissenschaftlichen Philosophie*, Kap. 17 gesehen werden kann), um zu anderen Möglichkeiten zu schreiten, die eher dem Gefühl entsprechen und die von Nelson als „Kultur der Romantik" bezeichnet werden. Daß eine derartige Suspendierung nur einen Atavismus bedeutet, wird von Nelson mit allem Nachdruck hervorgehoben und als mögliche Lösung völlig ausgeschlossen: „Nun ist es aber offenbar nur durch einen Selbstbetrug möglich, die einmal rege gewordene Reflexion und ihre Zweifel an der Verbindlichkeit überlieferter Traditionen und Autoritäten zu beschwichtigen; denn bei innerer Ehrlichkeit kann die Auflösung des Zweifels nur durch die Kraft von Gründen gelingen ... Nicht durch Einschränkung der Reflexion und ihrer Kritik, sondern nur durch ihre Fortbildung und Vollendung ist eine Überwindung der durch die Reflexion herbeigeführten Unsicherheit möglich. Man wirft der Aufklärung vor, daß sie das Leben an eine kalte und glanzlose Herrschaft des Verstandes ausliefere.

Aber die Wärme, die durch Verzicht auf die einmal belebten Reflexionen gewonnen werden soll, ist eine erlogene Wärme, und die Schönheit des Lebens, die man durch die Abwehr von der Aufklärung erlangen zu können glaubt, ist eine erlogene Schönheit"[18]. Wohl selten noch wurde die Richtung der Aufklärung und mit ihr der Rationalismus so begrüßt und gegen mögliche Angriffe verteidigt wie hier bei Nelson. Ein besonderes Gewicht bekommt seine Lobpreisung der Aufklärung dann, wenn man bedenkt, daß es erst in den Jahrhunderten, die man als Zeit der Aufklärung bezeichnet, möglich war, die Ethik als eigenständige Disziplin auszubilden, denn mit dem Aufkommen des Christentums und einer Kirche, die in mehr-minder autoritärer Weise verfügte, was rechtens ist, erübrigte es sich nicht nur, sondern war es auch unmöglich, andere als religiös-kirchliche Begründungsweisen für Normen anzubieten. Allerdings bedeutete auch diese (im Wortsinn) Renaissance des vorchristlichen, griechischen Denkens notwendiger Weise das Verlassen der sicheren Begründungsbasis des Christentums, nämlich die Anerkennung geoffenbarter Normen. Und dies implizierte eine völlige Verunsicherung im Hinblick auf die Möglichkeit einer Begründung und ließ nicht nur verschiedene Formen zu, sondern machte sie direkt notwendig. Dieser Vorgang einer völligen Relativierung ist nur dann negativ zu bewerten, wenn man die unter christlicher Herrschaft gegebene Scheinsicherheit positiv wertet, wenn man Ethik oder, richtiger gesagt, Morallehre als Teil der Theologie und somit der Glaubensverkündigung ansieht. Nelson war sich dessen bewußt, daß ein Heraustreten der Disziplin „Ethik" aus dem kirchlich-religiösen Bereich ihre Verunsicherung, manifest geworden in einer Flut an -ismen, mit sich brachte. Aber auch innerhalb der Philosophie ist kaum eine Disziplin von größeren Identitätsproblemen betroffen, als die Ethik. Der diesbezügliche Hauptangriff kulminierte im Bestreben, die Ethik wegen ihres normativen Anteils als unwissenschaftlich zu klassifizieren und somit auch aus dem Konzert der anerkannten Wissenschaften zu eliminieren, eine Tendenz, die etwa gleichzeitig mit Nelsons Wirken im Rahmen der philosophisch-wissenschaftlichen Erneuerungsbewegung im Umkreis des Neopositivismus aufkam.

Damit sind wir bei einem weiteren Aspekt des Problems der sittlichen Autonomie angelangt, nämlich bei der internen Abgrenzung (primär in methodologischer Hinsicht) der Ethik gegenüber anderen Disziplinen der Philosophie, eine Frage, die gerade durch die neopositivistischen Eliminationsversuche der Ethik aus dem Konzert der — sich wissenschaftlich gebenden — Philosophie besondere Aktualität bekam.

Es ist das unbestreitbare und nicht hoch genug zu wertende Verdienst Nelsons (diese Aussage gilt natürlich nur, wenn man die „ideologische" Position vertritt, daß die Ethik ein genuiner Teil *auch* der heutigen Philosophie darstellt!), daß er bestrebt war, die Ethik als eigenständige Disziplin auszugeben und sie — auch ohne Begründungsmöglichkeit des normativen Teils — als wissenschaftliche Disziplin zu werten, obwohl ich Schwierigkeiten habe, seine diesbezüglichen Überlegungen und Ausführungen voll zu billigen. In einer Gegenüberstellung von Ethik und Naturwissenschaft führt Nelson aus: „Der Vorrang, der in dem gegenseitigen Verhältnis von Ethik und Naturwissenschaft so leicht der Naturwissenschaft zufällt, dieser Vorrang hat bloß zufällige, geschichtliche Gründe, von denen wir uns nur nicht Rechenschaft geben. Es ist eine lediglich geschichtlich feststehende Tatsache, daß die Physik heute eine so wohl begründete, eine so anerkannte und feste Wissenschaft ist. Und es ist eine ebenso zufällige, nur geschichtlich zu verzeichnende Tatsache, daß die Meinungen über die Ethik heute schwankende, dem Streit unterworfene Vorstellungen sind, die weit davon entfernt sind, so etwas wie eine allgemein anerkannte Wissenschaft vorzustellen. Es gab eine Zeit, wo die Physik, die den unbestrittenen Stolz unsrer Tage ausmacht, dem gleichen Zweifel, der gleichen Ungewißheit, ja dem gleichen unbestrittenen Unglauben ausgesetzt war, wie heute die Ethik . . . Wir können daher auch vorhersagen, daß, wenn der Unglaube an die Möglichkeit einer wissenschaftlichen Ethik auf die Dauer Fuß fassen sollte, es für absehbare Jahrtausende ebensowenig eine wissenschaftliche Ethik geben würde, wie es für vergangene Jahrtausende eine wissenschaftliche Physik gegeben hat"[19].

Bei allem Respekt vor Nelsons Bestreben und Optimismus, die Ethik — analog der Physik — als Wissenschaft präsentieren zu können, möchte ich doch große Bedenken dagegen anmelden. Die Naturwissenschaften konnten wohl nicht deshalb den Status exakter Wissenschaften erreichen, weil sie — wie Nelson meint — sich von der Autorität des Sokrates lösen konnten, der eine Naturkenntnis für ausgeschlossen gehalten haben soll, sondern weil sie, um nur *einen* Grund zu nennen, den auch Nelson anführt, nicht gezwungen sind, aus indikativischen Prämissen eine imperativische Konklusion herzuleiten, obwohl bei ihnen, und hierin muß man Nelson Recht geben, eine indikativische Prämisse „unbewiesen" an der Spitze steht. Allerdings ist seine daraus abgeleitete Folgerung für die Ethik nicht unbestritten hinzunehmen: „Wer . . . behauptet, daß es der Naturwissenschaft unbeschadet ihrer wissenschaftlichen Strenge erlaubt sei, Prämissen, die die Form des Indikativs haben, als Voraussetzungen zu gebrauchen, ohne sie ihrerseits zu beweisen, der kann es der Ethik nicht verwehren, unbewiesene Prämissen an die Spitze zu stellen, die die Form eines Imperativs haben"[20]. Diese Begründungsart ist deswegen so interessant, weil man vermuten könnte, daß Nelson in der üblichen Weise versuchen werde, seine Ansicht zu beweisen, nämlich mit Hilfe von Versuchen, die Crux des Ganzen, nämlich die Sein/Sollen-Dichotomie, zu überwinden. Doch will er keinesfalls bestreiten, wie er im Anschluß an eine kurze Besprechung der Ansichten Poincarés ausführt, daß es unmöglich ist, diese Dichotomie zu überwinden, und daher beschreitet er auch einen Weg, der verblüffen muß und der den diesbezüglichen Humeschen Bedenken voll entgeht, indem er ein imperativisches System präsentiert. Man kann sich zwar unschwer ein logisch korrektes, imperativisches System vorstellen, doch ist dieses Ideal Nelsons, das er der naturwissenschaftlich-indikativischen Methode entgegenstellt, nicht das eigentliche Problem, denn dieses besteht darin, daß die Ethik unmöglich auf den indikativischen Bereich verzichten kann, will sie nicht den Praxis-Bezug verlieren und nur noch Normenlogik sein, was im umgekehrten Fall bei den Naturwissenschaften nicht der Fall ist, da sie sehr wohl des imperativischen Elements entbehren können. Soweit ich es beurteilen kann, ist darin die Schwäche der Ethik und die Stärke der Naturwissenschaften zumindest teilweise enthalten.

In der gebotenen Kürze versuchte ich, das Problem der „sittlichen Autonomie" bei Leonard Nelson im Hinblick auf drei, mir besonders relevant scheinende Detailfragen darzustellen; die eher negativ-kritische Bewertung mindestens des dritten und vielleicht auch des ersten Problemkreises sollte nicht darüber hinwegtäuschen, daß Nelson mit seinem Programm einer „sittlichen Autonomie" der Ethik insoferne einen großen Dienst erwies, als er damit dieser Disziplin die nötige Anerkennung im Konzert der übrigen philosophischen Disziplinen zurückgeben wollte — daß er damit allerdings auch allen späteren Ethikern eine Vielzahl an Fragen und Problemen zurückließ, sollte höchstens Ansporn sein, diese Probleme einer Lösung näherzubringen.

Anmerkungen

1. Nelson, Leonard, System der philosophischen Ethik und Pädagogik, Bd. V der Gesammelten Schriften in neun Bändern, hrsg. von P. Bernays/W. Eichler/ A. Gysin/G. Heckmann/G. Henry-Hermann/F. v. Hippel/S. Körner/W. Kroebel/G. Weisser, Felix Meiner Verlag, Hamburg ³1970, S. 55.
2. Ebda., S. 57.
3. Es ist kaum auszumachen, ob diese beiden Begriffe synonym sind oder nicht; philosophische und juristische Texte legen abwechselnd einmal die eine und dann wieder die andere Ansicht nahe.
4. Nelson, Leonard, System der philosophischen Ethik und Pädagogik, Bd. V der Gesammelten Schriften, S. 109 f.
5. Ebda., S. 110.
6 Ebda., S. 111.
7. Ebda., S. 56.
8. Ebda., S. 402 f.
9. Ebda., S. 403 f.
10. Ebda., S. 405.

11. Nelson, Leonhard, Kritik der praktischen Vernunft, Bd. IV der Gesammelten Schriften, S. 162.
12. Nelson, Leonhard, System der philosophischen Ethik und Pädagogik, S. 104.
13. Ebda., S. 216.
14. Ebda., S. 106.
15. Ebda., S. 152.
16. Ebda., S., 280.
17. Ebda., S. 281.
18. Ebda., S. 282.
19. Ebda., S. 6 f.
20. Ebda., S. 6 f.

Raymond G. Frey, Liverpool

Leonard Nelson and the Moral Right of Animals*

The question of whether animals possess moral rights is once again being widely argued. Doubtless the rise of ethology is partly responsible for this: as we learn more about the behavior of animals, it seems inevitable that we shall be led to focus upon the similarities between them and us, so that the extension of moral rights from human beings to animals can appear, as the result of these similarities, to have a firm basis in nature[1]. But the major impetus to renewed interest in the subject of animal rights almost certainly comes from a heightened and more critical awareness, by philosophers and non-philosophers alike, of the arguments for and against eating animals and using them in scientific research. For if animals *do* have moral rights such as a right to live and to live free from unnecessary suffering, then the case for eating and experimenting upon them, especially when other alternatives are for the most part readily available, is going to have to be a powerful one indeed. It is important, however, not to misconstrue the question: the question is not about *which* rights animals may or may not be thought to possess or about *whether* their alleged rights in a particular regard are on a par with the alleged rights of humans in this same regard but rather about the more fundamental issue of whether animals — or, in any event, the ‚higher' animals — are a kind of being which can be the logical subject of rights. It is this issue, and a particular position with regard to it, that I want to address here. The position I have in mind is that adopted by Leonard Nelson.

In his *Sytem Of Ethics*, in the discussion of the material theory of duties, Nelson is among the first, if not *the* first, to propound the view that only beings which have *interests* can have rights[2], a view which has attracted an increasingly wide following ever since[3]; and he is absolutely emphatic that animals as well as human beings are, as he puts it, ‚carriers of interests'[4]. Accordingly, he concludes that animals possess rights, rights which both deserve and warrant our respect. For Nelson, then, it is because animals have *interests* that they can be the logical subject of rights, and his claim that animals do have interests forms the minor premiss, therefore, of an argument for the moral rights of animals, which we can render as follows:

Only beings which (can) have interests (can) have moral rights;

Animals as well as humans (can) have interests;
Therefore, animals (can) have moral rights.

Though I am sympathetic to the major premiss of this argument, I do not think it at all easy to defend; but, on this occasion, it is the minor premiss — that animals have interests — that I want to examine. For it is the crucial claim both in Nelson's argument with respect to rights and in his whole position with respect to our duties to animals; yet, it is not nearly as straightforward as Nelson thinks, or so I want to suggest.

There are three central difficulties with Nelson's treatment of the claim that animals have interests. First, he argues that the contention that we cannot *know* whether animals have interests is irrelevant, since he has, he says, ‚defined animals as carriers of interests'[5]. Given this definition, and given that only beings which have interests have moral rights, it follows that animals have such rights; but the use of what amounts to a stipulative definition in order to obtain the truth of this result spoils the result itself. For Nelson does not show but in effect simply asserts that animals have interests, and no one dubious in the first place on this score is likely to be persuaded otherwise by mere assertion. Second, reliance upon definition in this way obviates the necessity for Nelson to cite those conditions which must be satisfied in order for a being to have interests, with the result that we have no way of checking to see if his assertion that animals do have interests is in fact true. For example, the fact that a being is rational will not do as a necessary condition, since Nelson specifically defines animals as ‚carriers of interests' and as ‚non-rational'[6]; the notion of being a living creature will not do, since he appears quite prepared to accept that stones *may* have interests[7]; the notion of consciousness will not do, since he appears quite prepared to accept that cabbages, which very few people indeed have ever considered to be conscious, *may* have interests[8]; and the notion of responding to stimuli will not do, since he allows that electric bells respond to stimuli but do not have interests[9]. The notion of pain will not do, since he seems prepared to allow that stones, trees, shrubs and cabbages *may* have interests, though very few people have ever considered these things to be capable of being in pain, which they *could not* be in any event, unless they were possessed of consciousness. Nor, for Nelson, is being a person a necessary condition for having interests, since he identifies the notion of being a person with that of being a carrier of interests[10]. In other words, they are the same notion, a view which commits Nelson, incidentally, to regarding animals (and possibly stones and cabbages) as persons, something also which has not usually been thought. In short, because Nelson does not specify the conditions which animals as well as humans allegedly meet (and must meet) in order to have interests, we cannot check to see if animals do indeed meet those conditions; in the end, we are left in the unsatisfactory position of having only Nelson's assertion that they do, without having been given at the same time any reason to think this assertion true. Third, and to my mind, most important of all, Nelson nowhere analyzes the concept of an interest, so that we are not told *what it is* that men and animals are alleged to have when they are alleged to have interests. The absence of such a analysis is puzzling in the extreme: Nelson's whole position on the moral rights of animals and on our duties to animals turns upon his claim that they have interests, and there is simply no way of even coming to grips with this claim unless we know what an interest is.

These, then, are the central difficulties with Nelson's treatment of the claim that animals have interests. But the matter goes much deeper still, as can be seen by probing the issue of what an interest is.

To say that "Good health is in John's interests" is not at all the same thing as to say that "John has an interest in good health". The former is intimately bound up with having a good or well-being to which good health is conducive, so that we could just as easily have said "Good health is conducive to John's good or well-being", whereas the latter — "John has an interest in good health" — is intimately bound up with wanting, with John's wanting good health. That these two notions of "interest" are logically distinct is readily apparent: good health may well be in John's interests, in the sense of being conducive to his good or well-being, even if John does not want good health, indeed, even if he wants to continue taking drugs and so irreparably damage his health; and John may have an interest in taking drugs, in the sense of wanting to continue to take them, even if it is apparent to him that it is not conducive to his good or well-being to do so. In other words, something can be *in* John's interests without John's *having* an interest in it, and John can *have* an interest in something without its being *in* his interests.

Now if this is right, and there are (at least) these two logically distinct senses of "interest", we can go on to ask whether animals have interests in either of these senses; and if they do, then perhaps Nelson's claim and the minor premiss of his argument can be rescued.

Do animals, therefore, have interests in the first sense, in the sense of having a good or well-being or welfare which can be harmed and benefitted? The answer, I think, is that they certainly *do* have interests in this sense; after all, it is plainly not good for a dog to be fed certain types of food or to be deprived of a certain amount of exercise. This answer, however, is of little use to Nelson; for it yields the counterintuitive result that even man-made and/or manufactured objects or things have interests, and, therefore, on Nelson's position have or at least are candidates for having moral rights. For example, just as it is not good for a dog to be deprived of a certain amount of exercise, so it is not good for prehistoric cave drawings to be exposed to excessive amounts of carbon dioxide or for Rembrandt paintings to be exposed to excessive amounts of sunlight. If, nevertheless, one is inclined to doubt that the notion of "not being good for" in these examples shows that the thing in question "has a good", consider the case of tractors: anything, including tractors, can have a good, a well-being, I suggest, if it is the sort of thing that can be good of its kind; and there are obviously good and bad tractors. A tractor that cannot perform certain tasks is not a good tractor, is not good of its kind; it falls short of certain standards which tractors must meet in order to be good ones. Thus, to say that it is in a tractor's interest to be well-oiled means only that it is conducive to the tractor's being a good one, good of its kind, if it is well-oiled. Just as John is good of his kind (i. e., a human being, only if he is in health, so tractors are good of their kind only if they are well-oiled. Of course, farmers *have an interest* in their tractors being well-oiled; but this does not show that being well-oiled is not in a tractor's interest, in the sense of contributing to its being good of its kind. It *may* show that what makes good tractors good depends upon the purposes for which *we* make them; but the fact that we make them for certain purposes in no way shows that, once they *are* made, they lack a good of their own. Their good is being good of their kind, and being well-oiled is conducive to their being good of their kind and so, in this sense, in their interests. If this is right, then the implication for Nelson's position is apparent: if tractors have interests, then on Nelson's view they have or can have moral rights, and this is a counterintuitive result. It cannot be in this first sense of "interest", then, that the case for animals and for Nelson's position is to be made; for though animals do have interests in this sense, so, too, do tractors, with awkward results.

Do animals, therefore, have interests in the second sense, in the sense of having wants which can be satisfied or left unsatisfied? In this sense, of course, it appears that tractors do not have interests; for though being well-oiled may be conducive to tractors being good of their kind, tractors do not *have an interest* in being well-oiled, since they cannot *want* to be well-oiled, cannot, in fact, have any wants whatever. But farmers can have wants, and *they* certainly have an interest in their tractors being well-oiled.

What, then, about animals? Can they have wants? By "wants", I understand a term that encompasses (at least) both needs and desires, and it is these that I will consider.

If to ask whether animals can have wants is to ask whether they can have needs, then certainly animals have wants. A dog can need water. But *this* cannot be the sense of "want" on which having interests will depend, since it allows "things" to have wants. Thus, just as dogs will die unless their need for water is satisfied, so trees and grass and a wide variety of plants and shrubs will die unless their need for water is satisfied. Dogs need water, grass needs water; otherwise, both die. If we are to agree that tractors do not have wants, and, therefore, interests, it cannot be the case that wants are to be construed as needs.

This, then, leaves desires, and the question of whether animals can have wants as desires. I may as well say at once, what is bound to appear controversial, that I do not think animals *can have* desires.

My reasons for thinking this turn largely upon my doubts that animals can have beliefs[11], and my doubts in this regard turn partially upon the view that having beliefs is not compatible with the absence of language and linguistic ability. This is far too large and complex an issue to tackle here; so, I will sketch my view in broad terms, in order to exhibit the basis upon which it rests. This basis, I should perhaps stress, consists in an analysis of belief and what it is to have and entertain beliefs, and not in the adoption of something like Noam Chomsky's account of language as something radically discontinuous with animal behaviour.

Suppose I am a collector of rare books and desire to own a Gutenberg Bible: my desire to own this volume is *to be traced* to my belief that I do not now own such a work and that my rare book collection is deficient in this regard. By "to be traced" here, what I mean is this: if someone were to ask *how* my belief that my book collection lacks a Gutenberg Bible is connected with my desire to own such a Bible, what better or more direct reply could be given than that, without this belief, I would not have this desire? For if I believed that my rare book collection *did* contain a Gutenberg Bible and so was complete in this sense, then I would not desire a Gutenberg Bible in order to make up what I now believe to be a notable deficiency in my collection. (Of course, I might desire to own more than one such Bible; but this contingency is not what is at issue here.)

Now what is it that I believe? I believe that my collection lacks a Gutenberg Bible; that is, I believe that the proposition or sentence "My collection lacks a Gutenberg Bible" is true. (I shall use the terms "proposition" and "sentence" interchangeably here, since nothing of substance to my point turns upon any distinction between them, a distinction it might be thought important to draw in other contexts, for other purposes.) In constructions of the form "I believe that...", what follows upon the "that" is a proposition or declarative sentence; and *what* I believe is that that proposition or sentence is true. The same is the case with constructions of the form "He believes that...": what follows the "that" is a proposition or declarative sentence, and what the "he" in question believes is that that proposition or sentence is true. The beginning of my difficulties in the case of animals should now be obvious: if someone were to say, e. g., "The cat believes that the door is locked", then that person is holding, as I see it, that the cat believes the proposition or declarative sentence "The door is locked" to be true; and I can see no reason whatever for crediting the cat or any other creature which lacks language, including human infants, with entertaining and holding to be true certain propositions or declarative sentences.

Importantly, nothing whatever in this account is affected by changing the example, in order to rid it of sophisticated concepts like "door" and "locked", which in any event may be thought beyond cats, and to put in their place much more rudimentary concepts. For the essence of my account is not about the relative sophistication of this or that concept but rather about the close relationship between belief and holding certain propositions or declarative sentences to be true. If what is believed is that a certain proposition or declarative sentence is true, then no creature which lacks language can have beliefs; and without beliefs, no creature can have desires. And this is the case with animals, or so I suggest; and if I am right, not even in the sense, then, of wants as desires can Nelson sustain his view that animals have interests, which, to recall, is the minor premiss in his argument for the moral rights of animals.

I will conclude by adding to the above, again in very broad terms, two further points about belief that persuade me even more firmly that animals cannot have beliefs. First, I cannot see how a creature could have beliefs without being able to distinguish between true and false belief. When I believe that my collection of rare books lacks a Gutenberg Bible, I believe that it is true that my collection lacks such a Bible; put another way, I believe that it is false that my collection contains a Gutenberg Bible. I can distinguish between these, and what I believe, according to my view, is that the proposition or sentence "My collection lacks a Gutenberg Bible" is true. And propositions or sentences *are* the sorts of things that can be true or false. Now I do not see how the cat could believe that the door is locked unless it could distinguish this true belief from the false belief that the door is unlocked; but what is true or false are not states of affairs which correspond to or reflect beliefs. States of affairs are not true or false but either are or are not the case. Therefore, if one is prepared to credit cats with beliefs, and cats must be able to distinguish true from false beliefs, and states of affairs are not true or false, then what exactly is it that the cat distinguishes as true or false? Reflection on this question, I think, forces one to credit cats with language, in order for there to be something that can be true or false in belief; and it is precisely because they lack language that we cannot make this move. Second, if in order to have the concept of belief, a creature must be able to distinguish true from false beliefs, then in order for a creature to be able to distinguish true from false beliefs, that creature must — simply must, as I see it — have some awareness of how language connects with, links up with the world. There is, however, no reason to credit cats with this awareness. My belief that my collection lacks a Gutenberg Bible is true if my collection lacks a Gutenberg Bible; that is, the truth of this belief cannot be entertained by me without it being the case that I am aware that the truth of the proposition or sentence which I believe is *at the very least* partially a function of how the world is. In sum, however difficult to capture, there is a relationship between language and the world; a grasp of this relationship is necessary in order for a creature to be able to distinguish true and false beliefs; and a grasp of *this* distinction is necessary if a creature is to possess the concept of belief at all.

Diskussion

Grete Henry: In der Begründung seiner These, daß Tiere Rechte haben, knüpft Nelson an an die Tatsache, daß es so etwas wie Tierquälerei gibt. Es gibt sogar Menschen, die Freude daran haben, wie das in der grausigen Anekdote zum Ausdruck kommt, eine Mutter habe über die Berufswahl ihres Sohnes gesagt: „Der Junge soll Schlachter werden; er quält so gern Tiere." Auch der Referent wird, so nehme ich an, Tierquälerei aus Freude am Quälen für ein Unrecht halten. Trotzdem meint er, die Tatsache, daß Tiere Schmerz, Angst und Leid empfinden können, könne für Nelson nicht entscheidend gewesen sein, ihnen Interessen und damit auch Rechte zuzusprechen, das Recht nämlich, daß Menschen im Umgang mit ihnen berücksichtigen und in die eigene ethische Abwägung miteinbeziehen, was sie Tieren antun. Denn Nelson habe doch anscheinend auch in Erwägung gezogen, daß auch Steine, Bäume und Kohlköpfe Interessen haben könnten. Das stimmt nicht: Auf das Argument, man könne doch nicht wissen, ob nicht auch Pflanzen und Steine Schmerz und Angst empfinden könnten, antwortet Nelson, daß wir keine Interessen berücksichtigen können, von denen wir nicht wissen können, ob sie bestehen und worauf sie gerichtet sind, daß uns aber das doch nicht von der Pflicht entbinde, das Recht der Tiere zu achten, nicht willkürlich vom Menschen dem Schmerz und der Angst ausgesetzt zu werden. — Dabei kann von einem Recht der Tiere nur gegenüber dem Menschen die Rede sein, der als vernünftiges Wesen ihm gegenüber Pflichten hat. Die Gazelle, die in der Wildnis von einem Löwen gejagt und geschlagen wird, hat trotz Angst und Schmerz, die sie dabei erleidet, dem Löwen gegenüber kein Recht. Das Tier hat ein Recht nur dem Menschen gegenüber, der bedenken kann und soll, was er anderen — Menschen oder Tieren — an Angst und Schmerz zulastet.

Raymond G. Frey: Daraus, daß Menschen einem Wesen gegenüber Pflichten haben, folgt noch nicht, daß dieses Wesen Rechte hat. Einem Kunstwerk gegenüber hat der Mensch auch die Pflicht, es zu erhalten und nicht willkürlich zu zerstören. Aber das Kunstwerk hat darum noch keine Rechte.

Charles Boasson: In the first place, I think it is not doing justice to Nelson to demonstrate minor defects, if they be such at all, in his logical argument or demonstrate some contradiction and then to rely on these in order to attack a major and meritorious element of his thinking: that animals are entitled to considerate behaviour on our part.

In the second place, it is possible to find in Nelson's own writings arguments to counter the denial of moral rights of animals. Nelson e. g. accepts the ranking order of ,,interests" and thus of moral rights, as shown by his examples of shipwrecked people or of people unaware of their "true" interests. Professor Frey's argument, moreover, entails the denial of moral rights of children, insane or unconscious people, even of persons, however talented, whilst asleep. None of those are able to believe that a proposition is false or true, which Professor Frey asserts is necessary to believe in order to have interests. The term "I believe" is however quite vague and need not be so restricted at all. If one accepts the concept of inchoate belief, no one has proved that some animals do not "believe". The poet Thomas Eliot reminded us about religious belief in a kind of parable: "God is a very large fish, say fish".

Returning to ranking order: dolphins show a kind of "belief" that they must not attack other animals, humans included, even when endangered by these others. They seem to believe: this is a world to be friendly and to save other lives. If Professor Frey argues that creatures who are not capable to distinguish between linguistic propositions and declarative sentences as either false or true do have no real belief and thus no interests and no moral rights, does he conclude that modern logicians who demonstrated that certain logical sentences are undecidable have thereby forfeited there moral rights? Would he not rather admit that persons, perhaps including himself, who occasionally misconceive the relationship between language and the world, do not automatically lose all moral rights? If so, he has, I submit, no argument left against Nelson.

Anmerkungen

* The first part of this paper is indebted to work on interests by my friend Tom Regan; see T. Regan, Feinberg On What Sorts Of Beings Have Rights, in: Southern Journal of Philosophy, Winter (1976), 485–98; and T. Regan, McCloskey On Why Animals Cannot Have Rights, in: Philosophical Quarterly, vol. 26, 1976, pp. 251–57. The second part of the paper envelopes and tries to use Donald Davidson's suggestion that having beliefs requires the distinction between true and false belief; see D. Davidson, Thought and Talk, in: Mind and Language, ed. S. Guttenplan (Oxford University Press, 1975), p. 22.

1. This way of putting the matter, of course, assumes that *human beings* have moral rights, and on another occasion, I should perhaps wish to challenge this assumption.
2. Leonard Nelson, System of Ethics, trans. by Norbert Guterman (New Haven, Yale University Press, 1956), Part I, Section 2, Chapter 7, pp. 136–144. All subsequent references to Nelson are page-references to this volume.
3. See, for example, H. J. McCloskey, Rights, in: Philosophical Quarterly, vol. 15, 1965, pp. 115–127: and J. Feinberg, The Rights of Animals and Unborn Generations, in: W. T. Blackstone, (ed.), Philosophy and Environmental Crisis (Athens, Georgia, University of Georgia Press, 1974), pp. 43–68.
4. Nelson, op. cit., p. 138.
5. Op. cit., p. 138.
6. Op. cit., p. 138.
7. Op. cit., p. 140.
8. Op. cit., p. 140.
9. Op. cit., p. 141.
10. Op. cit., p. 138.
11. I have gone into some of these doubts elsewhere; see my paper: Russell and The Essence of Desire, in: Philosophy, forthcoming.

Aulis Aarnio, Helsinki

On the Ideological Nature of Legal Reasoning

Translated by Paul Van Aerschot

I. Some Conceptual Problems

In his book „Tuomarin harkinta normin puuttuessa" Otto Brusiin writes: „The factual political condition of society is reflected in the judge's decisions because the judge is a member of the community; he is not able to set himself free mentally from the political force field to which he belongs as a citizen."[1] Even if the judge does not comply with topical slogans he will, according to Brusiin, nevertheless always make *political* decisions in the very deep sense of the term. Perhaps the original Greek term "politikos" in itself describes the issue at stake: the judge's decision is *social*. It seems, however, that this original meaning has become somewhat blurred, at least in the debate this subject has caused in Finland. For this season it seems justified to elucidate Brusiin's line of reasoning in an introduction.

Brusiin was not particularly interested in the study of the *structure* of the political and economic institutions working in society. His point of departure is not the same as the one we find, for instance, in the legal and political theories based on Marx's thought. Brusiin's focus is rather on anthropological questions so to speak. He is definitely interested in the way in which different social elements merge into a practical decision in the judge's *reasoning*. His point of departure is the statement that legal norms constitute only a part of a broader whole; they form a part of the social system of norms. Legal norms emerge — as he said — from social reality as a result of a historical process. This implies that in order to understand legal norms one should know the political and economic structure of society, especially from a historical point of view. This is important because the goals behind the legal system are also the result of the historical development of social reality.

Because the judge himself is also a member of the community and in this capacity *internalizes* certain basic values his decisions always conform to the goals behind the legal system. Because of this social background, the judge's decisions cannot run counter to the prevailing system. He simply does not carry out the law of the community if he departs from the system of values maintained by means of the legal system. When we take this background into account it is easy to understand that the courts can never reform the *foundations* of the system, though they may participate in the gradual development of law. This also makes Brusiin's conclusion clear: the judge's value choices are *social* choices. The judge stands up for the prevailing system and does not act against it.

Without examining in this context the foundations of Brusiin's thoughts in detail, I only note that as early as the end of the 1930s Brusiin developed many of the ideas which various circles put forward three or four decades later, for instance in the discussion that has been going on in the Scandinavian countries[2] Brusiin's holistic research approach — of which I gave only a loose description above — offers an excellent starting-point for understanding the social ties binding the *administration of justice* in particular. On the other hand his studies are mainly limited to the administration of justice: he has not treated the subject under consideration from the point of view of legal science, for example. This would seem to call to an essay to supplement Brusiin's studies, particularly along these lines. In other words, the issue is whether it is possible to extend the scope of the basic idea emerging from Brusiin's studies, the social nature of legal thinking, to *legal research*.

A focus on legal research seems justified for two additional reasons. First, the question of the political nature of legal research has not been dealt with in detail in any other context either. This is perhaps because it is easier to conceive of the courts as an organ using power than it is legal research; in practice they apply norms which are the product of political power. The second, and in fact the immediate motivation for my study, has been that the discussion of the political nature of legal research has in general been inarticulate. Views have easily been polarized: legal research is/is not political. It seems more useful to consider — at least at the outset — the *concept* of the political nature of legal research itself. What does the assertion that legal research is/is not political *mean*? In the following I have taken presicely this approach.

My exposition is *analytical* and only to a small extent empirical. Apart from some exceptions I do not try to advance statements about the actual condition of legal science. I attempt above all to map out the alternatives which have emerged in the course of the discussion about the political nature of legal research. I hope the reader will take this limitation into account when studying this paper because the most I can offer him, as far as the subject itself is concerned, is a *framework enabling him to form a personal opinion.*

Before we proceed to examine the subject itself it is important to note that when we speak of the involvement of legal research with social valuation or affirm that legal research is political in some other sense we do not refer — at least not in general — to partisan views presented by the decision-maker. In this trivial sense legal science, as well as any other field of science, is non-political. In the following I shall leave aside this sense of the term "political".

For the treatment of our subject we need some general conceptual means, a frame of reference, so to speak. Without it we obviously cannot grasp the whole problem. One way to facilitate our penetration of the problem consists of distinguishing from each other two nuances in the meaning of the term "political": political in an *objective* sense and political in a *subjective* sense. From a linguistic point of view, this distinction may not be quite appropriate because these terms can be interpreted in many ways, which urges some explanatory remarks.

In an objective sense, every solution and research result which has *social* consequences may be regarded as political. I am thinking here (in the first place) of a simple causal relation: if one acts in a certain way, consequence X follows. Moreover, we may make a distinction between objectivity in the *broad* sense of the word and objectivity in the *narrow* sense of the word, depending on what kind of consequences we consider.

Legal science is always a social or political activity in the broad sense of the word. Every solution has *some* socially relevant consequence because the legal system is a social system. The jurist again constitutes a part of the machinery which in society elucidates the contents of the legal system. However, the significance of legal science is not limited to this factor. Legal science also moulds the contents of legislation to be enacted, for example the systematics to be used in it, and influences the solutions the legislator adopts. It has been stated with good reason that legal research is a factual source of law: it exerts influence both on the person or body applying the law (e. g. on the judge) and on the legislator (e. g. on Parliament).

One may also speak of the political nature of legal research — always in the objective sense of the word — in a much more narrow sense. Some jurists have called attention to the effects of the views stated in legal research *from the point of view of different social groups or social classes*. Doctrinal solutions may favour a certain group and harm another. This kind of approach seems pertinent for example in Marxist legal theory. Its representatives readily remark that legal research should be examined as a social institution and that its (objective) effects should be elucidated from the point of view of different social classes.

In this exposition I shall call political in the *subjective* sense of the word a view the contents of which are influenced by a *social ideology*[3]. The researcher may be *conscious* of the influence or *unconscious* of it. In the former case he purposively uses ideological elements to construct his solution. We could call this an active political approach. In my study I shall not deal with this aspect of the term "subjectively political" apart from a few referential comments. This limitation does not imply that the active political approach would not be an interesting and significant object of analysis. On the contrary, it would be important to establish whether researchers are aware of this kind of use of ideology when doing their work, and if they are, in what situations they are aware of it. However, if our focus of attention is on the analysis of the *structure* of legal research, unconscious political choices become more important than the acitve political approach. In this connection the question arises, which role ideologies conceptually play in juridical research. In other words, our point of view is about the same as the one adopted by a theorist of social science who attempts to establish the respective share of ideological and "purely" theoretical elements in theoretical social studies. From the point of view of legal research the problem could be stated as follows: can a jurist act independently of ideologies?

Depending on how *decisively* ideology has influenced a view we may speak of political solutions of *various degrees*. A view may be exclusively ideological: the result depends on social valuation and only on this. In another case ideology is again only one among other criteria for the solution. We may also come across situations where ideology has not influence whatever on the final result. This will at least be the case when an inference in merely logical. Graphically speaking it is possible to mark all viewpoints on a moving scale with the totally political and the totally non-political viewpoints at its extrems.

When evaluating this reference to a scale we should, however, bear in mind two different cases, namely the question of how ideology (de facto) *influences* a viewpoint and how it *may* (potentially) *influence* a viewpoint. Here again I have to narrow my argument. My examination does not concern the empirical problem of specifying what the role of ideologies actually is in various situations where a solution should be found. For example I shall not discuss whether solutions which are actually influenced by ideology either to some extent or decisively are frequent. It is the task of empirical research, not of the type of analysis carried out here, to establish this. However, it is clear that only empirical research is able to tell us what significance the comparison to a scale ultimately has or may have for the characterization of legal research. Nevertheless, I shall content myself with the examination of the *potential* influence of ideology.

The potential influence of ideologies may also be examined in at least two ways. I shall distinguish between the *positive* and the *negative* influence of ideology. By positive influence I mean that ideological factors may be used as criteria for the solution when a certain alternative interpretation is chosen. To use an example typical of the Marxist approach, a researcher's

On the Ideological Nature of Legal Reasoning

ideology in a capitalist system may always affect his interpretations in favour of the owning class. By negative influence I understand the fact that ideology excludes certain problems from a group of problems to be investigated or certain alternatives from alternative solutions. The latter influence manifests itself for example when certain factors are systematically omitted in an argumentation.

Before I begin to specify my research problem and to justify my answer to the question under consideration I shall condense the terminological analyses carried out above into the following scheme. The political nature of legal research may at least have the following meanings:

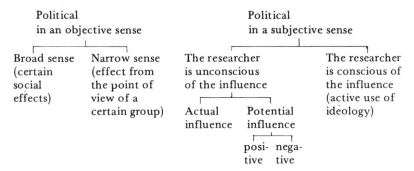

This scheme includes the central theme on which I shall concentrate my attention later: can a standpoint be positively or negatively ideological? In other words, I shall try to analyse the concepts "political in a subjective sense", especially the potential influence — which the jurists concerned are not aware of — of ideologies on legal research.

First, however, I want to make a few remarks on the relation between political in an objective sense and political in a subjective sense. If a researcher *consciously* uses ideological criteria to construct his solution, this solution is usually also objectively political. In this case, the active use of ideology is connected with a solution relevant to a certain interest group. This, however, is not always true: a solution may be subjectively political in the sense indicated above without being objectively political. Indeed, the researcher may take *imaginary* consequences into account and because of these refer to an ideological criterion. These imaginary consequences do not necessarily materialize; in this case the solution is insignificant from the point of view of the interest group concerned.

On the other hand, the following relation seems to exist. Let us assume that there are two alternative solutions, T_1 and T_2, between which the researcher has to make a *choice*. Both alternatives have consequences relevant to a certain interest group. Whatever choice (T_1 or T_2) he makes, the solution is objectively political in the narrow sense of the word. In such a case ideology *may* exert an influence; in other words, ideology may exert (at least) a positive influence on the final result. Consequently "subjectively political" referring to a potential influence is in this way always connected with political in the objective sense of the word. I shall also keep in mind this situation when reflecting upon the role ideology may play in legal research.

To conclude this section, let us take an example to illustrate the conceptual confusion which may easily arise in discussion, if the different meanings of the term "political" are not carefully kept apart from each other. In Finland animated discussion has been going on during the last few years about whether the relation between the judiciary and the other organs of the State should be rearranged. In this connection it has been contended that judicial decisions systematically favour a certain social class, primarily the owners of capital. Without stating any opinion on the material contents of this assertion we can say that it is an attempt to reveal something (empirical) about the political nature of judicial decisions in an objective sense. Against this contention several judges have argued that in individual cases they have never passed judgement according to the social position of the parties concerned, let alone according to their political affiliation. The courts have been impartial. The former statement clearly refers to the objective sense of the term "political", the latter to its subjective sense. One side speaks of objective consequences, the other of conscious utilization of ideology. Under these conditions the discussion cannot hold a fruitful exchange of ideas; rather it leads to polarization of the standpoints.

II. The role of ideologies in research

Valutations may influence scientific research at various stages. Without attempting to give an exhaustive description I shall enumerate the most important stages of research that are "sensitive" to valuation: (a) the choice of a field of research, (b) the choice of a particular research subject, (c) the choice of the problems to be examined, (d) the choice of method, (e) the choice of research material (the arguments) and the emphasis laid on its different parts, (f) the producing of research results by means of the material mentioned in point (e), (g) the publishing of the research results and (h) the utilization of the results[4].

I believe it is clear that none of these choices can be made by applying internal criteria of legal research in such a way that a general rule guiding research would unambiguously settle the results of the choices. Each choice is determined by the researcher's valuations, and these valuations are to a large extent a product of his milieu. In this respect, the so-called scientific community (the auditory), i. e. the group of persons to whom a study is directed[5], is in a key-position. A scientific auditory in legal research does not always exclusively consist of researchers; it may include judges, barristers and, in general, persons living within the sphere of the legal system concerned who are obliged to express their opinions on the contents of this system. When we consider the auditory influencing research it may be more appropriate to speak of the legal community than of the community of researchers.

On the other hand one should notice that the objects of choice I have listed above are not totally independent of each other. On the contrary, there are both logical and factual (empirical) relations of dependence between them. As an example we may cite the persons who wants to establish in detail the contents of a given legal norm. He cannot choose (or at least cannot restrict himself exclusively to) the approaches offered by empirical social science, but is obliged to carry out his research using the means provided by legal dogmatics.

Although the ideological dependencies associated for instance with the choice of a field of research and of a problem offer a fruitful object of analysis, I shall leave them aside in the following. I shall concentrate my attention exclusively on the question in which way social valuations may influence the *content of research results* (points e and f above). However, most of what is put forward in this respect applies, mutatis mutandis, also to the choices mentioned in points a—d and g—h. In all these cases one may assume that the choices are political in the subjective sense of the word indicated above.

When we consider the influence of social ideology on the contents of research results it does not seem justified to treat jurisprudence according to a uniform pattern, without differentiating its elements. Legal research is — to use Ludwig Wittgenstein's terminology — a concept which is characterized by family resemblance. It covers many different kinds of activities which are not entitled to place on the same footing structurally without further preface. We can use the term legal research e. g. to indicate activities aiming at explaining the behavior of the courts or of the legislator[6] or at predicting future behavior of the authorities[7]. Traditionally, however, legal research has been conceived in a rather narrow sense to refer mainly to *legal dogmatics*. In this context it is not my task to take a stand on the question of how the function of legal research *should be* defined. It is also beyond my scope to try to give an exhaustive *description* of the practice of legal research prevailing at this moment[8]. My purpose is considerably more modest: I shall try to elucidate whether we can affirm that social ideology influences *legal dogmatics*. This means that I shall not deal for instance with any research which is (possibly) called legal research and which uses the methods of empirical social science or which examines juridical phenomena by means of the methods of historical research.

According to the prevailing view, legal dogmatics comprise two different tasks, the *systematization* of legal norms and their *interpretation*, i. e. the determination of the purport of legal norms. They seem to be in a somewhat different position with regard to the influence of ideology. Therefore I shall first briefly deal with systematization and after that I shall consider the social involvement of interpretation a little more in detail.

First one should notice that systematization in itself — as a research performance — does not include choices based on ideological goals or on any valuation at all. *The choice of the matter* to be systematized certainly is a valuation decision exactly like any other decision concerning the research subject. The basis choice of the researcher undertaking the systematization i. e. *the fact that* he wants to systematize and not, for example, to examine the (causal) effects of legal norms is naturally also based on valuations. Besides one should observe that systematization and interpretation are not completely independent of each other. The way in which legal norms are systematized affects the way in which the purport of the norms is conceived and vice versa. Systematization also depends on valuations as far as valuations affect interpretation and interpretation again influences systematization. I believe all these specifications can be accepted without hesitation. In this context, however, I shall not take up the relations of dependency. I shall concentrate on systematization as an *operation of reasoning*, so to speak.

To join with Alchourrón and Bulygin[9] we could say that systematization consists of the *replacement* of a basic system (S_1) by another one (S_2) which is identical to it. By identity I understand that the normative consequences of the systems are the same, i. e. that the systems lead to the same solutions when they are applied to the same cases. The significance of the new system (S_2) may result from the fact that it is more surveyable and coherent than the older one. This is the case for instance when the systematization covers a field which has been very casuistically regulated. From the point of view of our subject the logical constituents of systematization are essential. We are concerned with the same kind of *creative activity* and inferences resulting from it as the mathematician performs when proving a theorem. The basis of the whole performance consists in perceiving new connections between things which may be already known. This perception cannot be logically regulated nor can it be made ideologically dependent. What matters are individual differences in talent rather than the fact that the systematization would for example be the product of a political ideology.

It is an entirely different matter that a given way of systematizing may *objectively* produce certain social effects. For example traditional civil law systematics may only favor a certain interest group, etc. If this is the case — which should naturally be demonstrated separately — the consequences are independent of the way in which the systematics originate in the researcher's mind. Systematics may, besides, produce such effects although the researcher does not consciously aim at an ideologically significant final result.

The point just mentioned also applies to every viewpoint elucidating (interpreting) the *contents* of legal system when this viewpoint is exclusively based on logical operations. As an example we can mention the procedure where the researcher, using a certain definition, replaces a term (T) which is clear as to its purport by another, more specified term (T_1). This is the case for instance when the term "heir" is replaced by every particular category of heirs which can be deduced from the law, direct heirs, parents, brothers and sisters, etc.[10]

Often the legal rule under consideration is not clear as to its purport. In this case the substitution of a term by another cannot be done. On the contrary, the interpreter has to make a *choice* among different alternative meanings. Here adopting a view is not based on theoretical, i. e. logical, or inductive inference but on *practical* deliberation. The researcher argues in favor of a certain view and tries to convince also others of the soundness of his opinion. In this context there is no reason to enlarge upon the structure of argumentation. It is enough to point out that in situations where a choice should be made some degree of *consequential deliberation* based on valuations is always connected with it. This implies that in such a situation a researcher's view can never be true or false *in the same sense* as a statement of natural science. The view will be correct only within the auditory which evaluates its hypothetical consequences in the same way as the interpreter. Therefore, the "truth" of a juridical interpretation is always relative. Here, however, the question which is referred to in the heading of this paper arises: do *ideological* factors influence the choices, i. e. is research of this type (subjectively) political as to its nature or not?

Perhaps I should point out to the reader that the (hypothetical) consequences which affect the decision may be of two types, empirical and non-empirical. The former group consists of all social effects of the interpretative decision which can be measured sociologically. Non-empirical we may, so to speak, call all intrasystematic consequences concerning the systematics of law. There is, however, a *valuation* connected with both kinds of consequences: different consequences are emphasized in different ways and the decision has to be based on the emphasis laid. *From the point of view of our subject* this means that we are allowed to treat different cases in the same way although it is not possible to represent the argumentation itself structurally by means of a uniform pattern[11].

I shall first discuss the positive influence of ideology. From this point of view, my metaphor of the moving scale means the following.

1. According to § 1 of the law of Promissory Notes, the word "promissory note" must be mentioned in the drawn note. § 2 of the same Law stipulates that a document, in which anything mentioned in § 1 is lacking, will not be considered a promissory note. On the basis of this, the scholar states that a document, in which the word "promissory note", by mistake has been omitted, does not bind the parties in the way prescribed in the law. A roughly similar situation was found in my earlier example where the members of the community of heirs may be identified directly on the basis of the law text.

In a situation like this, the scholar does not make *comparisons* between different alternative interpretations. His conclusion is of a conceptual nature (i. e. based on the meanings of the terms, on definitons), and, consequently, neutral in regard to ideology. For this reason we may place the examples mentioned in the above passage at one extreme point of the scale. They are, so to speak, representative of value-free legal research.

2. In the administration of the community of heirs, the rights of the heir and the bequeathee often collide with each other. Let us assume that the deceased, in a will, has bequeathed X a landed estate he has owned. In the administration of the community of heirs it is found that the estate of the deceased includes other items of property, for their value an amount equal to the landed estate. According to Finnish legislation, the heir has so-called right of a legal share, i. e. the right to have a certain minimum share of the deceased's estate, irrespective of the will. However, the law does not give any clear answer to the question whether the heir must content himself with other items of the estate than the real property or is he entitled to demand the bequeathee to give him a share of the landed estate mentioned in the will, as well.

In this situation, the scholar proposes the protection of the bequeathee. We may here skip over the juridical arguments that are presented to back up the decision. Now, let us ask whether it is possible that social goal-settings play a role in the decision-making. A way of answering this question is to find out whether the scholar, when proposing the protection of the right of the bequeathee, can take into consideration the class of all bequeathees without any notice of the social qualities that the individual members of this class perhaps have. To illustrate this, I shall divide the bequeathees and the heirs into two classes, P and Q. The former represents the working class and the latter, respectively, the owning class (to use terms stemming from Marxist theory). According to the classes to which the bequeathee and respectively the heir may belong, we will thus have four different alternatives:

$Q - Q, Q - P, P - Q, P - P.$

If both the bequeathee and the heir belong to the same social class (the first and the fourth alternatives, i. e. $Q - Q$ and $P - P$), the whole way of posing the problem does not seem to make much sense. In other words, the fact is not so that the scholar takes a protecting attitude toward the bequeathee *because* the latter belongs to a certain social class. In these situations, the fact that the parties belong to certain social groups is even conceptually non-significant. We must search for elsewhere the gounds of protecting the bequeathee.

If the scholar represents the ideology of the owing class and the setting is of the form $Q - P$, i. e. the bequeathee belongs to the owning class and the heir to the working class, it is, in priciple, possible that the decision is determined by ideology. *But:* if the scholar happens to represent the ideology of the working class and, nevertheless, suggests the above solution, then he is acting in an inconsistent way.

The same holds for the remaining case, albeit in an inverted way. Depending on the scholar's *Weltanschauung*, it is in principle possible that ideology affects the decision. Thus it would seem that ideology *may* have an influence also in a case like this, a case that is purely a matter of civil law and usually also may be classified as purely juridical. However, the matter is not that simple.

First of all, we must notice that legal research always inquires into *case categories*, not into individuated interpretation situations. Thus, for instance, the attention is not directed to the conflict between the heir N. N. and the bequeathee M. M. The question is how the conflict between the heir and the bequeathee in general should be decided in that-and-that situation.

Second, the *structure of the juridical relationship* is such that the interest parties in question — the heir and the bequeathee — do not come into conflict with each other as representatives of certain classes or social groups. The opposition between their interests is due to their juridical roles, to their particular positions as heir or bequeathee. In other word, the nature of the interest conflict is such that the decision is not affected by a person's position in the setting $Q - P$ or $P - Q$. In this particular type of conflict, the last-mentioned setting has no bearing on the matter. The reason for this, however, is not that the person's position in a given social class or social group *deliberately* were disregarded or taken into consideration or that this position had an unconscious effect on the formation of the juridical standpoint. The disregarding of the relations $Q - P$ and $P - Q$ simply is due to the nature of the juridical dispute on hand and to the structure of the relationships between persons appearing in it. Definitively, it is so that for one who is making a decision concerning the relation between the heir and the bequeathee, the only matters of real significance are those that are connected with *this* particular conflict constellation and with the interests manifesting themselves in this setting.

Our example may without any risk be generalized to bear upon a considerable part of the interpretation situations in legal research. The abstractive approach is typical of civil law as well as criminal law and administrative law — just to mention a few examples. In all these branches there is a great number of decision-making situations where the rights and duties of persons are assessed on the basis of the persons' juridical *roles*. Sellers are viewed as sellers; endorsers are viewed as endorsers; one who is entitled to a pension is viewed as one who is entitled to a pension; and so on. The persons, in these roles, naturally represent certain interests that, again, may collide with the interests of persons that act in some other juridical role. Conflicts of interests emerge. However, they emerge in such a way that no social advantage or disadvantage that is independent of these interests is included in the criteria of decision-making that are used in the case on hand.

An entirely another thing — which I shall discuss after a moment — is that ideology *may* have a negative influence on the choice of the objects of interpretation and therewith an influence on the content of the suggested answers. However, I shall leave aside this problem for a moment and proceed to discuss an interpretation situation of another type.

3. To point out certain new nuances in the above example, we must transform it a little. Let us assume that the case to be decided is a lawsuit concerning the purchase of real property. The parties are a private landowner and a public community, say, a commune. The conflict is occasioned on account of the preconditions of and the compensation for the purchase. In other words, the setting has changed so far that the parties of the legal transaction are not necessarily any more treated merely as a seller and a buyer, i. e. as purely *juridical* categories. Even the basic situation taken as the startingpoint is not of the form "transferor — transferee"; its form is "private person as transferor — public community as transferee". The setting involves the relation between a weaker and a stronger party, instead of being a relation between the seller and the buyer.

In a situation like this it is *possible* that the interpreter's socially colored conception of what is a private person's need of protection against a public community, (in part) determines the content of the decision. If the interpreter's ideology favors the interests of the private person against the grip of society, he will be more inclined to opt for an alternative that in an optimal way secures the interests of the private person. In the contrary case, the common interest may be favored at the expense of the interests of a single person, and thus the result may be different. In both cases, ideology has a positive influence on the result.

An example of this could be the interpretation of a rule which prescribes that the public community must pay the transferor an "appropriate compensation" for the real property. The content of the stipulation is *open*; it is not possible to give exact criteria by means of which the price could be unambiguously established. The criteria of an appropriate price will depend on valuations. On the other hand, because the structure of the conflict situation is socially colored — it involves the eternal problem of individual and community —, the interpreter's total view of society necessarily is reflected in the valuation. The evaluation of the matter is not socially neutral. It can be something like that only in case that the interpreter contents himself to put forward a technical norm: if you strive for that, you should act in this way. But if the interpreter, instead of this, says "This is the *correct* interpretation of the appropriate value", then he has already taken a stand on the value-content, too.

4. The last-mentioned case is closely tangent to such interpretation situations in labor law that in a pronounced manner bring the conflict of interests between the employer and the employee to the foreground. The social position of one of the parties may be reflected in the decision, because in a situation like this the positions of the parties under study in part bear the mark of their social qualities. The same holds for e. g. extensive interpretation problems that concern environmental protection. In these cases the structure of the interpretation situation is such that a social ideology easily may have a determining effect on the decision. Moreover, the cases may often be tangent to the protection of property right, discussed in Example 3. In other words, the setting is marked by an opposition between the interests of a private person and those of society.

In the light of these examples, let us try to summarize the points concerning the influence of ideologies in legal research. First of all, we observed that one extreme pole of the scale, the class of the interpretation situations that are completely neutral, comprises the cases where the final standpoint *is not based on a choice* between various alternative decisions. Our example concerning the interpretation of the law of promissory notes belongs to this group. But if the interpreter has to make a *choice*, the position of the interpretation on our scale will change. Valuations begin to play a role. Again, the interpretation situation determines of which content the valuation is that may become the criterion of choice. The valuation may be of a *moral* nature; this is often the case in family law. The valuation may involve a comparison of the interests of two separate parties, *without* any determining influence of social goal-setting on the result of comparison; e. g. several interpretation situations in the law of inheritance are of this type. It would be factitious to claim that an interpretation problem bearing upon, say, the surveillance of a will could be settled in different ways depending on the fact whether the interpreter has adopted a conservative or a radical social ideology. However, in some cases the adopted goal-setting may determine the choice or have a determining influence on it. This is always the case when in the comparison of interests socially relevant parties, e. g. a privat owner and the society, stand against each other. What I want to say is th part of our total view of society conceptually (i. e. by definition) be upon *this* very relation. Thus it is impossible to avoid adopting ideology as one of the decision-making criteria. The nature of the problem will again determine *to what extent* ideology enters the picture. We may summarize the matter by saying that in this respect the situations vary on a continuum, like the colors of the spectrum that unobserved change into another one. Only at one extreme pole of the scale we will meet decisions that are made under a decisive reference to social ideology. Presented in a graphic way, the foregoing can be expressed like this:

Type of interpretation

Demonstration of the
internal logic of
concepts

                                                       Choice of an alternative
                                                       interpretation

Proposing of technical
norms

x	x	x
0	0	1

Ideologically   The role of ideology in interpretation
neutral cases

In conclusion, a few words about the *negative* influence of ideology. The reader may recall my earlier definition: ideology has a negative influence, when from the adoption of an ideological standpoint it follows that the problem will remain unsettled or some arguments will remain unused. The positive influence of ideology can be "directly" seen in the final result, whereas the problem of negative influence mainly means that something will be eliminated from legal research.

An example may be the position of the buyer of consumer goods. If the buyer and the seller are treated as equals, assuming that both of them in all circumstances have similar economic and intellectual resources at their disposal, the *factual* chances of either party to use legal protection may easily be overlooked. If the failure to consider these chances is due to ideological reasons — i. e. the problems are not regarded as significant —, the case is a specimen of the negative influence of ideology. Such questions are omitted that were liable to be settled under the positive influence of social goal-settings. In other words, taking economic resources into consideration could bring about that, for instance, the responsibility of the parties in various situations were interpreted in another way than in assuming that they are equals.

Consequently, in a case like this we could say that ideology eliminates "inflammable" problems in legal research. By concentrating on problems posed in a certain way one can avoid taking a stand on choices that necessitate the use of ideology as a criterion of decision-making. However, in these situations the negative influence of ideology shows some interesting aspects.

In the first instance, the fact that a problem remains untreated is not *necessarily* due to ideological reasons in the above sense. The reason for it may be, so to speak, the self-protection of legal research: decisions that would be likely to bring the neutrality of the scholar on a hard trial are consciously being avoided. Adherence to questions as juridico-technical as possible will keep social valuations outside the discourse, or at least reduce their significance. In this way the methodical control of statements becomes possible (to a certain degree). Considering this, claims about the influence of ideologies in legal research must be taken cautiously. The choice of the type of problem may — in a thoroughly legitimate way — be motivated by other things than social goal-settings.

On the other hand, one thing follows from this. It is not necessarily a negative matter that some specific type of questions will remain outside the scope of legal research. What is negative and what is not, depends on the way how the goals of legal research are interpreted. If a methodical control as effective as possible is held up as the goal, then it is only natural to try to avoid studying subject matter that is sensitive to ideology. And, in turn, if it is considered important that the study covers such problems that cannot be classified as purely juridico-technical, then the elimination of certain types of problems is taken to be something negative. In this case, the line taken in regard to methodical control will be more liberal than in the previous case.

Hence, seen from this point of view the role of ideology is a matter of methodical nature. And the problem of the influence of ideological elements in legal interpretation and systematization turns out to be a *methodological* question.

Literature

Aarnio, Aulis, On the Role Played by Social Values in Jurisprudence, in: Tidskrift utgiven av juridiska föreningen i Finland (JFT) 1975/1.
—, Legal Point of View. Seven Essays on Legal Theory. Helsinki 1978.
—, On Legal Reasoning. Loimaa 1977.
Alchourrón, Carlos/Eugenio Bulygin, Normative Systems 1971.
Bolding, P. O., Juridik och samhällsdebatt. 1968.
Brusiin, Otto, Tuomarin harkinta normin puuttuessa. 1938.
—, Über die Objektivität der Rechtssprechung. 1949.
Jorgensen, Stig, Ret og samfund. 1970.
Perelman, Ch., The Idea of Justice and the Problem of Argument. 1963.
Ross, Alf., On Law and Justice, London 1958.
Wroblewski, Jerzy. Ideologie de l'application judiciaire du droit, in: Österreichische Zeitschrift für öffentliches Recht, 1974 p. 45 pp.
—, Legal Reasoning in Legal Interpretation. in: Etudes de Logique Juridique III/1969 p. 1 pp.

Anmerkungen

1. O. Brusiin, Tuomarin harkinta normin puutuessa, 1948, p. 201 pp.
2. O. Brusiin, Über die Objektivität der Rechtssprechung, 1949, p. 52 pp.
3. The definition used here is formulated by M. Juntunen in the Finnish Journal Sosiologia 1/1971 p. 13.
4. A. Aarnio, On the Role played by Social Values in Jurisprudence, in: Tidskrift utgiven av juridiska föreningen i Finnland (JFT) 1975/1.
5. I have analysed this problematics quite detailed in A. Aarnio: On Legal Resoning, Soimaa 1977.
6. See: On Legal Reasoning, passim.
7. In that direction the problem has been a approached by A. Ross e. g. in: Om ret og retfaerdighed (On Law and Justice).
8. A. Aarnio, On Legal Reasoning, p. 184 pp.
9. Alchourrón, Carlos/Eugenio Bulygin, Normative Systems, 1971 p. 67 pp. See also Aarnio, On Legal Reasoning.
10. A. Aarnio, On Legal Reasoning, p. 284 pp.
11. Cfr. the traditional interpretation theories, e. g. the theory of objective and subjective interpretation, the teleological interpretation theory etc. .

Wahé H. Balekjian, Glasgow

Der Begriff des Europa-Rechts im Lichte der Nelsonschen Lehre

I. Einleitung

Über die Frage der Relevanz der Nelsonschen Rechtslehre für den Begriff des Europa-Rechts; Zweck und Abgrenzung des Sektionsvortrags

Nelsons Rechtslehre und der Bereich des Europa-Rechts mögen zunächst voneinander weit entfernt erscheinen, und es mag ein wenig unorthodox vorkommen, die beiden miteinander in Verbindung bringen zu wollen. Nelsons Rechtslehre regt aber zum systematischen Nachdenken an, und auch das Europa- oder Gemeinschaftsrecht bedarf seinerseits, wie jede Rechtsordnung, einer theoretischen und philosophischen Betrachtung und Begründung. Das Europa-Recht setzt als die Rechtsordnung der Europäischen Gemeinschaften eine grundlegende Logik und grundlegende Zielsetzungen (Teleologie) voraus. Die Frage nach seiner Logik und den Zielsetzungen wird im Lichte der Tatsache noch lockerer, daß das Gemeinschaftsrecht eine Kategorie *sui generis* zwischen innerstaatlichem Recht einerseits und internationalem Recht andererseits darstellt. Als solche ist es schon Gegenstand lebhafter, systematischer und eingehender Diskussionen geworden; diese Diskussionen sind aber von einem Schlußpunkt noch weit entfernt.

Während das Interesse sich in den 50er und 60er Jahren in grundlegenden Kommentaren und Erläuterungen auf den Inhalt und die Grenzen des Rechts der Europäischen Gemeinschaften konzentrierte, ist das Europa-Recht in den letzten 10 Jahren auch als Gegenstand teleologischer und axiologischer Betrachtungen behandelt worden. Der Umriß einer Lehre, die rechtsphilosophische Ansätze enthält und Anregungen zu weiteren Betrachtungen und Entwicklungen liefert, entwickelt sich langsam. Sie betrifft die Grundfrage nach der Natur, dem Inhalt und den Grenzen der Rechtsverbindlichkeit des Europa-Rechts und der Pflichten der Mitgliedstaaten, die Ziele der Gemeinschaft, einer Integrationsdynamik entsprechend, gemeinsam politisch und legislatorisch zu fördern. Mein Interesse für dies Thema ist interdisziplinärer Natur und beruht auf der Überzeugung, daß ein so dynamisches und teleologisch orientiertes Recht wie jenes der Europäischen Gemeinschaften auf der Ebene interdisziplinärer Betrachtungen genauso ergiebig und übezeugend behandelt werden kann, wie im Bereich einer einzigen

Disziplin, z. B. im Berührungsbereich zwischen politischer Philosophie und Rechtsphilosophie.

Im begrenzten Rahmen dieses Sektionsvortrags werde ich zuerst sehr kurz auf das Wesen von Nelsons System der philosophischen Rechtslehre und Politik, d. h. auf seine Grundthese von Recht und Politik in ihrer Relevanz für das Europa-Recht hinweisen, dann die enge Verknüpfung von Politik und Recht im Bereich des Europa-Rechts andeuten, und in den Schlußfolgerungen den Imperativ vom politischen Handeln im Sinne der teleologischen Dynamik des Europa-Rechts, im Lichte der Nelsonschen Rechtslehre, festlegen.

II. Über Nelsons System der philosophischen Rechtslehre und Politik; seine Grundthese von Recht und Politik

Wie der Titel dieses Abschnittes schon angibt, ist Nelsons System der Rechtslehre ein synthetisierendes, d. h. es integriert den Bereich des Rechts für den Zweck philosophischer Forschung und Begründung mit der Frage nach dem Menschen und seiner sozialen und gemeinschaftlichen Umwelt. Für ihn ist die Rechtslehre ein Gebiet, welches sich als Disziplin mit den Problemen des Menschen in bezug auf Handeln für den Zweck der Schaffung oder Wandlung einer normativen Ordnung befaßt. Seine integrierende Haltung widerspiegelt sich im allgemeinen Titel *Vorlesungen über die Grundlagen der Ethik*, worunter sein *System der philosophischen Rechtslehre und Politik* als dritter Band der Ausgabe vom Jahre 1924 eingeordnet ist. Dies zeigt, wie Nelson die Rechtslehre von der Warte eines breiten philosophischen Winkels aus unter dem allgemeinen Titel *Ethik* betrachtete. Der Begriff „Ethik" war für ihn umfassend: er bezog sich nicht nur auf die Frage nach individuellem Verhalten und Handeln, sondern schloß auch rechtliches und politisches Verhalten ein: „in dem weiten Sinne ... auch Pädagogik, Rechtslehre und Politik ..."[1]. Er wollte „die Rechtslehre und die Politik auf ein festes (integriertes) wissenschaftliches Fundament... stellen"[2]. Er definierte „Politik" als „im allgemeinsten Sinne des Wortes ... alles das, was auf eine bestimmte Gestaltung der äußeren Form der Gesellschaft abzielt"[3]. Die Rechtslehre „bestimmt das Ziel für die äußere Entwicklung der Gesellschaft"[4]. Um zu unterstreichen, wie eng für Nelson Recht und Politik miteinander verknüpft sind, können wir auf folgende Zitate hinweisen: „jede politische Betrachtung" setzt „ein bestimmtes Ziel" voraus „... dem gemäß sie alles, was die Gestaltung der äußeren Form (als Ziel des Rechts) der Gesellschaft betrifft, beurteilt"[5]. (Darf ich hier auf das axiologische Element [„beurteilt"] hinweisen?). „Wenn wir irgend eine Handlung, eine Maßnahme, irgend eine Anstalt, eine Einrichtung politisch beurteilen, so beurteilen wir sie mit Rücksicht auf ihren *Erfolg*, und das heißt nichts anderes als danach, ob sie zur Verwirklichung eines vorausgesetzten Zieles tauglich oder untauglich ist"[6]. „Die politische Beurteilung betrifft ... die Zweckmäßigkeit dessen, was wir beurteilen"[7]. Die Frage nach dem Relativismus hinsichtlich politischer Ziele aufgreifend erklärt Nelson, daß eine *politische Vorschrift* ein *hypothetischer Imperativ* sein kann, „denn (eine solche politische Vorschrift) kann nur vorschreiben, was geschehen muß, wenn wir den vorausgesetzten Zweck wollen"[8]. Ein solcher vorausgesetzter Zweck ist für Nelson ein „kategorisches Ziel", d. h. „das im Gegensatz zu anderen Zielen ... erstrebenswerte"[9]. „(ein Ziel), das ihnen (den Menschen) durch ein aller Willkür entrücktes Gesetz eindeutig vorgeschrieben ist, ... eines Zieles also, das uns einen Maßstab an die Hand gibt zur Beurteilung politischer Angelegenheiten"[10].

Zusammenfassend können wir feststellen, daß für Nelson politische Ordnung, politisches Handeln einerseits und Rechtsordnung und rechtliches Handeln andererseits sich gegenseitig überschneidende und miteinander eng verknüpfte Bereiche sind, und auch Gegenstände der Lehre der *praktischen Philosophie*, der „Lehre, nicht von dem was wirklich geschieht, sondern von dem was geschehen sollte, oder dessen Geschehen Wert hat ..."[11]. Dies sind Ansätze, die ich mit dem Bereich des Europa-Rechts in Verbindung bringen werde.

III. Über den Begriff und die Natur des Europa-Rechts

Die Entwicklungs- und Ergänzungsbedürftigkeit des Europa-Rechts; der politische Entschluß und die politische Zusammenarbeit der Mitgliedstaaten der Europäischen Gemeinschaften als Voraussetzung für das Funktionieren und die Weiterentwicklung des Europa-Rechts; die Abhängigkeit des Europa-Rechts vom politischen Willen der Mitgliedstaaten. Haben die Mitgliedstaaten eine vertragsrechtliche und rechtslogische Verpflichtung, im Sinne der Natur des Europa-Rechts „ohne Verzug" legislatorisch zu handeln?

In diesem Abschnitt werden wir uns hauptsächlich auf das Recht der Europäischen Wirtschaftsgemeinschaft (EWG) beziehen, da die Vertragstexte der Europäischen Gemeinschaft für Kohle und Stahl (EGKS) und der Europäischen Gemeinschaft für Atomenergie (EURATOM) als sozusagen Gesetzverträge (traités lois) viel weniger problematisch und für den Zweck des Europa-Rechts weniger charakteristisch sind als der Rahmenvertrag (traité cadre) der EWG (EWGV).

Bei allen drei Verträgen, vor allem aber im Falle des EWGV können wir leicht feststellen, daß es sich hier um teleologisches Recht handelt, d. h. es handelt sich um Zielsetzungen, deren Verwirklichung und Effektivisierung mit den Verträgen als Ausgangspunkten, vor allem dem EWGV, durch weitere legislatorische Maßnahmen und Entwicklungen gewährleistet werden sollen. In einem Wort, das Europa-Recht ist, mit den Verträgen als Ausgangspunkt, entwicklungs- und ergänzungsbedürftig. Mit dem Inkrafttreten der Verträge wurde eine dynamische Entwicklung, d. h. ein Integrationsprozeß in Gang gesetzt, die bei weitem noch nicht vollzogen ist. Die als kurz-, mittel- oder langfristig qualifizierten Ziele einer harmonischen Entwicklung des Wirtschaftslebens in der Gemeinschaft, einer beständigen und ausgewogenen Wirtschaftsausweitung, einer Förderung einer sozusagen *Stabilitätsgemeinschaft*, einer Verbesserung der realen Lebensbedingungen der Bürger aller neun Mitgliedstaaten, einer Förderung engerer Beziehungen zwischen den Mitgliedstaaten mit der Möglichkeit des Vollzugs einer Wirtschaftsunion, all diese Ziele haben nicht leicht vollziehbare und überschaubare Dimensionen, und als solche sind sie normativ von weiteren legislatorischen Maßnahmen durch die Organe der Gemeinschaften abhängig. Diese Organe können, sowohl mit sekundär legislativen als auch Vollzugskompetenzen ausgestattet, im Sinne der in den Verträgen vorgesehenen Zielsetzungen und Aufgaben im innerstaatlichen Bereich der Mitgliedstaaten direkte Wirkungen (als ein wesentliches Merkmal der *sui generis* Natur des Gemeinschaftsrechts) entfalten.

Art. 3 EWGV enthält, die Tätigkeit der EWG betreffend, in Untergliederung elf Aktionsbereiche und gibt Mittel und Wege zu ihrer Verwirklichung an. Somit sind wir schon im Grenzbereich zwischen Politik und Recht, wenn wir feststellen, daß der Katalog des Art. 3 EWGV hinsichtlich der für die Erreichung der Vertragsziele erforderlichen Maßnahmen nur demonstrativer (d. h. nicht erschöpfender) Natur ist. Eine Prioritätenliste ist er auch nicht, und eine Rangordnung der darin angegebenen Aufgabenstellungen stellt er nicht dar. Die Entscheidung über Priorität und Rang ist eine Frage der gemeinschaftlichen Politik unter Beteiligung der Mitgliedstaaten auf der Ebene des Ministerrates als eines politischen und legislatorischen Entscheidungsorgans. Die Bewältigung der Einzelaufgaben hängt nach Maßgabe der Detailregelungen vom sekundären Gemeinschaftsrecht ab; und die Entwicklung dieses sekundären Gemeinschaftsrechts hat eminent mit der politischen Zusammenarbeit der neun Mitgliedstaaten auf Gemeinschaftsebene im Interesse der Gemeinschaft zu tun. D. h. die politische Entschlußwilligkeit und die politische Zusammenarbeit der Mitgliedstaaten ist ausschlaggebend für das Funktionieren und die Weiterentwicklung des Europa-Rechts. Mit anderen Worten, die Weiterentwicklung des Europa-Rechts hängt vom politischen Willen der Mitgliedstaaten ab, während es der Dynamik wirtschaftlicher und anderer gemeinschaftlicher Entwicklungen zu entsprechen hat. Haben aber die Mitgliedstaaten eine vertragsrechtliche oder rechtslogische Verpflichtung, im Sinne der dynamischen Natur des Europa-Rechts „ohne Verzug" im Interesse der Gemeinschaften zu handeln, oder ist eine solche Frage reiner Unfug, weil die Mitgliedstaaten, was ihren politischen Willen betrifft, „zeitlich ungebunden" souverän wären?

Zu behaupten, daß die Mitgliedstaaten „zeitlich ungebunden" sind, hieße m. E. zu verkennen, daß die rechtsverbindliche Pflicht, die die Mitgliedstaaten durch die Unterzeichnung und Ratifizierung der Verträge, insbesondere des EWGV, übernommen haben, nicht nur darin besteht, daß die Vertragsziele irgendeinmal verwirklicht werden sollen. Die Verträge und die Schaffung eines gemeinsamen Marktes haben eine wirtschafts- und sozialdynamische Entwicklung integrativer Natur in Gang gesetzt; die Entwicklung drängt aber, von politischen Einstellungen unabhängig, auf fortschreitende und der jeweiligen Entwicklungsphase angepaßte normative Regelungen. Die Verfolgung der Ziele, die Art. 3 EWGV aufgestellt hat, haben für die Erfüllung der Aufgaben der Gemeinschaft m. E. auch somit eine zeitliche Dimension. Diese weist auf die Notwendigkeit hin, den wirtschaftlichen, sozialen und anderen Entwicklungen parallel die normativen Aspekte der Gemeinschaft rechtzeitig zu regeln. Geschieht dies nicht rechtzeitig, so folgen nicht nur politisches Unbehagen, sondern auch und vor allem Wirkungen, die als wichtiges Beispiel den Gerichtshof der Europäischen Gemeinschaften treffen. Mehr als einmal ist von Europäischen Richtern und auch von anderen darauf hingewiesen worden, daß der Gerichtshof vor eine schwierige Aufgabe gestellt wird, wenn die wirtschaftliche Integrationswirklichkeit zu Rechtsfällen führt, und diese vom Gerichtshof entschieden werden sollen, der Gerichtshof aber keine entsprechenden normativen Regeln hat, weil die Gemeinschaftsorgane legislatorisch nicht rechtzeitig gehandelt haben. Ein solcher Sachverhalt liegt nicht im Bereich der Spekulation, er ist eine praktische Möglichkeit und zeigt, daß das politische Wollen und Handeln der Mitgliedstaaten auf Gemeinschaftsebene für das ordentliche Funktionieren der Gemeinschaften auch in zeitlicher Hinsicht relevant ist.

IV. Schlußfolgerungen

Die Untrennbarkeit des rechtspolitischen Willens und Handelns der Mitgliedstaaten der Europäischen Gemeinschaften von der praktischen und teleologischen Dynamik des Europa-Rechts.

a) Das Recht der Europäischen Gemeinschaften stellt ein stark teleologisch orientiertes System dar. Die vorgesehenen Ziele sind primär den Notwendigkeiten historischer Entwicklungen und nicht an erster Stelle dem politischen Willen der Mitgliedstaaten entsprungen. Der durch die Errichtung der Gemeinschaften eingeleitete Integrationsprozeß unterliegt normativ dem System des Europa-Rechts; dieser Integrationsprozeß hat allerdings eine eigene Dynamik, die von Entwicklungsphase zu Entwicklungsphase auf eine Weiterentwicklung der ihr entsprechenden normativen gemeinschaftsrechtlichen Regeln drängt.

b) Eine solche normative Regelung ist vom Mitwirken und der Zusammenarbeit der Mitgliedstaaten auf Gemeinschaftsebene abhängig. Ein solches Mitwirken oder eine solche Zusammenarbeit hat aber eine Dimension, die mit einem *politischen Imperativ* im Nelsonschen Sinne zu tun hat. D. h. die Natur der Gemeinschaftsziele und die Dynamik sowohl des Integrationsprozesses als auch des Gemeinschaftsrechts können in zeitlicher Hinsicht die Mitgliedstaaten drängen, politisch zu entscheiden und legislatorisch unverzüglich zu handeln. Geschieht dies nicht, so steht die Gemeinschaftspolitik der Mitgliedstaaten in Widerspruch mit den Zielen des Gemeinschaftsrechts. Im Falle eines solchen ‚Widerspruchs' wird das Gemeinschaftsrecht im Vergleich zur Integrationsdynamik mit einer negativen Bilanz behaftet (das Gemeinschaftsrecht „hinkt nach").

c) Im Falle einer solchen „negativen Bilanz" können die legislatorischen Lücken des Gemeinschaftsrechts u. a. die Arbeit des EGH erschweren. Durch die Dynamik des gemeinsamen Marktes und des Integrationsprozesses bedingt, kann der Gerichtshof mit Sachverhalten konfrontiert werden, die auf eine gerichtliche Entscheidung drängen. Wenn in solchen Fällen entsprechende normative Regeln fehlen, kann der EGH extensiv interpretatorisch vorgehend die Lücken begrenzt ausfüllen, jedoch nur als Übergangsmaßnahme und nicht in Ersetzung der legislativen Gewalt der Gemeinschaften.

Die Mitgliedstaaten haben sich vertraglich verpflichtet, die Ziele der Gemeinschaften zu fördern. Dadurch sind die Weiterentwicklung der Europäischen Gemeinschaften und die dazu erforderliche politische Pflicht der Mitgliedstaaten, entsprechend zu handeln, rechtlich verankert. Somit ist – im Nelsonschen Sinne – die enge Verknüpfung von Recht und Politik im Falle der Europäischen Gemeinschaften gegeben.

Diskussion

Jörn W. Kroll: Gibt es Sanktionen der EG-Institutionen gegenüber den einzelnen nationalstaatlichen Organisationen der EG?

Wahé H. Balekjian: Sanktionen in dem Sinne, den der Begriff im Bereiche des Völkerrechts hat oder im Sinne einer Durchsetzung von Rechtsansprüchen im Bereich einer innerstaatlichen Rechtsordnung steht den Institutionen der Europäischen Gemeinschaften den Mitgliedstaaten gegenüber nicht zur Verfügung. Sanktionen sind in den Vertragswerken der EKSG, EWG und EAEG (EURATOM) nicht vorgesehen. Der Kommission obliegt die Feststellung von Verletzungen von vertraglichen Verpflichtungen durch Mitgliedstaaten (oder Organe der Mitgliedstaaten) (Art. 169 Abs. 1 des EWG-Vertrages). Im Falle eines Verstoßes gegen eine solche Verpflichtung kann die Kommission eine mit Gründen versehene Stellungnahme abgeben; sie hat allerdings dem Mitgliedstaat zuvor Gelegenheit zur Äußerung zu geben. Kommt der Mitgliedstaat der Stellungnahme der Kommission innerhalb einer Frist nicht nach, so kann die Kommission den Gerichtshof der Gemeinschaften anrufen (Art. 169 EWGV). Stellt der Gerichtshof fest, daß eine Verletzung einer vertraglichen Verpflichtung vorliegt, so hat der Mitgliedstatt die Maßnahmen zu ergreifen, die sich aus dem Urteil des Gerichtshofs ergeben (Art. 171 EWGV). Ergreift der Mitgliedstaat die Maßnahmen nicht, können Sanktionen nicht ergriffen werden: Nach dem Grundsatz *pacta sunt servanda*, wird von Mitgliedstaaten erwartet, daß sie ihren freiwillig eingegangenen vertraglichen Verpflichtungen auch freiwillig gerecht werden.

Jörn W. Kroll: Was ist ein „teleologisches" Recht und welche Bedeutung hat dieser Rechtstyp für das Europarecht?

Wahé H. Balekjian: An erster Stelle ist das Vertragswerk der Europäischen Wirtschaftsgemeinschaft ein „Rahmenvertrag" (traité-cadre), d. h. ein eine neue Rechtsordnung schaffendes System, das erst stufenweise und künftig zu verwirklichen sein wird. Daher kann man im Falle des Europarechts auch von einem „teleologischen" Recht sprechen, d. h. von einem stark zielgerichtet angelegten Recht, das vorwärtsgerichtet und vorwärtsblickend ist, praktisch ohne Möglichkeit, anfänglich auf eine schon daseiende, akkumulierte Rechtserfahrung und -praxis bezugzunehmen. Die Relevanz der „teleologischen" Dimension des Europarechts ist die Tatsache, daß bei seiner Entwicklung und Anwendung, seine Zielsetzungen stark berücksichtigt werden müssen, d. h. als einen Rechtszustand, der noch nicht oder nur teilweise verwirklicht existiert.

Anmerkungen

1. Ethische Methodenlehre, Leipzig 1915, S. III (Vorwort)
2. Vorlesungen über die Grundlagen der Ethik, Bd. III: System der philosophischen Rechtslehre und Politik, (1924), in: L. Nelson, Gesammelte Schriften, hrsg. v. P.

Bernays/W. Eichler/A. Gysin/G. Heckmann/G. Henry-Hermann/F. v. Hippel/S. Körner/W. Kroebel/G. Weisser, Hamburg: Felix Meiner Verlag, 1970 ff., Bd. VI, S. 7.
3. Ebda., S. 123.
4. Ebda., S. 126—7.
5. Ebda., S. 123.
6. Ebda., S. 123.
7. Ebda., S. 123.
8. Ebda., S. 124.
9. Ebda., S. 124.
10. Ebda., S. 125.
11. Ebda., S. 126.

REGISTER

Namenregister

Albert, H. 176, 186, 209 f., 246, 257
Alchourrón, C. 306
Aristoteles 61, 163, 195
Austin, J. L. 115

Bacon, F. 56
Baier, K. 84
Beardsmore, R. W. 83
Bentham, J. 116
Bernays, P. 13, 198
Blanshard, B. 187
Brandt, R. B. 84, 88, 90 f.
Brecht, A. 175
Brentano, F. 3, 5, 63
Brouwer, L. E. J. 197
Brusiin, O. 299 f.
Bulygin, E. 306

Carnap, R. 57
Cayley, A. 202
Chomsky, N. 293

DeMorgan, A. 190
Descartes, R. 3, 56, 197, 207
Dingler, H. 21, 35
Dreier, R. 121
Dubislav, W. 7, 209 f., 215, 239
Dummett, M. 196
Durkheim, E. 92, 178, 188

Einstein, A. 197, 203, 205, 207
Eliot, T. S. 296
Euklid 198

Fichte, J. G. 172

Findlay, J. N. 84
Firth, R. 84
Fletcher, J. 86
Foot, Ph. 114
Fries, J. F. 1, 4, 6, 8, 11, 13, 45, 54, 63, 169–172, 177, 183, 218, 222, 243, 254
Gardies J.-L. 127–131, 148
Gauß, C. F. 197–200, 203–205
Ginsberg, M. 188
Goethe, J. W. 183
Graßmann, H. 202, 206
Grossmann, 205, 207
Gysin, A. 119

Haack, S. 257
Hamilton, W. R. 202
Hare, R. M. 84, 89–91, 95, 173 f.
Hart, H. L. A. 91
Hegel, G. W. F. 60, 169
Helmholtz, H. v. 197–199
Henry-Hermann, G. 120, 151, 176, 187
Herbart, J. F. 60
Hessenberg, G. 199
Hilbert, D. 198
Hoerster, N. 117 f.
Hume, A. 72
Hume, D. 252

Inhetveen, R. 35

Janich, P. 35

Kant, I. 1, 3 f., 6, 8 f., 11–14, 29, 55, 65, 111 f., 129, 133, 136,

Kant, 146 f., 155, 169 f., 176 f., 183, 197, 199–202, 243, 247, 251 f., 254–258, 281
Kastil, A. 5
Klein, F. 201
Körner, S. 182, 243, 246, 248 f., 252, 254, 256, 258
Kraft, J. 66, 95
Kropotkin, P. A. 176

Lagrange, J. L. 202
Legendre, 199
Leibniz, G. W. 16, 197
Levi-Civita, T. 205
Locke, J. 56
Lorenzen, P. 207
Lotze, R. H. 60

Mach, E. 21
Marcus, E. 247
Marx, K. 299
Meinong, A. 45
Mill, J. S. 116
Mounce, H. O. 83

Neurath, O. 57, 246

Oakeshott, M. 84

Pareto, V. 176
Patzig, G. 110, 238
Peter, H. 177
Philipps, D. Z. 83
Poincaré, R. 197, 286
Popper, K. R. 57, 209, 227, 229, 257

Ramsey, B. 3
Rawls, J. 84, 91, 121
Regan, T. 297
Reichenbach, H. 283
Reinach, A. 148
Reinhold, K. L. 172

Rescher, N. 255
Ricci 205
Rickert, H. 164
Riemann, B. 197 f., 203, 206
Ross, A. 95, 101, 105, 120, 176, 209
Russell, B. 197

Saccheri, G. 199
Schaper, E. 258
Schelling, F. W. J. 60, 172
Schiller, F. 164
Schlick, M. 252
Schmidt, H. A. 65, 210, 236
Schopenhauer, A. 169
Schreiber, A. 209, 239 f.
Searle, J. R. 130 f., 148
Sextus Empiricus 43, 45, 60
Silverstein, H. S. 116
Sokrates 41, 89, 285
Spengler, O. 206
Spinoza, B. 78
Stegmüller, W. 57
Stevenson, C. L. 115
Strawson, P. F. 91, 247, 249 ff., 257
Stumpf, C. 63

Tarski, A. 3
Tayler, C. C. W. 100 f., 117
Taylor, P. W. 84

Urmson, J. O. 91

Wallis, J. 24, 199, 202
Warnock, G. J. 90 f., 114
Weber, M. 164
Weinberg, S. 21
Weisser, G. 169, 183
Westermann, Ch. 119 f.
Whitehead, A. N. 250
Wiese, L. v. 176
Wilkerson, T. E. 258
Wittgenstein, L. 305

Sachregister deutschsprachiger Beiträge

Abstraktion, 155 f., 170, 209 f., 218, 260–262
—, regressive 6, 9
— von der numerischen Bestimmtheit 104 f., 109, 153
Abwägungsgesetz 95, 103–106, 108–110, 112, 118–120, 144, 153, 176
Abwägungsprinzip 172, 176, 187
Äußerung 124
Allgemeingültigkeit 155, 173 f.
Allgemeinheit 2, 8
— des Gesetzes 133 f.
Anschauung 19 f., 29, 202, 255
—, empirische 252
—, intellektuelle 4, 12, 256
Antinomie 280, 284, 286
— des Wahrheitskriteriums 59
— der Analyse 60
Aufweisung 7, 247
—, regressive 1, 4, 12 f.
Autonomie
—, Prinzip der 146 f., 277 f., 282
Axiom
—, archimedisches 207
—, euklidisches 197 f.
—, geometrisches 197
—, Parallelitäts- 199–201

Begriff, normativer 125
Erfahrungsbegriff 247–249, 254 f.
Objektivierungsbegriff 9, 16
Realbegriff 9–11
Begriffselement 124
Begründung 210 f., 213 f., 217 f.
Beweis, 7 f., 59 f., 209–212, 217, 224

Beweis,
—, apagogischer 8
—, psychologischer 7
—, transzendentaler 4, 16, 243 f., 246, 251 f., 256
Beweisverfahren 260

Deduktion 5–8, 11–13, 106, 108 f., 159, 162–164, 169, 209, 215, 217 219 f., 223 f., 228, 231, 233–235, 239, 253
—, psychologische 6
—, transzendentale 6, 63, 254
Determinismus 8, 273
Dimension 202
Dimensionszahl 202, 206
Disjunktion 209, 211

Eigenname 109
Eindeutigkeitssatz
—, Janichscher 23
Einheit
—, anschauliche 160, 165
—, physikalische 160
Erfahrung
—, innere 62, 140, 246
Erfüllbarkeitsprinzip
—, normatives 129
Erkenntnis
—, anschauliche 3, 6
—, a posteriori 245
—, a priori 245, 253
—, ethische 19 f., 30
—, geometrische 19
—, innere 246
—, Kausal- 140

Erkenntnis,
—, mittelbare 62, 211, 221 f., 231 f., 237, 245
—, nicht-anschauliche 212
—, praktische 134, 146
—, reflektierte 3
—, sittliche 281
—, synthetische a priori 243
—, unanschauliche 4
—, unmittelbare 3 f., 6—8, 12, 62—65, 197, 209, 211, 213, 215, 217—222, 227 f., 231, 237, 239, 241, 244—246, 253
—, ursprünglich dunkle 20 f.
Erkenntniskriterium 210, 219
Ethik
—, christliche Liebes- 176
—, Erfolgs- 136 f.
—, formalistische 172
—, Gesinnungs- 136 f.
—, kritische 169, 175, 177, 179, 181 f.
—, kritizistische 133 f., 147
—, ökonomische 175
—, situative 173 f., 182
—, Wirtschafts- 175
—, wissenschaftliche 259, 285
Evidenz 19 f., 28, 63

Folgerungsregel 127
Folgerungsrelation 126
Folgerungssystem
—, adäquates 127
Folgerungstheorie 126
Form
—, euklidische 200 f.
—, geometrische 21
Formenlehre
—, euklidische 199, 206
—, ideale 27
Formentheorie 22, 26, 36
Formung 21
— -spraxis 21 f., 24
— -stechnik 23, 26—28, 35 f.
Freiheit
—, metaphysische 263—269, 273 f.

Freiheit,
—, psychologische 264
—, sittliche 267
Freiheitsantinomie 269, 273

Gebot 129, 265, 267, 280, 282
Gegenseitigkeit
—, Prinzip der 147
Gegenstand
—, ästhetischer 159
—, anschaulicher 166
—, gesellschaftlicher 165
—, Natur- 159 f., 164
Generalität
—, Prinzip der 147
Gleichheit 104, 106
—, persönliche 152, 170—172, 185
—, Prinzip der 160, 177
Gleichheitsgrundsatz 175—177
Gravitationstheorie 203, 205 f.
Grundsatz
—, logischer 11, 126, 222
—, mathematischer 3
—, metaphysischer 1—17, 222
Grundwert 34 f.
Gültigkeit
—, absolute 11
—, objektive 2, 8—10, 17, 59 f., 64

Handlungsbegriff
—, dialogischer 32
Handlungsdeterminanten 140
Heteronomie 278, 282

Ideal 58, 65—67, 98, 130, 159 f., 162 f., 165 f., 179, 182, 286
— der Bildung 159 f., 166
— der vernünftigen Selbstbestimmung 151, 159, 166
Idee
—, regulative 66, 172
Imperativ 30, 32, 96, 146 f., 285, 316
—, generell bedingter 33
—, hypothetischer 187, 317

Sachregister deutschsprachiger Beiträge

Imperativ,
—, kategorischer 133 f., 136, 159, 161, 169 f., 176, 184
—, politischer 320
—, Tat- 32 f.
—, Zweck- 32 f.
Implikation
—, materiale 128
Indikativ 30, 285
— -satz, generell bedingter 33
Induktion 210, 218, 234
Intention 137
Interesse
—, Einzel- 175
—, faktisches 145
—, Gesamt- 175
—, objektives 108, 156
—, praktisches 260
—, sittliches 268
—, subjektives 156
—, ursprünglich dunkles 146
—, wahres 104, 106—108, 112, 145 f., 151 f. 159 f., 161 f., 177
—, wohlverstandenes 145
Interessenabwägung 136, 144
Interessenreduktion
—, Prinzip der 104
Interessenvereinigung 106
Irrtum
—, praktischer 104, 157 f.
—, theoretischer 104, 107

Kategorie 15, 244, 250, 258
—, gnoseologisch-semantische 125, 132
Kategorisierung 9, 13
Kausalbegriff 249
Kausalität 6, 15, 140 f., 185, 253
Kausalprinzip 6—9, 11 f., 249, 252
Kongruenzbegriff, geometrischer 200
Konsens 134 f.
Konservationsprinzip 9
Kontraposition 128
Korrespondenzprinzip 3
Krümmung 203—205
— -stensor 203, 205

Lerntheorie
—, behavioristische 32
Logik
—, deontische 174
—, Modal- 29, 125
—, Normen- 125, 132
—, Präferenz- 132

Maxime 33, 59, 66, 129, 170, 172, 184
—, formale 176
Metaehtik 123
Metaphysik
—, deskriptive 249—251, 257.
—, revisionäre 249—251
Methode
—, kritische 209 f., 217 f., 221 f., 226, 229, 231, 236 f.
—, regressive 11, 13, 209 f., 218
Modalität 31, 59, 103
Modell 178
Modelltheorie
—, mathematische 3
—, nationalökonomische 174

Naturgesetz 267—271
Negation 128, 211, 270—273
Norm 33 f., 129 f., 140, 171 f., 182 f., 278, 282, 284
Normenkatalog 282
Notwendigkeit 2, 7 f., 10, 13
—, epistemische 15 f.
—, nicht-logische 9
—, praktische 267
—, theoretische 267
Nutzenanalyse 138
Nutzenmaximierung 138

Objektivität 278, 280
—, Prinzip der sittlichen 277
Orthosprache 31 f.

Person
—, vollkommen gebildete 104, 107, 145 f., 157, 165, 176

Pflicht 103, 108 f., 155, 159
—, Kriterium der 152, 260
Postulat
— der Freiheit 269 f.
— der Generalität der moralischen Prinzipien 133
—, praktisches 262 f., 273
— der Unableitbarkeit (Sein — Sollen) 126 f.
Präskriptivismus
—, universeller 173
Präskriptivität
—, Prinzip der 96, 99, 108, 115

Rationalität
—, praktische 133
—, rein operationale Konzeption der 132, 134
Raum
—, idealer 27
—, realer 27
Raumanschauung 197—203, 205 f.
Raumkrümmung 198, 205
Realität
—, objektive 255
Recht
—, Europa- 315—318
—, Gemeinschafts- 315
—, innerstaatliches 315
—, internationales
—, Natur- 160—162
— teleologisches 318, 321
Rechtsgesetz 152—154, 159
Reflexion 244 f., 283
Regel 95 f., 98—100, 102, 109, 170, 172, 179
—, allgemeingültige 173
—, kontraintuitive 125
—, logische 173
— des moralischen Argumentierens 95 f., 106, 110
Regression 12
Relativität
— der Vernunftoperationen 132
Relativitätstheorie 36

Relativitätstheorie,
—, allgemeine 20 f.
—, spezielle 21
Rollentausch 97, 99—101, 106, 117
Rollentheorie 177 f., 181 f.
Rollenverhalten 179

Sanktion 178
Satz
—, Aussage- 125—128, 148
—, Bedingungs- 128
—, Bedingungsnorm- 127 f., 148
—, Forderungs- 125
—, hypothetischer 153
—, indikativer 125, 130
—, Konditional- 128
—, kontrafaktualer 143
—, Modal- 126 f., 129
—, Norm- 125—128, 148
—, praktischer 125—127, 132, 263
—, Soll- 126 f.
—, spekulativer 262 f., 266, 270
—, synthetischer 153
—, theoretischer 123, 125
—, Wert- 125
Satzkategorie 123—125
Satzkomponente
—, indikative 127
—, normative 127
Schichtung
—, epistemische 10, 13
Selbstbestimmung 282
Selbstvertrauen der Vernunft 5, 14, 61, 221, 225, 236, 240
Semantik 123, 126
—, gnoseologisch differenzierte 123 f.
Sittengesetz 103, 112, 133—138, 144—147, 149, 152 f. 155, 169—172, 174—182, 185, 187, 218, 222, 241, 262 f., 265—267, 277, 279—282
Sozialwissenschaft
—, normative 169, 183
Sprechakt 124

Stetigkeitsprinzip 8 f.
Subsumtionsschluß
—, normenlogischer 131

Tatsache
—, institutionelle 130 f.
—, natürliche 130
Tautologie 268
Teleologie
—, formale 132
Transsubjektivität 32, 34 f.

Universalisierbarkeit
—, Prinzip der 95—99, 109
Universalisierbarkeitsthese 173
Urteil
—, allgemeines 9
—, analytisches 3, 59 f., 226, 236, 249, 251 f.
—, a posteriori 251, 253
—, a priori 3, 5, 245, 251
—, empirisches 198
—, ethisches 173, 175, 183, 260
—, hypothetisches 175, 187
—, metaphysisches 3 f., 245
—, mittelbares 3
—, moralisches 95 f.
—, praktisches 262
—, reflektierendes 3
—, selbstrepräsentierendes 246
—, sittliches 262 f., 265
—, synthetisches 1—3, 5, 12, 59, 226, 251 f.

Urteil,
—, synthetisches, a priori 12, 209, 226, 241, 245 f., 249, 251
—, unmittelbares 3 f.
—, Wahrnehmungs- 245
Utilitarismus 34, 98, 102, 106, 110, 138, 148
—, Regel- 138

Vektor 202
Verallgemeinerung
—, Prinzip der 210, 218
Vergeltungsgesetz 103, 112, 133, 144, 172, 176
Vergeltungsprinzip 172

Wahrheit
—, analytische 270
—, feststellbare 14
— durch Konsens 135
—, logische 271
—, mathematische 197
— metaphysischer Prinzipien 15
Wahrheitsbegriff
—, realistischer 246
Wahrnehmung 247, 254
—, innere 63, 213, 217
— 2. Stufe 213
Werturteilsdebatte 183
Werturteilsstreit 165
Willensfreiheit 259, 267
Wissenschaftstheorie 57
—, analytische 20
—, konstruktive 20, 30, 34

Sachregister englischsprachiger Beiträge

Actarianism 85, 87
alternation 190 f., 195
animal 289–291, 294
anti-nomianism 86
apprehension
—, immediate 39 f., 43–45, 47 f.

belief 48–50, 52, 293–295
bivalence
—, principle of 195

causality 75–77, 80
—, principle of 69, 72 f., 75–77
causation 72
certainty 46–52, 74 f.
—, empirical 51 f.
—, epistemic 45, 47 f.
—, non-empirical 51
choice 303–307
—, freedom of 69, 75, 77 f., 80
—, rational 76
cognition
—, immediate 37, 40, 47, 69, 71, 74 f.
—, objectively valid 41
conditional 189–193
conditionalization 75
conjunction 69, 72 f.
consciousness 40 f., 290

desire 292–294
disjunction 190 f., 195
duty 76–79

education
—, moral 83 f., 86–89, 91–93
ethics
—, normative 83

ethics
—, situation- 85, 87
ethology 289
evidence
—, direct 43, 46
—, principle of 41
—, rule of 42

freedom 75, 77, 81

generalization
—, inductive 87

ideology 301–306, 308–314
induction 42
interest 77, 289–292, 294–296, 310–312
—, two logically distinct senses of 291
introspection 74 f.
intuition
—, sensible 37, 39 f., 43, 45, 47, 51

judgment 37–40, 47, 85
justification 40–44, 52, 93

law
—, administrative 310
—, civil 310
—, criminal 310
—, ethical 75
—, natural 77–80
—, practical moral 75
logic 189–195
—, many-valued 195 f.
maxim 87
metaethics 83

method
—, axiomatic 74
— of ethics 83 ff.
— for individuals 85, 89
— for institutions 85
—, reflective 40
— of regression 41
—, regressive 41
—, Socratic 37, 40—42

need 292 f.
norm 85, 299 f.
—, legal 299, 305 f.
—, technical 311

pain perception 37, 39 f., 43 f., 47 f.
position
—, original 38 f., 91 f., 109
preferability
—, epistemic 45, 50
probability
—, Bayesian 69, 74
—, conditional 69, 71, 75
—, prior 69—71, 73—76

reality 77, 80
—, objective 39
reflection 37, 40 f., 83, 88
responsibility 75 f.
right
—, moral (of animals) 289—294, 296
rule 85, 89—91, 311
—, legal 307

rule
—, social 88 f.
—, summary 87
— of thumb 85, 89—91

self-confidence of reason
—, principle of 41
self-presentation 37, 44—46
situationalism 87
spectator
—, benevolent 84
—, impartial 84
standard 85, 90, 92 f., 292
stimulus 290
syllogism, hypothetical 190

truth 37, 39, 41, 189 f.
— -function 189
— -value 190 f., 195

utilitarianism 92
—, act- 91
—, rule- 85, 90 f.
utility
—, principle of 76, 84, 87, 89, 92

validity
— criterion 37 f.
—, objective 37
valuation 304—307, 311, 313
value
—, basic 299
— content 311

want 292

LEONARD NELSON

Gesammelte Schriften in neun Bänden

Herausgegeben von
Paul Bernays, Willi Eichler, Arnold Gysin, Gustav Heckmann,
Fritz von Hippel, Stephan Körner, Grete Henry-Hermann,
Werner Kroebel, Gerhard Weisser

Bei geschlossener Abnahme der Bände 1—9   Lw. DM 370,—

Band I

Die Schule der kritischen Philosophie und ihre Methode

Mit einem Geleitwort von Paul Bernays, einem Vorwort von Grete Henry-Hermann zu den Gesammelten Schriften und einem Beitrag von Julius Kraft. Redaktion: Grete Henry-Hermann.
1970. XXIV, 327 Seiten.   Lw. [3-7873-0220-4] DM 34,—

Inhalt: Einführung zu den Gesammelten Schriften: Zum Geleit (Paul Bernays) — Vorwort (Grete Henry-Hermann) — Leonard Nelson und die Philosophie des XX. Jahrhunderts (Julius Kraft) — Die Schule der kritischen Philosophie und ihre Methode — Vorwort zu den Abhandlungen der Friesschen Schule, neue Folge (zusammen mit Gerhard Hessenberg und Karl Kaiser) (1904) — Die kritische Methode und das Verhältnis der Psychologie zur Philosophie. Ein Kapitel aus der Methodenlehre (1904) — Jakob Friedrich Fries und seine jüngsten Kritiker (1905) — Erwiderung auf den Angriff des Herrn Dr. Paul Stern (1906) — Inhalt und Gegenstand. Grund und Begründung. Zur Kontroverse über die kritische Methode (1907) — Über die Unhaltbarkeit des wissenschaftlichen Positivismus in der Philosophie (1914) — Die sogenannte neukantische Schule in der gegenwärtigen Philosophie (1914) — Von der Kunst, zu philosophieren (1918) — Über die Bedeutung der Schule in der Philosophie (1918) — Vorwort zum fünften Band der Abhandlungen der Friesschen Schule, neue Folge (1922) — Die sokratische Methode (1922)

Band II

Geschichte und Kritik der Erkenntnistheorie

Mit einem Vorwort von Gerhard Weisser und Lothar F. Neumann. Redaktion Grete Henry-Hermann.
1973. XIII, 535 S.   Lw. [3-7873-0221-2] 44,—

Inhalt: Rezension von: H. Cohen: System der Philosophie, Teil I: Logik der reinen Erkenntnis (1905) — Rezension von: Ernst Mach: Erkenntnis und Irrtum, Skizzen zur Psychologie der Forschung (1907) — Über das sogenannte Erkenntnis-Problem (1908) — Zum Vortrag von F. C. S. Schiller: Der rationalistische Wahrheitsbegriff (1908) — Untersuchungen über die Entwicklungsgeschichte der Kantischen Erkenntnistheorie (1909) — Die Unmöglichkeit der Erkenntnistheorie (1911) — Zum eigenen Vortrag: Die Unmöglichkeit der Erkenntnistheorie (1911) — Zum Vortrag von E. Durkheim: Jugements de valeur et jugements de réalité (1911) — Zum Vortrag von F. C. S. Schiller: Error (1911) — Zum Vortrag von N. Lossky: Die Erkenntnistheorie und das Problem des Erkenntnisursprungs (1911)

Band III

Die kritische Methode
in ihrer Bedeutung für die Wissenschaften

Vorwort und Redaktion Grete Henry-Hermann.

1974. IX, 583 S. Lw. [3-7873-0222-0] 48,—

A. Philosophie der Mathematik

Bemerkungen über die Nicht-Euklidische Geometrie und den Ursprung der mathematischen Gewißheit (1905/1906) — Kant und die Nicht-Euklidische Geometrie (1906) — Bemerkungen zu den Paradoxien von Russell und Burali-Forti (zusammen mit Kurt Grelling) (1908) — Zum Vortrag von Paul Mansion: Gauss contre Kant sur la géométrie non euclidienne (1908) — Des fondements de la géométrie (1914) — Kritische Philosophie und mathematische Axiomatik (1927)

B. Philosophie der Naturwissenschaft

Rezension von: Gustav Portig: Die Grundzüge der monistischen und dualistischen Weltanschauung unter Berücksichtigung des neuesten Standes der Naturwissenschaft (1905) — Ernst Hallier (1906) — Ist metaphysikfreie Naturwissenschaft möglich? (1908) — Über wissenschaftliche und äthetische Naturbetrachtung (1908) — Zum Vortrag von Hans Driesch: Über den Begriff „Natur" (1908) — Rezension von: Edmund König: Kant und die Naturwissenschaften (1909)

C. Auseinandersetzung mit zeitgenössischen Strömungen

Rezension von: Henri Bergson: Einführung in die Metaphysik (1910) — Bergsons Einführung in die Metaphysik (1914) — Spuk. Einweihung in das Geheimnis der Wahrsagerkunst Oswald Spenglers und sonnenklarer Beweis der Unwiderleglichkeit seiner Weissagungen nebst Beiträgen zur Physiognomik des Zeitgeistes. Eine Pfingstgabe für alle Adepten des metaphysischen Schauens (1921)

Band IV

Vorlesungen über die Grundlagen der Ethik. Erster Band:

Kritik der praktischen Vernunft

Unveränderter Nachdruck der 1. Auflage von 1917.

1972. XXXIV, 710 S. Lw. [3-7873-0223-9] 42,—

Band V

Vorlesungen über die Grundlagen der Ethik. Zweiter Band:

System der philosophischen Ethik und Pädagogik

Aus dem Nachlaß herausgegeben von Grete Henry-Hermann und Minna Specht. (1932) 3. unveränderte Auflage.

1970. XIX, 535 Seiten. Lw. [3-7873-02224-7] 33,—

Band VI
Vorlesungen über die Grundlagen der Ethik. Dritter Band:
System der philosophischen Rechtslehre und Politik
2., durchgesehene Auflage 1976
1976. 579 Seiten. Lw. [3-7873-0225-5] DM 42,—

Band VII
Fortschritte und Rückschritte der Philosophie von Hume und Kant bis Hegel und Fries
Aus dem Nachlaß herausgegeben von Julius Kraft. Mit einer Handschriftenprobe. 2., durchgesehene Auflage. 1977. 775 S. Lw. [3-7873-0226-3] DM 52,—

Band VIII
Sittlichkeit und Bildung
Mit einem Vorwort von Gustav Heckmann. Redaktion Grete Henry-Hermann. 1971. XIV, 606 S. Lw. [3-7873-0227-1] DM 46,—

A. Ethik = Die Theorie des wahren Interesses und ihre rechtliche und politische Bedeutunng (1913) — Die kritische Ethik bei Kant, Schiller und Fries. Eine Revision ihrer Prinzipien (1914) — Vom Beruf der Philosophie unserer Zeit für die Erneuerung des öffentlichen Lebens (1915) — Eigene Verantwortung und innere Wahrhaftigkeit (1916) — Die Reformation der Gesinnung durch Erziehung zum Selbstvertrauen. Vorworte und Einführung (1917/1921) — Öffentliches Leben (1918) — Ethischer Realismus (1921) — Sittliche und religiöse Weltansicht (1922)

B. Pädagogik = An die freie deutsche Jugend und ihre Freunde (1913) — Religion und Schule (1914) — Erziehung zur Tapferkeit (1916) — Von der Zukunft der inneren Freiheit (1916) — Führer und Verführer (1916) — Wilhelm Ohr als politischer Erzieher (1917) — Erziehung zum Knechtsgeist (1917) — Erziehung zum Führer (1920) — Führer-Erziehung als Weg zur Vernunftpolitik (1921) — Vom Bildungswahn (1922) — Zum Vortrag von R. Seyfert: Das deutsche Kulturgut als Grundlage unserer Schule (1925) — Über das Landerziehungsheim Walkemühle (1926)

Band IX
Recht und Staat
Mit einem Vorwort von Arnold Gysin. Redaktion Grete Henry-Hermann. 1972. XVII, 658 S. Lw. [3-7873-0228-X] DM 50,—

Die philosophischen Grundlagen des Liberalismus (1910) — Vom Staatenbund (1914) — Denkschrift betreffend die Einführung eines Staatenbundes und der damit zu verbindenden inneren Reformen zum Behufe der Stabilisierung eines auf der Grundlage eines deutschen Sieges möglichen Friedensvertrages (zusammen mit Kurt Grelling 1914) — Gefangenenpolitik (1917) — Hochschule und Ausländer (1917) — Die Rechtswissenschaft ohne Recht. Kritische Betrachtung über die Grundlagen des Staats- und Völkerrechts, insbesondere über die Lehre von der Souveränität (1917) — Das Völkerbundideal (1922) — Der Internationale Jugend-Bund (1922) — Gotteslästerung (1922) — Zum Fall Gumbel (1925) — Lebensnähe (1926) — Zu den Vorträgen von F. Tönnies und H. Kelsen: Demokratie (1926) — Demokratie und Führerschaft (1927) — Die bessere Sicherheit. Ketzereien eines revolutionären Revisionisten (1927) — Franz Oppenheimer: Der Arzt der Gesellschaft (1927) — Zum Reichsschulgesetzentwurf (1927) — La Fédération Balkanique (1927)